电力营销技术丛书

电费抄核收岗位技术

主　编　陈吉奂　徐金亮
副主编　吴朝阳　鲍卫东

中国水利水电出版社
www.waterpub.com.cn
·北京·

内 容 提 要

本书是《电力营销技术丛书》之一。本书结合多年来现场工作的宝贵经验，主要介绍了电费抄核收基本知识、工作实施、工作质量管控和常见问题的分析及处理。全书共分 8 章，主要介绍了概述、抄表工作、电费核算、电费回收、电费账务、电费风险防范、统计与分析和电费计算案例等相关内容。

本书既可作为从事电费抄核收工作和教学等相关人员的专业参考书和培训教材，也可作为高等院校相关专业师生的教学参考用书。

图书在版编目（CIP）数据

电费抄核收岗位技术 / 陈吉奂，徐金亮主编. -- 北京：中国水利水电出版社，2017.7（2019.6重印）
（电力营销技术丛书）
ISBN 978-7-5170-5725-3

Ⅰ.①电… Ⅱ.①陈… ②徐… Ⅲ.①电能－电量测量 Ⅳ.①TM933.4

中国版本图书馆CIP数据核字(2017)第188041号

书　名	电力营销技术丛书 **电费抄核收岗位技术** DIANFEI CHAO HE SHOU GANGWEI JISHU
作　者	主　编　陈吉奂　徐金亮 副主编　吴朝阳　鲍卫东
出版发行	中国水利水电出版社 （北京市海淀区玉渊潭南路1号D座　100038） 网址：www.waterpub.com.cn E-mail：sales@waterpub.com.cn 电话：（010）68367658（营销中心）
经　售	北京科水图书销售中心（零售） 电话：（010）88383994、63202643、68545874 全国各地新华书店和相关出版物销售网点
排　版	北京时代澄宇科技有限公司
印　刷	清淞永业（天津）印刷有限公司
规　格	184mm×260mm　16开本　20.25印张　480千字
版　次	2017年7月第1版　2019年6月第2次印刷
印　数	3001—5000册
定　价	**66.00元**

凡购买我社图书，如有缺页、倒页、脱页的，本社营销中心负责调换

版权所有·侵权必究

《电力营销技术丛书》
丛书编委会

丛书主编	杜晓平	李 靖			
丛书副主编	潘巍巍	陈吉奂	汪志奕	黄立锋	王韩英
委 员	郑 瑛	钱 肖	郝力军	邵 波	徐金亮
	方军红	陈文胜	张亚宾	吴秀松	姜禺蔚
	金扬成	吴朝阳	章 舸	吕华山	张一军
	范晓东	杨 震	卢德银	程必宏	蒋红亮
	俞江桥	洪健山	张勇征	蔡展乐	马伟阳
	李华智	黄志钢	卢 震	钟新罗	

本书编委会

主　　编　陈吉奂　徐金亮

副 主 编　吴朝阳　鲍卫东

参编人员　胡　茜　刘　俊　方志辉　沈　敏　黄健红
　　　　　　魏　飘　范光平　倪东泓　江　硕　陈其俊
　　　　　　刘　沛　孙云鹏　蒋红彪　顾春云　傅文斌

前 言

全球能源互联网战略不仅将加快了世界各国能源互联互通的步伐,也势必强有力地促进国内智能电网快速发展,许多电力新设备、新技术应运而生,电力营销工作面临着新形势、新任务、新挑战。这对如何加强专业技术培训,打造一支高素质的电力营销专业队伍提出了新要求。因此我们编写了《电力营销技术丛书》,以期指导提升电力营销专业人员的理论知识水平和操作技能水平。

本次出版两个分册,分别是《电能计量岗位技术》和《电费抄核收岗位技术》。作为从事营销工作的员工培训用书,本丛书将基本原理与实际操作相结合,理论讲解与实际案例相结合,旨在帮助员工全面了解营销专业知识,提升员工的现场作业、分析问题和解决问题能力,规范现场作业标准化流程。

本丛书编写人员均为从事一线营销技术管理的专家,教材力求贴近现场工作实际,具有内容丰富、实用性和针对性强等特点。通过对本丛书的学习,读者可以快速掌握营销专业技术,提高自己的业务水平和工作能力。

本书是《电力营销技术丛书》的一本,结合当前的供用电新形势、依法治企、互联网+技术、数据挖掘技术和生产实际,从基本知识、工作实施、工作质量管控、常见问题分析及处理等方面讲述了电费抄核收作业的全过程。主要内容包括概述、抄表工作、电费核算、电费回收、电费账务、电费风险防范、统计与分析、电费计算案例等。

本丛书的编写过程中得到了许多领导和同事的支持和帮助,使内容有了较大改进,在此向他们表示衷心的感谢。本丛书的编写参阅了大量参考文献,在此对其作者一并表示感谢。

由于编者水平有限,书中疏漏和不足之处在所难免,敬请广大读者批评指正。

编者

目录

前言
第1章 概述 … 1
1.1 基本知识 … 1
1.2 电价 … 9
1.3 术语 … 18
第2章 抄表工作 … 21
2.1 基本知识 … 21
2.2 工作实施 … 28
2.3 工作质量管控 … 46
2.4 常见问题的分析及处理 … 56
第3章 电费核算 … 63
3.1 基本知识 … 63
3.2 工作实施 … 65
3.3 工作质量管控 … 82
3.4 常见问题的分析及处理 … 91
第4章 电费回收 … 98
4.1 基本知识 … 98
4.2 工作实施 … 101
4.3 工作质量管控 … 112
4.4 常见问题的分析及处理 … 115
第5章 电费账务 … 119
5.1 基本知识 … 119
5.2 工作实施 … 122
5.3 工作质量管控 … 153
5.4 常见问题的分析及处理 … 156
第6章 电费风险防范 … 162
6.1 基本知识 … 162
6.2 工作实施 … 166
6.3 工作质量管控 … 199
6.4 常见问题的分析及处理 … 203
第7章 统计与分析 … 215
7.1 电费报表统计 … 215

7.2　电费电价分析 ………………………………………………………… 228
　7.3　电费抄核收工作质量分析 …………………………………………… 232
　7.4　电费回收与风险分析 ………………………………………………… 239
第8章　电费计算案例 ………………………………………………………… 244
　8.1　电量电费计算基本知识 ……………………………………………… 244
　8.2　典型计算案例 ………………………………………………………… 249
　8.3　电量电费退补案例 …………………………………………………… 273
附录A　协议模板 ……………………………………………………………… 282
　A.1　电费分次结算协议（范本）………………………………………… 282
　A.2　电费担保协议书 ……………………………………………………… 283
　A.3　电费担保金协议书 …………………………………………………… 284
　A.4　电力贷三方协议书 …………………………………………………… 285
　A.5　电费预付结算协议 …………………………………………………… 289
附录B　流程图 ………………………………………………………………… 291
附录C　其他 …………………………………………………………………… 298
　C.1　电费违约金免计审批单 ……………………………………………… 298
　C.2　预付费告知书 ………………………………………………………… 298
　C.3　电费复核报告模板 …………………………………………………… 299
　C.4　处理电费回收法律纠纷案件常用法律法规条款 …………………… 302

第1章 概 述

供电企业把产品（电能）销售给各类电力客户，并按照商品等价交换的原则，从客户处收回电费，这是供电企业生产经营经济成果的最终体现，这一过程要通过电费管理部门来实现。因此，电费工作主要包含了电费的抄表、核算、收费（以下简称"抄核收"）等基本环节，是供电企业营销管理的核心内容之一。加强电费的抄核收工作，对于供电企业和整个国民经济发展具有重大意义。

1.1 基 本 知 识

1.1.1 电费管理基本知识

电费管理是按照国家批准的电价，依据用户实际用电情况和电能计量装置的记录计算电费，并及时、准确地回收电费的活动。

电费管理的主要特点有：

（1）政策性要求严。供电企业按照国家核准的电价和分类计收电费，政府下达电价调整文件后，涉及电费管理方面的账、卡、簿、据及其他方面的内容都要随之调整，受政策影响较大，需要接受物价管理等部门的电费电价专项审计。

（2）集约化程度高。电费管理的主要内容是电费和电量，它的准确计算和及时回收直接关系到供电企业的资金周转和财政收入，直接关系到供电企业和客户双方的经济利益。为满足电费管理快速、及时、准确的要求，经过多年的变革创新，目前已全面应用集中自动抄表、集中智能核算、集中统一收费、集中专业运维的"集抄集收"集约化电费管理模式，已经实现了电费抄核收管理的全过程集约化管控。

（3）自动化水平高。电能销售遍及工农业生产和人民生活的不同领域，客户发生的电量电费要进行计算和回收，且不同类别的客户电费计算规则不尽相同，需要系统的大量支持。目前主要依托的系统有电力营销业务信息应用系统、电力用户用电信息采集系统、营财一体化系统、一体化缴费平台、营销精益化管控系统等。

电费管理涵盖电费抄核收管理、销售电价管理、购电管理等。本书主要讨论电费抄核收管理。

1.1.2 电费抄核收工作内容

电费抄核收工作，涵盖电费抄表、电费核算、电费回收、电费账务管理、电费风险防范、电费统计与分析等。

电费抄表是指抄录客户电能计量表计的数据及相关工作，是电费管理工作的头道工序,直接关系到后序工作的进度及电费计算的正确和及时回收。

电费核算是介于抄表和收费之间的中间环节,也是电费管理工作的中枢,主要包括电费试算、电费计算、电费审核、电费发行、二次复核、异常处理等。

电费回收是指依据供用电合同约定,按期向客户收取或通知客户按期交纳电费,确保电费及时、足额收回,是供电企业资金周转的一个重要环节。

电费账务管理是指以电费资金为主要对象,经过若干个工序后完成电费的账务处理和统计分析,以及各类发票收据的管理。

电费风险防范工作是指建立以防为主、协同配合、快速响应的电费风险预控机制,提升对各类电费风险的预警防控能力和快速响应能力,防止欠费风险的发生。

电费统计与分析是指对抄核收过程相关数据、工作质量的统计分析,包括电力销售报表统计、电费电价分析、电费抄核收工作质量分析、电费回收与风险分析等。

电费的抄核收工作是一个紧密联系的有机整体,具有连续性及紧密性,只有以上各个环节高效协同,准确运作,才能确保电费抄核收正常有序的开展。

1.1.3 电费抄核收业务模式的发展

1. 抄表业务模式发展

传统抄表业务以现场抄表机抄表为主,按照确定的抄表例日,人工发起抄表计划、进行数据准备、抄表数据下装、现场抄表机抄表、抄表数据上装、抄表数据复核。虽然有计算机支撑,但是作业过程基本由人工完成,存在作业效率低、可控性差、服务不规范等问题。随着电力用户用电信息采集系统全覆盖、全采集、全费控的建成,抄表方式从人工型向自动化转变,实现了集中远程自动抄表。

集中远程自动抄表主要模式为按照抄表例日设置,在抄表例日当天由电力营销业务信息应用系统自动发起抄表计划、自动进行抄表数据准备、自动远程抄表、自动抄表数据复核。抄表员负责监控自动抄表情况,对远程抄表无法获取或抄表数据复核异常的用户,到现场开展现场补抄和核抄。

2. 核算业务模式发展

传统电费核算是以人工电费复核为主,按照电费复核规则,需要在抄表例日当天完成人工电费计算、电费复核和电费发行作业。所有作业均需依靠人工操作、人工复核、人工判断,作业效率低、例日当天工作量大、复核重点不突出、质量难以提高,可能会造成部分差错不能被发现。随着电力营销业务信息应用系统应用不断深化,核算方式从人工型向智能型转变,实现了集中智能核算。

集中智能核算的主要模式为推行事前、事中、事后全过程管理,确保电量电费核算的各类数据及参数的完整性、准确性和安全性。事前管理是指电费试算管理,对信息归档后的新装、增容、变更用户开展电费试算,确认电价、电量分配等各类参数是否正确。事中管理是指智能电量电费审核管理,实现自动电费计算、自动电量电费审核、自动异常客户筛选,并对无异常的客户直接发送电费发行环节,对电费计算过程中出现的量、费突变的异常客户,以及未经试算的新装、增容、变更用电客户进行自动筛选,并逐户审核确认。事后管理是指二次复核管理,正常电费发行后,对所有新装、增容、变更用电客户以及发电、转供电等特殊客户进行电费台账二次审核，确保当月所有电费发行正确。

3. 收费业务模式发展

传统收费方式以银电联网为主，结合充值卡、网银、柜台收费等为辅助的收费业务、催费方式以人工现场为主，其他催费方式为辅，欠费停复电仍以现场人工方式进行。而现场人工催缴、欠费停复电业务规范度差，容易引起服务投诉，甚至引发舆情事件。随着电费抄核收集约化程度的不断提高，收费方式从人工型向集约化转变，实现了集中统一收费。

集中统一收费主要模式为统一交费渠道管理、统一电费账务管理、统一电费催交业务。统一交费渠道管理是指账务人员根据交费渠道的交易量、交费笔数、交费金额、手续费、网点数、终端设备数等基础数据，定期开展交费渠道布局、效益和服务质量评价分析，提出交费渠道优化建议。统一电费账务管理是指账务人员集中开展金融机构代收代扣对账、解款核定与监督、充值卡管理等工作，确保账实一致。统一电费催交是指采用短信、电子邮件等方式，由营业受理人员负责受理客户短信订阅、撤销和调整等申请，营销业务系统根据用户订阅方式按照策略和模板集中自动进行批量发送。

1.1.4 电费抄核收技术支撑

电费抄核收的技术支撑主要有电力营销业务信息应用系统、电力用户用电信息采集系统、营财一体化应用系统、一体化缴费平台和营销精益化管控平台等。

1. 电力营销业务信息应用系统

电力营销业务信息应用系统是国家电网公司（以下简称"国网"）"SG186"工程的重要组成部分，是一个业务涵盖范围宽、应用技术复杂、覆盖范围广、涉及面宽的综合营销业务处理平台，将营销业务领域相关的业务划分为"客户服务与客户关系""电费管理""电能计量及信息采集""市场与需求侧""综合管理"等5个业务领域，包括新装增容及变更用电、电费管理、计量体系管理、用电检查和供用电合同管理、线损管理、用户关系管理、用户档案管理等8大模块。电力营销业务信息应用系统客户信息主界面如图1-1所示。

电力营销业务信息应用系统中电费抄核收业务主要涉及抄表管理、核算管理、电费收缴及账务管理。抄表管理主要实现抄表段管理、抄表机管理、抄表计划管理、抄表数据准备、抄表机抄表、自动化抄表、手工抄表、抄表数据复核、抄表异常处理、抄表工作量管理、抄表工作质量管理等功能。核算管理主要实现电费计算参数管理、电量电费计算、审核管理、电费退补管理、政策性调整用户缴费参数等功能。电费收缴及账务管理主要实现用户电费缴费管理、业务费收缴管理、营销账务管理、欠费管理等功能。

电力营销业务信息应用系统的应用，使电费抄核收工作摆脱了传统手工管理工作效率低、管理不规范、差错漏洞多的弊端，实现了电费的集中自动化计算与智能化复核，以及电费异常问题的流程化处理，有效管控了电费抄核收工作的各个环节，实现自动化、流程化、标准化、集约化作业。

2. 电力用户用电信息采集系统

电力用户用电信息采集系统是对电力用户的用电信息进行采集、处理和实时监控的系

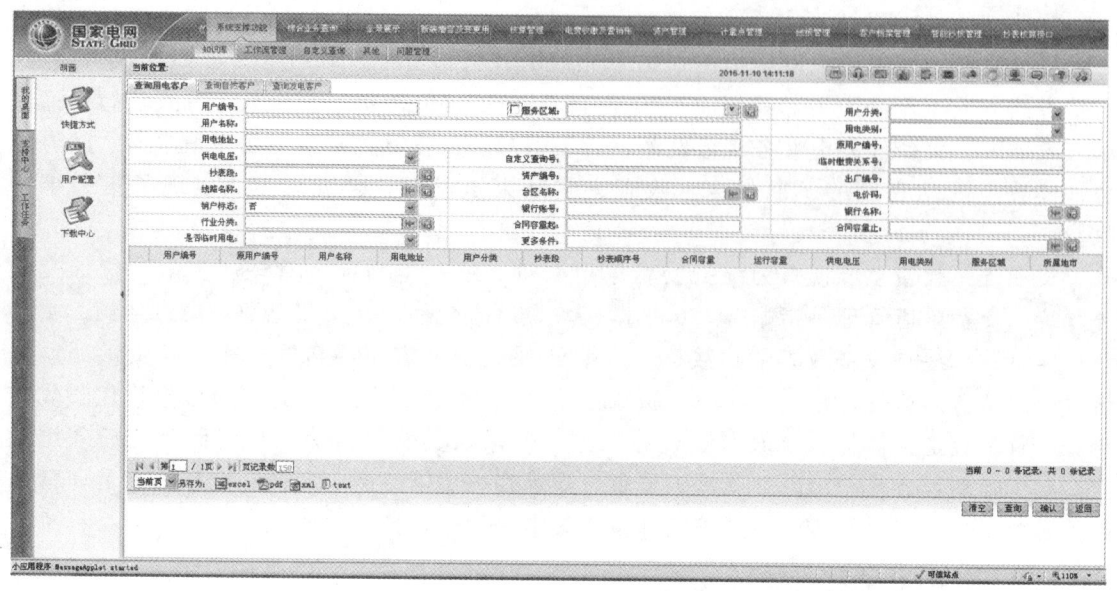

图1-1 电力营销业务信息应用系统客户信息主界面

统,实现用电信息的自动采集、计量异常监测、电能质量监测、用电分析和管理、相关信息发布、分布式能源监控、智能用电设备的信息交互等功能。系统分为基本应用、高级应用、运行管理、统计查询和系统管理五大模块。电力用户用电信息采集系统主界面图如图1-2所示。

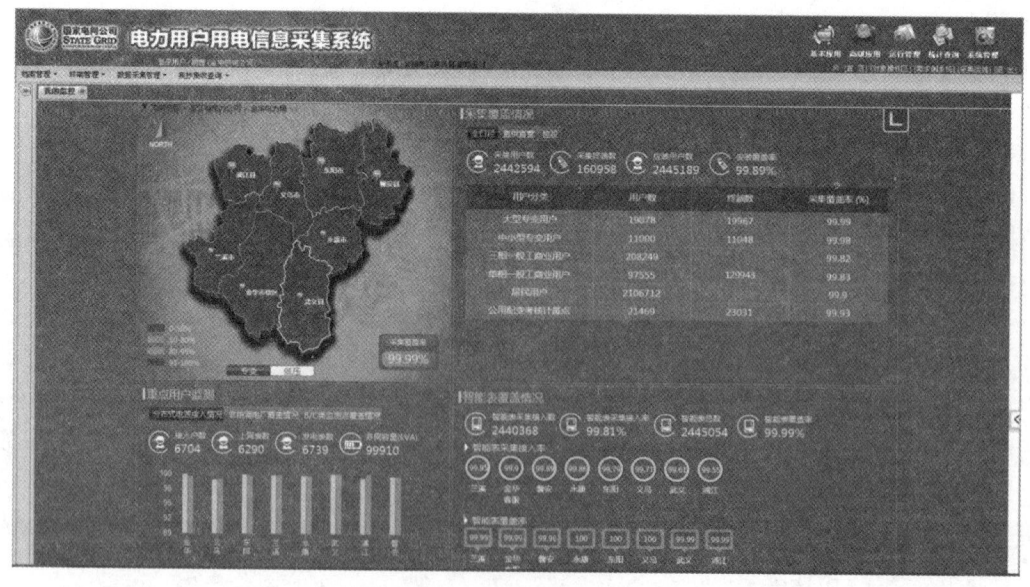

图1-2 电力用户用电信息采集系统主界面

电力用户用电信息采集系统中电费抄核收业务主要涉及抄表管理和电费回收。抄表管理主要实现抄表数据采集、抄表数据查询、抄表应用预警、抄表应用统计、抄表核算统计等功能。电费回收主要实现客户本地费控、远程费控、费控安全管理等功能。

电力用户用电信息采集系统的应用，将分散、人工的传统现场抄表模式，转变为集中、自动的新型抄表模式，抄表人员大幅减少，抄表效率大幅提升。随着电力用户用电信息采集系统技术的不断发展，抄表功能也在持续拓展完善，2015年，国网试点开展了"多表合一"和"零点抄表"业务，进一步优化了抄表工作，以实现人员最精化、效益最大化、服务最优化的管理目标。

3. 营财一体化系统

营财一体化系统是指建立并实施统一规范的业务管理规则和财务核算规则，对营销和财务信息系统进行改造并予以固化，实现营销与财务的业务融合和流程贯通。营财一体化系统主界面图如图1-3所示。

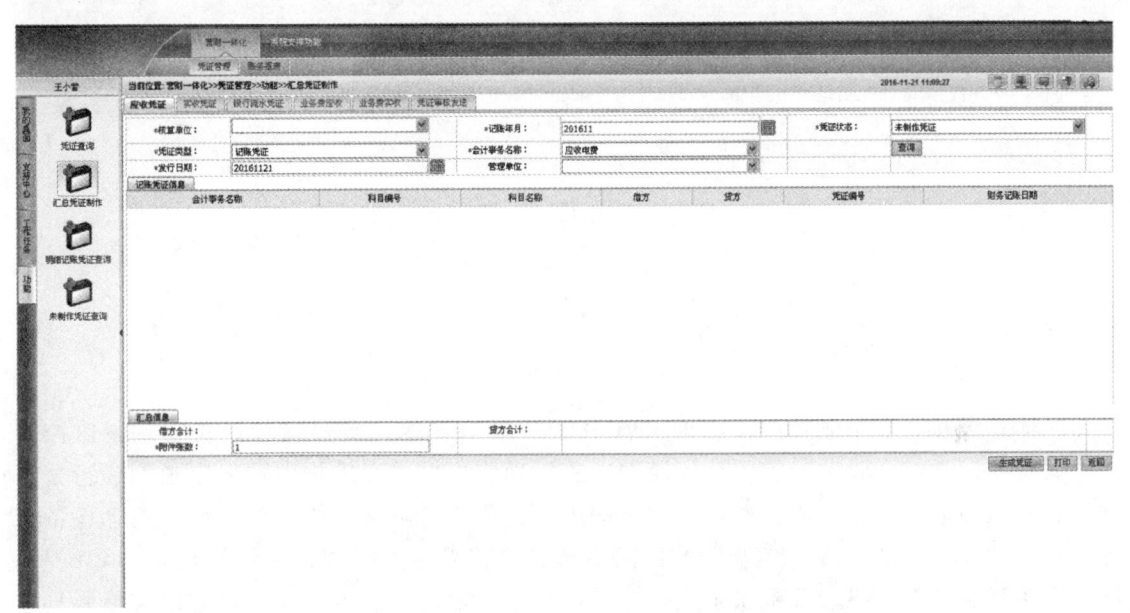

图1-3 营财一体化系统主界面

营财一体化系统核心内容是统一流程、统一主数据、统一规则，以实现长效运作。其中统一流程是指在营销业务信息应用系统和财务系统间建立统一并有效衔接的应收电费、预收电费、业务费及其他费用、银行进账信息等业务处理流程。统一主数据是指依据统一的主数据平台，实现银行账户、会计科目等业务主数据共享和交互，提高数据传输准确性和时效性。统一规则是指统一营销与财务间目录电价编码规则、账务核算规则和账务集成规则，保证营销业务信息应用系统与财务会计凭证的一一对应。

营财一体化系统的应用，消除了营销与财务核算脱节、营销账务凭证与财务会计凭证不对应、营销系统账务结账日期不一致的管理弊端，构建了集中、统一、精益、高效的电费集约化管理体系，进一步确保了电价和电费信息的真实、准确。

4. 一体化缴费平台

一体化缴费平台是国网智能用电服务体系的重要组成部分,是拓展用户电费缴费方式的技术平台,实现对各类缴费渠道、缴费设备的统一接入、统一监控、统一管理,并完成金融机构渠道、非金融机构渠道的统一接入和管理功能。一体化缴费平台主界面如图1-4所示。

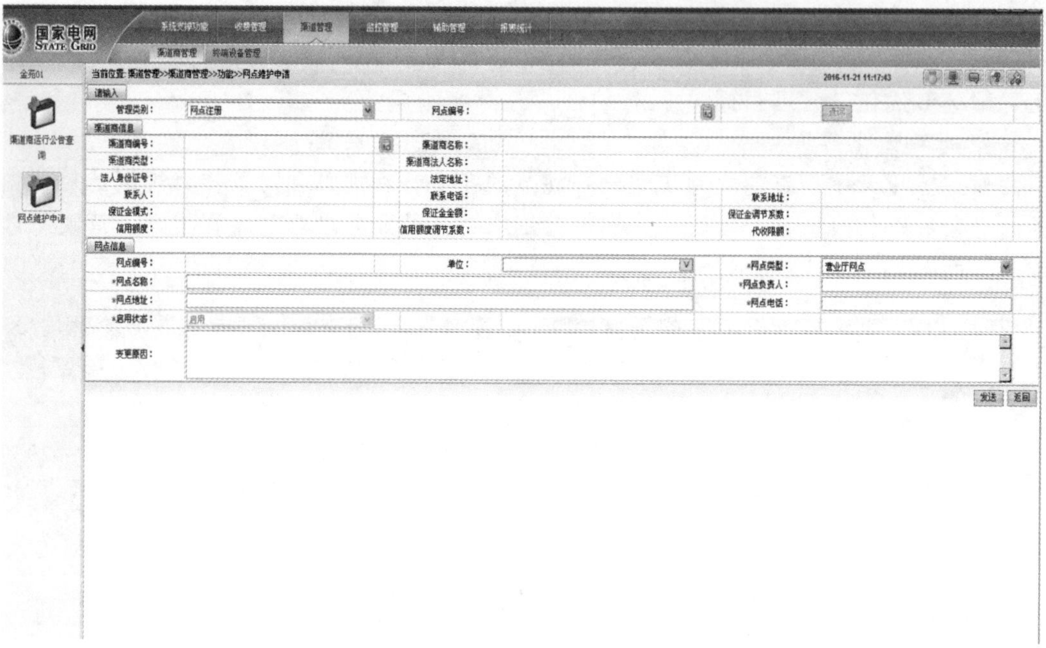

图1-4 一体化缴费平台主界面

一体化缴费平台中电费抄核收业务涉及缴费渠道管理、缴费终端设备管理、监控管理、缴费管理和综合收费报表统计。缴费渠道管理实现渠道商维护申请、渠道商运行公告维护、渠道商运行公告查询、缴费网点维护申请、渠道商协议维护申请。缴费终端设备管理实现终端设备配送申请、终端设备拆回申请、终端设备档案维护、终端设备参数维护、终端设备强制签退、终端设备状态维护、终端设备异常情况监控。监控管理实现终端日志查询、缴费网点实时监控、缴费业务监控。缴费管理实现渠道商手续费结算、渠道商手续费支付、缴费渠道效益分析。综合收费报表统计实现自助缴费终端收费统计、终端清机统计、终端未清机统计、用户缴费明细记录查询、终端缴费明细记录查询、终端过夜钱箱情况查询、售卡记录明细查询、网点单位缴费统计、缴费方式缴费统计。

一体化缴费平台的应用,全面整合了供电企业原有分散的电力缴费系统,实现了各类代收机构、银联卡缴费、网上缴费、手机缴费、自助终端缴费及充值卡缴费等多种缴费方式的一体化管理,统一数据接口,减轻了营销业务应用系统对外数据交互压力,增强缴费信息的安全性,增强服务的集中互动性和智能互动性,对全面提升客户服务水平、提高客户服务满意率具有重要的支撑作用。

5. 精益化管控平台

精益化管控平台是浙江省电力公司为加强营销稽查管控而建立的管控平台。平台分为主题库管理、白名单管理、综合预警、督办任务管理、待办工作、备忘录、预警防控、日常稽查流程、现场稽查流程、稽查问题管理、质量评价报表、信息报送流程、典型案例查询13个模块。精益化管控平台主界面如图1-5所示。

图1-5 精益化管控平台主界面

精益化管控平台中电费抄核收业务涉及抄表、电费核算、电量退补、收费账务、违约金计算、充值卡等6类业务，以"预警防控、业务稽查、质量评价"为核心，实现异常行为事前预警、事中管控、事后稽查。预警防控通过对抄核收业务关键节点实时跟踪，适时预警，实现事前预警、事中管控。业务稽查通过对抄核收业务开展在线稽查、专项稽查，对发现的问题及时下发稽查任务给业务部门进行整改，实现事后稽查。质量评价通过对抄核收业务稽查任务完成及时性、准确性开展分析统计，实现闭环管理。

精益化管控平台的应用，使电费抄核收业务稽查从传统事后稽查拓展为事前预警、事中防控，强化了抄核收业务质量问题的闭环管理，大大减少了工作差错的发生，全面提高了抄核收业务工作的质量。同时，运用数据挖掘、流数据计算等技术手段，实现对抄核收业务管控点的多维分析和深度挖掘，辅助业务部门优化工作流程，进一步提高抄核收精益化管控水平。

1.1.5 电费抄核收业务支撑

电力营销是一个紧密结合的有机整体，电费抄核收工作的正常开展，离不开业扩报装、变更用电、装表接电的专业支撑，上述三个业务环节稍有差错，将会直接影响电费计算的准确性。

1. 业扩报装对电费抄核收业务支撑

（1）业扩报装的定义。业扩报装又称业务扩充，是受理用户用电申请，根据用户用电需求和电网供电的实际情况，办理用电与供电的有关业务工作，即从受理用户用电申请，到向其正式供电为止的全过程，简称业扩。用户用电申请主要有两类，即新装用电和增容用电。新装用电是指任何单位和个人因用电需求，初次向供电企业申请报装用电。增容用电是指电力用户因用电设备增加向供电企业申请增加用电容量。

（2）业扩报装的主要内容。业扩报装主要内容为受理用户用电申请后，深入用户用电现场了解用户现场情况、用电规模、用电性质以及该区域的电网结构，然后根据用户的用电要求、现场调研情况以及电网运行情况制定供电方案。根据确定的供电方案，组织用户工程的设计、施工审查，以及针对隐蔽工程进行施工中间检查，最后组织用户内部工程的竣工验收。竣工验收后负责与用户签订供用电合同，组织装表接电。

其中，供电方案确定是业扩报装工作的重点内容。供电方案由用户接入系统方案和用户受电系统方案组成。其中用户接入系统方案包括供电电压等级、供电容量、供电电源位置、供电电源数（单电源或多电源）、供电回路数、路径、出线方式、供电线路敷设等；用户受电系统方案包括进线方式、受电装置容量、主接线、运行方式、继电保护方式、调度通信、保安措施、电能计量装置及接线方式、安装位置、产权及维护责任分界点、主要电气设备技术参数等。

（3）业扩报装对电费计算的影响。业扩报装时供电方案的确定直接影响用户电费计算的准确性。供电方案由用户接入系统方案和用户受电系统方案组成，主要影响用户电价分类、电价执行标准、基本电费执行标准、功率因数考核标准等。

1）接入系统方案。用户接入系统方案包括供电电压等级、供电容量、供电电源位置、供电电源数（单电源或多电源）供电回路数、路径、出线方式、供电线路敷设等。其中供电电压等级决定用户不同电压下的电价单价；供电容量决定用户基本电费执行标准及功率因数考核标准；供电电源决定用户基本电费计算方式。

2）受电系统方案。用户受电系统方案包括进线方式、受电装置容量、主接线、运行方式、继电保护方式、调度通信、保安措施、电能计量装置及接线方式、安装位置、产权及维护责任分界点、主要电气设备技术参数等。其中受电装置容量决定基本电费执行标准及功率因数考核标准；运行方式决定用户基本电费计算方式；电能计量装置及接线方式决定用户变损电量计算方式。

2. 变更用电对电费抄核收业务支撑

（1）变更用电的定义。变更用电是指用户在不增加用电容量和供电回路的情况下，由于自身经营、生产、建设、生活等变化而向供电企业申请，要求改变原《供用电合同》中约定的用电事宜的业务。

（2）变更用电的主要内容。变更用电共分12类业务，包括减容、暂停、暂换、迁址、移表、暂拆、更名或过户、分户、并户、销户、改压和改类。

其中，减容是指减少用户合同约定的用电容量，分为临时性减容和永久性减容；暂停是指暂时停止用户全部或部分受电设备的用电；暂换是指用户临时更换大容量变压器；迁址是指用户迁移受电装置用电地址；移表是指用户移动用电计量装置安装位置；暂拆是指用户暂时停止用电并拆表；更名或过户是指改变用户的名称，其中更名是原户不变而依法变更企业、单位或用户名称；过户是原户迁出、新户迁入，改变了用电单位或用电代表；分户是指一户分列为两户及以上的用户；并户是指两户及以上用户合并为一户；销户是指用户合同到期终止用电；改压是指改变用户供电电压等级；改类是指改变用户用电类别。

（3）变更用电对电费计算的影响。变更用电的各类业务对电费计算均有影响，其中影响较大的有减容、暂停业务。

1）减容。减容必须是整台或整组变压器的停止或更换小容量变压器用电。供电企业在受理用户减容申请后，根据用户申请减容的日期对减容设备进行加封。自加封之日起，减容部分免收基本电费。减容后，容量达不到实施两部制电价规定容量标准的，应改为相应用电类别单一制电价计费，并执行相应的分类电价标准。

2）暂停。暂停用电必须是整台或整组变压器停止运行。供电企业在受理用户暂停申请后，根据用户申请暂停的日期对暂停设备加封。自设备加封之日起，暂停部分免收基本电费。暂停时间少于15天，则暂停期间基本电费照收。暂停后容量达不到实施两部制电价规定容量标准的，应改为相应用电类别单一制电价计费，并执行相应的电价标准。暂停期满或每一日历年内累计暂停用电时间超过6个月的，不论用户是否申请恢复用电，供电企业须从期满之日起，恢复原电价计费方式，并按合同约定的容量计收其基本电费。

3. 装表接电对电费抄核收业务支撑

（1）装表接电的定义。装表接电是指供电企业为用户安装电能计量装置，将用户的受电装置接入电网的过程。电能计量装置包括各种类型电能表，计量用电压、电流互感器及其计量二次回路，电能计量屏（柜、箱）等。

（2）装表接电的主要内容。装表接电的主要内容是电能计量装置的安装验收、电能表周期轮换及电能计量装置现场维护、故障处理等。凡属于用户装设的计量装置，包括单相、三相和高压、低压装置，从一次进户线到计量装置的所有二次回路，均属于装表接电的工作范围。

（3）装表接电对电费计算的影响。装表接电时计量点的确认直接影响用户需承担的损耗电量。与电费计算相关的损耗电量主要存在两个部分，即专线用户因计量装置安装在供电变压器出口引起的损耗电量（简称"线损电量"）和公用线路供电的高压用户在低压侧计量引起的损耗电量（简称"变损电量"）。

1）线损电量。专线供电用户，其计量点应选在专线的始端，即供电企业变电站用户专线间隔。但是当有其他技术上的原因，其计量点不能选在专线的始端时，可征得用户的同意后，安装在专线末端，即用户变电所的进线间隔，在计算用户的有功电量、无功电量及最大需量时应加上专线的线损电量及需量。

2）变损电量。高供高计用户电能计量装置装设在变压器的高压侧，无需单独计算变压器损耗；高供低计用户电能计量装置装设在低压侧，其损耗未在电能计量装置中记录，按照《供电营业规则》规定，损耗由产权所有者承担，低供低计用户的损耗由供电部门承担。

1.2 电　　价

商品的销售，一方面向消费者提供质量合格的产品；另一方面从用户取得相应的货币收入。电能也是商品，它也具有电能价值体现的电价。正确理解并执行电价政策，不仅能保证供用电双方的经济效益，也能使电能生产、输送、使用更加有序。

1.2.1 电价基本概念

1. 电价的定义

《中华人民共和国电力法》第三十五条指出，电价是指电力生产企业的上网电价、电网间互供电价、电网销售电价。电价实行统一政策，统一定价原则，分级管理。

电价是电力这个特殊商品在供电企业参加市场经济活动，进行贸易结算中的货币表现形式，是电力商品价格的总称。它由电能成本（物质消耗支出、劳动报酬）、盈利（税金和利润构成）。

（1）上网电价是指独立核算的发电企业向电网经营企业提供上网电量时与电网经营企业之间的结算价格。其内涵与一般工业品出厂价格基本相同，体现发现资源稀缺程度及成本差异，具有调节电源结构的作用。

（2）电网间互供电价是指电网与电网之间相互销售电力的价格。售电方与购电方都是电网，而且是两个不同核算单位的电网。或者说，它是指相互独立核算的跨省、自治区、直辖市电网和独立电网之间，省级电网和独立电网之间，独立电网和独立电网之间的互供电价。互供电价价格的确定由电网企业双方协商确定。

（3）电网销售电价是指电网经营企业对终端用户销售电能的价格，或者说，它是指电力供应企业向电力使用者供电的价格。

2. 制定电价的基本原则

制定电价的基本原则是实行统一政策、统一定价、分级管理。

制定电价的一般原则是合理补偿成本、合理确定收益、依法计入税金、坚持公平负担、体现国家能源政策、促进电力发展。

（1）合理补偿成本。电价必须能补偿电力生产过程和电力流通过程的成本费用支出，以保证供电企业的正常运营。

（2）合理确定收益。电价既要保证供电企业及其投资者的合理收益，有利于电力事业的发展，又要避免电价利润过高，损害电力用户的利益。

（3）依法计入税金。即电价中应计入供电企业按照国家税法允许纳入电价的税种和税款，其他税款不应计入电价。

（4）坚持公平负担。即制定电价时，要从电力公用性和发电、供电、用电的特殊性出发，考虑各类电力用户的不同特性，使各类电力用户公平负担电力成本。

（5）要体现国家能源政策。即当能源充足时，应鼓励用户多用电，可采用降低电价的措施；即当能源不足时，应鼓励用户节约用电，采取提高电价的措施。我国的能源政策是开发与节约并重。

（6）促进电力发展。即通过科学合理地制定电价，促进电力资源的优化配置，保证供电企业的正常生产，并使供电企业具有一定的自我发展能力，推进电力事业走向良性循环发展的道路。

对于抄核收人员来讲，在电价上只有正确执行的责任与义务，而无任意解释或更动的权力。在营业工作中若遇有疑难的电价问题，必须逐级汇报、请示，严禁擅自决定或凭想当然予以解释或变更。只有正确理解和执行电价政策，才能运用价值规律促进电能合理使用。

3. 影响电价的因素

（1）需求关系影响。需求是指在其他条件相同的情况下，在某一特定的时期内，消费者在有关的价格下，愿意并有能力购买某一商品的各种计划数量。影响需求的因素很多，其主要的决定因素有：消费者个人收入、其他竞争产品或相关产品的价格，以及消费者的嗜好与偏爱等。电能是一种比较特殊的商品，制定电价时一方面要以价值为基础；另一方面要适当地反映电能的供求关系，必须处理好其与需求的关系，使电价水平公平合理。

（2）自然资源影响。我国的能源资源丰富，但分布极不平衡，造成了各地区电网的平均成本参差不齐，这就不能安装部门平均成本制定统一电价，而应根据电网平均成本制定地区差价。

（3）时间因素影响。发电、供电、用电是在同一时间完成的，这一过程中任何一个环节发生故障都将影响电能的生产和供应。因此，为保证用户的正常用电，电力生产必须连续进行，但电力负荷是随时都在不断变化的，特别是昼夜的交替变化，必然引起电力负荷波动。峰谷差愈大，电网平均成本随时间的波动就愈大。按照公平合理的原则，并考虑调整系统负荷的需要，制定电价时应考虑时间因素的影响，即制定峰谷电价和其他分时电价。

（4）季节因素影响。对水电并重较大的电网，应考虑季节变化的影响。为了充分利用水力资源，在丰水季节，电网应尽可能安排水电厂多发电，即让水电带基本负荷，而火电则作为补充电量，进行调峰，这样电网平均成本就会降低；由于枯水季节电网靠火电厂发电，因此，电网平均成本相应地会增高，即应制订季节电价。

（5）其他政策性因素影响。国家在不同时期有着不同的经济政策，这些政策也会影响价格的制定与形成。

1.2.2 电价制度

我国现行的电价制度是新中国成立以来一直沿用的，基本上没有较大的变动。近年来，随着社会的不断发展和电力体制改革不断深入，为了充分利用电能资源，运用价格杠杆，提高设备利用率和负荷率，对电价制度作了部分调整和更新，以适应国民经济发展对电力的需要。目前常用的电价制度如下。

1. 单一制电价制度

指以用户安装的计费电能表记录的电量来计算用户每月电费的电价制度，即每月应付电费与其设备容量和用电时间不发生关系，仅与实际用电量计算电费。

实施范围：除变压器容量在 315kVA 及以上的大工业用户外，其他所有用电均执行单一制电价制度。

2. 两部制电价制度

包括基本电价和电度电价两部分。一部分是基本电价，它代表供电企业成本中的容量成本，即固定费用部分，这部分电费按变压器容量计算或按最大需量计算；另一部分是电度电价，它代表供电企业成本中的电能成本，即变动费用部分，这部分电费是以用户的实际用电量来计算的。

实施范围：变压器容量在315kVA及以上的大工业用户。

3. 丰、枯分时电价制度

丰、枯分时电价制度是指为了充分利用水电资源、鼓励丰水期多用电的一项措施，即将一年12个月分为丰水期、平水期、枯水期三个时期，丰水期电价可在平水期电价的基础上向上浮动一个比例值；枯水期电价可在平水期电价的基础上向下浮动一个比例值。

实施范围：除居民生活用电和农业排灌用电以外的所有用电。

4. 峰谷分时电价制度

峰谷分时电价是将一天的24h分成尖、峰、谷、平几个时段，每个时段实行不同价格。实行峰谷分时电价的主要目的是以经济手段调整电网用电负荷率，缓解高峰期间电力供需矛盾，使有限的电力资源发挥最大效益。如浙江实施的居民二时段，非居民的六时段。

二时段：高峰时段，8：00—22：00；低谷时段，22：00至次日8：00。

六时段：尖峰时段，19：00—21：00；高峰时段，8：00—11：00，13：00—19：00，21：00—22：00。

低谷时段，11：00—13：00，22：00至次日8：00。

实施范围：除指定特殊用户外，所有用电均可执行峰谷分时电价。

5. 功率因数调整电费

根据用户的用电性质、供电方式、电价类别、用电容量等划分为三个按月考核的加权平均功率因数（0.9、0.85、0.8）。如用户的实际功率因数高于考核功率因数，供电企业则对其减收一定比例的电费；如用户的实际功率因数低于考核功率因数，则对其增收一定比例的电费。

适应范围：100kVA（kW）及以上符合相关规定的用户。

6. 临时用电电价制度

指非永久性用电的用户所执行的电价。电费收取可装表计量电量，也可按其用电设备容量或用电时间收取。对未装用电计量装置的用户，供电企业应根据其用电容量，按双方约定的每日使用时数和使用期限预收全部电费。用电终止时，如实际使用时间不足约定期限1/2的，可退还预收电费的1/2；超过约定期限1/2的，预收电费不退；到约定期限时，终止供电。

实施范围：基建工地、农田水利、市政建设、抢险救灾等。

7. 阶梯电价制度

阶梯电价全名为"阶梯式累进电价"，是指把户均用电量设置为若干个阶梯，各阶梯之间的电价不同。梯级电价制度分为递增型梯级电价制度和递减性梯级电价制度。递增型梯级电价制度的后级比前级的电价高；递减性梯级电价制度的后级比前级的电价低。一般在电力供应充足或电力供应紧缺的地区或时间实施。

如居民阶梯电价。第一阶梯为基数电量，此阶梯内电量较少，电价也较低；第二阶梯电量较高，电价也较高一些；第三阶梯电量更多，电价也更高。随着户均消费电量的增长，电价逐级递增。浙江省居民生活用电实行按年实施的阶梯电价政策方案，阶梯级数为三档。阶梯累进加价标准：第一档电量（年用电量2760kW·h以内）为0.538元/(kW·h)；第二档电量（年用电量2761~4800kW·h）加价5分钱，为0.588元/(kW·h)；第三档电量（年用电量4800kW·h以上）加价0.30元，为0.838元/(kW·h)。选择执行峰谷分时电价的，其中第一档电量峰、谷电价按0.568元/(kW·h)、0.288元/(kW·h)执行，第二、第三档电量峰、谷电价均同步提高5分钱、0.30元。

实施范围：居民用户。

8. 差别化电价（惩罚性电价）

为了抑制高耗能企业盲目发展，促进经济发展方式转变和经济结构调整，《国务院办公厅转发发展改革委关于完善差别电价政策意见的通知》（国办发〔2006〕77号）和《关于进一步贯彻落实差别电价政策有关问题的通知》（发改价格〔2007〕2655号）提出了差别电价政策。

《关于清理对高耗能企业优惠电价等问题的通知》（发改价格〔2010〕978号），制定了对电解铝、铁合金、电石、烧碱、水泥、钢铁、黄磷、锌冶炼8个行业实行差别电价政策，限制类企业执行的电价加价标准0.10元，淘汰类企业执行的电价加价标准0.30元。

各地省经贸委依据国家产业政策，对企业生产设备、工艺和设备投产时间等相关内容进行审查，对能源消耗超过国家和地方规定的单位产品能耗（电耗）限额标准的产品，实行惩罚性电价。其中超过限额标准一倍以上的，比照淘汰类电价加价标准执行；超过限额标准一倍以内的，比照限制类电价加价标准执行。各地省经贸委可根据需要，进一步提高对淘汰类和限制类企业的加价标准，加强对高耗能企业的动态甄别工作，及时确定更新执行差别电价的企业名单。

实施范围：国家规定的高耗能企业、各地的超能耗（电耗）企业。

9. 优待电价

优待电价是指国家利用电价政策进行宏观调控，扶持不同的行业、产业或弱势群体，其所用电量的价格，给予不同程度的优待。

如浙江省物价局、省电力工业局《关于农产品加工型农业龙头企业等用电价格的通知》（浙价商〔2002〕377号）对浙江省农产品加工型农业龙头企业和重点农产品批发市场等用电价格予以优惠。①农产品加工型农业龙头企业和省、部级重点农产品批发市场的用电（市场名单由物价部门公布），以及农业科技园区从事畜禽、水产养殖和设施农业的用电，受电容量在315kVA及以上的，按大工业用电价格执行，315kVA以下的按非普通工业用电价格执行；②对经省认定的外向型农业龙头企业和农业科技园区从事畜禽、水产养殖和设施农业的用电按规定的价格优惠电度电价0.02元/(kW·h)。

根据《国家发展改革委关于适当调整电价有关问题的通知》（发改价格〔2011〕1101号）精神，经权限部门认定的农村饮水安全工程，其供水用电价格按现行《浙江省电网销售电价表》中"居民生活用电"价格执行。其中，通过农村排灌电力线路供电的农村饮水安全工程，其供水用电价格按"农业生产用电"中的农业排灌、脱粒用电价格执行。

10. 光伏上网电价

《国家发展改革委关于发挥价格杠杆作用　促进光伏产业健康发展的通知》（发改价格〔2013〕1638号）中规定了光伏电站的上网电价和分布式光伏发电价格，对分布式光伏发电实行按照全电量补贴的政策，电价补贴标准为 0.42 元/（kW·h），通过可再生能源发展基金予以支付，由电网企业转付。

以浙江省为例。

自发自用余量上网模式。分布式光伏自用有余上网电量，上网电价 0.4153 元/（kW·h）[《浙江省物价局关于电价调整有关事项的通知》（浙价资〔2016〕2号）]。

全额上网模式。全额上网型分布式光伏按光伏电站上网标杆电价结算，浙江省全额上网分布式光伏结算价格＝0.98（上网标杆）＋0.10（省补贴）＝1.08元/（kW·h）。全额上网型不得转为自发自用型，自发自用型光伏只有在用电负荷明显减少或用电户供用电关系无法维持时方可转为全额上网型。

实施范围：光伏电站、居民分布式光伏发电。

11. 输配电电价

输配电电价是指电网经营企业提供接入系统、联网、电能输送和销售服务的价格的总称。由政府制定实行统一政策，分级管理。按照"合理成本、合理盈利、依法计税、公平负担"的原则，考虑供电成本差异、用户用电特性、政府基金、交叉补贴等情况形成分用户类别、分电压等级的输配电电价体系。

2013年，国家发展与改革委员会（以下简称"国家发展改革委"），选择深圳作为输配电价改革试点单位，并由广东省发展改革委组织开展成本监审。2014年8月，广东省发展改革委将深圳电网输配电成本监审初步结论和《深圳市输配电价改革试点方案（草案）》上报国家发展改革委，申请开展改革试点。国家发展改革委于2014年11月正式批复实施方案，12月核定了深圳电网2015－2017年输配电价水平。

2016年3月，国家发展改革委《关于扩大输配电价改革试点范围有关事项的通知》（发改价格〔2016〕498号），进一步扩大输配电价改革试点范围。根据价格改革工作进度，2017年将全面推开输配电价改革。

12. 直购电电价

用户直购电电价是指电厂和终端购电用户之间通过直接交易的形式协定购电量和购电价格，然后委托电网企业将协议电量由发电企业输配终端购电大用户，并另支付电网企业所承担的输配服务费用。

为加快电力体制改革，进一步完善电力形成机制，优化资源配置，《电力用户向发电企业直接购电试点暂行办法》（电监输电〔2004〕17号）中规定了直购电相关事宜，用户向发电企业直接购电的价格、结算办法，有购售双方协商确定，并在相关合同中明确。

2014年，浙江省经济和信息化委员会、浙江省物价局、国家能源局浙江监管办公室联合下发《浙江省电力用户与发电企业直接交易试点实施方案（试行）》（浙经信电力〔2014〕453号），引入直接交易，电力用户和发电企业的直接交易采用平台集中竞价方式确定交易电价。2014年试点的电力用户限定为110kV及以上的大型电力用户，按国家批复的输配电价 0.098 元/（kW·h）执行。2015年，试点的电力用户限定为35kV及以上的大型电力用户，采用顺价方式，用户直接交易电量电价由直接交易价格（发电企业平台集中竞价出清价格）和电网购销差价组成，对应销售目录电价下调 0.0302 元/（kW·h）。2016年，参与的电力用户范围为：2015年度年用电量在100万/（kW·h）以上的工商企业，以及执行大工业电价的工商企业。已参加 2016 年度第一批试点的电力用户对应销售目录电价下调 0.0602 元/（kW·h），新参与的电力用户对应销售目录电价下调 0.035 元/（kW·h）。

试点期间，国家调整我省输配电价、政府性基金及附加费和上网电价的，本次试点输配电价、政府性基金及附加费和直接交易价格同步调整，其中输配电价、政府性基金及附加费按国家文件规定执行，直接交易价格按上网电价调整幅度同步调整。

13. 定比定量电价

在用户受电点内难以按电价类别分别装设用电计量装置时，可装设总的用电计量装置，按其不同电价类别的用电设备容量的比例或实际可能的用电量，确定不同电价类别用电量的比例或定量进行分算，分别计价。具体由当地物价部门会同电力部门核定。

14. 电价的交叉补贴

合理的电价结构应是各类用户的电价水平合理反映对其供电的成本，如果某类或某个用户的电价高于或低于供电成本，而由其他用户承担，则形成了电价的"电价交叉补贴"。主要体现在以下几个方面：①不同时段的电价之间，如峰谷不分时电价会造成谷荷电价对高成本的峰荷电价的交叉补贴；②不同电压等级的电价之间；③发电与用电之间；④不同地区之间，一般现象为经济发达地区电价补贴落后地区电价；⑤不同种类用户之间存在交叉补贴。

15. 代收费（基金）

收取标准及范围如下：

（1）国家重大水利工程建设基金。除农业生产中的贫困县农业排灌用电外，均含国家重大水利工程建设基金 1.436 分钱。

（2）城市公用事业附加费。除农业生产用电以外，均含城市公用事业附加费 0.5 分钱。

（3）大中型水库移民后期扶持资金。除农业生产用电以外，均含大中型水库移民后期扶持资金 0.83 分钱。

（4）地方水库移民后期扶持资金。除农业生产用电以外，均含地方水库移民后期扶持资金 0.05 分钱。

（5）农网还贷资金。除农业生产用电以外，均含农网还贷资金 2 分钱。

（6）可再生能源电价附加。除农业生产用电外，均含可再生能源电价附加，其中居民生活用电 0.1 分钱、其余各类用电 1.9 分钱。

（7）核工业铀扩散厂和堆化工厂生产用电价格，按分类电价降低 1.7 分钱（农网还贷资金）执行。

1.2.3 分类电价

分类电价指的是按照不同用户的类别、不同电压等级制定不同的电价，这样的电价分类能合理配置电力资源，促进用户的合理用电和公平负担，保证民生及低收入人群的用电。《国家发展改革委调整销售电价分类结构有关问题的通知》（发改价格〔2013〕973号）对销售电价分类结构进行了调整，要求逐步归并为居民生活用电、农业生产用电、工商业及其他用电三个类别。

目前浙江省电网销售电价将用电分为4大类，具体为居民生活用电电价、大工业用电电价、一般工商业及其他用电电价、农业生产用电电价。

1. 居民生活用电

居民生活用电指城乡居民住宅及其附属设施（指楼道灯、住宅楼电梯、水泵、小区及村庄内路灯、物业管理、门卫、消防、车库）等生活用电；普通高等学校（包括大学、独立设置的学院和高等专科学校）、高中（普通高中、成人高中）、中等职业学校（包括普通中专、成人中专、职业高中、技工学校）、初中（普通初中、职业初中、成人初中）、小学（普通小学、成人小学）、幼儿园（托儿所）、特殊教育学校（对残疾儿童、少年实施义务教育的机构）的学校教学用电和学生生活用电；敬老院、孤儿院、救助管理站等提供住宿的收养、收容服务场所用电；农村公用变压器（原农村综合变压器）以下的路灯、自来水及非营利性公共活动场所用电；城市社区居民委员会的公益性服务设施用电。

宗教场所生活用电；城乡社区居民委员会服务设施用电；居民家庭住宅、居民小区、执行居民电价的非居民用户设置的充电设施用电；对不纳入城镇污水管网的农村污水微动力处理设施及农村生活垃圾资源化处理设施用电。

以上用电均不包括从事生产、经营活动的用电。

2. 大工业用电

（1）以电为原动力，或以电冶炼、烘焙、熔焊、电解、电化的一切工业生产，且受电变压器容量（含不通过受电变压器的高压电动机）在315kVA及以上的用电，以及符合上述容量规定的电气化铁路牵引用电、自来水厂用电、污水处理厂及其泵站用电、船舶修理厂用电均执行大工业电价。自来水厂用电和污水处理厂及其泵站用电是否执行分时电价由用户自行选择，选定后在12个月之内应保持不变。

中小化肥用电：指符合上述容量规定的，具有生产许可证、单系列合成氨年生产能力为30万t以下（不含30万t）的化肥企业生产用电，以及磷肥、钾肥、复合肥料企业的用电，但不包括上述企业生产中小化肥以外的用电。

电解铝生产用电：指符合上述容量规定的，国家产业政策允许和鼓励的电解铝企业生产电解铝的用电。

氯碱生产用电：指符合上述容量规定的，符合国家产业政策、达到经济规模，即年生产能力在3万t及以上的氯碱企业生产氯碱的用电。

符合大工业用电容量规定的商业用户，可选择执行大工业用电分时电价，选定后在12个月之内应保持不变。

（2）大工业用户基本电费按变压器容量计算或按最大需量计算。基本电费的计费容量按受电装置上直接连接的变压器容量和不通过该变压器的高压电动机容量总和核定。基本电费计算方式变更由用户提前15个工作日申请办理，从下一个周期生效，变更后应在3个月之内保持不变。

按需量计算基本电费的用户，可每月变更需量值，由用户提前5个工作日向供电企业申请变更下一月（抄表周期）的合同最大需量核定值；用户未申请的，需量按该用户上月申请的需量计算，直至用户申请变更为止。用户申请最大需量核定值不得低于变压容量

(kVA 视同 kW）和不通过变压器的高压电动机容量总和的 40％。当月需量抄见值未超过合同确定值 105％的，按合同确定值收取。当月需量抄见值超过 105％部分的基本电费加一倍收取。对按照最大需量计费的两路及以上进线用户，同时使用的进线分别计算最大需量，累加计收基本电费。

3. 一般工商业及其他用电

（1）普通工业用电。以电为原动力，或以电冶炼、烘焙、熔焊、电解、电化的一切工业生产，且受电变压器容量（含不通过受电变压器的高压电动机）在 315kVA 以下或低压受电的用电，以及符合上述容量规定的自来水厂用电、污水处理厂及其泵站用电、船舶修理厂用电。自来水厂用电和污水处理厂及其泵站用电是否执行分时电价由用户自行选择，选定后在 12 个月之内应保持不变。

中小化肥用电：指符合上述容量规定的，执行范围同大工业用电中的中小化肥用电。

（2）商业用电。指从事商品交换、提供有偿服务等非公益性场所的用电，主要包括：

1）服务业。如宾馆、饭店、旅社、酒店、咖啡厅、茶座、美容美发厅、浴室、洗染店、彩扩、摄影等。

2）商品销售业。如商场、商店、交易中心（市场）、超市、加油站、房产销售经营场所等。

3）文化娱乐、健身、休闲业。如收费的旅游点、影剧院、录像放映厅、游艺机室、网吧、健身房、保龄球馆、游泳池、歌舞厅、卡拉 OK 厅、高尔夫球场等娱乐、健身、休闲场所。

4）金融交易业。如证券、信托、租赁、典当、期货、保险和银行、信用社等。

5）商务服务业。如法律服务、咨询与调查服务、广告服务、中介服务、旅行社、会议及展览服务、其他经营性的商务服务等。

6）电信和其他信息传输服务业。

7）其他服务业。如修理与维护业、清洁服务业等。

（3）非工业用电主要包括：

1）机关、事业单位、社会团体、医院、研究机构、宗教场所等用电。

2）铁道、地铁、邮政、管道输送、航运、电车、电视、广播、仓库（仓储）、码头、车站、停车场、飞机场、下水道、路灯、广告（牌、箱）、体育场（馆）、市政公共设施、公路收费站、农贸市场等用电。

3）临时施工用电。

4）邮政、自来水、管道煤气（天然气）、有线电视等单位的营业厅用电。

部队、狱政用电：指部队用电（包括武警部队用电）、狱政用电（包括劳改、劳教单位用电），但上述各类用电不包括其所办企业的生产经营性用电，其所办企业的生产经营性用电按规定的分类用电价格执行。为残疾人办的企业（必须符合国家的有关规定，且 380/220V 供电的用户），其生产用电价格也执行此类电价。

除居民生活用电、大工业用电、农业生产用电外的其他用电，均执行一般工商业及其他用电价格。

4. 农业生产用电

农业生产用电是指蔬菜、果树、茶、桑、花卉、苗木等种植业用电；各种畜禽产品养殖、海水养殖、内陆养殖等养殖业用电；农户家庭炒茶用电；日晒原盐用电；海水淡化设施用电；粮食烘干机械用电。

农业排灌、脱粒用电指粮食作物排灌、脱粒及农业防汛、抗旱临时用电。

贫困县农业排灌用电指省确定的享受贫困县扶持政策的农业排灌用电。

1.3 术　　语

用户：依法与供电企业建立供用电关系的组织和个人，签订供用电合同的基本最小单位。

营业户：供电企业向用电用户售电的单位，对应一套计量装置（包括无表计量）和一套电价。

转供户：向其他用电用户进行供电的用电用户。

被转供户：接受其他用电用户供电的用电用户。

趸售用户：相当于电力分销商，执行"批发电价"，负责向其他用户进行销售。

受电点：用户接受电能的位置。

抄表段：是指由地理位置上相邻或相近同一抄表方式的若干用户组成的一个集合。

抄表周期：是指两次正常抄表结算间隔的时间。

抄表例日：是指为了有计划地安排抄表工作，而对所有用户相对固定的抄表时间。

抄表机：是用于移动数据采集的掌上型设备，又称掌上电脑、手持终端、数据采集器等。

抄表计划：是指根据抄表段的抄表例日、抄表周期及抄表人员等信息以抄表段为单位产生抄表计划的过程。

抄表数据准备：是对指定抄表段数据进行初始化的过程。

远程抄表：是指采用自动装置将用户在装电能表数据自动采集上传的抄表方式。

现场抄表：是对采集系统远程抄表失败用户，进行现场抄表，获取抄表数据，并核实采集失败的原因。

抄表示数复核：是指为减少抄表差错，对抄表数据进行复核检查的过程。

周期核抄：是指采用自动抄表的用户，定期开展人工现场核抄的过程。核抄周期高压用户不得超过6个月，低压用户不得超过12个月。

电费：是指用电人按用电数量和国家规定的电价标准向供电人支付的费用。

供电量：供电企业在一段时间内供出的电量。

售电量：是指供电企业作为商品销售给用户的电量。

抄见电量：是指根据用户电能表所指示的数据计算的电量。

结算电量：是指供电企业与用户最终结算电费的电量。

最大需量：是指在设定的测定周期内，若干个时间段（一般取15min）内电能消耗最多的时间段的负荷。

目录电费：是指根据用户的结算电量及该部分电量所对应的目录电价标准计算的电费。

电度电费：是指根据用户的结算电量及该部分电量所对应的电度电价标准计算的电费。

基本电费：是指根据用户变压器的容量或最大需量和国家批准的基本电价计收的电费。

代征电费：是指按照国家有关法律、行政法规规定或经国务院以及国务院授权部门批准，随结算电量征收的基金及附加电费。

功率因数调整电费：是指按用户实际功率因数及该用户所执行的功率因数标准对用户承担的电费按功率因数调整电费表系数进行相应调整的电费。

政策性退补：是指由于电价调整引起的，对已经发行电费的用户所进行的电费退补。

非政策性退补：是指由于计量故障、抄表失误、档案差错、违约窃电等原因，对用户进行电量电费退补。

用户画像：是真实用户的虚拟代表，是建立在一系列真实数据之上的目标用户模型。根据他们的目标、行为和观点的差异，将他们区分为不同的类型，打上标签，形成的一个人物原型。

电费违约金：是指用户在供用电双方约定的期限内未交清电费时，应向供电方支付的电费滞纳的违约金。

缴费截止日期：是指供用电双方约定的缴费期限。

逾期：是指用户实际缴纳电费时间超过供用电双方约定的期限。

电费违约金免计：是指由于非用户原因引起用户实际缴纳电费逾期，对产生的电费违约金进行免于计收的处理。

电费预警：指由于用户主观和客观的原因有可能造成欠缴电费时，供电企业对电费回收实施事前的预防和警示所做的工作。

电费充值卡：是由电力公司统一发行，用于电力用户抵缴现时或未来电费的一种权证。

预付费控：是用户选择"先付费，后用电"模式，预交电费金额达到约定值时，启动停复电控制的一种业务。

分次结算：是指用户月结算电费按照电费分次结算协议约定分2次或3次结算。

征信：依法收集、整理、保存、加工自然人、法人及其他组织的信用信息，并对外提供信用报告、信用评估、信用信息咨询等服务，帮助用户判断、控制信用风险，进行信用管理的活动。

信用：指以偿还为条件的一种特殊形式，一般产生于货币借贷和商品交易的赊销或预付之中，强调经济主体之间的债权债务关系，反映经济主体的支付愿望和支付能力。

失信用户：指在一定的统计周期内发生本规范规定的失信行为的电力用户。

电费发行：是指通过电费结算实现电力商品的销售收入，同时产生应收电费的过程。

票据：是指电费、充值卡销售、营业等专用发票、收据和电费增值税发票。

票据批号：是指在印刷票据时，对同一批次的所有票据所印制的相同数据编号。

印刷批号：是指票据的流水号码，对同一批次的票据印刷编号是唯一的，但不同批次的票据印刷编号可能存在重复的情况。

电费台账：是对用户每月电费的发行、收取、欠费、坏账核销、预收及暂收情况的真实记录。

解款：是指收费人员在每日收费结束后，对收取的现金和支票与系统中的收费记录进行核对，正确后对系统内的收费记录进行解款操作，生成解款单据，并将现金及支票解款到银行电费专户的过程。

解款核定：是指账务人员根据银行的进账单与解款凭证以及系统中的解款记录进行核对，并加以确认。

二次销账：是指财务人员从解款银行获取上一天电费账户对账单流水或银行资金入账单据，导入营销业务应用系统与一次销账记录进行勾对的过程。

第2章 抄 表 工 作

抄表工作就是应用各种抄表方式抄录电能计量装置所计量的电能数据,是抄核收工作的第一道工序,直接影响到后续工作的进度及电费计算的准确和电费回收,是一项重要的基础工作。《供电营业规则》第八十三条规定供电企业应在规定的日期抄录计费电能表读数。由于用户的原因未能如期抄录计费电能表读数时,可通知用户待期补抄或暂按前次用电量计收电费,待下次抄表时一并结清。因用户原因连续6个月不能如期抄到计费电能表读数时,供电企业应通知该用户终止供电。准确抄录各类用户电能表示数,对供电企业而言,能准确反映电网企业各个时期的供电量、售电量、线路损失等,为电网经营企业增供促销、降损节电和售电分析工作提供基础数据,有利于电网企业改善管理,保证供电企业的经济效益;对用户而言,是正确、按期支付电费的依据,企业用户能正确核算企业成本,居民用户能合理安排自己的生活开支。更重要的是电能使用量是社会经济的晴雨表,通过统计分析,还能进一步真实反映各行业的发展情况和国民经济的运行情况。

2.1 基 本 知 识

2.1.1 抄表方式

电能表抄表方式从最原始的现场抄表卡抄表,到19世纪90年代开始使用红外抄表机抄表,20世纪初开展了远程抄表试点,2009年国网制定规划,在2015年实现了采集的全覆盖,为全面远程抄表奠定了基础。目前主要的抄表方式是以集中远程自动抄表为主,现场红外抄表为辅。

1. 抄表卡抄表

抄表卡抄表是我国电力系统最原始的抄表方式。抄表卡,即抄表台账,包括客户户号、户名、地址、上月示数等信息。某供电公司的抄表清单格式见表2-1。

表2-1 供电公司的抄表台账

抄表段编号: 　　　计划抄表日: 　　　抄表催费员: 　　　抄表方式:

客户编号	客户名称	用电地址	联系人	联系电话	资产编号	示数类型	上次示数	本次示数	综合倍率	欠费	异常情况

在抄表例日当天，抄表员携带抄表台账，到客户电能表处手工抄录本月示数到抄表台账上。返回供电公司后将抄表台账上数据录入计算机，以便进行电费计算。

这种抄表方式二次数据誊写的出错率高，抄表台账携带不方便、易于丢失，且易产生"关系户""人情电""权利电"等现象。目前我国基本上已不采用抄表卡抄表方式。

2. 普通抄表器抄表

普通抄表器又称抄表机、掌上电脑、手持终端、数据采集器等，是一种用于移动数据采集和现场数据分析处理的掌上型设备，适用于各种流动性强的领域，如电力、水力、煤气等行业的抄表采集、票据打印等。在电力行业，抄表机是用于电能表数据采集的掌上型设备和手持终端。图2-1为普通抄表器。

图2-1 普通抄表器

普通抄表器抄表的工作流程如图2-2所示。抄表员在抄表出发前，将抄表机连接到计算机，把客户信息从营销信息系统下载到抄表机中；然后携带抄表机到现场，在抄表机中找到该客户信息，利用红外抄表快捷键，使现场电能表的数据通过红外通信自动传送到抄表机，也可将现场电能表数据手工录入到抄表机；抄表结束后，将抄表机再次连接到计算机，抄表机内存储的抄表数据就可以上传到营销信息系统进行电费计算。

相对原始的手工抄表卡抄表，普通抄表器抄表不仅取代了抄表卡，携带方便，还能存储大量客户信息。同时红外抄表数据准确，落实了实抄率的考核问题，保证了抄表员的现场抄表到位率，杜绝了"人情电""关系电"，以及随意"估抄"的现象，有利于加强抄表管理。目前我国用电户的现场抄表一般采用普通抄表器抄表，如远程抄表失败后的现场补抄、抄表数据异常时的现场核抄和周期性现场核抄，以及远程自动抄表尚未覆盖的客户抄表等。普通抄表器抄表准确率高，但抄表效率不高，同时如果抄表员操作不规范，也会导致抄表失败或数据错误等后果。

（a）抄表数据下载　　　　（b）现场抄表　　　　（c）抄表数据上装

图2-2 普通抄表器抄表流程图

3. 远程自动抄表

远程自动抄表，简称远程抄表，是将智能电能表通过通信网络与控制中心的计算机联络，实现对电量的自动、集中、定时抄录，并进行统计和分析的一种抄表方式。

最常见的远程自动抄表系统是采用分线制集中抄表方式，即由数据采集器采集单只或多只计量电能表的数据进行处理、存储，各数据采集器之间采用总线方式连接，最后连接至集中控制器上，通过 Modem 方式远程传输至主站服务器。系统结构如图 2-3 所示。然而在实际应用过程中，并非千篇一律，从中派生出许多种应用方式。

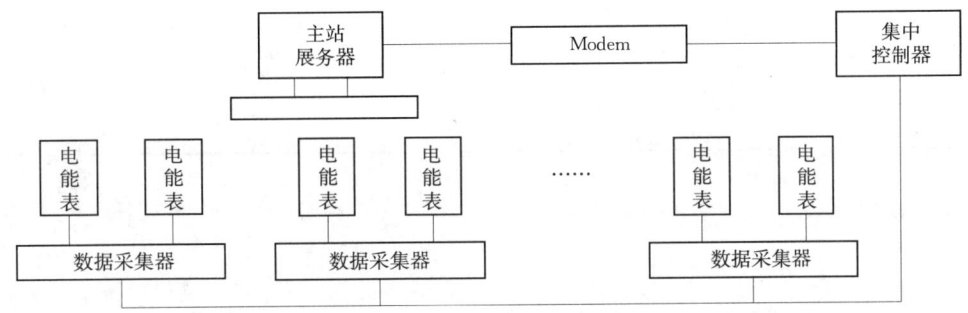

图 2-3 远程自动抄表系统结构图

目前，远程自动抄表是依托用电信息采集系统（简称采集系统）实现远程抄表的。主要有负控终端抄表、无线集抄和低压电力载波集抄等三种方式，无线集抄和低压电力载波集抄又统称为远采集抄。

(1) 负控终端抄表。负控终端抄表是通过 RS485 线和 GSM/GPRS 无线通信网络实现的，GPRS 是在 GSM 基础上发展起来的一种分组交换数据承载和传输方式。

负控终端抄表的工作原理如图 2-4 所示，数据采集器（即负控终端）通过 RS485 线与电能表进行通信，采集电能表的有功、有功分时、无功、需量、时钟、事件记录等多种数据。无需集中控制器，负控终端直接通过内部安装 SIM 卡，经 GPRS 无线通信网络发送数据到主站服务器，即采集系统的服务器。采集系统定时采集现场电能表数据，如每天零点采集现场电能表的抄表数据，对于专变客户还要每隔 15min 采集现场电能表的负荷等数据。在抄表例日当天，营销信息系统通过访问与采集系统的接口，获取当天零点的电能表数据，实现远程抄表。负控终端抄表主要适用于专变客户。

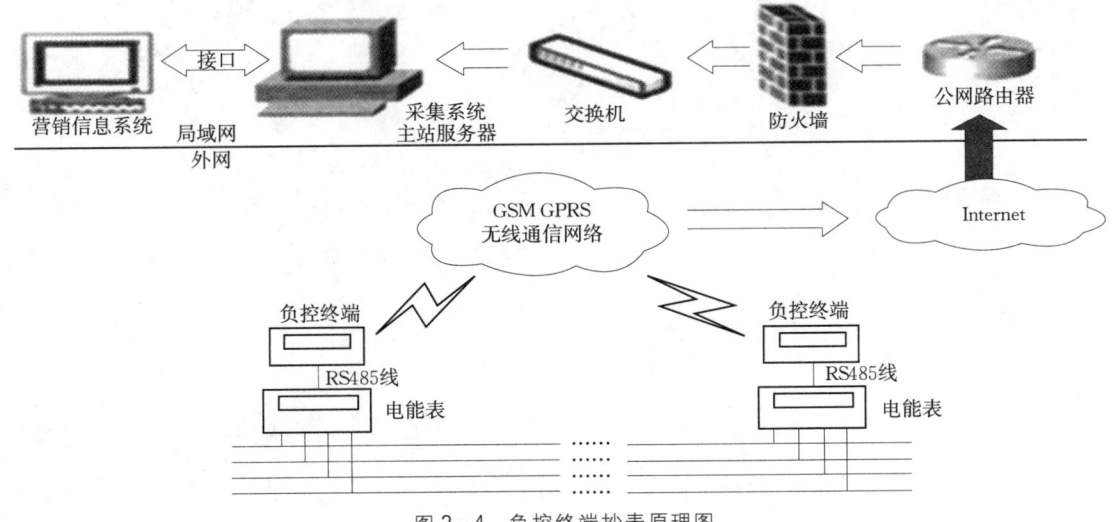

图 2-4 负控终端抄表原理图

(2) 无线采集抄表。无线采集抄表也是通过 RS485 线和 GSM/GPRS 无线通信网络实现的，其工作原理与负控终端抄表类似，如图 2-5 所示。与负控终端抄表不同的是，数据采集器同时与多个电能表实现通信,采集电能表的有功、有功分时、时钟、事件记录等信息。

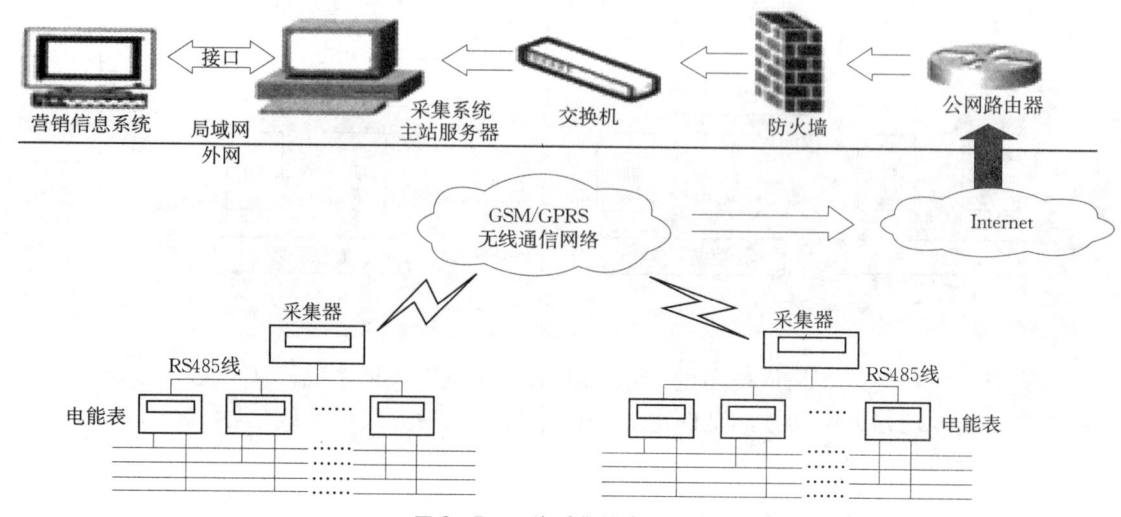

图 2-5 无线采集抄表原理图

无线采集抄表主要适用于用电集中的城乡低压居民客户和低压非居民客户。

(3) 低压载波抄表。低压载波抄表是通过低压电力线载波通信和 GSM/GPRS 无线通信网络实现的,其工作原理如图 2-6 所示。其数据采集器采用内置载波模块的载波采集器,通过 RS485 线与多个电能表实现通信;载波采集器将信号加载到一次低压电力线上,通过载波通信,在台区公变处由集中器从低压电力线上取出信号;然后,集中器通过内部安装 SIM 卡,经 GPRS 无线通信网络发送数据到采集系统的主站服务器,实现远程自动抄表。

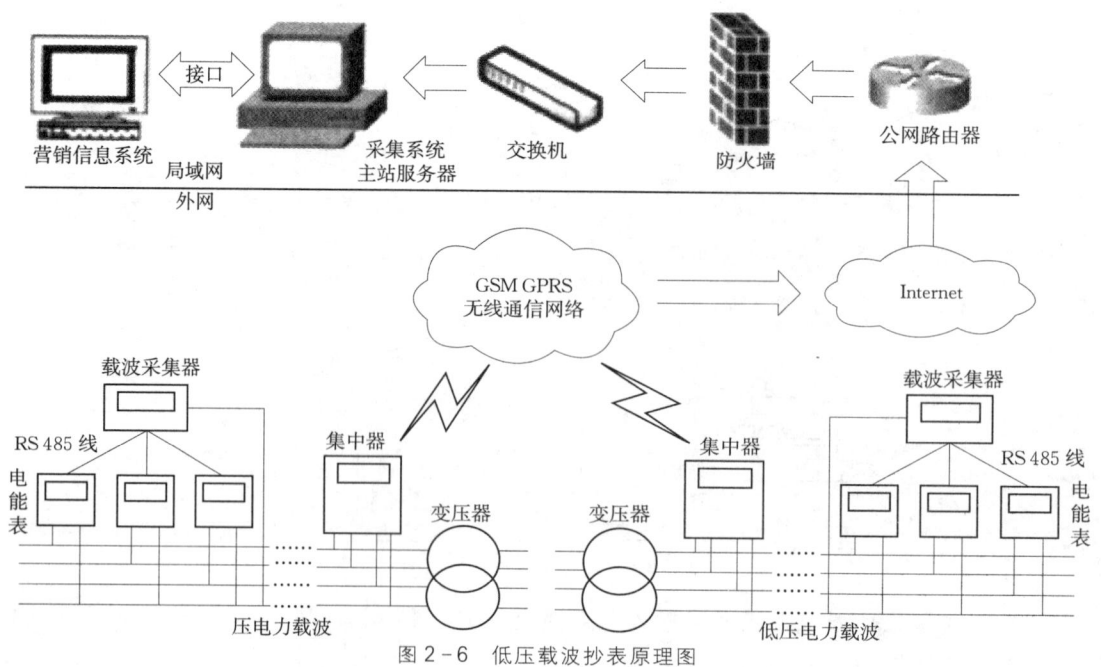

图 2-6 低压载波抄表原理图

低压载波抄表，具有无需布线（利用一次系统电力线路）、安装使用方便、通信费用低、信号只需覆盖集中器等优点，但由于我国电力网污染严重（如变频空调、电焊机等谐波源设备的安装）导致信号畸变，低压载波抄表存在数据不准确、传输速率低等问题。

2.1.2 抄表工作内容

抄表工作涵盖抄表段管理、抄表周期管理、抄表例日管理、抄表机管理、抄表计划管理、抄表数据准备、自动抄表、现场补（核）抄、抄表示数复核、周期核抄、抄表工作质量评价与考核等。

1. 抄表段管理

抄表段是指由地理位置上相邻或相近同一抄表方式的若干客户组成的一个集合。一个台区可以有多个抄表段，需要进行台区线损考核的，同一台区下的多个抄表段的抄表例日必须相同。

（1）抄表段设置原则。应遵循抄表效率最高原则，综合考虑客户类型、抄表例日、抄表方式、地理分布、客户数量、便于线损管理等因素，抄表段设置执行以下规定：

1）同一抄表段内电力客户的抄表周期、抄表例日、抄表方式、结算周期应相同。

2）除转供和被转供客户外，不允许存在高低压混合抄表段。抄表段一经设置，应相对固定。新建、调整、注销抄表段，须履行审批手续。

3）新装客户应在归档后，按照新装客户属性、抄表例日及时编入合适的抄表段。

4）用电客户跨抄表段调整，须履行审批手续，并应不影响客户的正常电费计算。

5）特殊客户（趸售、发电客户、分次结算客户、无表户）需单独设抄表段；转供客户和对应的被转供客户必须分配在同一个抄表段。

（2）抄表段调整原则。

1）抄表段一经设置，应相对固定。

2）同一供电服务区下因配变台区分设、客户变更用电地址、新装客户、抄表段设置不合理等原因，需作跨区调整时，由该抄表段抄表员提出跨区调整申请，经所属抄表班班长批准后调整；对于跨供电服务区的调整必须经本单位分管电费的部门主任审批。

3）跨区调整一般在当月相关抄表段抄表计划结束后下方可进行。进行抄表段的注销时必须确保抄表段内无客户。

2. 抄表周期管理

抄表周期是指两次正常抄表结算间隔的时间。对用电用户的抄表周期为每月一次。确需对居民用户实行双月抄表的，应考虑单、双月电量平衡并报网省公司批准后执行。抄表周期的变化会引起线损的正确计算；会影响功率因数、基本电费、变压器损耗的正确计算；会影响电费回收；会引起电费纠纷；不利于用户核算成本和产品单耗管理。设置规则具体如下：

（1）抄表周期为每月一次。对高压客户，租赁经营以及交纳电费信用等级较差的客户，应每月分若干次抄表、结算。

（2）新装客户应在接电后一个抄表周期内完成抄表。接电时间在抄表例日前，应在本月完成抄表；接电时间在抄表例日当天及以后，应在次月完成抄表。

(3)（预）购电卡表客户应按照抄表周期开展抄表作业。

3. 抄表例日管理

抄表例日是为了有计划地安排抄表工作，而对所有用户相对固定的抄表时间。供电企业应根据营业区范围内用户数量、用户用电量和用户分布情况确定用户抄表例日。对同一台区的用户、同一供电线路的专用变压器用户、同一户号有多个计量点的用户、存在转供关系的用户，每一类用户抄表例日应安排在同一天。经批准确定的抄表例日不得随意变更，确需变更时，应履行审批手续，并告知客户。抄表例日变更对客户基本电费、阶梯电费计算等带来的影响，应及时进行处理。设置规则具体如下：

（1）趸售县（市、区）电费结算关口的抄表例日安排在每月月末最后一天 24：00。受电容量在 315kVA 及以上高压客户结算抄表例日可以安排在每月的 20 日至月末之间。

（2）采用最大需量方式计费客户的抄表例日必须和表计设定的最大需量冻结日一致。按照最大需量计收基本电费的两部制客户的抄表例日必须安排在每月的 20 日或 25 日。

（3）低压客户的抄表例日应集中在月初，其时间跨度宜控制在 5 天以内。

（4）应按照客户签订的供用电合同或电费结算协议的约定，安排抄表例日。对每月多次抄表的客户，约定的各次抄表日期应在一个日历月内。

（5）抄表例日一旦设定不得随意变更，确需变更时，应履行审批手续，并告知客户。抄表例日变更对客户基本电费、阶梯电费计算等带来的影响，应及时进行处理。

4. 抄表机管理

抄表机是用于现场电能表数据采集的掌上型设备。可存放 1000 只电能表数据（包括地址、表号和起止度以及注意事项等数据）。抄表机应由抄表技术员负责管理。发放（返还）抄表机时应记录抄表机编码、发放人、领用（返还）人、领用（返还）时间等信息，办理领用（返还）手续。抄表员应妥善保管抄表机及其他抄表辅助设备，抄表机发生故障应及时报修，并记录故障信息。达到使用年限的、损坏且无法修复的抄表机按规定程序进行报废。

5. 抄表计划管理

抄表计划管理是根据抄表段的抄表例日、抄表周期及抄表人员等信息以抄表段为单位制定抄表计划，或经过审批调整抄表计划的过程。

制定抄表计划是根据抄表段的抄表例日、抄表周期及抄表人员等信息以抄表段为单位产生抄表计划的过程。制定抄表计划应综合考虑抄表段的抄表周期、抄表例日、抄表人员、抄表工作量及抄表区域的计划停电等情况。抄表计划全部制定完成后，应检查抄表段或客户是否有遗漏。

抄表计划调整是当无法按抄表计划进行抄表时，经过审批调整抄表计划的过程。调整的计划抄表日期不可小于当前日期。

6. 抄表数据准备

抄表数据准备是指对指定抄表段数据进行初始化的过程。抄表数据准备一般在抄表例日当天 6：00 时前由营销业务应用系统自动完成。

7. 抄表

（1）远程自动抄表是在抄表例日当天，营销业务应用系统通过访问与采集系统的接口，获取当天零点的电能表数据，实现远程抄表。

1）自动抄表员监控远程自动抄表流程状况、数据获取情况，对远程自动抄表失败的，应将失败客户拆离，发起补抄流程。

2）督促现场抄表员在抄表例日当天完成补抄。

3）对远程自动抄表失败的，派发运维工单通知采集班进行消缺处理。

4）完成自动抄表数据的分析与监督工作，制订现场核查计划，按时派发现场核查工作任务。

(2) 现场补抄、核抄是对采集系统远程抄失败的客户及采集系统远程抄表成功但数据异常的客户进行现场抄表，现场核对数据，并核实数据异常的原因。

现场抄表必须使用抄表机采用红外方式获取抄表示数。现场抄表工作内容：

1）完成电能表计度器显示数据与红外抄见数的核对工作。当红外抄见数据与现场不符时，以现场抄见读数为准。

2）核对客户电能表箱位、表位、表号、倍率等信息，检查客户计量装置的运行情况，具体内容包括：计量封印等是否完整、齐全，客户的计量装置是否存在烧坏、停走、空走、倒走、卡字、跳字、失压、断流等异常现象。

3）对新装及用电变更客户，核对并确认用电容量、最大需量、电能表参数、互感器参数等信息，发现问题应做好现场记录并联系相关部门发起处理流程。

4）在抄表机中记录抄见类型（正常、门闭、故障、局号不符、无表等）；发现各类抄表异常，应按规定进行处理。

5）记录首次调入本抄表段的客户的抄表路线或表计安装地点经纬度，返回单位后做好该类客户的抄表顺序调整。

8. 抄表示数复核

(1) 自动抄表示数复核。

1）对自动获取数据成功的客户示数应用全省统一审核策略智能校对策略进行复核，对系统确认为无异常的客户自动发送至电费计算环节。

2）对系统确认为异常的客户由自动抄表员人工进行示数复核，对确认异常的客户发起异常核抄流程，正常客户发送至电费计算环节。

3）市、县公司根据权限可以对智能校对策略阈值进行调整或对多条审核规则进行组合；阈值调整、规则组合调整采用修改审批流程，由自动抄表责任班组提出申请，市公司营业及电费室或县公司业务管理室负责审核，由市、县公司营销部审批同意后生效。

(2) 现场抄表示数复核。抄表员完成现场抄表数据上装后，打印起止度复核清单进行抄表数据复核，复核重点包括：峰谷不平、电量波动值、换表信息等。

9. 周期核抄

周期核抄是对采集系统远程抄表成功的客户，按一定的周期进行现场抄表，主要核对现场抄表数据，检查计量装置运行情况，并核实用电性质，了解用户生产经营和财务运作状况，为及时足额回收电费提供依据、向用户做好抄表例日、缴费方式、缴费期限及欠费停电等相关规定的宣传解释工作，现场解答用户疑问，宣传安全、节约用电知识。

周期核抄工作内容包括计划制定、数据下装、现场抄表、电能表校时、数据上装、示数复核、核抄分析。

对采用自动抄表的客户开展周期核抄，核抄周期高压客户不得超过6个月，低压客户不得超过12个月。

10. 抄表工作质量评价与考核

工作包括抄表稽查管理、零度户管理、抄表工作统计、建立抄表质量评价及监督考核制度，对实抄率、抄表正确率、抄表信息完整率进行考核。

抄表工作质量有关的考核指标有线损率、实抄率、抄表时限、抄表时序、抄表准确率、抄表类投诉、用户评价。

根据抄表稽查抄表数据与已完成的抄表数据比较，进行抄表质量评价及监督考核。

2.2 工 作 实 施

2.2.1 抄表段维护

1. 操作方法

通过抄表段维护流程完成新建抄表段、调整抄表段参数、空抄表段的注销，为抄表工作有序规范的开展奠定基础。抄表段参数包括抄表段属性、抄表段名称、抄表事件、抄表例日、抄表周期、抄表方式和数据准备、数据下装、抄表、上装、复核、电费计算、电费审核、电费发行、收费、催费人员等。营销系统抄表段设置界面如图2-7所示，抄表段维护流程如图2-8所示。

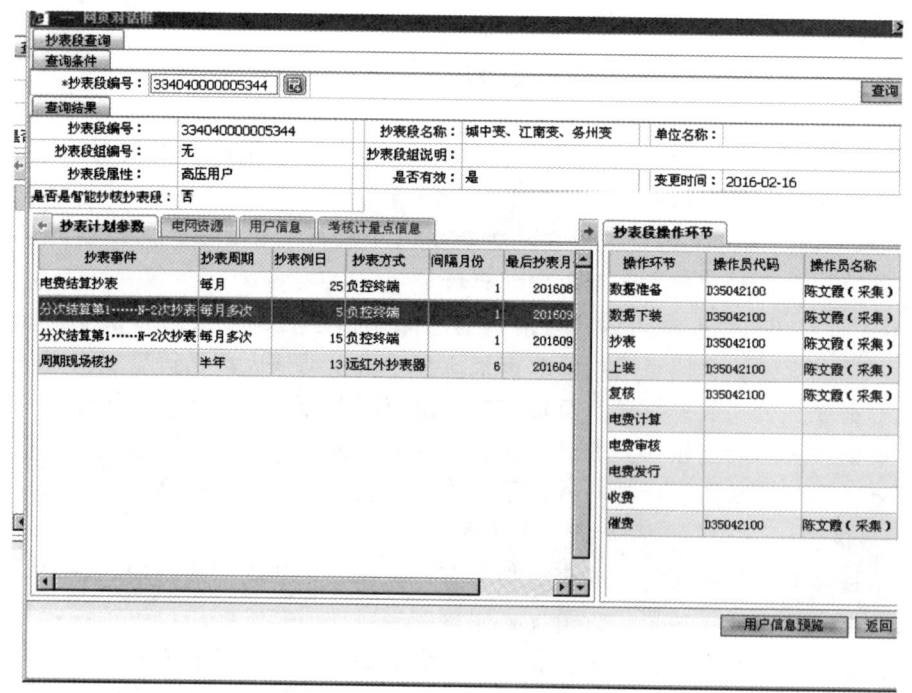

图2-7 营销系统抄表段设置界面

开始　　　　　抄表段维护申请　　　　抄表段维护审批　　　　结束

图 2-8　抄表段维护流程图

由抄表技术员/供电所营业班班长通过营销系统"抄表管理>>抄表段管理>>功能>>抄表段维护申请"中发起申请，采集班班长完成审批，具体如图 2-9 所示。

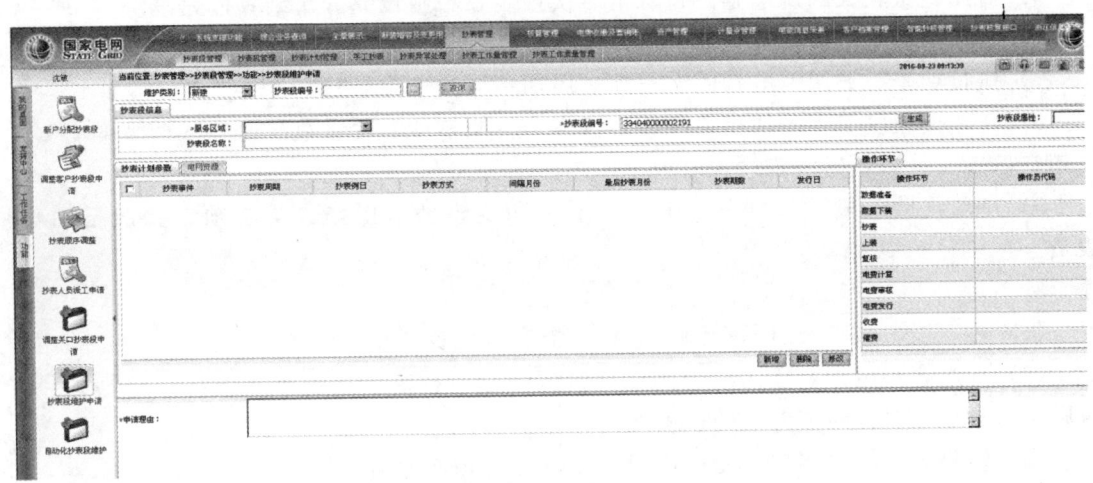

图 2-9　抄表段维护申请

(1) 抄表段维护申请。

1) 新建抄表段。根据抄表段新建联系单，依据抄表段新建原则，审核新建抄表段参数；新建抄表段，录入相关参数；再次核对抄表段参数，确认并发送。

2) 调整抄表段。根据抄表段调整联系单，审核抄表段调整必要性，确认抄表段调整参数是否齐全；调整抄表段，录入相关参数；再次核对抄表段参数，确认并发送。

3) 注销空抄表段。根据抄表段注销联系单，审核抄表段注销必要性，确认注销抄表段中无用户；注销抄表段；再次核对注销抄表段，确认并发送。

(2) 抄表段维护审批。

1) 新建抄表段。对抄表段新建单位提出的新建抄表段进行各类参数审核，是否符合规定；对维护新建的抄表段进行审批。

2) 调整抄表段。对抄表段调整单位提出的调整抄表段进行各类参数审核，是否符合规定；对维护调整的抄表段进行审批。

3) 注销空抄表段。对抄表段注销单位提出的注销抄表段进行确认，是否确无用户存在；对注销的抄表段进行审批。

2. 工作要求

(1) 根据均衡工作量、抄表路径合理、分变分线、方便线损考核的原则确定和调整抄表段。

(2) 根据管理单位、客户类型、抄表方式、抄表周期、抄表例日、分变分线、地理环境、便于线损管理等综合因素划分抄表段，具体要求如下：

1) 根据管理单位范围内客户数量、客户用电量和客户分布情况确定客户抄表例日。

2）采用手工抄表、抄表机抄表、自动抄表不同抄表方式的客户不可混编在一个抄表段。

3）抄表周期一般为每月一次。各地可根据实际情况，对居民客户实行双月抄表。

4）一个台区可以有多个抄表段，需要进行台区线损考核的，同一台区下的多个抄表段的抄表例日必须相同。

5）对用电量较大的用电客户每月可多次抄表，单独设立分次结算抄表段。

6）执行两部制电价的客户抄表周期不能大于1个月。

7）执行功率因数调整电费的客户抄表周期不能大于1个月。

8）新建抄表段需要确认相关参数是否齐全。调整抄表段参数需要确认调整的必要性。注销空抄表段，必须确认该抄表段中无用户。

9）自动化抄表段数据准备、上装、下装和复核环节操作人员必须设置成自动化抄表员。

3. 注意事项

（1）抄表段参数涉及电网资源（线路、配变台区资料）的由各设备管理班组提供。

（2）用电客户的抄表段的抄表例日与台区线损考核表抄表段抄表例日必须为同一日，否则会影响低压台区线损考核的正确性。

（3）转供与被转供用户、光伏抄表段抄表例日必须为同一日。

（4）新建或调整抄表段在审批同意后，可通过"抄表段查询"查到具体参数信息。

2.2.2 新户分配抄表段

将当前已归档的新装客户根据新装客户所在管理单位、供电线路、配电台区为参考，分配到相应抄表段，在首个抄表周期完成抄表。

1. 操作方法

由抄表技术员/供电所营业班班长通过营销系统"抄表管理》》抄表段管理》》功能》》新户分配抄表段"，选中需分配的新装客户，输入相应的抄表段，点击【保存】即可。若为低压供电用户，则根据同台区原则分配；若为高压供电用户，则根据同线路原则分配；若为分次结算、发电用户，则根据抄表例日、抄表段属性原则分配，具体如图2-10所示。

2. 工作要求

（1）新装客户应在送电后，3个工作日内完成分配抄表段，确保在送电后的一个抄表周期内完成首次抄表，严禁超周期抄表。

（2）新户分配抄表段必须确保用户属性与抄表段属性一致。

3. 注意事项

（1）不得将新用户分配至无效的抄表段。

（2）注意核实新用户分配的抄表段的最后抄表月份及其他参数。

2.2.3 调整客户抄表段

对因业务变更、增减容、现场供电点变更等原因需要变更抄表段用户所属抄表段进行

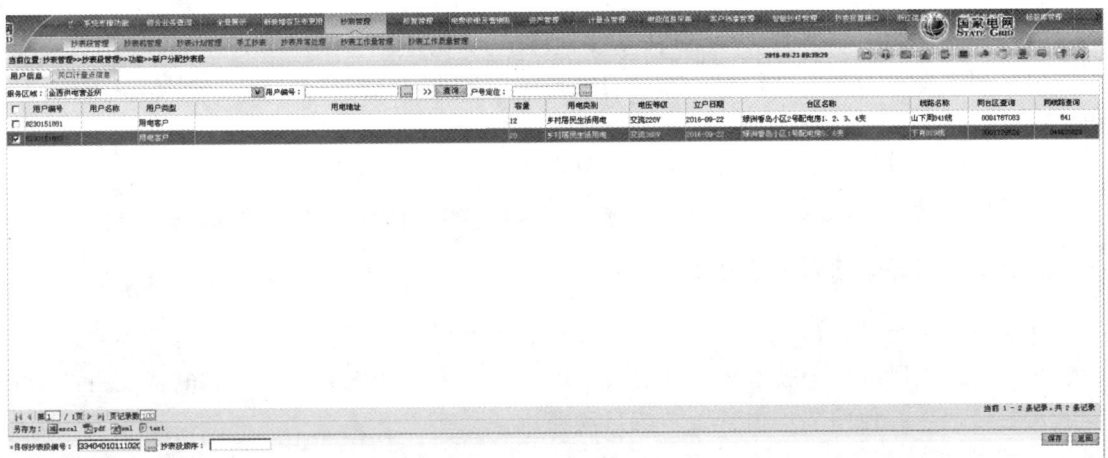

图 2-10 新户分配抄表段

调整，提高抄表效率规范抄表台区管理。

1. 操作方法

由抄表技术员/供电所营业班班长通过营销系统"抄表管理>>抄表段管理>>功能>>抄表段维护申请"中，输入用户原抄表段段号查询，选中用户，再输入目标抄表段号，将用户划入目标抄表段，填好申请理由，发出流程，抄表班班长完成审批，具体如图 2-11 所示。

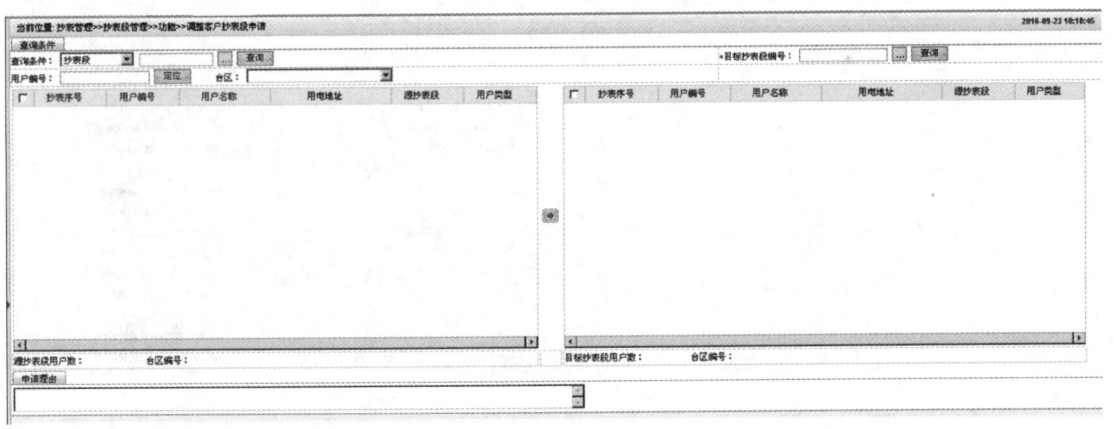

图 2-11 调整客户抄表段

2. 工作要求

（1）调整客户抄表段必须在同一供电单位内。

（2）客户调整抄表段应结合实际抄表路线、抄表工作量及抄表区域、抄表方式、线路、配电台区变更等情况，对客户所属抄表段进行调整，使得客户所属抄表段更合理。

（3）发电用户、分次结算用户调整抄表段必须确保源抄表段属性和目标抄表段属性一致。

（4）调整客户的用电属性必须与目标抄表段属性一致。

3. 注意事项

（1）对转供用户调整抄表段必须同时调整被转供用户。

（2）调整客户抄表段必须保证源抄表段与目标抄表段状态一致，且必须在抄表计划完成后进行。

（3）不同供电单位的用户必须通过跨供电单位方式调整客户抄表段。

（4）用户所属抄表段进行调整后，该户历史电费数据仍在原抄表段。

2.2.4 智能核算抄表段维护

自动化抄表段是集抄集收模式下的一种抄表段性质，可以自动发起抄表计划和获取抄表数据。将抄表段维护为智能核算抄表段，电费流程中除抄表数据复核、电费发行两个环节由人工处理，其他两节均由营销系统自动完成。

1. 操作方法

通过营销系统"智能抄核管理>>智能化抄表管理>>智能核算抄表段维护"，可以将未自动化抄表段添加至智能化抄表段。维护时选择需添加的抄表段，可单选可复选，再按【添加】按钮即可，具体如图2-12所示。

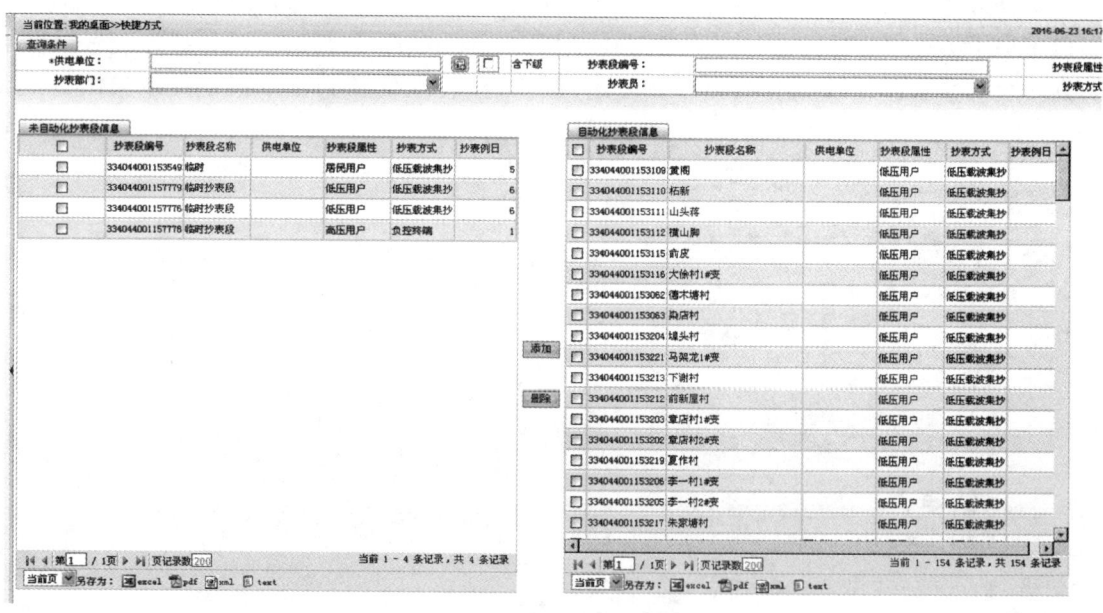

图2-12 智能核算抄表段维护

2. 工作要求

新建或重新起用的远采集抄的抄表段在抄表前必须完成智能抄表段维护。

3. 注意事项

（1）营销系统中抄表段可以维护成自动化抄表段或智能抄表段，只能是维护成其中之一，不能同时维护成两种属性。

（2）若是将一个自动化抄表段改为智能抄表段，必须先将该自动化抄表段删除。若未从自动化抄表段中删除时，智能核算抄表段维护菜单中将无该抄表段信息，无法添加。

2.2.5 抄表机信息维护

通过抄表机信息维护，建立抄表机的档案，及时变更抄表机状态、修改抄表机资产信息，规范抄表机管理。抄表机档案包括：抄表机编码、型号、生产厂商、容量、通信端口、通信波特率等。

1. 操作方法

由抄表技术员/供电所营业班班长通过营销系统"抄表管理〉〉抄表机管理〉〉功能〉〉抄表信息维护"中，选择抄表机状态查询，按"新增""删除""录入抄表机核算"即可。根据抄表机实物，新建抄表机档案。登记后，抄表机处于备用状态。返还后的抄表机状态变更：若无法修复，抄表机报废，则修改抄表机状态为报废；若修理后，可以正常使用，则修改抄表机状态为备用；确需修改抄表机资产信息的，根据实物修改资产信息，具体如图 2-13 所示。

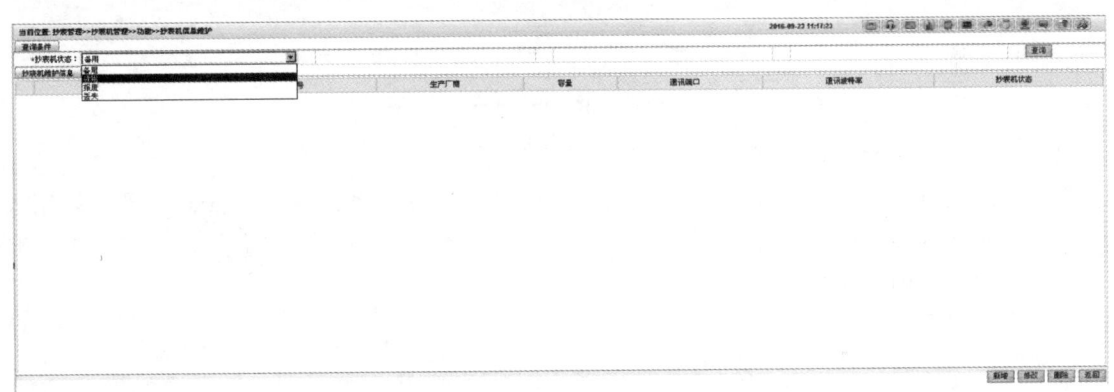

图 2-13 抄表机信息维护

2. 工作要求

（1）新建抄表机档案，应核对抄表机资产信息与实物一致，核对信息包括：抄表机编码、抄表机型号、生产厂商、容量、通信端口、通信波特率等。

（2）变更抄表机状态以及修改抄表机资产信息，应确定调整信息与实物状态一致。

（3）抄表机损坏无法修复按规定办理报废手续。

3. 注意事项

（1）因为抄表机编码是唯一的，必须确保输入的抄表机编码与实际一致，否则可能会导致无法新建该编码的抄表机档案，或影响抄表数据上装、下装工作。

（2）抄表机档案新建时，应自动获取抄表机参数信息，确保抄表机参数正确。

（3）自动获取抄表机编码时，如果发现抄表机与营销系统无法通信，可以将抄表机格式化以后重试，并确认计算机已经安装抄表机插件。

2.2.6 抄表机发放

将抄表机发放给抄表人员，并记录抄表机编码、抄表人员、领用人员、发放人员、发放时间等信息。

1. 操作方法

由抄表技术员/供电所营业班班长通过营销系统"抄表管理>>抄表机管理>>功能>>抄表发放"中，输入抄表机型号、编号，选中抄表机、使用人，点击【发放】即可，具体如图 2-14 所示。

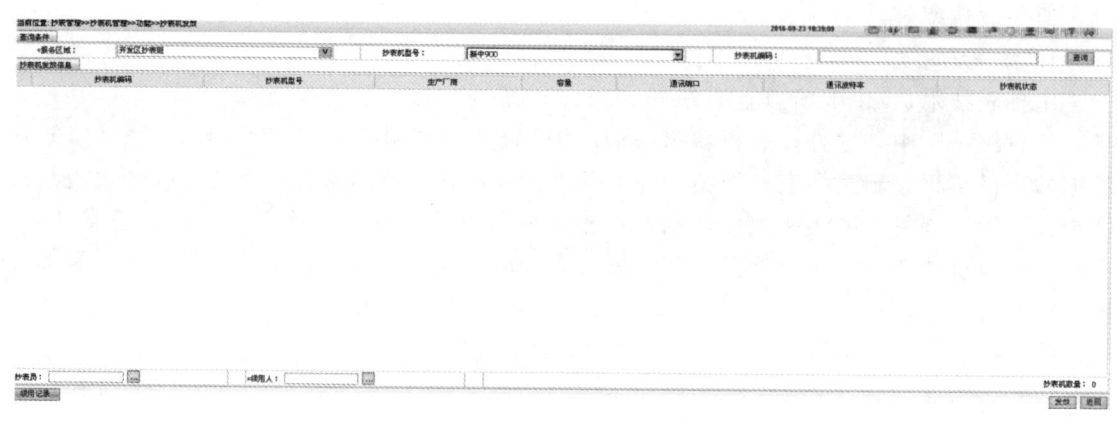

图 2-14 抄表机发放

2. 工作要求

（1）抄表机应由专人负责管理。发放抄表机时应记录抄表机编码、发放人员、领用人员、领用时间等信息，办理领用手续。

（2）确保机内登记信息与实物发放一致。

3. 注意事项

注意审核抄表人员的抄表机发放需求是否合理。

2.2.7 抄表机返还

接收返还抄表机，记录返还原因、返还人员、返还时间等返还信息，并根据实际情况，记录抄表机状态。

1. 操作方法

由抄表技术员/供电所营业班班长通过营销系统"抄表管理>>抄表机管理>>功能>>抄表返还"中，输入抄表部门、抄表机编码查询，选中需要返还的抄表机，录入返还人、返还原因，点击【返还】即可。抄表技术员/供电所营业班班长要求审核抄表人员返还申请，核对返还抄表机的编码、类型等是否与登记信息一致。返还抄表机，记录抄表机编码、返还人员、返还时间等返还信息。根据实际情况，记录抄表机状态。返还的抄表机正常，返还后记录为备用状态。返还的抄表机故障需要修理时，记录抄表机故障信息及修理结果。修复后记录为备用状态，无法修复记录为报废状态。如果抄表机遗失，记录为丢失状态。具体如图 2-15 所示。

2. 工作要求

（1）返还抄表机时应核对并记录抄表机编码、发放人员、返还人员、返还时间等信息，办理返还手续。抄表机发生故障应及时报修，并记录故障信息及修理结果。抄表机损坏无法修复按规定办理报废手续。

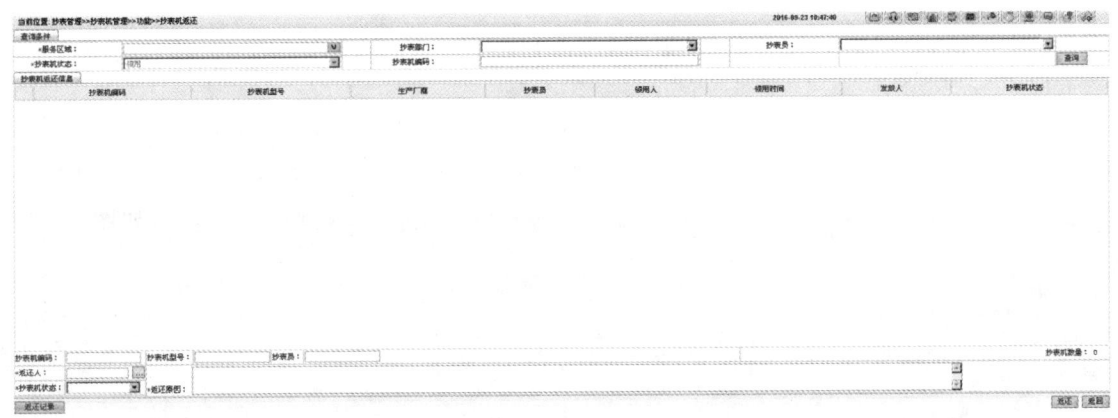

图 2-15 抄表机返还

(2) 确保机内登记信息与实物返还一致。

3. 注意事项

(1) 确认抄表人员的抄表机返还需求是否合理。

(2) 确认待返还的抄表机处于领用状态。

2.2.8 抄表流程

抄表作业按照抄表例日设置,在抄表例日当天自动发起抄表计划、自动进行抄表数据准备、自动进行远程抄表、人工现场补抄和核抄,将抄表数据发至电费计算环节。电费抄表业务管理流程图如图 B-3 所示。

1. 制定抄表计划

根据用户抄表段的抄表例日,在营销系统中制定抄表计划的作业,并将流程发送到抄表数据准备环节,是电费抄表流程第一个环节。

(1) 操作方法。抄表计划制定一般在抄表例日当天 6:00 时前由营销业务应用系统自动完成。

(2) 工作要求。自动抄表员负责监控自动抄表计划生成的情况,对抄表例日当天未自动发起抄表计划的抄表段,应及时联系营销业务应用系统运维部门进行处理,并进行手工抄表计划生成及流程发送。

(3) 注意事项。

1) 需核对计划抄表日抄表段与自动发起抄表计划数量的一致性。

2) 用户抄表段的计划抄表日与对应的关口台区抄表段的计划抄表日应为同一日,否则影响低压台区线损考核。

3) 制定抄表计划前,用户抄表段的最后抄表月份应当为制定抄表计划的电费年月的上一个月。

4) 用户抄表段的抄表计划制定以后,如果因为特殊情况,需要调整抄表计划。尚未进行抄表数据准备,需要调整抄表计划,发起抄表计划调整申请。已经进行抄表数据准备,需要终止已经发起的抄表流程,重新制定抄表计划。

2. 制定临时抄表计划

因新装、变更、采集异常等原因需要对用户开展临时抄表作业，需发起临时抄表计划。

(1) 操作方法。由抄表班长/技术员在营销系统"抄表管理〉〉抄表计划管理〉〉功能〉〉制定临时抄表计划"完成，输入抄表段号选中需临时抄表的用户加入，选择计划抄表时间、抄表事件、抄表员、抄表期数，发起，并发送至抄表数据准备，具体如图 2-16 所示。

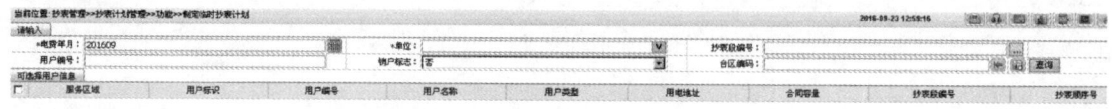

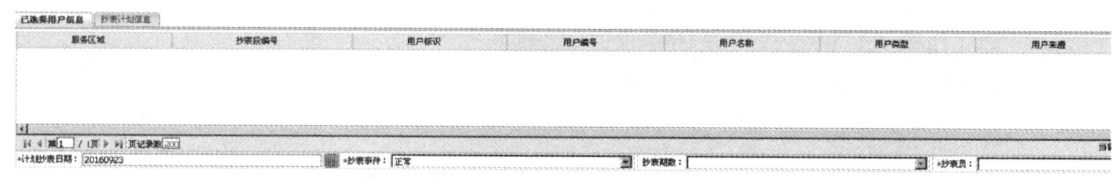

图 2-16 制定临时抄表计划

(2) 工作要求。对将超过一个抄表周期而没有被列入正常抄表计划的新装用户，必须对其制定临时抄表计划。

(3) 注意事项。临时抄表计划的电费年月必须与当前电费年月一致，临时抄表计划日期必须在当前电费年月关账日期之前。

3. 制定线损抄表计划

(1) 操作方法。抄表班长/抄表技术员选择相应的关口台区抄表段，核对电费年月、抄表例日等信息，生成线损抄表计划，发送线损抄表计划到线损抄表数据准备。

(2) 工作要求。

1) 线损抄表计划应当根据抄表例日制定，不得擅自提前或者退后。

2) 线损抄表计划不得重复制定。

3) 线损抄表计划的电费年月必须与当前电费年月一致。

(3) 注意事项。

1) 关口台区抄表段的计划抄表日与对应的低压用户抄表段的计划抄表日为同一日，否则影响低压台区线损考核。

2) 制订线损抄表计划前，关口台区抄表段的最后抄表月份应当为制订计划的电费年月的上一个月。

4. 抄表数据准备

根据抄表计划和抄表计划的调整内容，提取客户档案中与电费计算相关的信息，生成抄表所需的抄表数据。

(1) 操作方法。

1) 集抄模式抄表在抄表当日由营销系统自动完成抄表数据的准备。

2) 自动抄表数据准备不成功的抄表计划、临时抄表计划由自动抄表员在营销系统待办工作中，选择抄表计划，准备抄表数据。

(2) 工作要求。自动抄表准备不成功的抄表计划，需由自动抄表员核实数据准备失败的原因，并于抄表例日当天人工进行抄表准备。

(3) 注意事项。台区关口抄表段与其他抄表段必须分别准备。

5. 集中远程抄表

集抄模式远程抄表由营销系统通过用电采集系统接口自动获取抄表例日零点电能表示数。

(1) 操作方法。

1) 抄表例日当天，由营销业务应用系统自动完成抄表数据获取工作。

2) 自动抄表员负责监控系统抄表流程流转情况并核对抄表数据，即时处理异常情况自动化抄表界面如图2-17所示。当发生大范围采集数据获取失败时，应立刻逐级上报公司营销部协调处理；当发生自动抄表数据获取失败时，通过"待办工单>>抄表计算>>自动化抄表"，点击"补抄"按钮生成现场补抄流程发送至现场补抄人员。

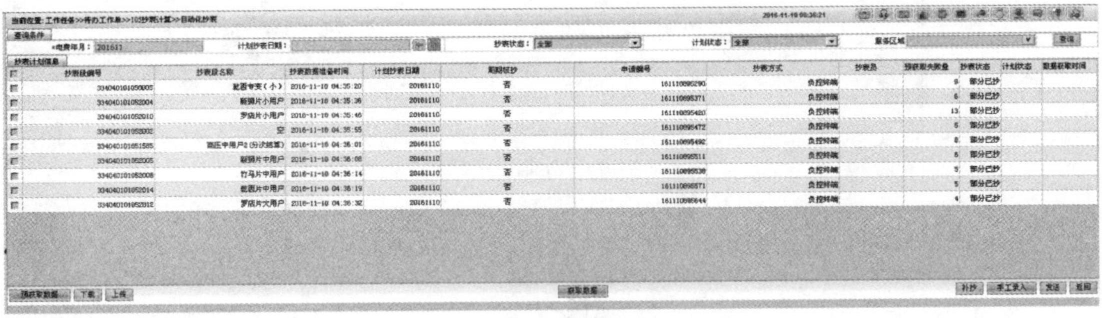

图2-17 自动化抄表界面

3) 自动抄表员应对下发的现场补抄流程做好跟踪，确保在规定时间内完成。

4) 确认已经获取全部客户抄表数据，将流程发送到抄表数据复核环节。

(2) 工作要求。

1) 抄表数据应优先使用营销业务应用系统自动获取的抄表例日当天的数据。条件成熟的单位，应优先使用电能表冻结示数结算电费。

2) 以需量方式计算基本电费的两部制电价客户，应获取并使用上月最大需量值参与电费计算，以保证结算电量周期与最大需量区间同步。

(3) 注意事项。

1) 自动抄表员应核对抄表数据来源的准确。

2) 自动抄表员应核对抄表数据来源的完整。

6. 抄表数据复核

抄表数据复核是对抄表数据逐户进行抄见示数、抄见电量和档案信息的校对，确保用户电量准确。目前可分自动抄表员负责的集中抄表数据复核、现场抄表员负责的现场补抄用户复核。

（1）操作方法。

1）根据设置确定的审核规则，进行抄见示数、抄见电量和档案信息的校对。抄表示数智能校对策略见表2-2。

表2-2　　　　　　　　　　抄表示数智能校对策略

分类	序号	策略名称	策略说明
数据规范性	1	起止度不连续	本月起度≠上月止度 （相同户号、局号、示数类型一致进行比较，剔除需量表）
变更客户	2	后台表计拆除或特抄的客户电量异常	（1）翻转。 （2）拆表电量按照变更天数与环比电量波动超过30%。 （3）总、尖、峰、谷不平，总<abs（峰+谷+尖），即超过两个计度器走字。 （4）峰谷电价未勾选对应计度器选项
变更客户	3	倍率变更	倍率变化
正常抄表客户	4	起止度不连续	本月起度≠上月止度（相同户号、局号、示数类型一致进行比较，剔除需量表）
正常抄表客户	5	后台表计拆除或特抄的客户电量异常	拆表电量按照变更天数与环比电量波动超过30%
正常抄表客户	6	倍率变更	倍率变化
正常抄表客户	7	上期电量为0，本期不为0	上期为0，本期电量超过200kW·h
正常抄表客户	8	上期电量不为0，本期为0	本期为0，上期电量超过200kW·h
正常抄表客户	9	总峰谷电量异常	（1）总、尖、峰、谷不平。 （2）总<（峰+谷+尖）。 （3）总电量=峰（谷、尖）电量，即超过两个计度器走字
正常抄表客户	10	表计翻转	翻字
正常抄表客户	11	电量值超过合同最大电量	总电量>（容量×24×30）×2kW·h
正常抄表客户	12	电量异常波动（低压居民）	当月电量>100kW·h，环比波动超过±100%，同比波动超过±100%
正常抄表客户	13	电量异常波动（低压非居民）	当月电量>1000kW·h，环比波动超过±50%，同比波动超过±50%
正常抄表客户	14	电量异常波动（高压）	当月电量100kW·h以上，电量同比波动超过±30%，且电量环比波动超过±30%
正常抄表客户	15	高压客户抄表电量为0	高压客户抄表电量为0

续表

分类	序号	策略名称	策略说明
正常抄表客户	16	分表抄见电量大于总表抄见电量	分表抄见电量大于总表抄见电量
	17	高压无功异常	(1) 执行力调,有功抄见电量等于0且无功抄见电量大于0。 (2) 执行力调,无功抄见电量为0且有功抄见电量不为0的客户
	18	需量计费客户最大需量异常	(1) 需量为0。 (2) 获取最大需量的发生时间与抄表周期不匹配
业扩流程冲突	19	拆表冲突客户	同时有业扩在途流程表计拆除或特抄的客户

2) 将有必要现场核抄的用户加入现场核抄清单,并发送现场核抄流程。

3) 复核工作完成以后,将流程发送电费计算环节。具体如图 2-18 所示。

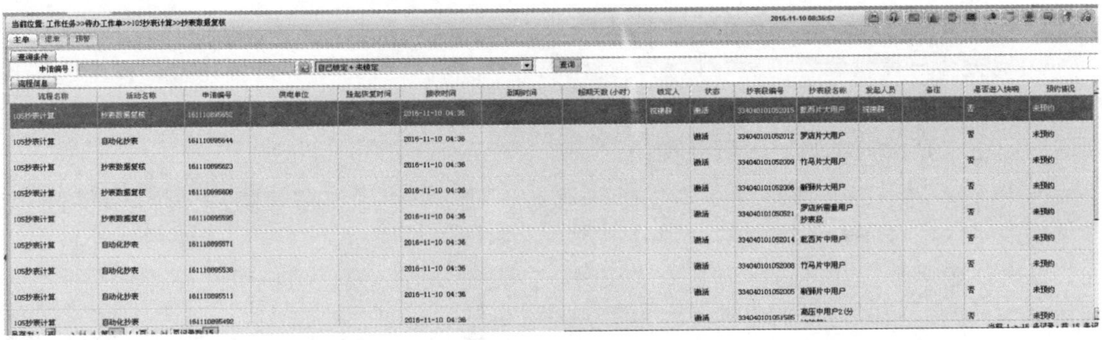

图 2-18 抄表数据复核界面

电量波动值异常用户,应查明波动原因,如有必要则及时进行现场核实,是否属于抄表差错。总表示数与各时段抄见示数不平衡的表计进行处理,确认是否抄表差错、表计故障等原因,必要时再次安排现场抄表,确认表计故障的应立即通知相关部门处理。现档案信息(即电费计算参数、倍率)有误,及时通知相关部门处理。抄表发现表计故障、违约用电、窃电等异常用户加入异常清单。重点对新装、变更、波动率异常、峰谷不平客户进行电量复核。

(2) 工作要求。

1) 必须正确设置抄表数据复核规则,可根据特定季节、区域范围制定阶段性抄表数据复核规则。

2) 必须对新装、变更客户进行倍率等计费参数核对。在抄表数据复核时需要对新装、变更、电量异常用户进行重点复核。

3) 必须对波动率异常、峰谷不平客户逐户进行电量复核。

4) 如有必要进行现场核实的,加入现场核抄清单,并发送现场核抄流程。

5) 抄表数据复核应在规定抄表日当天完成。确因特殊原因无法完成的，抄表收费班班长应在当日向电费管理部门说明原因并确定时间。

（3）注意事项。

1) 对转供、被转供的用户，如需要回退或拆分工单必须同时进行。

2) 在抄表数据复核环节必须检查是否存在拆表冲突用户，并及时进行处理。

7. 现场抄表

对采集系统远程抄失败的客户及采集系统远程抄表成功但数据异常的客户进行现场抄表。

（1）操作方法。

1) 抄表前准备。抄表员计划抄表日或前日正确设置抄表机参数，如型号、品牌、端口、通信波特率，设置抄表机处于通信状态。将抄表任务对应的抄表数据下载到抄表机。下载完成后，检查抄表机内下载数据是否正确，抄表人员持抄表机到现场抄表。

2) 现场抄表。

a. 登录抄表机抄表功能菜单，按顺序进行逐户抄表。

b. 现场抄表时，抄表员必须在抄表前认真核对户号、局号，新装或有用电变更的客户，要对其用电容量、最大需量、电能表参数、互感器参数等进行认真核对确认。

c. 检查客户计量装置的运行情况，具体内容包括：计量封印等是否完整、齐全，客户的计量装置是否存在烧坏、停走、空走、倒走、卡字、跳字、失压、断流等异常现象，发现问题应在《异常记录单》内做好现场记录。

d. 按抄表机提示的抄录方式进行示数抄录：如抄表机提示为手工，则按计费电能表抄见示数录入，有多个计度器的，则分别录入；如抄表机提示为红外，则使用红外抄表功能抄录电能表示数，并进行抄表红外线校时，抄表完成后必须逐项核对红外读数与电能表示数是否一致，如不一致则按手工抄表方式录入电能表抄见示数。

e. 对发现计量装置异常情况的计费电能表，将抄表机提示的上月示数作为本次抄见示数手工录入到抄表机。

f. 如用户本月的抄见电量与上月电量比较，波动绝对值超过30%，抄表员应根据季节性变化等判断波动值是否正常；如不正常应确认示数是否抄错，抄错则重新录入。

g. 如遇到上月有电量，本月无电量的用户，要重点现场调查，判断本月电量为零的原因。如果是正常未用，则按顺序进行下一户抄表。如果计费电能表计故障，则在《异常记录单》内做好记录，等抄表工作完成后再做进一步处理。如果是用户窃电，应立即电话汇报，并保护现场，等候处理。

h. 门闭情况按下列规定进行处理：对门闭居民客户应结合实际，可按照上月电量来初定客户本月电量进行估抄，也可按零电量进行门闭异常处理，再进行补抄；对门闭非居民用户按零电量进行门闭异常处理，再进行补抄；对门闭户应用书面的形式告知用户。

i. 抄表员在抄表时如发现计量装置停走、过载烧坏、电能表显示反向标记等故障时，本月抄见电量按零处理，在抄表机中输入"故障"代码，并在《异常记录单》登记。

j. 在现场抄表时，发现抄表机内有信息而现场无电能表，或抄表机内无抄表信息但实际在装的电能表应在《异常记录单》上进行等记，回来后作进一步处理。

3）现场抄表机抄表操作。进入抄表程序主菜单就是一些抄表的菜单，主要有："顺序抄表""抄指定户""统计查询""抄表图形"和"参数设置"。

a. 顺序抄表。该界面是抄表人员接触最多的界面，具有输入本月止度、翻页、查找其他台区的用户、设置该用户的抄表情况（如门闭、未用等情况）、显示详细的地址及完整的户名等。

进入"顺序抄表"界面时，如果用户是"生活表"或者非居民峰谷表，界面显示用户的相关信息，此时，黑色光标在屏幕右下方闪烁，按【确认】键后，黑色光标跳到"本月："后闪烁，即可输入"电量"，然后，按【确认】键，此时，抄表机将会自动计算电量，并根据上月电量和异动比例进行分析计算。如果选择"继续"，将显示统计界面，发现输入的电量无误再按下【功能】键即可现场打印缴费通知单。如果选择"退出"，则需重新输入电量。

进入"顺序抄表"界面时，如果用户是"生活表"或者非居民峰谷表，界面显示用户的相关信息时，0~9和集合键都有它们的功能。

【↑】键：如按下键盘上的向上键，可以自动跳到上一户进行抄表（按抄区顺序）。

【↓】键：如按下键盘上的向下键，可以自动跳到下一户进行抄表（按抄区顺序）。

【←】键：如按下键盘上的向左键，可以自动跳到上一未抄户进行抄表。

【→】键：如按下键盘上的向左键，可以自动跳到下一未抄户进行抄表。

按【1】键，此时会跳出按局号查询的界面，在抄表时此功能可以很快找到指定的局号用户。

按【2】键，此时会跳出按户号查询的界面，在抄表时此功能可以很快找到指定的户号用户。

按【3】键，此时会跳出显示用户号的抄表读数。

按【4】键，此时会跳出显示用户号的详细地址。

按【5】键，此时对用户电表进行红外校时。

按【6】键，集合抄表。

按【7】键，对当前用户红外抄表，抄表器通过〈部规〉〈省规〉和〈华隆〉对电表进行抄表（抄国网智能不能用此键）。

按【9】键，在这里加了一个自动抄表动能，功能对当前用户红外抄表，抄表器通过〈部规〉〈07〉和〈华隆〉对电表进行抄表，包括国网智能表。和【7】键的不同是在不用查找到局号或户号的情况下就可以进行抄表（建议现场只有单个表计时使用，当现场有很多只表计在一起时不建议用此键）。

按【0】键，此键可以显示此户有异常情况。

按【帮助】键，对当前用户红外抄表，抄表器通过〈部规〉（07）〈省规〉和〈华隆〉对电表进行抄表，为标准红外抄表。（抄国网智能建议用此键）

按【换挡】+【5】键，此时会跳出显示用户号的完整名称。

按【换挡】+【8】键，此集合使用键是操作帮助。

按【换挡】+【7】键，可以录入该户的页码。录入完毕后，抄表机就会将实际的抄表页码记录下来，下次抄表以这个实际的抄表页码为准，重新下装到抄表机。

b. 抄指定户。此菜单下可以按【1】~【7】键或(【↑】、【↓】、【←】、【→】)键选种相应的菜单项。在这里查找用户可以根据用户的局号、户号、区码、表号、序号、异常和未抄来查找相应的用户。

c. 统计查询。此菜单可以统计和查询此抄表机多少用户、多少已抄、多少未抄、多少表正常、多少表门闭、多少表未用、多少表是烧表、多少表是有故障的及一些标计类型。

d. 抄表图形。此功能主要是直观的图形表示已抄用户、未抄用户和异常用户。图形主要用三种图标组成，一个是"·"，一个是"×"，另外一个是"O"。"·"表示的是该块表还没有抄，"O"表示的是该块表已经抄完，"×"表示电表异常，用户可以用【←】、【→】键来移动光标，选种指定的用户然后再按【确认】就可以进入指定的用户信息界面。词功能更加直观地显示了抄表机的相应信息。

e. 参数设置。进入这个菜单可以设置波动率和打印参数设置。

在子菜单中有个"红外设置"，红外抄表时默认是抄当前月电量，如要抄读冻结日电量需在此菜单下设置。

f. 红外抄表流程。在用户信息界面按【1】号键，根据局号（资产编号）定位到当前需要抄表的用户。核对用户信息，按【帮助】键红外抄表。听到提示音，红外抄表完成，此时多等待2s，确保红外对时完成，若红外对时成功，屏幕自动返回用户信息界面；若红外对时失败，则提示"红外对时失败"，确认键返回用户信息界面；返回用户信息界面后，核对红外抄表示数后，按【↓】切换到下一用户。若要查看用户电量可按【3】号键。此时不应按【确认】键，否则系统自动记录为手工抄表。

（2）工作要求。

1）抄表员下载抄表数据时应防止抄表机上未上传的抄表数据被覆盖。如果发现抄表机与营销业务支持系统无法通信，可以将抄表机格式化以后重试，并确认营销业务支持系统已经安装抄表机插件，抄表机插件可以在营销业务支持系统中下载。

2）现场抄表时，抄表员应到达现场，出示工作证件，使用抄表机对用户端用电计量装置记录的有关用电计费数据进行抄录。

3）抄表时，应认真核对用户电能表箱位、电能表资产号、倍率等相关参数，检查电能计量装置运行是否正常，封印是否完好。对新装或有用电变更的用户，应核对并确认用电容量、最大需量、电能表参数、互感器参数等信息，做好核对记录。

4）抄表人员必须在计划抄表日当天到现场进行抄表。

5）因用户原因未能如期抄到电表的用户必须安排补抄；同一客户连续门闭不得超过二个抄表周期，对连续二次门闭后的客户，抄表责任班（所）应在下一抄表日到来前，设法完成客户电能表的特抄工作，作为下次抄表的电量依据。

6）在录入电能表计度器显示数据时，电量数据应录入电能表能显示的所有整数和小数，对倍率为1的只抄整数位显示数。需量指示录入，应为整数及后4位小数。对实行功率因数调整电费考核客户的无功电量按照四个象限进行抄录。最大需量应按冻结数据抄录，冻结时间设置在抄表日零点。

（3）注意事项。

1）抄表员到现场抄表必须遵守客户的出入制度，遵循《电力安全工作规程》（GB

26859~26861—2011)的相关规定。

2）在抄表开始前，检查并确认抄表机状况是否符合现场抄表需要，包括抄表机运行是否正常、抄表机外接电池是否充足、抄表机时间是否正确、抄表数据是否完整。

3）在山区、野外抄表还应防止蛇、狗咬伤，必要时应随带药品。

8. 抄表数据上传

抄表人员在现场抄表机抄表完成后，将抄表数据和异常信息上传。

（1）操作方法。抄表员根据抄表机操作要求正确设置抄表机参数，如型号、品牌、端口、通信波特率，设置抄表机处于通信状态，将抄表任务对应的抄表数据上传并保存抄表数据信息并发送流程。

（2）工作要求。原则上要求抄表当天上传抄表数据，特殊情况必须在次日完成抄表数据上传。

（3）注意事项。如上传时有变更用户同步档案，则同步后的新表状态为未抄，需做补抄处理。

9. 现场周期核抄

对采用自动抄表的客户开展周期核抄，核抄周期高压客户不得超过 6 个月，低压客户不得超过 12 个月。周期核抄工作内容包括计划制定、数据下装、现场抄表、电能表校时、数据上装、示数复核、核抄分析。

（1）操作方法。现场周期核抄流程如图 2-19 所示。

图 2-19 现场周期核抄流程图

1）由营销业务应用系统根据核抄周期及核抄例日，以月为单位自动制定周期核抄计划；由抄表技术员/供电所营业班班长通过营销系统"抄表管理〉〉抄表计划管理〉〉功能〉〉制订现场周期核抄计划"中，输入年月、供电单位、抄表段，选择状态"未生成"，点击"查询"，选择需要抄表段，点击"生成"即可；具体如图 2-20 所示。

2）抄表员按照核抄计划，将需周期核抄客户的抄表信息下装到抄表机，开展现场抄表。

3）抄表前检查抄表机工作情况、电池电量、时钟情况；检查抄表机内抄表段是否与抄表地点一致。

4）核对计量装置信息。核对抄表机内户号、电能表资产编号、倍率等相关参数与现场是否一致；新装或有用电变更的客户，还应核对并确认用电容量、最大需量、电能表参数、互感器参数等信息。

5）记录异常参数。对现场发现异常应填写《现场核抄异常记录单》，在"信息不符"项打钩，并在"异常情况记录"栏内详细说明。

6）检查客户计量装置的运行情况，具体内容包括：计量封印等是否齐全，客户的计量装置是否存在烧坏、停走、空走、倒走、卡字、跳字、失压、断流等异常现象。

7）发现问题应填写《抄表异常记录单》，在对应选项打钩，并在"异常情况记录"栏

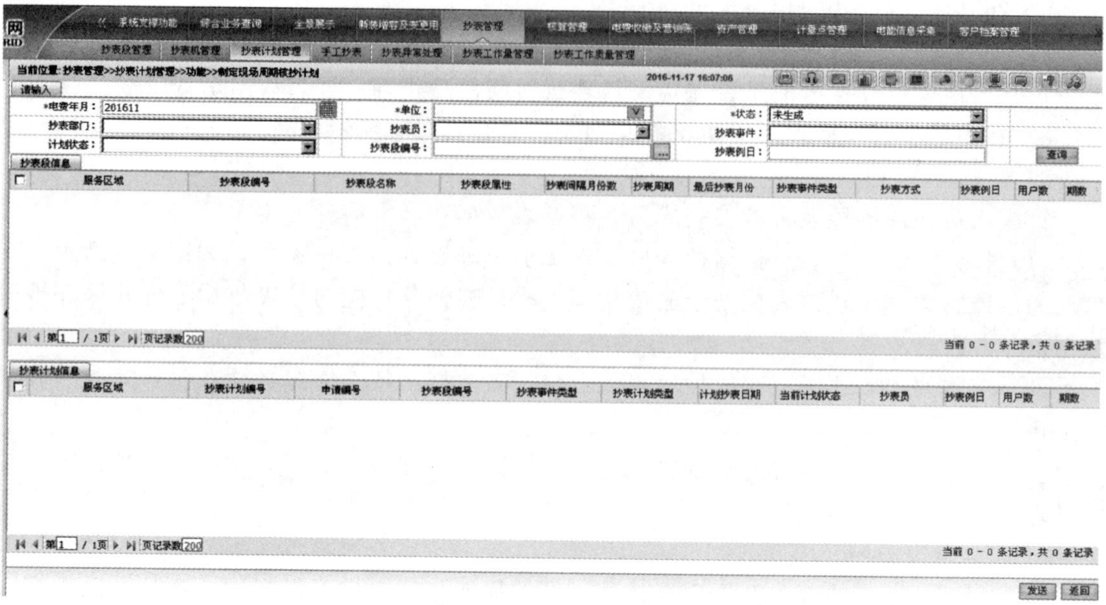

图 2-20 制定周期核抄计划

内详细说明。

8) 按规定通过红外方式抄录表计示度。

9) 用抄表机的对时功能做好现场对时。

10) 现场抄表过程中发现的各类异常情况应及时上报给相关责任班组处理。

自动抄表员按营销业务应用系统内核抄分析审核规则对上装后的核抄数据与实际核抄日当天采集系统数据进行比对分析，系统操作如图 2-21 所示。

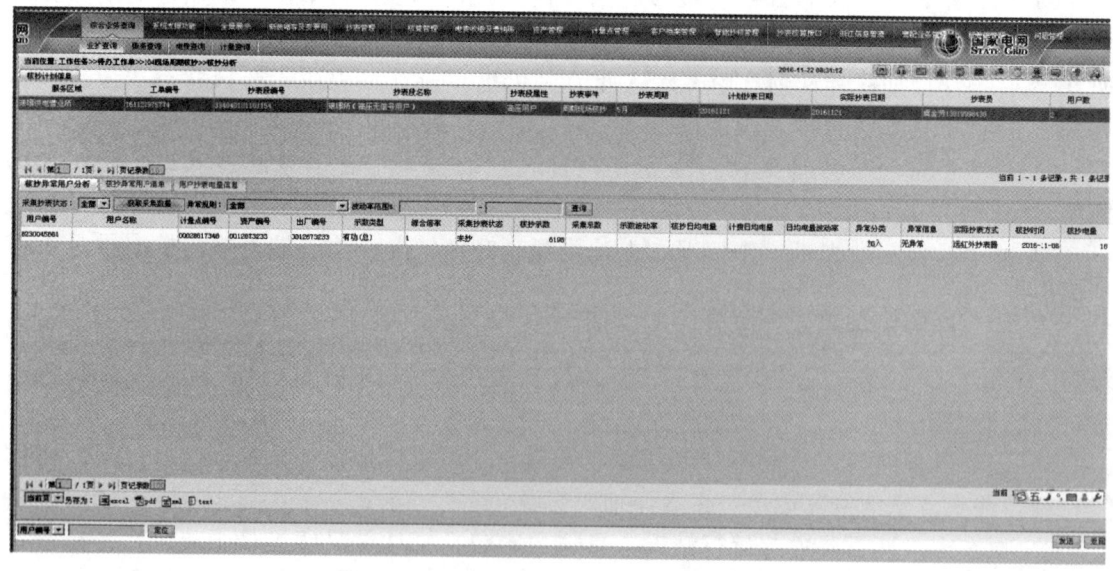

图 2-21 核抄分析界面

(2) 工作要求。

1) 抄表员现场主要核对现场抄表数据，检查计量装置运行情况，并核实用电性质，了解用户生产经营和财务运作状况，为及时足额回收电费提供依据，向用户做好抄表例日、缴费方式、缴费期限及欠费停电等相关规定的宣传解释工作，现场解答用户疑问，宣传安全、节约用电知识。

2) 现场周期核抄必须保证抄表机工作状态正常、电池足够、时钟正确。必须核对当前抄表段客户与当前抄表地点一致。现场核抄前，必须核对抄表机内客户信息与现场是否一致，并记录现场发现的异常情况。对门闭客户可按零电量进行门闭异常处理，填写《门闭客户告知单》，再进行周期核抄。现场核抄前，必须检查客户计量装置运行情况，并记录异常。发现客户存在违约用电、窃电现象，立即汇报所在班组长，尽量保护现场，并在用电检查人员到达现场后离开。

3) 周期核抄时必须保质保量，不得估抄、漏抄。

4) 电能表计度器示数抄录必须按照：倍率为1的只抄录整数示数；倍率大于1的抄录电能表显示的所有整数和小数；最大需量按冻结数据抄录并抄录显示的所有整数和小数；对实行功率因数调整电费考核客户的无功电量按照四个象限进行抄录。

5) 抄表员将现场抄录的数据上装到营销业务应用系统，将上装后的电量数据进行示数复核，完成后将流程发送至核抄分析环节。

6) 自动抄表员按营销业务应用系统内核抄分析审核规则对上装后的核抄数据与实际核抄日当天采集系统数据进行比对分析。对电量偏差较大、日均用电量偏差较大、采集数据异常等问题客户下发异常处理流程，通知责任班组进行现场核实处理。核抄分析审核规则见表2-3。

表2-3 核抄分析审核规则

序号	分类	策略名称	策略说明
1	核抄规范性	不采用红外抄表	抄表方式为手工抄表
2	表计质量	红外对时失败	表计红外对时失败（时间超差）或红外通信异常
3	止度正确性	核抄电量大于上日电量	（核抄抄表止度－核抄当天自动抄表止度）＞该计度器上日电量剔除需量表
4	止度正确性	核抄止度小于自动获取止度	现场核抄的抄表止度小于当天自动抄表获取的止度剔除需量表
5	采集数据异常	核抄当天无采集数据	核抄当天无采集数据
6	核抄规范性	核抄时间超周期	（核抄完成时间－数据下装时间）＞7或核抄完成时间为数据下装日次月

7) 抄表员进行现场周期核抄时应记录首次调入本抄表段的客户的抄表路线，做好该类客户在抄表段中的抄表顺序码调整。

(3) 注意事项。

1) 周期核抄工作完成后，必须在抄表机上检查漏抄客户，并及时完成遗漏用户的核抄。

2）周期核抄应在抄表数据下装后7天内、核抄计划月末前完成。

10. 抄表异常处理

对抄表时发现的表计烧坏、停走、空走、倒走、卡字、封印缺少、表计丢失、用户违约用电、窃电、用电量突增、突减等异常清单用户，发起相应的工作流程，提交有关部门处理

（1）操作方法。确认异常处理用户，审核异常情况，确认异常分类。根据异常分类，确定异常处理方法，启动异常处理流程，生成抄表异常处理工作单，发送到相应处理环节。如果属于计量装置故障，则启动"计量装置故障处理"流程；如果属于违约用电、窃电嫌疑，则启动"违约用电、窃电处理"流程；如果属于抄表差错，则启动"电费退补管理"流程；如果属于客户档案错误，则启动"档案变更"流程。

（2）工作要求。及时对加入异常清单的用户发起流程，并通知相关部门。

（3）注意事项。对发起的异常处理流程进行跟踪，确保异常在规定时限内完成闭环处理。

2.3 工作质量管控

抄表工作质量管理以系统分析、现场抽查等方式对抄表质量进行监督，并根据实际现场表示数进行正确处理的过程。建立电费抄表工作的质量评价与监督考核机制，定期开展抄表异常数据、抄表方式、抄表到位情况、抄表准时情况等专项稽查，对手工抄表方式、长期零电量客户开展现场监督性抄表，对抄表业务外包工作进行跟踪考核，防止因抄表工作不到位造成的电量电费差错。对现场补抄、异常核抄、周期核抄的抄表方式和结果进行分析，按月形成统计、分析报告，针对分析报告中的问题制定相应整改措施，并对责任班组和相关工作人员提出考核意见。

2.3.1 抄表质量指标管控

1. 指标体系

（1）抄表准时率

1）统计算法：抄表准时率＝考核期内（按照规定抄表日期抄表的用户数量/考核期内所有应抄用户数量）×100％。

2）目标及要求：达到100％。

3）管控措施：①加强抄表段参数准确性管理，抄表段参数维护应落实专人进行申请，严格执行抄表段维护审批制度。重点关注最后抄表年月、抄表例日、自动化抄表段操作人员等参数的设置；②加强抄表计划监控，自动化抄表员及时检查自动生成抄表计划、现场补抄表完成的情况，未能自动生成抄表计划的，及时人工制定抄表计划；③严肃抄表纪律，要求抄表员在抄表例日当天完成现场补抄、核抄、数据上传工作。

（2）抄表数据准确率。

1）统计算法：抄表准时率＝考核期内（抄表数据准确的用户数量/考核期内所有应抄用户数量）×100％。

2）目标及要求：达到100％。

3）管控措施：①加强用户用电信息采集设备运维，提高日均采集成功率；②严肃抄表纪律，要求抄表员在抄表例日按红外抄表完成现场补抄、核抄。

（3）全用户自动抄表核算比例。

1）统计算法。自动抄表核算比率＝自动抄表核算用户比率×0.6＋自动抄表核算电量比率×0.4。

其中：自动抄表核算用户比率＝专变用户自动抄表核算比率×0.5＋低压用户自动抄表核算比率×0.5；专变用户自动抄表核算比率＝实现自动抄表核算专变用户数/本单位应抄专变用户数×100％；低压用户自动抄表核算比率＝实现自动抄表核算低压用户数/本单位应抄低压用户数×100％；自动抄表核算电量比率＝自动抄表核算电量/本单位当月总售电量×100％。

2）目标及要求：达到99.5％以上。

3）管控措施：①加强用户用电信息采集设备运维，提高日均采集成功率；②采集运维人员应在抄表计划发起前3个工作日内对即将抄表区域的数据采集成功率进行检查并提前进行运维处理，确保远程抄表数据完整；③当发生大范围采集数据获取失败时，应立即通知采集运维人员处理，故障排查后，完成远采模式抄表。对临时抄表的用户优先采用远采模式抄表。

（4）现场补抄红外抄表率。

1）统计算法：现场补抄红外抄表率＝现场补抄红外抄表户数/现场补抄总户数×100％。

2）目标及要求：达到99.95％以上。

3）管控措施：①严肃抄表纪律，要求抄表员现场一律采用红外抄表方式抄表；②现场因停电、门闭、表计故障无法红外抄表时，要求附现场照片报备，等故障排查后，排期再抄。

（5）周期核抄红外抄表率。

1）统计算法：周期核抄红外抄表率＝周期核抄现场补抄红外抄表户数/周期核抄抄表总户数。

2）目标及要求：99％以上。

3）管控措施：①严肃抄表纪律，要求抄表员现场一律采用红外抄表方式抄表；②现场因停电、门闭、表计故障无法红外抄表时，等故障排查后完成抄表。

（6）周期核抄完成率。

1）主题算法：现场实际开展周期核抄的用户数/应开展周期核抄用户数。

2）目标及要求：100％以上。

3）管控措施：①加强抄表段的周期核抄参数准确性监控，确保周期核抄计划如期发起；②加强周期核抄计划完成监控。

2. 指标异动处理流程

营销稽查监控人员每日对各类业务运行指标数据进行监测，根据每日指标的情况，比对营销业务指标的预警阈值，编写并发布指标指标异动提醒单及提醒短信。指标异动处理流程图如图B-6所示。

（1）通过指标预警阈值，对比营销业务精益化指标标准的各项明细数据，对达到预警临界值的指标运行以指标异动提醒单及提醒短信派发至异动发生部门。

（2）异动发生部门对指标异动提醒单进行确认，若确认为本部门范围内则进行接单处理；异动发生部门在接到提醒单及短信后，应及时调查分析指标达到预警值的原因，并作出处理意见，关在要求时限内将指标恢复正常。

（3）处理反馈完成后指标仍未恢复正常，将派发督办单。

（4）处理规范　根据"谁承办谁反馈"的原则，处理部门办结后直接向营销稽查人员反馈处理结果。

（5）营销稽查监控人员对反馈的提醒单工作质量进行跟踪监控，同时核实处理方式的规范。

（6）营销稽查监控人员将指标异动事件发至业务专职，专职根据计分标准，对责任部门进行计分考核质量评价。

（7）指标异动事件确因恶劣天气、突发事故引起等客观原因引发，异动发生部门可在二个工作日内提出申诉，填写申诉单发至专职，审核通过，可将计分剔除。

2.3.2　抄表质量预警管控

1. 预警处理

营销稽查监控人员每日通过监控益化平台、营销系统、采集系统、营配系统、辅助查询系统对电费抄核收业务运行的各项数据进行监测，根据每日业务进程、业务规范，比对业务各项主题的预警阈值，编写及发布营销业务进程临界、业务违规及异常的预警单。预警处理流程图如图B-7所示。

（1）通过业务预警阈值，对比业务精益化工作化标准的各项明细数据，对达到预警临界值的业务运行以预警单形式派发至异动发生部门。

（2）异动发生部门对预警单进行确认。若确认为本单位范围内则进行接单处理。

（3）异动发生部门进行预警单处理。

（4）异动发生部门在接到预警后，应及时调查分析指标达到预警值的原因，并作出处理意见。

（5）处理反馈完成后预警仍未消除，将派发督办单。

（6）根据"谁承办谁反馈"的原则，处理部门办结后直接向营销稽查人员反馈处理结果。

（7）营销稽查人员对反馈的预警单完整性，准确性进行审核，若审核不通过，则退回再次处理。

2. 预警项目

1）未及时分配抄表段见表2-4。

表 2-4　　　　　　　　　　　　未及时分配抄表段

预警名称	未及时分配抄表段（高压一个工作日，低压当天处理）	
监控规则	（1）立户后还未分配抄表段的用户清单。 （2）以信息归档时间为起点，每条数据记录信息归档后的工作日天数	
预警阈值	一级预警	新装用户未分配抄表段距离超期不大于 1 天
	二级预警	新装用户分配抄表段距离超期不大于 0 天
	三级预警	新装用户分配抄表段已超期不小于 1 天

2）表例日未及时发起抄表流程见表 2-5。

表 2-5　　　　　　　　　　　表例日未及时发起抄表流程

预警名称	抄表例日未及时发起抄表流程	
监控规则	抄表例日当天有效抄表段未按时生成抄表计划的抄表段清单	
预警阈值	一级预警	抄表例日当天 11：00 有效抄表段未按时生成抄表计划
	二级预警	抄表例日当天 15：00 有效抄表段未按时生成抄表计划
	三级预警	抄表例日当天 16：00 有效抄表段未按时生成抄表计划

3）抄表不准时见表 2-6。

表 2-6　　　　　　　　　　　　　抄表不准时

预警名称	抄表不准时	
监控规则	已发起的抄表流程但还未上装的流程清单	
预警阈值	一级预警	已发起抄表流程当日 15：00 还未完成上装
	二级预警	已发起抄表流程次日 12：00 还未完成上装
	三级预警	已发起抄表流程未完成上装已超期≥1 天

4）现场抄表起止度复核不及时见表 2-7。

表 2-7　　　　　　　　　　现场抄表起止度复核不及时

预警名称	现场抄表起止度复核不及时	
监控规则	现场抄表流程示数复核环节完成时间－上装环节完成时间＞2h 的流程清单	
预警阈值	一级预警	现场抄表已发起的抄表流程但当日 15：00 还未示数复核
	二级预警	现场抄表已发起的抄表流程但次日 12：00 还未示数复核
	三级预警	现场抄表已发起的抄表流程还未示数复核超时≥1 条（地市范围）

5）自动抄表起止度复核不及时见表 2-8。

表 2-8　　　　　　　　自动抄表起止度复核不及时

主题名称	自动抄表起止度复核不及时	
抽取规则	自动抄表流程所有停留在示数复核环节的流程清单	
预警阈值	一级预警	自动抄表已发起的抄表流程但当日15：00还未示数复核
	二级预警	自动抄表已发起的抄表流程但当日12：00还未示数复核
	三级预警	自动抄表已发起的抄表流程还未示数复核超时≥1条（地市范围）

6) 未及时发起周期核抄计划见表 2-9。

表 2-9　　　　　　　　未及时发起周期核抄计划

主题名称	未及时发起周期核抄计划	
抽取规则	未按规定周期核抄，高压用户超6个月零1天，低压用户超12个月零1天，剔除在途流程	
预警阈值	一级预警	—
	二级预警	—
	三级预警	高压用户超6个月零1天，低压用户超12个月零1天

7) 需量执行异常用户见表 2-10。

表 2-10　　　　　　　　需 量 执 行 异 常 用 户

主题名称	需量执行异常用户	
抽取规则	只取一级计量点，去除2级计量点下，非需量表抄表例日与转存日不一致的情况	
预警阈值	一级预警	—
	二级预警	需量执行异常用户不小于1户
	三级预警	—

8) 长期手工抄表低压用户见表 2-11。

表 2-11　　　　　　　　长期手工抄表低压用户

主题名称	长期手工抄表低压用户	
抽取规则	(1) 查询12个月及以上手工抄表低用户。 (2) 直属单位，查询6个月及以上手工抄表低压用	
预警阈值	一级预警	查询6个月及以上手工抄表低压用
	二级预警	—
	三级预警	—

9) 居民大电量见表 2-12。

表 2-12 居民大电量

主题名称	居民大电量	
抽取规则	执行居民电价部分单月电量大于 4000kW·h	
预警阈值	一级预警	执行居民电价部分单月电量大于 4000kW·h
	二级预警	—
	三级预警	—

10）新装用户首次抄表及时性见表 2-13。

表 2-13 新装用户首次抄表及时性

主题名称	新装用户首次抄表及时性	
抽取规则	新装用户（高低压）首次抄表及时性预警（日）	
预警阈值	一级预警	—
	二级预警	—
	三级预警	新装用户（高低压）首次抄表超过 31 天后

11）农排大电量见表 2-14。

表 2-14 农排大电量

主题名称	农排大电量	
抽取规则	核定是否能够剔除当月已做定量定比的（其他有涉及定量定比的也核查），执行纯农业排灌电价用电量连续 12 个月（排除损耗电量）低压大于等于 100kW·h、高压大于等于 150kW·h 的用户	
预警阈值	一级预警	执行纯农业排灌电价用电量连续 12 个月（排除损耗电量）低压大于等于 100kW·h、高压大于等于 150kW·h 的用户
	二级预警	—
	三级预警	—

12）抄表员所属用户手工抄表比例偏高见表 2-15。

表 2-15 抄表员所属用户手工抄表比例偏高

主题名称	抄表员所属用户手工抄表比例偏高	
抽取规则	用电信息采集系统有抄表数据，但营销系统抄表数据与用采系统抄表数据不一致，且连续 2 个月手工抄表	
预警阈值	一级预警	用电信息采集系统有抄表数据，但营销系统抄表数据与用采系统抄表数据不一致，且连续 2 个月手工抄表
	二级预警	—
	三级预警	—

13) 用户分次结算协议超期见表 2-16。

表 2-16　　　　　　　　　用户分次结算协议超期

主题名称	用户分次结算协议超期	
抽取规则	(1) 分次结算用户未正确分配抄表段，未维护结算信息数据。 (2) 分配到分次结算抄表段但未有分次结算协议。 (3) 分次结算参数的准确性（有效期）	
预警阈值	一级预警	分配到分次结算抄表段但未有分次结算协议、分次结算协议过期
	二级预警	—
	三级预警	—

14) 错误分配抄表段见表 2-17。

表 2-17　　　　　　　　　　错 误 分 配 抄 表 段

主题名称	错误分配抄表段	
抽取规则	用户分配的抄表段属性与用户的属性不一致： (1) 新户分配入历史抄表段（调入抄表段最后抄表年月非上个抄表周期）。 (2) 发电用户未编入发电抄表段。 (3) 用户电压属性与抄表段属性不一致。 (4) 转供与被转供未编入同一个抄表段。 (5) 合同约定的结算周期与分配的抄表段结算周期不一致。 (6) 分次结算用户分配抄表段要和抄表段属性一致	
预警阈值	一级预警	新户分配入历史抄表段（调入抄表段最后抄表年月非上个抄表周期）、发电用户未编入发电抄表段、用户电压属性与抄表段属性不一致、转供与被转供未编入同一个抄表段、合同约定的结算周期与分配的抄表段结算周期不一致、分次结算用户分配抄表段要和抄表段属性一致
	二级预警	—
	三级预警	—

15) 已欠费停电客户，但有电量产生的用户见表 2-18。

表 2-18　　　　　　　　已欠费停电客户，但有电量产生的用户

主题名称	已欠费停电客户，但有电量产生的用户	
抽取规则	已欠费停电客户，但有电量产生的用户	
预警阈值	一级预警	已欠费停电客户，但有电量产生的用户
	二级预警	—
	三级预警	—

16) 非自动抄表监控见表 2-19。

表 2-19　　　　　　　　　　　非自动抄表监控

主题名称	非自动抄表监控	
抽取规则	(1) 现场红外抄表情况。 (2) 现场手工抄表情况。	
预警阈值	一级预警	现场红外抄表
	二级预警	现场手工抄表
	三级预警	—

17) 人工修改抄表示数见表 2-20。

表 2-20　　　　　　　　　　　人工修改抄表示数

主题名称	人工修改抄表示数	
抽取规则	在起止度核对环节人为修改抄表示数的用户清单	
预警阈值	一级预警	发生起止度核对环节人为修改抄表示数的用户 1 户以上
	二级预警	—
	三级预警	—

2.3.3　抄表质量稽查管控

稽查监控人员按照所设定的监控模型、监控频度对工作质量、数据质量业务类的稽查监控主题开展在线监控，根据筛选的稽查问题，通过稽查系统对问题逐条分析，并结合相关专业部门意见形成监控分析结果生成稽查任务，接收到稽查处理工单的相关单位（部门）及责任人应按时限要求及时开展稽查工单处理。抄表工作质量稽查表见表 2-21。

表 2-21　　　　　　　　　　　抄表工作质量稽查表

稽查项目	统计算法	稽查内容	核查处理工作要求
周期核抄执行不规范	(1) 未维护周期核抄时间。 (2) 未按规定周期核抄，高压用户超 6 个月，低压用户超 12 个月（以抄表段实际最后抄表月份为准）。 (3) 周期核抄数据与当天的采集数据符合逻辑关系；周期核抄抄表方式为非红外线（当月周期核抄有整改过应剔除）	(1) 检查是否维护周期核抄时间。 (2) 检查是否按规定周期核抄（高压用户 6 个月，低压用户 12 个月）。 (3) 检查周期核抄抄表方式为非红外线，且周期核抄数据与抄表数据不一致	(1) 按周期核查稽查内容，根据系统记录、用电现场情况逐项认真核对清查，剖析周期核抄超期、周期核抄抄表方式异常产生原因，落实核查结果反馈。 (2) 分析反馈结果，制定相应的管理措施，实现抄表质量常态化监控。 (3) 及时编制营销敏感问题周报和营销业务诊断分析月报

续表

稽查项目	统计算法	稽查内容	核查处理工作要求
结算电量与采集抄表电量不一致	（1）高压用户实际抄表方式不为远采集抄、低压载波集抄、负控终端、远采集抄（特殊），抄表数据来源为抄表（手工抄表和普通抄表器）的数据。 （2）实际抄表示度与采集前两日内数据不符	检查用电信息采集系统有远程抄表数据，但营销业务系统抄表数据与用电信息采集系统抄表数据不一致	（1）按抄表质量稽查内容，根据系统记录、用电现场情况逐项认真核对清查，剖析抄表质量异常产生原因，落实核查结果反馈。 （2）分析反馈结果，制定相应的管理措施，实现抄表质量常态化监控。 （3）对于屡查屡犯的突出问题进行严肃处理。 （4）及时编制营销敏感问题周报和营销业务诊断分析月报
低压用户手工抄表情况	低压用户营销系统抄表止度与用电信息采集系统抄表止度不一致且为手工抄表	检查用电信息采集系统有远程抄表数据，但营销业务系统抄表数据与用电信息采集系统抄表数据不一致，且连续2个月手工抄表	（1）按抄表质量稽查内容，根据系统记录、用电现场情况逐项认真核对清查，剖析抄表质量异常产生原因，落实核查结果反馈。 （2）分析反馈结果，制定相应的管理措施，实现抄表质量常态化监控。 （3）对于屡查屡犯的突出问题进行严肃处理。 （4）及时编制营销敏感问题周报和营销业务诊断分析月报
居民大电量	执行电价中有居民一户一表电价 （1）当月用电量不小于10000kW·h的。 （2）上月用电量不小于3000小于10000kW·h的，同比环比大于100%。 （3）上月用电量在不小于1000小于3000kW·h，同比环比超200%。 （4）上月用电量不小于500小于1000的，同比环比超300%。 （5）增加条件：上月、同期月、本月电量不等于0	（1）检查是否存在高价低接违约用电、窃用电现象。 （2）检查是否存在电能表故障。 （3）检查是否存在手工估抄现象。 （4）检查是否存在用电性质与档案信息不一致现象	（1）按居民大电量稽查内容逐项认真核对清查，通过核查用电现场情况、系统记录、档案资料等，剖析居民大电量产生异常原因，对居民电量突增用户重点检查，查找是否存在高价低接、窃电违约、计量故障等现象。 （2）建立用户管理常态机制，加强抄表管理和用电现场管理，实行责任网格化，责任到人，强化过程管控。 （3）及时编制营销敏感问题周报和营销业务诊断分析月报

续表

稽查项目	统计算法	稽查内容	核查处理工作要求
参考表用户零电量	（1）移动联通等基站用户连续3个月抄表零电量，参考设备大于1。 （2）对参考表月电量异常波动30%的标记进行异常抽取核查	检查当月参考表用户零电量异常原因，规范参考表管理，防范电费流失风险	（1）按参考表零电量稽查内容逐项认真核对清查，通过核查用电现场情况、系统记录、档案资料等，剖析参考表零电量异常产生原因，梳理管理薄弱环节。 （2）对参考表零电量用户，建立预警，加强过程管控。 （3）及时编制营销敏感问题周报和营销业务诊断分析月报
分次结算异常	（1）有分次协议用户未分配到分次结算抄表段（根据抄表事件判断分次结算抄表段），剔除新装用户、排除未正确分配抄表段的分次结算用户（剔除当月有涉及合同变更流程，分次结算协议已签订在途未归档的异常用户）。 （2）分配到分次结算抄表段但没有分次结算协议，剔除新装用户。 （3）数据抽取日期不在分次结算协议里的有效期开始日期和结束日期的时间范围内，剔除新装用户	（1）检查分次结算用户未正确分配抄表段。 （2）检查分次结算用户分配到分次结算抄表段但未有分次结算协议。 （3）检查有效期内分次结算参数的准确性	（1）按分次结算异常稽查内容逐项认真核对清查，通过核查用电现场情况、系统记录、档案资料等，确定异常问题后进行整改反馈，并制定相应的管控措施避免类似问题重复发生。 （2）分析问题存在的主要原因，建立预警，加强过程管控，严肃考核。 （3）及时编制营销敏感问题周报和营销业务诊断分析月报
需量用户抄表例日与冻结日不一致	（1）需量用户抄表例日非20、25日。 （2）需量用户冻结日非20、25日。 （3）需量用户抄表例日和冻结日不一致（剔除当月走过容量调整为需量流程的数据）	（1）检查需量用户抄表例日和冻结日不一致。 （2）检查电费结算方式变更为需量用户后，是否纳入到需量抄表段，且是否正确计算基本电费	（1）按需量用户抄表例日与冻结日不一致稽查内容逐项认真核对清查，通过核查用电现场情况、系统记录、档案资料等，确定异常问题后进行整改反馈，并制定相应的管控措施避免类似问题重复发生。 （2）分析问题存在的主要原因，建立预警，加强过程管控，严肃考核。 （3）及时编制营销敏感问题周报和营销业务诊断分析月报
需量值变更改类流程及时性	申请变更需量核定值的需量用户未在月末前归档清单	检查用户申请需量或核定需量值修改的改类流程是否在月末前归档	须在月末前归档，否则失效

2.4 常见问题的分析及处理

2.4.1 抄表例日未生成抄表计划

【案例1】

抄表周期为"每月"的某抄表段，在9月抄表例日当天，营销系统系统无法自动生成9月抄表计划。

问题分析：

经营销系统核查，该抄表段为分次结算抄表段，抄表例日为5日、15日，5日抄表的最后抄表月为"201608"，15日抄表的最后抄表月为"201607"，最后抄表月非当前抄表月。在8月15日抄表时由于该抄表段用户用电信息采集故障，无电量采集数据，整段终止抄表计划，在8月17日发起临时抄表计划完成抄表，但未维护最后抄表月份。造成在9月15日抄表例日当天，系统无法生成9月抄表计划。

处理方法：

（1）在营销系统中发起抄表段维护流程，将该抄表段最后抄表月改为"201608"，维护流程结束后发起抄表计划，完成抄表。

（2）对于整段终止抄表计划的抄表段，发起临时抄表完成抄表后，应及时维护该抄表段的最后抄表月份。

（3）加强抄表段管理，抄表前开展抄表段"最后抄表月"异常筛选整改。

【案例2】

抄表周期为"每月"的某抄表段，在5月抄表例日当天，营销系统系统无法自动生成5月抄表计划。

问题分析：

经营销系统核查，该抄表段于2016年4月30日新建，抄表周期为"每月"，抄表例日为"3日"，因"五一"放假，核算班工作人员在抄表前未及时对该抄表段进行智能抄表段维护。新建抄表段一般由供电所完成，而对抄表段是否采用智能核算方式是由核算班确定。造成在5月3日当天，系统未生成5月抄表计划。

处理方法：

（1）营销系统完成智能抄表段维护，手工发起抄表计划进行抄表，完成抄表。

（2）加强抄表段管理，在抄表例日前1日对抄表段进行智能抄表段维护异常筛选整改。

（3）抄表工作与休息日冲突时，要合理安排好工作，在抄表例日前做好抄表段相应维护，避免出现抄表计划无法生产现象。

2.4.2 抄表数据准备失败

【案例3】

某抄表段抄表例日为每月5日，在2015年10月5日，营销系统提示数据准备失败。

问题分析：

经核查，该用户为专变用户，在 9 月申请改类后，查勘人员在营销系统操作时，该用户计量点没有对应相应专变台区，引起抄表数据准备失败。

处理方法：

发起改类流程将产生异常专变用户计量点对应至专变台区，重新发起抄表计划进行抄表数据准备。

【案例 4】

某抄表段 334040101022211，抄表例日为每月 3 日，在 2015 年 3 月 3 日，营销系统提示数据准备失败。

问题分析：

经核查，抄表准备失败因，某用户对外转供用电，被转供用户未及时划入该项抄表段引起。

处理方法：

将转供用户调整到该抄表段，重新发起抄表计划进行抄表数据准备。

【案例 5】

某抄表段：334040101021131，抄表例日为每月 3 日，在 2015 年 4 月 3 日，营销系统提示数据准备失败。

问题分析：

经核查，抄表准备失败因，某用户新装光伏设备，增设了关联的分布式电源用户，分布式电源用户未及时划入该项抄表段引起。

处理方法：

将分布式电源用户调整到该抄表段，重新发起抄表计划进行抄表数据准备。

2.4.3 自动抄表远程获取失败

【案例 6】

某抄表段 334040101021121，用户户号 8210806922，抄表例日为每月 5 日，在 2016 年 11 月 5 日，系统自动发起抄表计划，自动抄表显示为抄表失败。

问题分析：

经采集系统查询，该户无采集数据，现场发现采集器 RS485 线断引起采集系统无抄表数据。

处理方法：

由营销业务应用系统自动生成现场补抄流程发送至现场补抄人员。自动抄表员应对下发的现场补抄流程做好跟踪，确保在规定时间内完成。现场补抄人员在规定时间内完成现场抄表机红外补抄，同时完成现场采集故障初次查勘处理。

【案例 7】

某抄表段 334040101111245，用户户号 8210808115，抄表例日为每月 5 日，在 2016 年 8 月 5 日，系统自动发起抄表计划，自动抄表显示为抄表失败。

问题分析：

经营销系统、采集系统查询核实，因该户在 10 月底调整供电单位时，采集系统未同步更新供电单位，用户营销系统内的供电所单位与采集系统供电单位不一致引起。

处理方法：

（1）先将异常用户从抄表流程中拆分终止。

（2）将用户营销系统与采集系统进行数据同步。

（3）重新发起临时抄表流程，自动化抄表获取抄表数据。

【案例 8】

某抄表段 3340401011112135，抄表例日每月 5 日，抄表段内共有用户 150 户，在 2016 年 8 月 5 日，系统自动发起抄表计划，自动抄表显示 133 户抄表失败。

问题分析：

经核查，该抄表段在 8 月 4 日 23:00 至 8 月 5 日 3:00，发生线路故障，造成台区内近内近 130 户停电，采集器失电无法上传抄表数据，引起 8 月 5 日抄表失败。

处理方法：

（1）终止抄表流程，立刻逐级上报公司营销部协调处理。

（2）通知采集运维人员进行故障维护。

（3）采集故障排除后，重新发起抄表计划，自动化抄表获取抄表数据。

（4）加强采集运维管理监控，采集运维人员应在抄表计划发起前 3 个工作日内对即将抄表区域的数据采集成功率进行检查并提前进行运维处理，确保远程抄表数据完整。

【案例 9】

某抄表段 3340401011110043，抄表例日为每月 5 日，抄表段内共有用户 230 户，在 2016 年 9 月 5 日，系统自动发起抄表计划，自动抄表显示 150 户抄表失败。

问题分析：

经核查，该抄表段因新上小区于 8 月新建，因抄表员工作失误，将抄表段"抄表方式"参数设置为"抄表机抄表"，引起所有用户无法获取抄表数据。

处理方法：

（1）先将抄表流程中终止。

（2）发起抄表段维护流程将用户抄表段"抄表方式"参数设置为低压用户"远采集抄"，高压用户"负控终端"。

（3）重新发起抄表流程，自动化抄表获取抄表数据。

2.4.4 抄度示数异常处理

【案例 10】

9 月 5 日，某酒店管理经营部 9 月分次抄表示数复核中，发现用户上次抄表示数与 8 月最后一次抄表数不符。

问题分析：

经营销系统核实，该户为商业酒店，运行容量为 1250kVA，执行分次抄表，抄表例日分别是每月 5 日、10 日。用户于 7 月 20 日办理过户流程，7 月 27 日完成安装信息录入，并在信息归档环节完成后台的过户前电费结算，电费清单如图 2-22 所示。

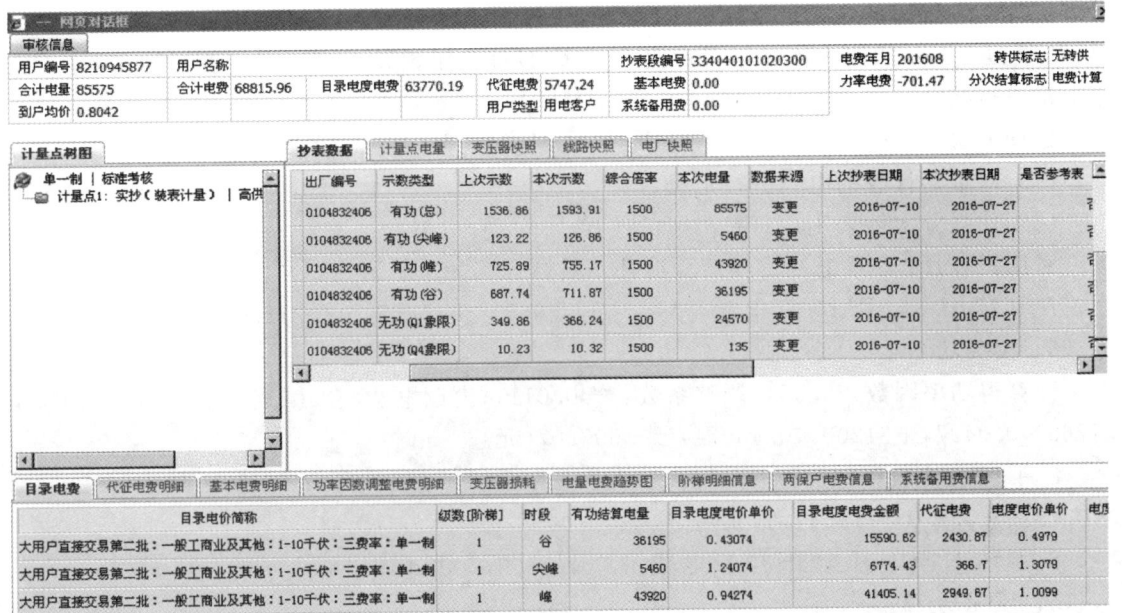

图 2-22 某用户电费清单

用户未及时缴费，过户流程从 7 月 27 日至 8 月 11 日停滞在信息归档环节。8 月 5 日，用户发起 8 月第一次抄表计划，通过自动获取采集示数，并完成分次电费结算，电费清单如图 2-23 所示。

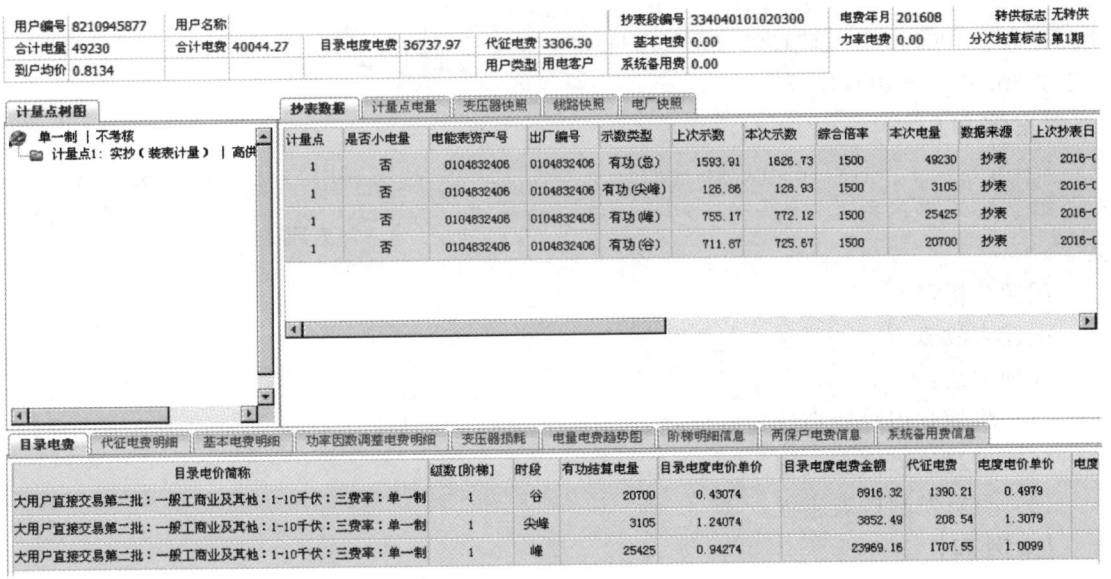

图 2-23 某用户电费清单

在电费计算时，跳出异常，工作人员将抄表流程终止，等待过户流程归档后重新发起抄表流程，进行8月最终结算次抄表。后因工作人员疏忽，8月未发起流程，引起电费差错：①9月5月抄表时上次抄表示数为7月27日抄表示数，出现重复计费；②8月未对力率电费进行结算。

处理方法：

（1）对重复计收的电量进行退补。

（2）加强分次抄表用户每月出账的监控。

对用户8月、9月电费重新清算退补，具体计算如下。

7月27日—8月10日电量电费：总73065，尖4605，峰37260，谷31200，无功22755，反无功30。

计算得功率因数：0.95，调整系数：−0.011，力调电费−0.011×（4605×1.24074+37260×0.94274+31200×0.43074）=−597.07（元）。

8月10日应收=（4605−3105）×1.3079+（37260−25425）×1.0099+（31200−20700）×0.4979−597.07=18544.9（元）。

8月10日至9月10日电量电费：总145860，尖9615，峰73785，谷62460，无功47145，反无功75。

计算得功率因数：0.95，调整系数：−0.011，力调电费−0.011×（9615×1.24074+73785×0.94274+62460×0.43074）=−1192.33（元）。

9月10日应收：9615×1.3079+73785×1.0099+62460×0.4979−1192.33=116997.43（元）。

因9月应收电费中包含7月对该户的一般工商业与直购电价的差价退费4234.65与力调+46.58，故8月、9月合计应收：40044.27+18544.9+116997.43=175586.6（元），实际已收：40044.27+171398.53+4234.65−46.58=215630.87（元），应退：175586.6−215630.87=−40044.27（元）。

【案例11】

2016年5月5日，某用户在月初抄表示数复核中，发现用户总峰谷电量异常，总、尖、峰、谷不平；总<（峰+谷+尖）；总电量=峰（谷、尖）电量；即超过两个计度器走字。

问题分析：

电能表故障。

处理方法：

（1）将异常用户抄表计划拆分终止。

（2）发起故障换表流程。

（3）重新发起抄表流程。

【案例12】

某床上用品厂，2016年6月电量为241335kW·h，超过理论电量值234360kW·h，产生用户实际电量超过理论电量值的异常。该用户现场运行变压器容量为315kVA，用户设备容量基本达到315kW，2016年4、5、7月用电量均接近理论电量值，6月超过理论电量值。电量值超过合同最大电量，总电量>（容量×24×30）×2kW·h。

问题分析：

用户超容用电引起。

处理方法：

自动抄表员在抄表示数复核时跳出异常，发起现场补抄流程，经抄表员现场核抄了解到用户下半年计划扩大生产规模，于6月购置了新设备，并在6月进行了设备试投运，造成6月电量超理论值。根据这一情况，供电所用检查人员通知用户立即办理增容手续，将变压器增容至400kVA，同时要求用户在增容完成前停止新设备的测试及使用。7月23日用户递交相应的材料在营业厅办理增容申请。

【案例13】

某家俱厂，运行容量为80kVA，2016年6月电量为61885kW·h，超过理论电量值57600kW·h，产生用户实际电量超过理论电量值的异常2016年各月用电量均接近理论电量值，6月超过理论电量值。电量值超过合同最大电量。

问题分析：

经现场核抄人员现场核实现场用户情况，确认系统档案内运行容量错误的。

处理方法：

做好记录，通知用电检查人员发起内部门整改流程，更正用户容量。

【案例14】

某居民用户，2016年8月电量为3261kW·h，电量波动率达到300%，自动抄表员在抄表示数复核时跳出异常，电量异常波动，（低压居民当月电量>100kW·h，环比波动超过±100%，同比波动超过±100%；低压非居民当月电量>1000kW·h，环比波动超过±50%，同比波动超过±50%；高压用户当月电量100kW·h以上，电量同比波动超过±30%，且电量环比波动超过±30%）。

问题分析：

经抄表员现场核抄核实，居民自建房，共6层，2～6层为出租居住，原执行居民生活电价。2016年7月30日起一层出租给A改造项目部办公使用半年，其余仍作居民生活照明用电，电价执行错误，一层用电存在低价高接行为，构成违约用电。用户改变用电性质造成电量异常。

处理方法：

下发现场核抄流程至现场核抄人员。现场核抄人员在规定时间，内完成现场抄表机红外核抄，同时对核实现场用户情况，现场存在改变用电性质的违约用电情况，做好记录，通知用电检查人员后续进行违约用电处理。针对电价执行，供电所用电检查人员发起改类流程更改电价：一般工商业电量定比0.2；针对用户违约行为，发起违约用电、窃电管理流程以违约期间实际违约使用电量进行违约处理，退补电费1141kW·h并承担两倍的差额电费的违约使用电费，合计56.48元。

【案例15】

某居民用户，2016年8月电量为2300kW·h，电量波动率达到250%，自动抄表员在抄表示数复核时跳出异常，电量异常波动。

问题分析：

经抄表员现场核实，因夏季高温，空调负荷引起季节性电量突变。

处理方法：

下发现场核抄流程至现场核抄人员，现场核抄人员在规定时间内完成现场抄表机红外核抄，同时对核实现场用户情况。

【案例 16】

某居民用户，2016 年 3 月电量为 9500kW·h，电量波动率达到 4750%，自动抄表员在抄表示数复核时跳出异常，电量异常波动。

问题分析：

电量波动超过正常范围，经现场核实为表计故障引起。

处理方法：

下发现场核抄流程至现场核抄人员。现场核抄人员在规定时间，内完成现场抄表机红外核抄，同时排查计量表计或采集器故障情况，做好记录，通知计量人员后续进行故障表计，采集器更换流程，并根据故障检定结果对用户电费退补处理。

第3章 电费核算

电费核算，包括电费计算、电量电费审核和电费发行三个步骤，是电费抄核收管理工作的中枢，实际工作中，电费计算已由营销系统自动完成。电量电费审核，以前全部由人工完成，自推广"集抄集收"模式以来，电量电费审核逐步向智能审核转变，目前电费审核方式采用智能复核为主，传统人工审核为辅的方式。电量电费审核是电费发行前的最后一个环节，也是防止电费差错出门的最后一道关卡。电费发行由人工处理，电费发行后，即表示用户的电费结算已完成，用户已产生一笔应收电费，用户可以通过各种方式开始缴费。电费核算工作质量的好坏，直接影响到电费结算是否准确，电费能否按时、准确地回收。

3.1 基 本 知 识

根据《国家电网公司电费抄核收工作规范》规定，抄表数据复核结束后，应在24h内完成电量电费计算工作。新装、变更等业扩流程中形成的各种档案参数，直接参与电量电费计算，影响最终的电费计算结果。

电量电费审核人员对当月电费核算周期内的电量电费计算结果进行审核。审核通过后进行电费发行。对电量电费异常的用电用户，审核人员根据异常情况进行相应处理，并记录核算异常情况，处理完成后进行电费发行。

3.1.1 电费核算方式

1. 人工核算方式

人工核算方式是当抄表数据复核环节完成，流程下传至电量电费计算环节时，核算人员在营销业务应用系统待办工作单中查出要处理的工作单，人工进行核算、确认、发送，直至电费发行。电费审核的整个过程皆为人工流程处理。

人工核算方式下，业扩新装、变更用户与普通用户一样进行抄表计算。电量电费审核由人工完成，仅在电费流程中开展电量电费审核，无事前事后辅助电费审核环节。

人工核算业务质量的好坏易受核算人员业务水平、责任心等因素影响，同时人工核算时核算人员工作量大，工作效率较低。

2. 智能核算方式

智能电费核算就是在营销业务应用系统中使用智能审核策略，由系统对电费计算结果进行自动核算，核算通过的流程自动发送到电费发行环节。为保证核算质量，智能核算方式增加了电费事前、事后复核环节。

智能核算的应用，大大减轻了电费复核人员的工作量，在提高工作效率的同时，也提高了工作质量。电费核算环节时间的减少，相当于为电费回收工作争取了宝贵的催收时间。同时通过事前、事中、事后三个环节电费复核工作的开展，智能核算模式的电费复核工作效率和质量，优势较人工核算方式非常明显。

但是由于智能核算策略尚未完善，为保证核算质量，一般先在低压用户范围开始开展智能核算工作。在智能核算深化应用过程中，进一步完善智能核算策略，再逐步对高压客户开展智能核算。

3.1.2 电费核算工作内容

电费核算因核算方式不同，工作内容略有区别。智能核算方式工作内容包含事前管理、事中管理和事后管理，人工核算方式无事前、事后管理内容。

1. 事前管理

智能核算事前管理包含档案校验和电费试算。它主要是对业扩流程电费计算参数和客户档案的正确性管理，通过智能辅助审核和电费试算，重点防止参与电费计算各类参数异常，确保营销业务基础信息正确。

档案校验在信息归档环节进行，通过设置基本信息、电价、电量分配、存度录入等方面的校验规则，由专责人员进行集中流程审核，确保参与电费计算的参数和后台电量正确。通过不断总结业扩流程审核异常情况，业扩流程审核规则将不断完善。

电费试算是在信息归档工作结束后，按照流程申请类别对用户发起试算业务。系统自动赋予每户前台电量 300kW·h 进行电费计算。电费核算人员对试算的结果进行复核和异常的跟踪管理。电费试算工作将电费复核关口前移，在正式电费计算前进行一次电费试算，以确保正式计算时电费计算参数准确。

2. 事中管理

智能核算事中管理主要是对正常电费核算时的量、费突变和系统稳定性管理，重点对平均电价过高、平均电价过低、功率因数异常、电量电费突变等异常情况进行复核，防止电量、电费异常和系统异常，确保量费突变的矛盾不出门，批量电费计算、发行及时正确。

3. 事后管理

智能核算事后管理主要是指在正常电费核算后，对所有新装变更用户以及传统核算策略筛选用户进行二次电费台账审核，重点防止异常电费不跨月，确保当月所有电费发行正确。

4. 人工核算

人工核算方式下，电费核算无事前、事后管理任务内容，电费核算流程内容仅为电费的计算、审核和发行三个步骤。电费审核人员依据用户的抄见电量及计费档案、优惠策略、电价标准等信息进行电量电费全面审核，并对审核过程中发现的异常进行处理，确保电费准确。

3.2 工 作 实 施

3.2.1 人工核算

人工核算模式,从电量电费计算环节开始,经电费计算、电量电费审核,至电费发行结束。流程如图3-1所示。

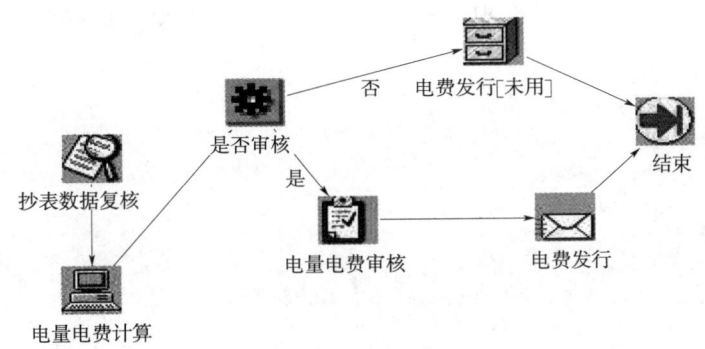

图3-1 人工核算流程图

1. 电量电费计算

(1)操作方法。电费核算人员在待办工作单下,选择待办的电量电费计算流程,如图3-2所示。点击【处理】按钮,即可进入到电量电费计算页面。

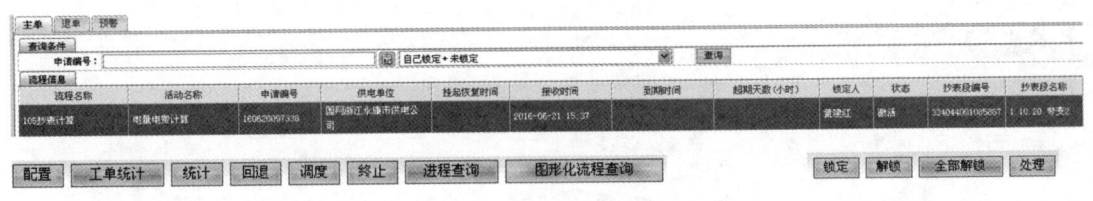

图3-2 待办工作单界面

在出现的电量电费计算页面,如图3-3所示,选择待办工作单中待计算的流程。点击最左边的复选框【□】,可以单选,也可以多选,然后点击【计算】即可。

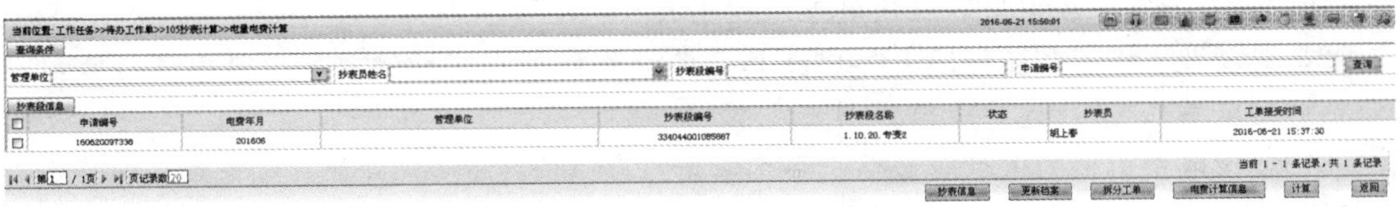

图3-3 电量电费计算待办流程界面

(2)工作要求。电费计算必须在抄表数据复核结束后24h内完成。

(3)注意事项。

1)电费计算失败时,点击右下角的【电费计算信息】,可以查看具体的异常信息。

2) 若是某用户原因导致某个抄表段计算失败时，可以将该工作单流程回退至抄表数据复核环节，将异常用户拆分出来另行处理，从而使抄表段中的其他用户正常下传不受影响。

2. 电量电费审核

（1）操作方法。电量电费计算结束后，流程下传至电量电费审核环节。电费核算人员在待办工作单下，选择待办的电量电费审核流程，点击【处理】按钮。在出现的页面里，可以逐户进行审核，如图3-4所示。将光标移至所选用户的任意位置，双击后可以查看该户的详细结算信息。若用户电费信息审核无误，则点击【发送】按钮将流程下传至电费发行环节。若审核时发现用户电费信息异常，则须先进行相应的异常处理才可下传。

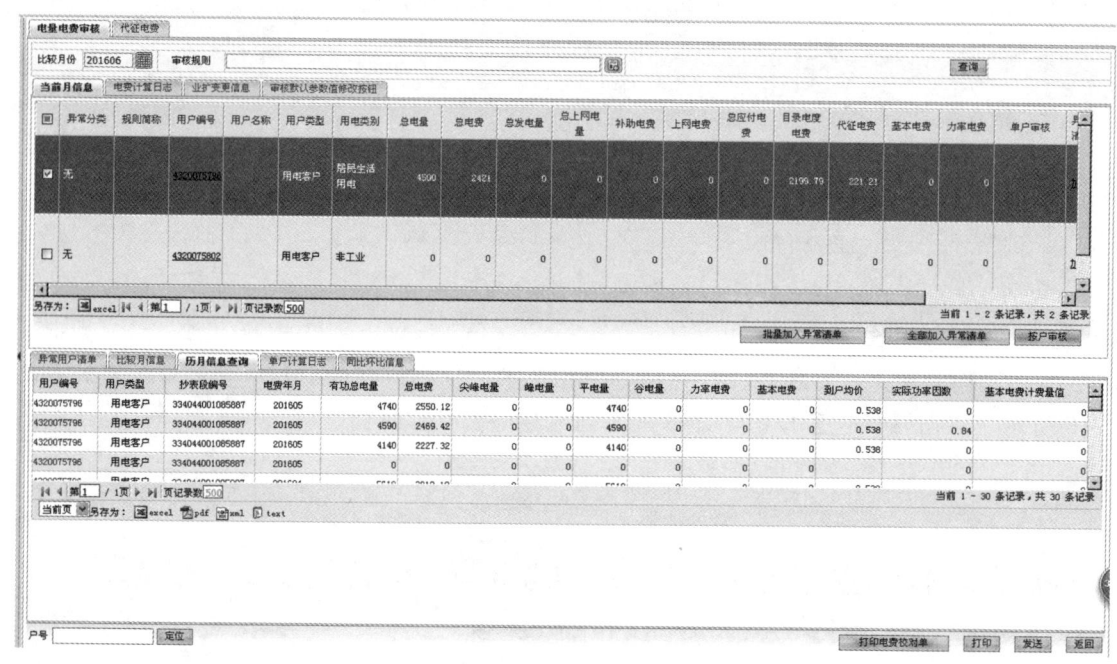

图3-4 电量电费审核环节界面

（2）工作要求。

1) 客户抄表示数复核结束后，电费核算人员应在24h内完成电量电费审核和电费发行工作。若有异常，经审批后最长可推迟到48h。

2) 对新装、增容和变更用电客户在其业务流程处理完毕后的首次电量电费计算结果（包括后台电费），进行逐户审核。

3) 电量电费审核的重点应包括：平均电价过高（或过低）、功率因数异常、电量电费突变等异常情况。

（3）注意事项。水电站用户电量电费信息查看方法略有不同。待办工作单中仅能查看该水电客户的用电电量、用电电费和上网电量等信息，其上网电费信息须到"电费收缴及营销账务管理〉〉客户缴费管理〉〉功能〉〉发电结算清单打印"菜单下查看，如图3-5、图3-6所示。

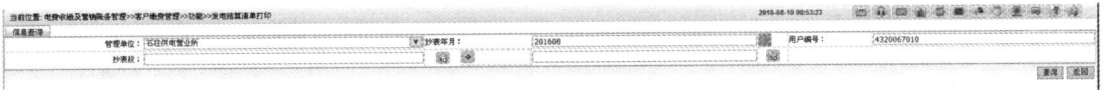

图 3-5　水电站发电清单打印界面

发电结算清单

单位：kW·h

户　号: 4320067010　　户　　名:

区 码: 334044001021109 力调峰标准:　　力调谷标准:　　结算年月: 201608

局　号	示数类型	本次示数	上次示数	倍率	抄见电量	发电价分类
0001000676484	反向有功低谷	0	0	120	0	4320067010(0.21300)
0001000676484	反向有功总	0	0	120	0	4320067010(0.43000)
0015388373	反向有功高峰	909.23	848.02	7000	428470	4320067010(0.53300)
0015388373	反向有功低谷	7.38	7.17	7000	1470	4320067010(0.21300)
0015388373	反向有功总	916.62	855.2	7000	429940	4320067010(0.43000)
0015388373	反向无功总	349.02	329.46	7000	136920	4320067010
0015388373	反向无功总	0	0	7000	0	4320067010

无功铜损: 0　　无功铁损: 0　　无功应扣: 0

有功铜损: 0　　有功铁损: 0　　有功线损: 0　　有功应扣: 0

用电有功高峰: 0　　用电有功低谷: 0

用电有功应扣: 0　　用电无功应扣: 136920

无功	上网总: 136920	应发总: 0	欠发总: 0		
	上网峰: 0	应发峰: 0	欠发峰: 0		
	上网谷: 0	应发谷: 0	欠发谷: 0		
有功	上网总: 429940	上网峰: 428470	上网谷: 1470	超发谷电量: 0	超发谷电量: 0
	结算总: 429940	结算峰: 428470	结算谷: 1470		

计划电费: 0　　计划电量: 0

退补有功总: 0　　退补高峰: 0　　退补低谷: 0　　退补其他电费 0

发电电费: 228687.62000　　扣无功峰欠发: 0.00000　　扣无功谷欠发: 0.00000　　退补电费: 0.00000

力调电费: 0.00000　　计划电费: 0.00000　　实付电费: 228687.62000

打票人:　　2016 08 10

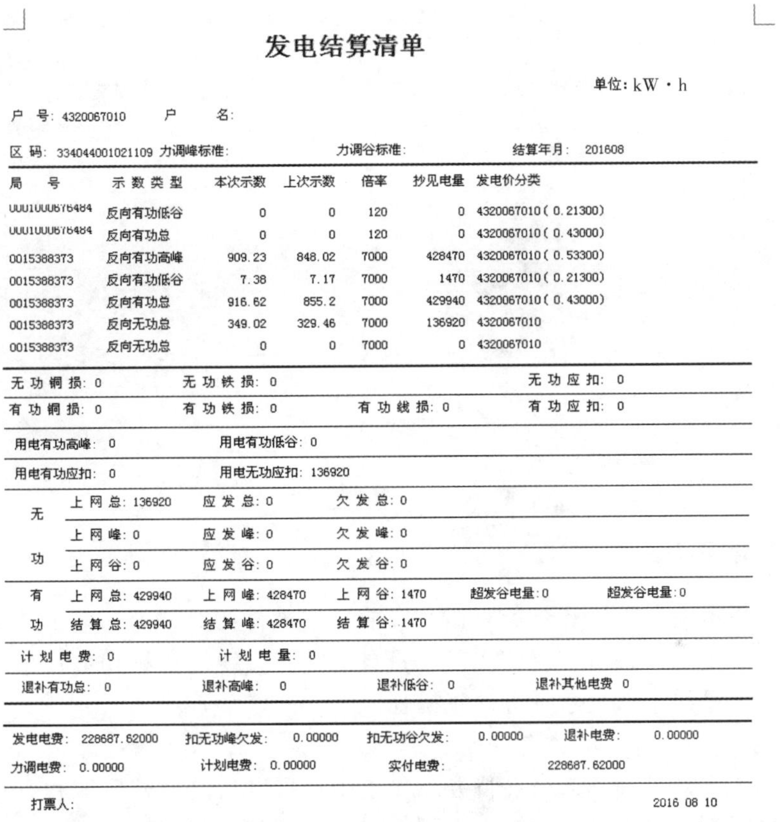

图 3-6　水电站发电结算清单

3. 电费发行

(1) 操作方法。单个流程发行：电费核算人员在待办工作单下，选择待发行的电费流程，进入工作页面，如图 3-7，点击右下角【发行】按钮，即可以发行。

批量发行：电费核算人员在待办工作单下，选择待发行的电费流程，进入工作页面，如图 3-7 所示，点击左上角【批量发行】Tab 页，在新出现的页面中，设置对应的筛选条件，即可以批量发行。

(2) 工作要求。对已完成审核的电量电费必须当天发行。

(3) 注意事项。

1) 电费发行后，用户当月的抄表电费数据信息不能再修改。

2) 每月电费关账前，应检查是否有用户未出账。每月应收电费关账后，发行的应收电量电费统计到下月。

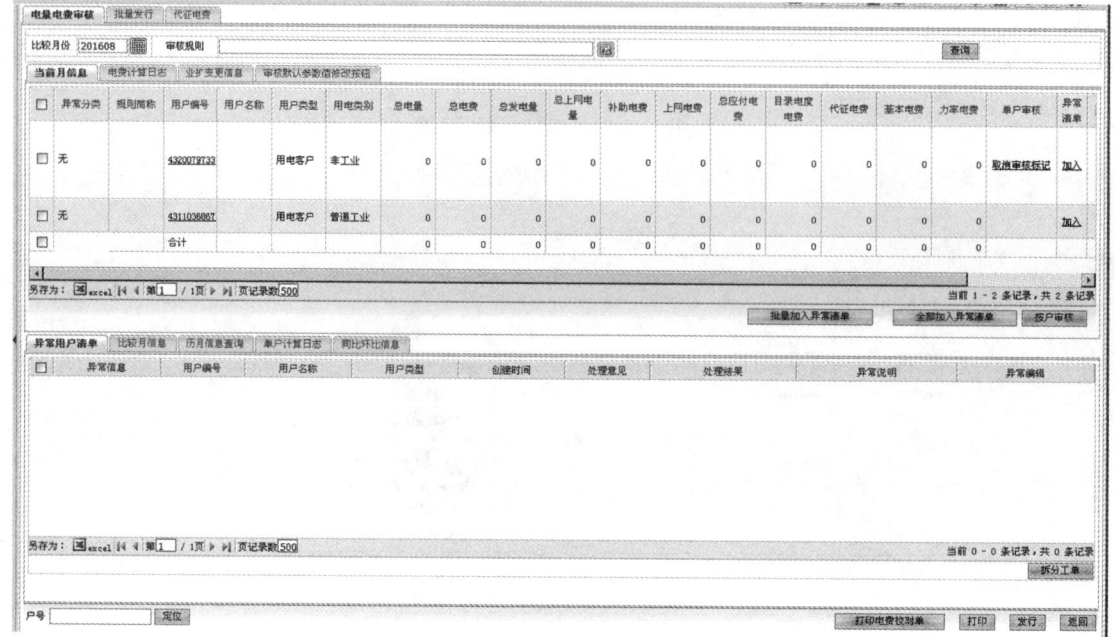

图 3-7 电费发行界面

3.2.2 智能核算

智能核算包括事前、事中和事后复核。事前复核包含档案校验和电费试算，审核电费档案和计费参数的正确性；事中复核实现电费自动计算、智能审核功能；事后复核实现电费台账二次复核，最终审核电费计算的正确性。

1. 档案校验

（1）操作方法。信息归档人员在待办工作单中选择"信息归档"流程，点击【处理】，进入到信息归档页面，在审批通过，点击【保存】和【信息归档】，如图 3-8 所示。完成归档后，再进入"档案异常审核"Tab 页，点击【执行规则】，开展档案校验工作。用户校验成功后，在"信息归档"Tab 页点击【发送】，即完成档案校验工作。用户校验出现

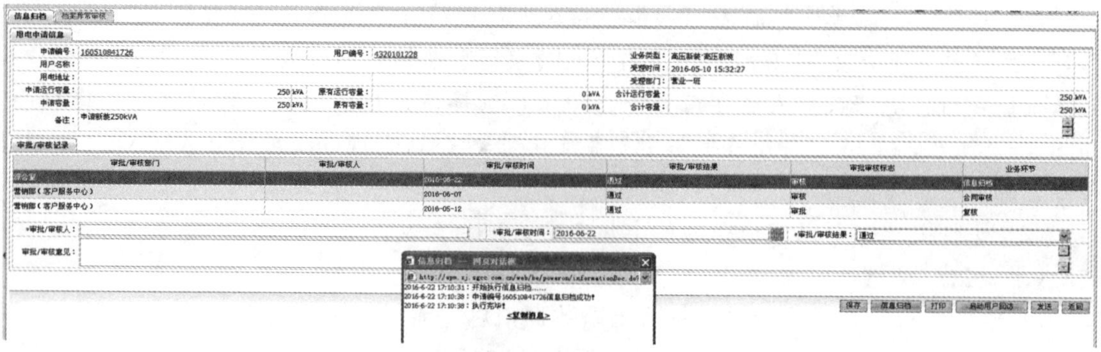

图 3-8 信息归档界面

异常情况时，支持发起异常工单，如图3-9所示。

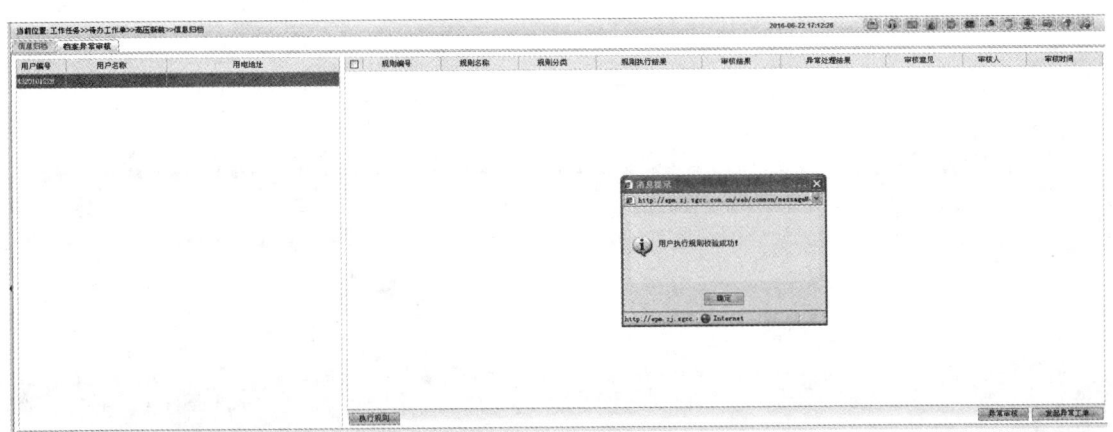

图3-9 档案校验界面

（2）工作要求。高压用户1个工作日内完成，低压用户2个工作日内完成。

（3）注意事项。

1）对发现的异常用户由信息归档人员发起异常工单至责任部门，责任部门完成异常工单处理后再返回工单发起人员，形成工单闭环管理。

2）流程信息归档人员通过异常工单监控模块对在途的异常工单进行提醒和督办。

2. 电费试算

（1）操作方法。在业扩流程信息归档后，营销系统自动生成电费试算清单。核算班长在营销系统"智能抄核管理〉〉二次复核〉〉试算用户信息"菜单下，选择未试算用户进行试算，如图3-10所示。试算结果生成后，核算班长进行审核派工。

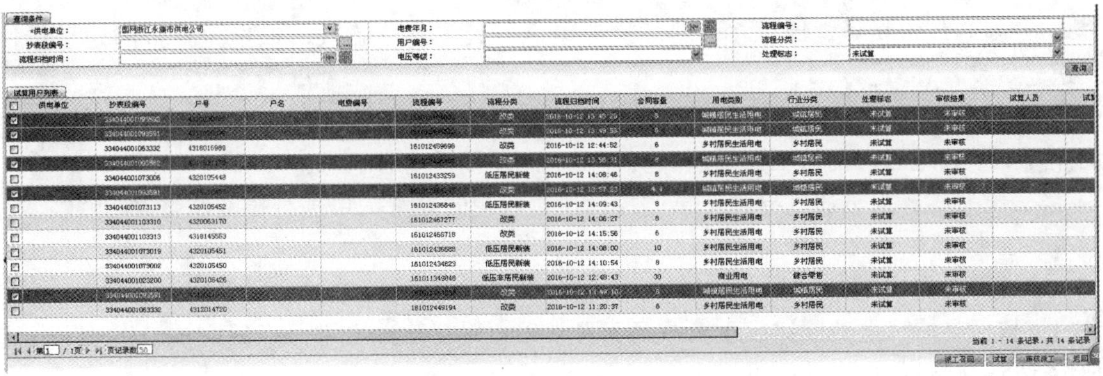

图3-10 试算流程界面

接收派工的审核人员在营销系统"智能抄核管理〉〉二次复核〉〉电费试算审核"菜单下，开展电费试算审核。对于审核无异常的用户点击【无异常确认】即可；对发现的异常用户点击【异常派工】，发起异常工单至责任部门至相应的责任部门，责任部门完成异常工单处理后再反馈工单发起人员，形成工单闭环管理。

审核人员在营销系统"智能抄核管理〉〉二次复核〉〉电费试算审核"菜单下，对于已确认无异常的用户进行归档。归档完成后，即完成试算流程，如图3-11所示。

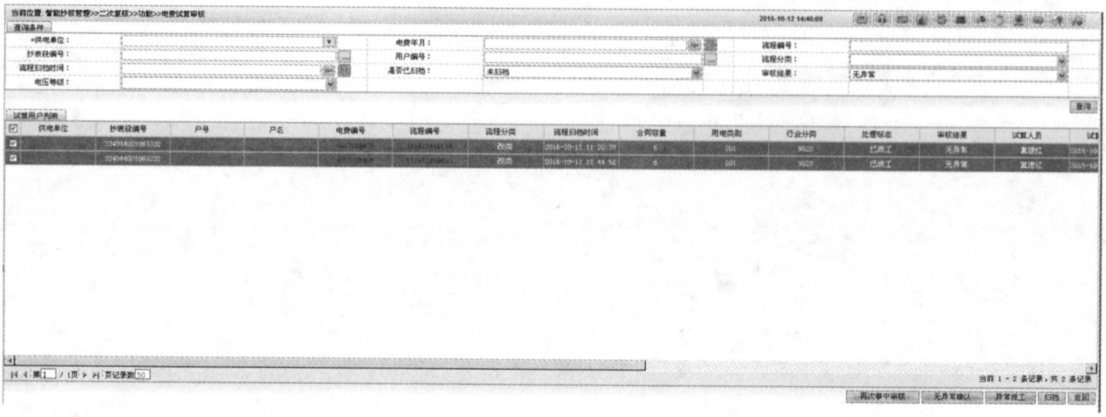

图3-11 试算流程归档界面

（2）工作要求。电费试算审核应在3个工作日内完成。

（3）注意事项。

1）电费核算人员通过异常工单监控模块对在途的异常工单进行提醒和督办。

2）支持单户或多户同时进行派工。

3）对存在异常的试算用户，要先将发起的异常流程归档后，再归档试算审核流程。

3. 智能电费审核

（1）操作方法。正常电费抄算流程的抄表示数复核完成后，由系统自动完成电费计算，并启动智能核算策略，自动完成智能电费审核。

对智能审核校验通过的抄表段流程，系统自动将电费流程发送电费发行环节。

（2）注意事项。

1）对智能审核异常用户在电费核算阶段进行人工复核确认，审核无异常的用户直接发送电费发行环节。

2）审核有异常的用户由核算人员生成异常工单发送责任部门进行处理，责任部门完成异常工单处理后再反馈工单发起人员，形成工单闭环管理。

3）电费核算人员通过异常工单监控模块对在途的异常工单进行提醒和督办。

4. 红、白名单的设置

审核策略在实际工作中，存在一定的局限性。如一些特殊的用户不能筛选，因未对其专门审核而易造成电费差错发生；或是无异常用户重复筛选出来，降低审核工作效率。这种情况可以通过红白名单的设置来避免。

（1）操作方法。在"营销系统>>智能抄核管理>>红白名单管理"菜单下，可分别选"红名单维护申请"或"白名单维护申请"菜单进行申请，如图3-12所示。

红白名单申请须审批同意后才生效。红白名单申请流程图如图3-13所示。

（2）注意事项。

1）对列入红名单的客户每次电费计算必须进行人工复核，对列入白名单的特殊客户即使出现对应电费复核规则，也视同已经完成复核。

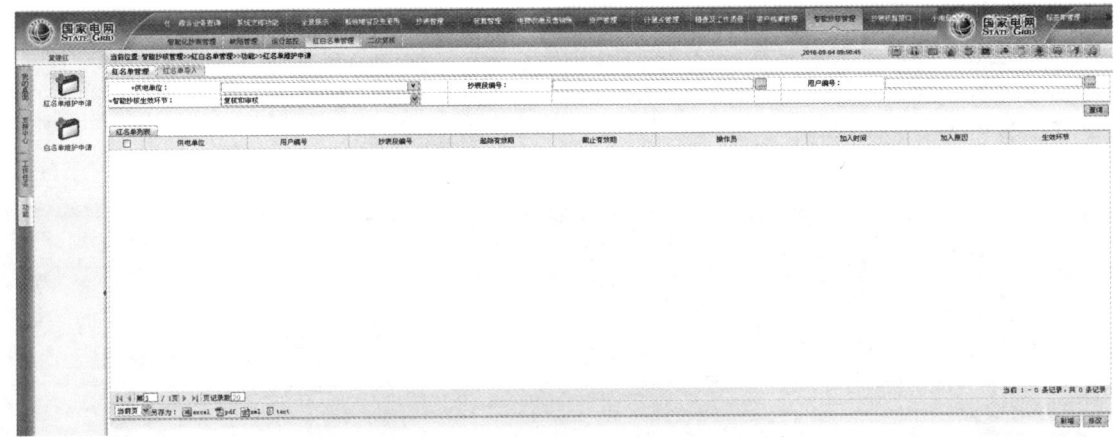

图 3-12 红白名单申请界面

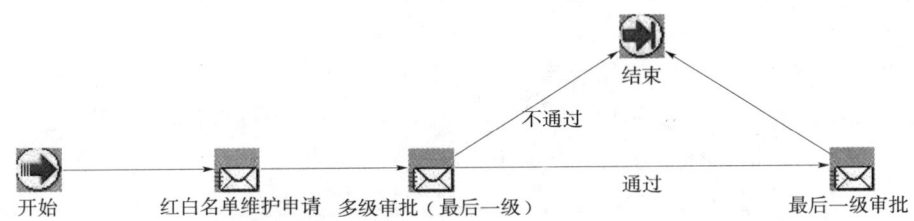

图 3-13 红白名单申请流程图

2）对红名单的应用重点为转供、发电等特殊用户，以及每天定期抽检确认的客户。

3）红名单申请时，可以单户加入，也可以同一抄表段下多户一起加入。

4）红名单是根据需要选择智能抄核生效的环节，而白名单是根据需要选择审核规则编号。

5. 二次复核

二次复核是智能核算事后管理的内容，主要是指在正常电费核算后，对所有新装变更用户以及传统核算策略筛选用户进行二次电费台账审核，重点防止电费异常用户不跨月，确保当月所有电费发行正确。

（1）操作方法。电费发行后，营销系统对所有新装变更用户以及传统核算策略筛选用户自动生成二次电费复核清单。核算班长在营销系统"智能抄核管理〉〉二次复核"菜单下，将未审核的清单派发给对应的电费核算人员。

电费核算人员在营销系统"智能抄核管理〉〉二次复核〉〉功能〉〉二次复核审核"菜单下，如图 3-14 所示，逐户进行审核。审核无异常的，由核算人员进行无异常确认和归档。归档后，二次复核结束。

（2）工作要求。二次复核工作在电费发行后 10 个工作日内、关账前完成。

（3）注意事项。

1）发现异常由核算人员生成异常工单发送责任部门进行处理，责任部门完成异常工单处理后再反馈工单发起人员，形成工单闭环管理。

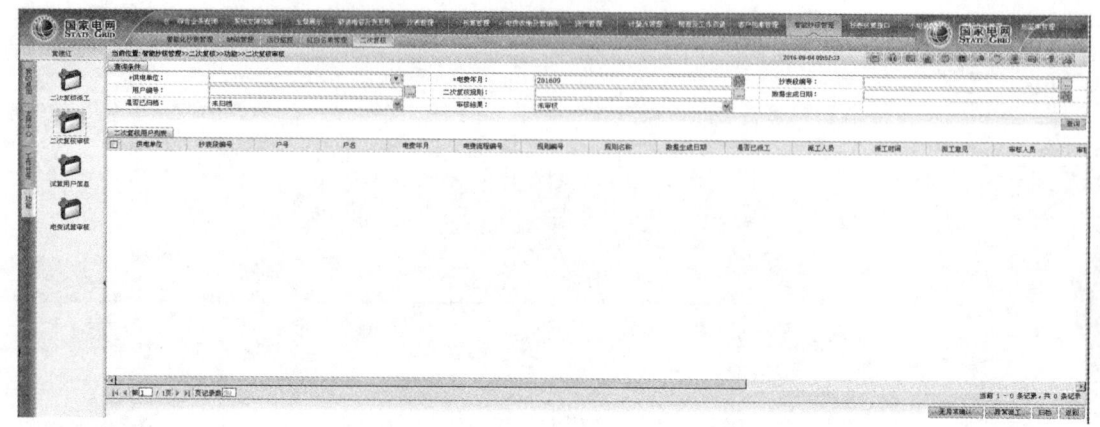

图 3-14 二次复核审核界面

2)电费核算人员通过异常工单监控模块对在途的异常工单进行提醒和督办。

6. 复核报告

电费复核工作做得如何,直接关系到供电企业的工作质量及社会影响。为了不断总结电费复核过程中的经验,有必要把每月复核工作中碰到的问题进行汇总,形成电费复核报告。电费复核报告一般可包含下列主要内容。

(1)电费复核情况概述。简要叙述本月电费核算的基本情况,如主要指标完成情况、复核所需时间、电费差错、电费差错率、事前、事中及事后复核中发现的主要问题、建议措施、本月前已发现问题的整改情况等。

(2)本抄表周期电费出账情况。电费出账情况以电费复核报告所辖单位及用户性质进行分类,根据不同单位、不同用户性质的档案数、出账数、出账率进行统计。

未出账的各类客户应写明该客户的基本信息及未能及时出账的原因。

(3)本抄表周期电费复核情况。可简述本周期内复核出的电费异常情况,通过复核发现的电费差错及时处理情况、预防措施等。

(4)电量电费退补情况分析。简述电量电费退补分类情况,以及简要原因分析。对于电费差错,说明考核情况、预防和改进措施等。

在编写复核报告过程中,可以用表格、图示等形式,来辅助说明相关内容。

由于电费复核报告没有标准的格式,因此只要按照上述内容将电费复核过程中做的工作、发现的问题及处理方案、采取的改进措施等内容概括全面即可。我们也可以在工作中不断地积累经验,补充内容,把电费复核报告写得更加完善。

3.2.3 电费审核方法

电费核算过程中,核算人员必须了解电费计算的相关参数,参数与电费之间的关系,以及营销系统的审核规则和策略等内容,掌握电费复核方法和相关要点,提高电费结算准确率,及时发现异常。

1. 电量电费审核的主要参数

电费计算相关的主要参数有:

(1) 客户户名、用电分类、合同容量、供电电压、行业分类、执行电价。
(2) 结算电量、抄见电量、平均电价。
(3) 计量方式、综合倍率、转供容量、转供电量。
(4) 变压器状态、启用和停用日期、线路损耗、变压器损耗、计算天数、计费容量、需量抄见值和核定值。
(5) 功率因数考核标准、功率因数调整电费、定比定量值。
(6) 其他需要复核的计费参数。

2. 电费主要参数与电费的关系

电费主要参数与电费的关系见表3-1。

表3-1　　　　　　　　　　电费主要参数与电费的关系表

相关参数信息	与电费的关系
供电容量	确定功率因数标准是否准确、电价是否正确
供电电压	确定不同电压下的电价单价数值
执行电价、电价行业分类	确定电价分类
用电类别	确定电价分类、功率因数考核标准
转供标志	确定是否转供、转供的电量和容量
功率因数考核方式	确定客户是否进行功率因数考核
定价策略类型	确定客户执行单一制电价还是两部制电价
是否执行峰谷标志	确定客户是否执行分时电价及计数器选择是否正确
功率因数标准	结合用户性质确定考核标准；结合实际功率因数值确定客户功率因数调整率
计量方式、变损计算标志	确定客户无功计数器的选择、确定是否需要单独计算变压器损耗
定量定比值、定比扣减标志	确定定量定比值及扣减规定
变损计算标准	确定计算变压器损耗计算所需的参数
变损算法标志	确定变压器损耗的计算方法
变损分摊标志、分摊协议值	确定变损分摊的方法及分摊的数值
线损结算方式、计算标志	确定线损是否计算
线损分摊标志、分摊协议值	确定线损分摊的方法及分摊的数值
电压变比、电流变比、综合倍率	确定客户的综合倍率
参考设备个数	确定客户的虚拟倍率
示数类型、示数、抄见位数	确定抄见电量
铭牌容量、运行状态、首次运行日期	确定变压器的状态及运行时间
流程编号、开始时间、结束时间	确定新增变更客户流程的相关信息
划拨协议信息、分次结算信息	确定客户的划拨、分次结算相关信息
违约金信息	确定违约金的计算日期

续表

相关参数信息	与电费的关系
目录电度电价	确定客户的目录电度电价
各类代征电价	确定代征电费

3. 不同情况下电费主要审核内容

(1) 新装用户见表3-2。

表3-2　　　　　　　　　　新 装 用 户

审核项目	审核内容
电价	依据现行销售电价分类说明和功率因数调整电费办法，审核户名、用电类别、行业分类关系是否匹配，并根据供电电压、合同容量确定客户执行电价、功率因数考核标准是否正确
计算天数	根据抄表例日和送电日期确定本期电费的计算天数，高压客户必须审核送电日期与变压器投运日期是否一致
计费电量	(1) 审核抄见示数是否完整，确定抄表综合倍率应与CT、PT变比乘积一致（虚拟倍率应与参考设备个数一致）。 (2) 审核计量点关系，确认客户各分类电量计算结果是否正确。 (3) 审核计量方式，确认变压器型号、变压器容量与变压器损耗代码对应信息一致；根据核实的计算天数和变损代码，确认变损电量计算结果是否正确。 (4) 对专线供电的且计量装置在客户侧的，确认客户线损计算标识、线损计算方式设置是否正确
基本电费	根据客户电价策略和客户供电方式（电源方式、运行方式）、运行容量、计算天数确定客户基本电费计算结果是否正确。需量客户应检查客户需量申请的核定值、表计冻结日与抄表例日是否一致、需量计数器是否已选
目录电费	根据电量计算结果和客户执行电价审核目录电费计算结果是否正确
功率因数调整电费	根据客户计量方式，确认客户无功计算方式，检查无功计数器选择是否正确，将无功抄表结果与用电信息采集系统无功采集结果核对一致，确定客户功率因数计算结果是否正确。实际功率因数调整电费计算结果是否正确，特别要确认政策规定不参与功率因数考核的电费是否已经剔除
代征电费	根据用电分类，确定代征电费项，核实代征电费计算结果是否正确

(2) 变更用电审核见表3-3。

表3-3　　　　　　　　　　变 更 用 电 审 核

审核项目	审核内容
电价	依据现场销售电价分类说明和功率因数调整电费办法，复核变更后户名、用电类别、行业分类关系是否匹配，并根据供电电压、合同容量确定客户变更后执行电价、功率因数考核标准是否正确
计算天数	变更前计算天数：根据受电设备停用日期和上次抄表例日确定变更前计算天数。变更后计算天数：根据本期抄表例日确定本期电费的计算天数。高压客户必须复核送电日期与变压器投运日期是否一致。销户客户的计算天数应计算首尾天数

续表

审核项目	审核内容
计费电量	复核变更前、后抄见示数是否完整，确认变更后抄表综合倍率应与对应的TA、TV变比乘积一致（虚拟倍率应与设备个数一致）；复核变更前、后计量点关系，确认客户变更前、后各分类电量计算结果是否正确；复核变更后计量方式，确认变更后变压器型号、变压器容量与变压器损耗代码对应信息一致；根据核实的变更前、后计算天数和变损代码，确认变损电量计算结果是否正确
基本电费	根据变更前、后客户电价策略和客户供电方式（电源方式、运行方式）、运行容量、计算天数确定客户变更前、后基本电费计算结果是否正确。需量客户应检查客户需量申请的核定值、表计冻结日与抄表例日是否一致、需量计数器是否已选
目录电费	根据电量计算结果和变更前、后客户执行电价，复核变更前、后目录电费计算结果是否正确
功率因数调整电费	根据变更后客户计算方式，确认变更后客户无功计算方式，将变更后无功抄表结果与用电信息采集系统无功采集结果核对一致，确定客户变更前、后功率因数计算结果是否正确；实际功率因数调整电费计算结果是否正确，特别要确认政策规定不参与功率因数考核的电费是否已经剔除
代征电费	根据变更后用电分类，确定变更后代征电费项，核实变更后代征电费计算结果是否正确

（3）实际力率异常审核见表3-4。

表3-4　　　　　　　　　　实际力率异常审核

审核项目	审核内容
功率因数考核标准	根据现行功率因数调整电费办法和客户用电类别、供电电压、合同容量，确定功率因数考核标准是否正确
历史功率因数对照	对照客户历史功率因数，确认本期功率因数是否属于异常
电量	审核客户有功电量、无功电量，确认是否存在抄表错误、后台电量录入错误、无功计数器选择错误、不规范业扩流程导致的电量异常等情况

（4）有电量无电费或有电费无电量审核见表3-5。

表3-5　　　　　　　　　有电量无电费或有电费无电量审核

审核项目	审核内容
电价	根据户名、用电类别、行业分类关系是否匹配，并根据供电电压、合同容量确定执行电价是否正确
基本电费	检查是否有暂停、减容

（5）需量客户计算偏离理论值审核见表3-6。

表3-6　　　　　　　　　需量客户计算偏离理论值审核

审核项目	审核内容
需量抄见值	参照历史需量值，结合用电采集系统电量抄见信息，审核本期需量抄见值是否异常
需量核定值	根据运行容量、需量抄见值，确认需量核定值是否异常

(6) 变压器客户计算容量跟合同容量不一致审核见表 3-7。

表 3-7　　　　　　变压器客户计算容量跟合同容量不一致审核

审核项目	审核内容
是否变更	检查是否有新装、增容、暂停、减容等容量变更
档案信息	检查变压器投运日期、停用日期是否正确

(7) 用电量偏离理论值审核见表 3-8。

表 3-8　　　　　　　　用电量偏离理论值审核

审核项目	审核内容
抄见电量	审核抄见电量是否正确
合同容量	审核客户合同容量是否正确,是否存在超合同容量用电的情况

(8) 平均电价过大或过小审核见表 3-9。

表 3-9　　　　　　　　平均电价过大或过小审核

审核项目	审核内容
用电分类	审核客户用电分类是否正确
抄见电量	审核客户抄见电量是否正确,特别是多费率电量抄见值是否正确
计算容量	审核客户计算容量计算值是否正确
力调电费	审核功率因数是否出现异常

(9) 电费波动率审核见表 3-10。

表 3-10　　　　　　　　电 费 波 动 率 审 核

审核项目	审核内容
抄见电量	审核客户抄见电量是否正确,询问抄表人员确认客户生产情况是否变化,判断是否属于表计故障
是否变更	审核客户是否变更、计费参数是否变化,后台示数录入是否正确

(10) 高供低计客户无变压器损耗审核见表 3-11。

表 3-11　　　　　　　高供低计客户无变压器损耗审核

审核项目	审核内容
计量方式	检查计量方式是否正确
变损代码	检查变损代码是否正确
变压器状态	检查变压器状态是否正确

(11) 有线损率无线损电量审核见表 3-12。

表 3-12　　　　　　　　有线损率无线损电量审核

审核项目	审核内容
线损计算标志	检查线损计算标志是否正确
计量点电量	检查线损所在电源计量点是否有抄见电量

(12) 拆表冲突客户审核见表 3-13。

表 3-13　　　　　　　　　　　拆表冲突客户审核

审核项目	审核内容
在途流程	确认在途流程是否已经归档

(13) 有被转供客户审核见表 3-14。

表 3-14　　　　　　　　　　　有被转供客户审核

审核项目	审核内容
转供标志	转供客户与被转供客户关系是否正确
抄表段	转供客户与被转供客户抄表段是否一致
转供容量	确认是否进行容量转供，转供容量扣减是否正确
转供电量	确认转供电量是否扣减： (1) 确认变损、线损是否正确分摊。 (2) 转供客户和被转供客户同费率的情况下，各费率电量之间相减，与主分表扣减规则一致。 (3) 当被转供客户中存在和转供客户费率不同的客户情况下，转供客户只扣减被转供户的总电量，再根据转供客户各时段抄见电量比例分摊。 (4) 转供和被转供户都进行功率因数考核时，确认无功电量扣减是否正确

(14) 电价政策调整见表 3-15。

表 3-15　　　　　　　　　　　电价政策调整

审核项目	审核内容
电费计算结果	根据电价调整文件，确认调整时间和调整对象；对调整范围内各类典型客户分别抽取不少于 10 户客户，逐户进行电费计算结果审核；审核内容包括调整客户电价是否正确，是否进行特抄，电费计算结果是否正确

(15) 营销系统程序升级、系统故障或业务代码变更见表 3-16。

表 3-16　　　　　　营销系统程序升级、系统故障或业务代码变更

审核项目	审核内容
电费计算结果	对调整范围内各类典型客户分别抽取不少于 10 户客户，逐户进行电费计算结果审核；审核内容包括客户电量分配是否正确，目录电费、基本电费、力调电费、代征电费计算是否正确

4. 电费审核策略

(1) 人工核算电量电费审核环节审核策略。人工核算模式虽然由人工进行电量电费审核，但是电力营销系统中也设置了部分审核策略，帮助复核人员筛选异常用户，提高复核效率。审核策略由人工选择，选择界面如图 3-15 所示。

目前，浙江省电力公司人工核算电费审核策略如下：

1) 有电量无电费或有电费无电量。筛选的用户为：执行两部制电价的用户当月无抄见电量但存在基本电费，或用户有抄见电量但无电费产生时（如执行关口电价的用户）。

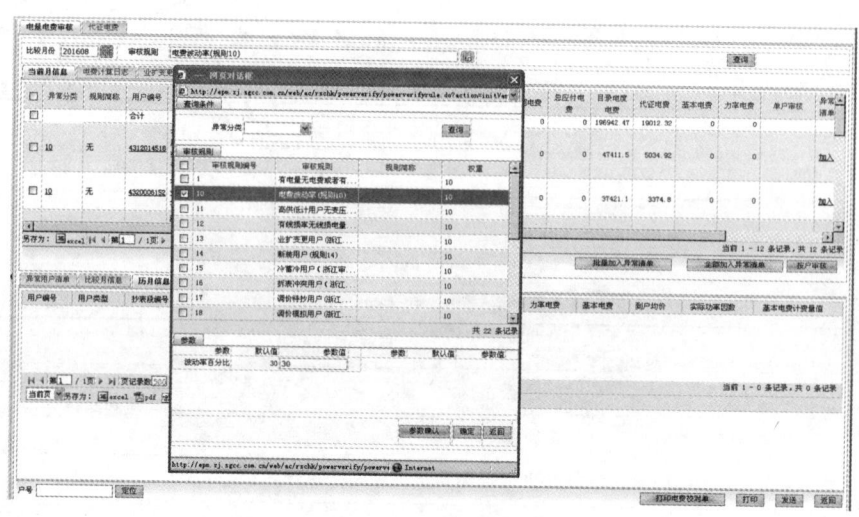

图 3-15 审核策略选择界面

2) 需量用户计算偏离理论值。筛选的用户为：计算需量不在合同容量的 0.4~0.7 的区间内或计算需量大于 1.15×核定值。

3) 实际力率异常。筛选的用户为：实际功率因数大于 0.98 或小于 0.7。

4) 有被转供用户。筛选的用户为：用户为转供户。

5) 电费太小。筛选的用户为：用户当月电费于"电费设定值"设置阈值（如 0）。

6) 变压器用户计算容量跟合同容量不一致。筛选的用户为：用户的实际计收容量与合同容量不一致。

7) 用电量偏离理论值。筛选的用户为：用户的实际月用电量大于合同容量乘以 720。

8) 平均电价过大。筛选的用户为：非居民用户当月平均电价大于"非居民平均电价设定值"设置阈值[如 1 元/（kW·h）]、居民用户当月平均电价大于"居民平均电价设定值"设置阈值[如 0.54 元/（kW·h）]。

9) 平均电价过小。筛选的用户为：当非居民用户当月平均电价小于"非居民平均电价设定值"设置阈值[如 0.3 元/（kW·h）]、居民用户当月平均电价小于"居民平均电价设定值"设置阈值[如 0.28 元/（kW·h）]。

10) 电费波动率。筛选的用户为：用户当月电费波动值超过"波动率百分比"设置阈值（如 200%）。

11) 高供低计用户无变压器损耗。筛选的用户为：高供低计用户当月有抄见电量，但无铜铁损电量。

12) 有线损率无线损电量。筛选的用户为：用户为专线供电且进行线损考核，当月有抄见电量但未产生线损电量。

13) 业扩变更用户。筛选的用户为：用户当月有业扩、变更业务流程。

14) 新装用户。筛选的用户为：新装用户第一次电费计算。

15) 冰蓄冷用户。筛选的用户为：执行冰蓄冷电价的用户。

16) 拆表冲突用户。筛选的用户为：用户当月电费计算仍存在未完成的换表流程。

17) 调价特抄用户。筛选的用户为：当销售电价调整时，当月有调价特抄的用户。

18) 调价模拟用户。筛选的用户为：当销售电价调整时，不进行特抄只进行模拟计算的用户。

19) 需量用户抄表需量值为0。筛选的用户为：抄表需量值为0的需量用户。

20) 一级计量点非实抄。筛选的用户为：一级计量点非实抄（如直接定量）的用户。

21) 大用户直购电。筛选的用户为：执行大用户直购电电价的用户。

22) 发电客户发电量小于上网电量。筛选的用户为：发电量小于上网电量的异常用户。

(2) 档案校验环节审核策略。在智能核算的审核策略中，档案校验环节的策略数量最多。按复核经验来看，新装、增容和变更用户因其电费参数刚形成或发生变更，受业扩人员工作质量的影响，相对而言出错的概率较多。因此，在最初的档案建立环节进行全面的校验，把好电费差错源头关，把差错消除在苗头阶段，这样电费的准确率就会更高。

目前，浙江省电力公司档案校验环节审核策略包含以下内容：

1) 执行居民峰谷电价的计量点下表计有除有功总、有功谷外的计度器类型。

2) 执行居民峰谷电价的计量点下表计缺少有功谷。

3) 电费结算方式为购电结算。

4) 用户的主行业类别在用户电价的行业类别中不存在。

5) 执行自备电厂电价、差别电价、农业龙头电价、高耗能电价、企业自用电电价的用户。

6) 行业分类为高耗能的用户（具体为用户的电价上的行业分类存在高耗能的行业分类）。

7) 有参考表设备个数的用户（虚拟倍率）。

8) 定比定量的计量点没有对应上级计量点。

9) 有参考表的用户。（参考表是仅起参考作用的电表，不参与电费计算）。

10) 基本计算方式为按需量，没有需量时段（示数）。

11) 用户定价策略类型如果是两部制，不存在两部制电价。

12) 电价为两部制，电价策略为非两部制。

13) 居民峰谷电价作为二级计量点。

14) 变压器设备总容量不足315kVA，执行大工业电价（不包含冷备，包括停用的）。

15) 用电类别为普通工业和大工业用户，变压器总容量不小于315kVA，未执行大工业电价。

16) 基本电费计算方式为按需量，则需量核定值小于用户合同容量的40%。

17) 功率因数考核方式为标准考核，则用户电价中没有一个电价执行考核。

18) 电价功率因数考核方式为不考核，用户电价设置为考核。

19) 存在换表，虚拆的，且换表示数异常的（翻转、倒转、过0，换表示数比上次小）。

20) 分次结算用户虚拆、换表示数小于最近一次的抄见示数。

21) 换表、虚拆电量过大，电量＞（虚拆换表日期－上次抄表日期）×24×用户容量。

22) 用户变更前后的电能表资产编号一致，但表计示数不连续。

23）用户定价策略功率因数考核方式为标准考核但没有无功示数。

24）100kVA 以下用户执行力调考核。

25）电价执行一般工商业，用电类别普通工业，且容量 160kVA 以上的，功率因数标准不是 0.9 的用户。

26）电价执行一般工商业，用电类别商业、非工业，且容量 100kVA 及以上的，功率因数标准不是 0.85 的用户。

27）电价执行大工业，用电类别为大工业，功率因数标准不是 0.9 的用户。

28）电价执行大工业，用电类别为非大工业，功率因数标准是 0.9 的用户。

29）电价执行农业，且容量 100kVA 及以上的，功率因数标准不是 0.8 的用户。

30）计量方式为高供低计的计量点对应的受电设备其变损计算方式不为公式法，且变损编号与设备容量不一致（即校验变损编号）。

31）变压器首次运行时间、实际启用时间、实际停用时间等与停送电日期不一致。

32）强制停流程未全部停用变压器或存在半费未到期的。

33）按需量计算基本费的用户，暂停工单未停用全部容量的用户。

34）定量定比用户且定量定比值为 0。

35）居民峰谷改造流程未启用峰谷电价。

36）在用计量点对应拆除的台区。

37）存在变动容量未到期（半费容量）。

38）居民峰谷电价改单费率电价的，峰谷执行时间未满 12 个月。

39）两部制电价用户切换（容量到需量，需量到容量），原基本电费执行时间未满 12 个月。

40）执行一般工商业电价用户分时电价互换，原电价执行时间未满 12 个月。

41）累计暂停时间超过 6 个月的用户。

42）一日历年内暂停次数超过 2 次的用户。

43）执行电价为分时电价，是否执行峰谷标志为"否"（本身业务流程上就有校验）。

44）分期划拨客户协议过期。

45）分次结算客户分次结算协议未签签订或协议已过期。

46）电价的电压等级与实际电压等级不符（本身业务流程上就有校验）。

47）表计的实际倍率与计算倍率不符。

48）用户执行自备电厂电价，需量计收系统备用费（基本电费）。

49）同一块表计下计度器类型重复（如一块表下存在两个总计度器）。

（3）智能核算电量电费审核环节审核策略。目前，浙江省电力公司共有 12 类智能核算策略应用。

1）用电量偏离理论值用电（结算电量＞抄表天数×24×合同容量）。

2）抄表电量异常（翻转、过零、本次比上次小、倒转）（针对抄表数据）。

3）平均电价过大（过小）——按照用电属性设置阈值。

4）实际力率异常（实际力率为 0.5 以下或者实际力率与上月比较值少 0.2）。

5）电量电费波动率异常（低压超过 200% 且电量大于 3000kW·h，高压超过 100%）。

6) 本次抄表示数不小于在途流程拆表示数。

7) 本月起度不等于上月止度。

8) 有电量无电费或有电费无电量。

9) 合计电量或电费小于0。

10) 有线损率无线损电量。

11) 高供低计用户无变压器损耗。

12) 尚未试算用户。

(4) 二次复核环节审核策略。目前，浙江省电力公司共有8类二次复核策略应用。

1) 有线损率无线损电量。

2) 高供低计用户无变压器损耗。

3) 冰蓄冷用户。

4) 业扩变更用户。

5) 新装用户。

6) 按容量计算基本电费用户计算容量跟合同容量不一致。

7) 需量用户计算偏离理论值（计算需量不在合同容量的0.4~0.7的区间内或计算需量大于1.15×核定值）。

8) 有被转供用户。

3.2.4 电量电费退补

因国家电价政策变动、客户档案信息错误、计量装置故障、抄表错误、计算差错等多种原因需要对用电客户追加、退减电量或电费，并由此产生新的电费应收信息时，需对客户退补电量电费，在系统中通过退补电费流程处理。

1. 操作方法

电量电费退补须由相关人员发起退补申请并录入退补方案，经审批同意后才可生效，流程图具体如图3-16所示。

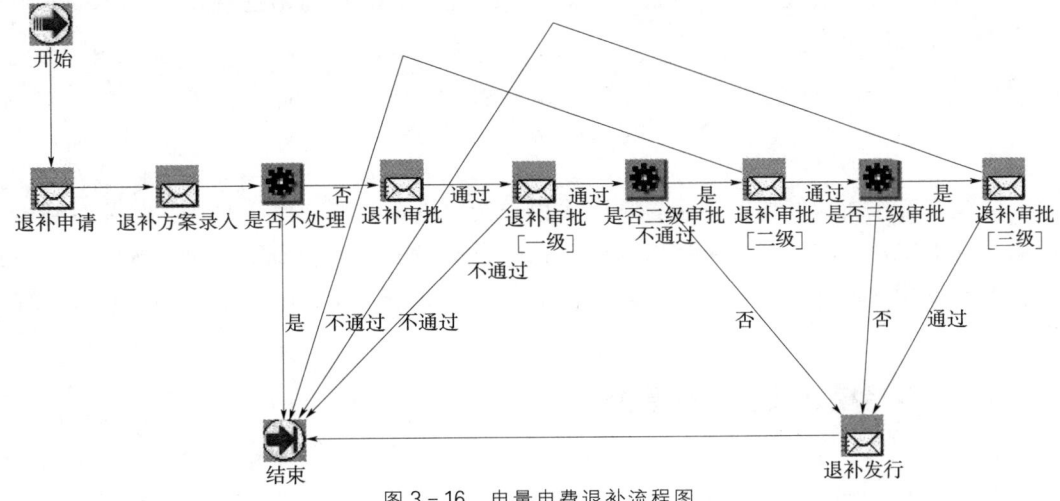

图3-16 电量电费退补流程图

（1）政策性退补。当电价政策发布日期滞后于电价政策开始执行日期时，该时间段内发行的不符合电费政策的电费需进行退补。

政策性退补电费在营销系统内的操作方式通常不完全固定，当发生电价政策调整时，首先由系统软件开发及维护人员重新配置政策性退补算法，根据需退补的客户范围确定最简化的操作流程，发布程序及操作说明后由系统自动计算出应退补电量电费，核算人员审核发行，退补方式可以与当月电费合并发行，也可以单独发行。

（2）非政策性退补。非政策性退补申请可以由营业、计量、用电检查等部门提出。

相关人员在营销系统内进入退补电量电费申请界面，确认退补类型、算法、执行的电价参数、退补电量、退补原因说明等信息，系统自动计算出应退补电费后确认发送，工作单转入审核流程。

审核人员对营销系统计算出的退补电量电费进行审核（对违约、窃电追补电费已通过审批的，直接进行电费发行）。审核不通过的回退调整方案重新申请，审核通过的提请审批。

审批通过后，不需要并入下期电费计算的直接发行电费；并入下期的将在下期电费复核中提示出来，确认后系统将自动累加到下期抄表计算出的电费中，一并发行。

2. 注意事项

（1）审核政策性退补电费时，应注意检查营销系统内生成的退补客户范围、退补电费标准是否符合新电价政策变化。

（2）营销系统对退补电量电费流程的审批环节设置了额度权限限制。

（3）发生退补电量电费后，应注意当期应收报表的统计是否正确。

（4）退补申请单填写必须准确、规范、清楚。如故障表需退补时申请单可按以下内容填写：

故障原因（如表计快走等），故障调表时间×月×日，调表流程号：××××××××××，退故障期间×月×日—×月×日共×天电量。根据原表计（或同期）用×月×日—×月×日电量情况，退故障期间电量××kW·h，电费×元。写出退补计算公式，并附计量鉴定书及相关岗位人员、负责人签字。

3.3 工作质量管控

电费核算工作质量好坏，直接影响广大用户交纳电费的准确性与时效性，关系到电力企业经营成果能否及时回收，影响供电企业在电力用户中的服务形象。为了做好电费核算工作，确保电费准确及时发行，提升电力企业服务形象，必须开展电费核算质量管控工作。

3.3.1 电费核算质量指标管控

1. 电费安全责任事故

电费安全责任事故是电力营销工作过程中，由于人员工作失误或未按有关规定、规程、制度开展工作,给公司带来与电量、电费、电价相关的较大经济纠纷或造成电费损失的经济责任事故。

统计算法:每发现一起安全责任事故为一笔。

目标及要求:不发生。

管控措施:

1) 加强教育,提高认识。
2) 加强营销工作人员业务培训,提升员工业务素质,提高营业管理水平。
3) 建立危险点辨识和预防措施,建立稽查预警体系,做好工作质量管控。
4) 建立经济责任考核制度,将电费安全责任事故与考核制度挂钩。

2. 电费差错率

电费差错是指供电企业员工在从事电力营销工作过程中,发生因抄表、复核、结算等环节工作质量造成,而非人为故意导致的,且未造成电费损失的电量、电费差错。

统计算法:电费差错率＝全年全口径累计电费差错笔数/全年全口径累计电费笔数×100%。

目标及要求:小于0.018%。

管控措施:

1) 加强营业人员的业务培训,提升业务受理质量,把好差错源头关。
2) 开展抄核收人员业务培训和业务交流活动,提升员工业务素质,提升工作质量。
3) 建立稽查预警体系,开展定期与不定期稽查活动,及时发现和处理异常。
4) 建立奖惩制度,将电费差错率指标列入考核内容。

3.3.2 电费核算质量预警管控

结合现有监控平台和资源,对电费相关指标和参数开展常态性稽查监控和日常异常预警工作,及时发现和处理异常,提高电费工作质量。

(1) 分时电价执行错误户数见表3-17。

表3-17　　　　　　　　分时电价执行错误户数

主题名称	分时电价执行错误户数	
抽取规则	(1) 除电价执行中小化肥、电解铝电价外的,用电类别为大工业用电,未执行分时电价的用户。(剔除行业分类为自来水厂、污水处理、铁路运输、电气铁路)。 (2) 剔除用电类别为"农业生产""农业排灌"而执行分时电价的用户。 (3) 执行大工业单费率电价的用电类别为商业的用户。 (4) 用户执行电价有两个及以上,包含一个或以上已执行分时电价需剔除。 (5) 剔除冰蓄冷电价、热泵只勾选谷电价的正常用户	
预警阈值	一级预警	—
	二级预警	—
	三级预警	出现1户即三级预警

(2) 变损执行错误户数见表 3-18。

表 3-18　　　　　　　　　　变 损 执 行 错 误 户 数

主题名称	变损执行错误户数
抽取规则	(1) 变损执行错误：供电电压小于 1kV 的客户计取变损、高供低计未计变损、无抄表电量有铜损、变损计费参数不正确。 (2) 变损计费参数不正确指：用户的变压器对应的损耗代码跟损耗标准表的变压器型号不一致或者容量不一致或者用户的电压等级不一致。 (3) 剔除转供电用户。 (4) 剔除业扩流程做过流程电压等级发生变化的（高低压切换）
预警阈值	一级预警　　　　　　　— 二级预警　　　　　　　— 三级预警　　　　出现 1 户即三级预警

(3) 定量定比为 0 见表 3-19。

表 3-19　　　　　　　　　　定 量 变 化 为 0

主题名称	定量定比为 0
抽取规则	定量定比值为 0，剔除楼道灯分摊用户、排除销户、剔除主要用途为统购统销关口（剔除直购电用户、光伏用户）
预警阈值	一级预警　　　　　　　— 二级预警　　　　　　　— 三级预警　　　　出现 1 户即三级预警

(4) 用户线损计算异常见表 3-20。

表 3-20　　　　　　　　　　用 户 线 损 计 算 异 常

主题名称	用户线损计算异常
抽取规则	(1) 专线用户线损计费标准为否，有功线损计算值不为 0，排除排除停用、撤销的计量点。 (2) 专变用户，线损计算方式为计算，有功线损计算值不为 0，排除排除停用、撤销的计量点（剔除小水电用户）
预警阈值	一级预警　　　　　　　— 二级预警　　　　　　　— 三级预警　　　　出现 1 户即三级预警

(5) 需量用户抄表例日与冻结日不一致见表 3-21。

表 3-21	需量用户抄表例日与冻结日不一致	
主题名称	需量用户抄表例日与冻结日不一致	
抽取规则	（1）需量用户抄表例日非 20 日、25 日。 （2）需量用户冻结日非 20 日、25 日。 （3）需量用户抄表例日和冻结日不一致（剔除当月走过容量调整为需量流程的数据）	
预警阈值	一级预警	—
	二级预警	—
	三级预警	出现 1 户即三级预警

（6）电费发行及时率见表 3-22。

表 3-22	电费发行及时率	
主题名称	电费发行及时率	
抽取规则	正常抄表计划的电费发行时间－电量电费审核核完成时间大于 24h	
预警阈值	一级预警	—
	二级预警	—
	三级预警	出现 1 户即三级预警

（7）自动抄表流程发行日未下发至计算环节见表 3-23。

表 3-23	自动抄表流程发行日未下发至计算环节	
主题名称	自动抄表流程发行日未下发至计算环节	
抽取规则	自动抄表环节发行日当天未下发	
预警阈值	一级预警	自动抄表环节发行日当天 15：00 未下发
	二级预警	自动抄表环节发行日当天 16：00 未下发
	三级预警	自动抄表环节发行日当天 17：00 未下发

（8）电费试算及时性见表 3-24。

表 3-24	电费试算及时性	
主题名称	电费试算及时性	
抽取规则	电费试算未在业扩流程审核归档后 3 个工作日内完成	
预警阈值	一级预警	—
	二级预警	—
	三级预警	—

（9）电费二次复核及时性见表 3-25。

表 3-25　　　　　　　　　　电费二次复核及时性

主题名称	电费二次复核及时性	
抽取规则	电费二次复核未在电费发行后 10 个工作日内归档	
预警阈值	一级预警	—
	二级预警	—
	三级预警	—

（10）电费差错申诉处理及时性见表 3-26。

表 3-26　　　　　　　　　电费差错申诉处理及时性

主题名称	电费差错申诉处理及时性	
抽取规则	所有还未完成有疑仪客户的申诉数据，每条数据记录统计日期	
预警阈值	一级预警	未在每月 18 日前完成客户申诉处理
	二级预警	—
	三级预警	—

（11）应出账未出账（高压）见表 3-27。

表 3-27　　　　　　　　　　应 出 账 未 出 账

主题名称	应出账未出账（高压）	
抽取规则	所有应该出账但未出账的用户清单	
预警阈值	一级预警	16 日一级预警
	二级预警	25 日二级预警
	三级预警	27 日三级预警

（12）当月无台账用户见表 3-28。

表 3-28　　　　　　　　　　当 月 无 台 账 用 户

主题名称	当月无台账用户	
抽取规则	当月无电费台账的用户清单（剔除当月新装用户）	
预警阈值	一级预警	抄表例日之后，关账前 24h 仍未出账的用户为一级预警
	二级预警	抄表例日之后，关账前 12h 仍未出账的用户为二级预警
	三级预警	关账后仍未出账的用户为三级预警
	三级预警	关账后仍未出账的用户达 2 户为四级预警

（13）两部制电价执行错误户数见表 3-29。

表 3-29　　　　　　　　　　　　两部制电价执行错误户数

主题名称	两部制电价执行错误户数	
抽取规则	(1) 315kVA 及以上大用业用户未执行两部制电价。 (2) 315kVA 以下执行两部制电价或大工业用户未执行两部制电价。 (3) 用户执行电价有两个及以上，包含一个或以上已执行分时电价需剔除。 (4) 剔除海水淡化用户（用电性质为大工业，电价执行为农业生产电价）。 (5) 剔除临时减容未到期用户。 (6) 剔除执行一般工商业电价的充电汽车运行企业用户	
预警阈值	一级预警	出现 1 户即一级预警
	二级预警	3 个工作日未处理，升级为二级预警
	三级预警	7 个工作日未处理或当月月末最后一天未完成升级为三级预警

（14）定量值大于电量见表 3-30。

表 3-30　　　　　　　　　　　　定 量 值 大 于 电 量

主题名称	定量值大于电量	
抽取规则	连续一年定量值大于总电量，排除销户、剔除撤销、停用的计量点（剔除有电价文件的）	
预警阈值	一级预警	出现 1 户即一级预警
	二级预警	3 个工作日未处理，升级为二级预警
	三级预警	7 个工作日未处理或当月月末最后一天未完成升级为三级预警

（15）线损计费参数错误见表 3-31。

表 3-31　　　　　　　　　　　　线 损 计 费 参 数 错 误

主题名称	线损计费参数错误	
抽取规则	线损计算值不为 0 的用户，"线损计费标志"为否、或"线损分摊标志"为否、"线损计算方式"不为定比的用	
预警阈值	一级预警	选取申请校验流程"业务受理"至"任务分配"环节时长，环节时长超过 2 个工作日产生一级预警
	二级预警	超过 3 个工作日产生二级预警
	三级预警	超过 4 个工作日产生三级预警

（16）力率执行错误户数见表 3-32。

表 3-32　　　　　　　　　　　　力 率 执 行 错 误 户 数

主题名称	力率执行错误户数	
抽取规则	160kVA 以上高压用户用电类别为"大工业用电"或"普通工业"，但力率标准不等于 0.9 的高压用户或未执行。	
预警阈值	一级预警	出现 1 户即一级预警
	二级预警	3 个工作日未处理，升级为二级预警
	三级预警	7 个工作日未处理或月末未完成升级为三级预警

(17) 峰谷电价参数设置错误见表 3-33。

表 3-33　　　　　　　　　峰谷电价参数设置错误

主题名称	峰谷电价参数设置错误	
抽取规则	(1) 调分时表的改类流程实际未执行峰谷电价。 (2) 改峰谷电流程超过 1 个月	
预警阈值	一级预警	出现 1 户即一级预警
	二级预警	3 个工作日未处理,升级为二级预警
	三级预警	7 个工作日未处理或月末未完成升级为三级预警

(18) 暂停用户电量异常见表 3-34。

表 3-34　　　　　　　　　暂停用户电量异常

主题名称	暂停用户电量异常	
抽取规则	高压暂停用户运行容量为 0 的但有电量的,排除发电用户、排除趸售用户、排除抄表周期内存在暂停或恢复流程用户	
预警阈值	一级预警	出现 1 户即一级预警
	二级预警	10 个工作日未处理,升级为二级预警
	三级预警	15 个工作日未处理或月末未完成升级为三级预警

(19) 强制停用户用电量异常见表 3-35。

表 3-35　　　　　　　　　强制停用户用电量异常

主题名称	强制停用户用电量异常	
抽取规则	(1) 高压用户上月走了强停电流程,且(有已实施停电标志)在本月开始没有复电的用户,在本月的采集用电中电量不为 0(抄表例日大于停电时间)。 (2) 低压用户上月走了强停电流程,且(有已实施停电标志)在本月开始没有复电的用户,在本月的采集用电中电量不为 0(抄表例日大于停电时间)	
预警阈值	一级预警	出现 1 户即一级预警
	二级预警	10 个工作日未处理,升级为二级预警
	三级预警	15 个工作日未处理或月末未完成升级为三级预警

(20) 表计配置错误见表 3-36。

表 3-36　　　　　　　　　表　计　配　置　错　误

主题名称	表计配置错误
抽取规则	(1) 低压非居民用户执行一般工商业及其他三费率六时段电价,表计为居民分时表,表计与电价执行不匹配。 (2) 居民分时电价,但表计为工业表,表计与电价执行不匹配。 (3) 小水电发电客户需要配置小水电专用表

续表

主题名称	表计配置错误	
预警阈值	一级预警	出现1户即一级预警
	二级预警	3个工作日未处理，升级为二级预警
	三级预警	7个工作日未处理或月末未完成升级为三级预警

（21）力率考核用户四象限无功计度器配置异常见表3-37。

表3-37　　　　　力率考核用户四象限无功计度器配置异常

主题名称	力率考核用户四象限无功计度器配置异常	
抽取规则	智能表高供低计应选Q1计度器；高供高计或低供低计应选Q1＋Q4计度器；发电侧未配选Q2、Q3	
预警阈值	一级预警	出现1户即一级预警
	二级预警	3个工作日未处理，升级为二级预警
	三级预警	7个工作日未处理或月末未完成升级为三级预警

3.3.3　电费核算质量稽查管控

电费核算质量稽查表见表3-38。

表3-38　　　　　　　　电费核算质量稽查表

工作任务	算法	稽查内容	核查处理工作要求
撤销转供关系用户未退补	撤销转供关系的上级被转供户用户，1个月之内没有发起退补流程	核查撤销转供关系后，多计电量电费是否已退	撤销转供关系后，下一次电费计算，整个周期均按正常用户计算。不分阶段扣减撤销转供关系前，上级被转供户用户需扣减的电量
特殊电价执行准确性1	抽取淘汰类，限制类，冰蓄冷，农业龙头，氯碱等特殊电价的用户进行排查	（1）检查是否存在应执行惩罚性电价或差别电价而未执行。（2）检查是否存在不应执行惩罚性电价或差别电价而执行的。（3）检查执行惩罚性电价的依据的合规性	（1）按特殊电价执行稽查内容逐项认真核对清查，通过核查用电现场情况、系统记录、档案资料等，深入分析特殊电价应执行未执行、执行错误的原因，通过稽查整改，明确特殊电价执行范围，发现管理薄弱环节。（2）按稽查内容逐项认真核对清查，通过核查用电现场情况、系统记录、档案资料等，确定异常问题后进行整改反馈，并制定相应的管控措施避免类似问题重复发生。（3）分析问题存在的主要原因，建立预警，加强过程管控，严肃考核。（4）及时编制营销敏感问题周报和营销业务诊断分析月报

续表

工作任务	算法	稽查内容	核查处理工作要求
特殊电价执行准确性2	(1) 临时用户未执行一般工商业电价，排除销户，排除非临时接电用户。 (2) 用户名中包含寺、庙，执行单一电价，执行居民一户一表电价	(1) 检查临时用户电价未按规定执行（执行一般工商业及非工业）。 (2) 核查寺、庙执行居民一户一表电价，系统执行电价与现场用电实际不相符合	(1) 按特殊电价执行稽查内容逐项认真核对清查，通过核查用电现场情况、系统记录、档案资料等，深入分析特殊电价应执行未执行、执行错误的原因，通过稽查整改，明确特殊电价执行范围，发现管理薄弱环节。 (2) 按稽查内容逐项认真核对清查，通过核查用电现场情况、系统记录、档案资料等，确定异常问题后进行整改反馈，并制定相应的管控措施避免类似问题重复发生。 (3) 分析问题存在的主要原因，建立预警，加强过程管控，严肃考核。 (4) 及时编制营销敏感问题周报和营销业务诊断分析月报
需量用户抄表例日与冻结日不一致	(1) 需量用户抄表例日非20日、25日。 (2) 需量用户冻结日非20日、25日。 (3) 需量用户抄表例日和冻结日不一致（容量调整为需量的下月抽）	(1) 检查需量用户抄表例日和冻结日不一致。 (2) 检查电费结算方式变更为需量用户后，是否纳入到需量抄表段，且是否正确计算基本电费	(1) 按需量用户抄表例日与冻结日不一致稽查内容逐项认真核对清查，通过核查用电现场情况、系统记录、档案资料等，确定异常问题后进行整改反馈，并制定相应的管控措施避免类似问题重复发生。 (2) 分析问题存在的主要原因，建立预警，加强过程管控，严肃考核。 (3) 及时编制营销敏感问题周报和营销业务诊断分析月报
电费出账及时性	(1) 当月电费无台账（剔除当月新装用户）。 (2) 连续2个月抄表电量为零（手工抄表）。 (3) 连续2个月抄表电量为同一电量（剔除定量用户）（应剔除非手工抄表用户）。 (4) 剔除运行容量为0的用户（建议剔除小水电用户，剔除充电桩用户）	(1) 检查当月无电费台账的用户清单（剔除当月新装用户）。 (2) 检查连续2个月手工抄表出账电量为非零同电量（剔除定量用户）。 (3) 检查连续2个月手工抄表出账电量为0	(1) 根据电费出账及时性稽查内容，注重电费异常现场核查，结合系统记录，深入剖析异常产生原因，落实现场核查整改和结果反馈，及时跟踪问题整改进度。 (2) 对于重复出现的问题，抓住问题根源，从制度上、管控措施及人员培训等方面加强管控。 (3) 建立电费出账及时性预警，设置常态监控项，规范超标管理，确保电费及时出账、出账电量准确。 (4) 根据稽查信息报送要求及时上报营销敏感问题周报和营销业务诊断分析月报

3.4 常见问题的分析及处理

3.4.1 电费复核时发现抄表环节的异常

1. 需量用户需量值核对有异常

【案例 1】

电费复核人员在电费复核时发现异常情况：某需量转存日为 25 日的某需量用户，2016 年 2 月 25 日营销系统自动抄表时最大需量抄见值为 0.8955，而该用户用电信息采集系统中 2016 年 2 月的需量最大值为 0.9033，如图 3-17 所示。

日期	局号(终端表计)	最大需量(kW)	最大需量发生时间	上月最大需量(kW)	上月最大需量发生时间
2016-02-25	3310101059301111612492(...	0		0.9033	02-24 10:53
2016-02-24	3310101059301111612492(...	0.8955	01-26 08:08	1.3621	01-13 08:59
2016-02-23	3310101059301111612492(...	0.8955	01-26 08:08	1.3621	01-13 08:59
2016-02-22	3310101059301111612492(...	0.8955	01-26 08:08	1.3621	01-13 08:59
2016-02-21	3310101059301111612492(...	0.8955	01-26 08:08	1.3621	01-13 08:59
2016-02-20	3310101059301111612492(...	0.8955	01-26 08:08	1.3621	01-13 08:59
2016-02-19	3310101059301111612492(...	0.8955	01-26 08:08	1.3621	01-13 08:59
2016-02-18	3310101059301111612492(...	0.8955	01-26 08:08	1.3621	01-13 08:59
2016-02-17	3310101059301111612492(...	0.8955	01-26 08:08	1.3621	01-13 08:59
2016-02-16	3310101059301111612492(...	0.8955	01-26 08:08	1.3621	01-13 08:59

图 3-17 某用户需量采集数据

问题分析：

需量用户抄见值需逐户人工复核，复核时通过用电采集系统中的抄见数据与营销系统的自动获取数据进行核对，检查是否一致。上述用户的需量抄见值应为 0.9033，而营销系统自动获取数据 0.8955，属于自动获取数据错误。

实际工作中发现，如果需量转存日为 25 日，若当月需量最大值产生在 24 日 0:00 以后时，营销系统自动获取的最大需量抄见值经常出错，电费复核时须尤为注意。

处理方法：

电费复核人员应将该用户电费流程进行拆分，将拆分出来的流程回退至抄表数据复核环节，通知抄表人员进行修改需量抄见值。

2. 电量异常

【案例 2】

电费复核人员复核某分次结算用户第三期电费结算信息时发现异常：电量电费为负值，复核信息如图 3-18 所示，抄表方式为手工抄表。

问题分析：

从图 3-18 可以看出，8 月 1 日分次第一期电费时有功（总）抄见值通过红外抄表方式电量已抄至 4546.32；8 月 10 日手工抄表，抄见值仍是 4546.32，第二期无电量；8 月 20 日第三期手工抄表方式，电量抄见值只有 4286.13，出现负电量。第三期有功（总）抄见值倒转，基本判断为错抄。

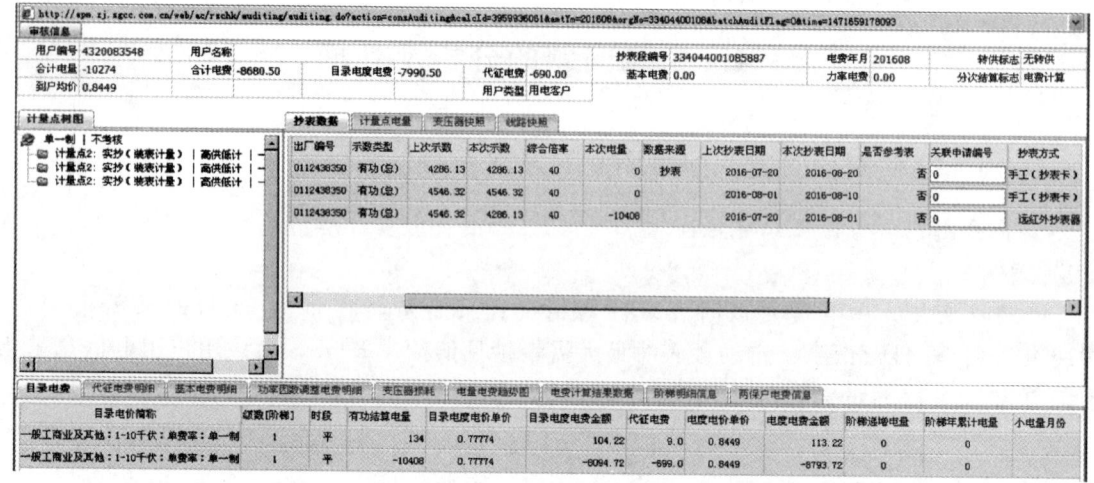

图 3-18 某用户复核信息

无变更流程的分次结算用户（如本户），本月末次抄表时显示的起度，不是通常意义上的上次抄表的止度（即 8 月 10 日的抄见值），而是上月最后一次抄表时（即 7 月 20 日）的止度，也就是本月第一次抄表时的起度。在一些不常用电、采集又无数据的分次结算用户末次手工抄表时，抄表员常常忽略这个起度的不同，导致这类抄表差错出现，需加以注意。

处理方法：

电费核算人员将该用户流程拆分后退回抄表员重新抄表。

3.4.2 电费复核时发现电量电费异常

1. 表计计数器档案出错

【案例 3】

电费复核人员在复核某低压居民用户 3 月电费信息时发现异常：执行两费率分时电价，换表前有总、谷计数器，但是换表后计数器类型只有有功（总），无谷计数器，如图 3-19 所示。

问题分析：

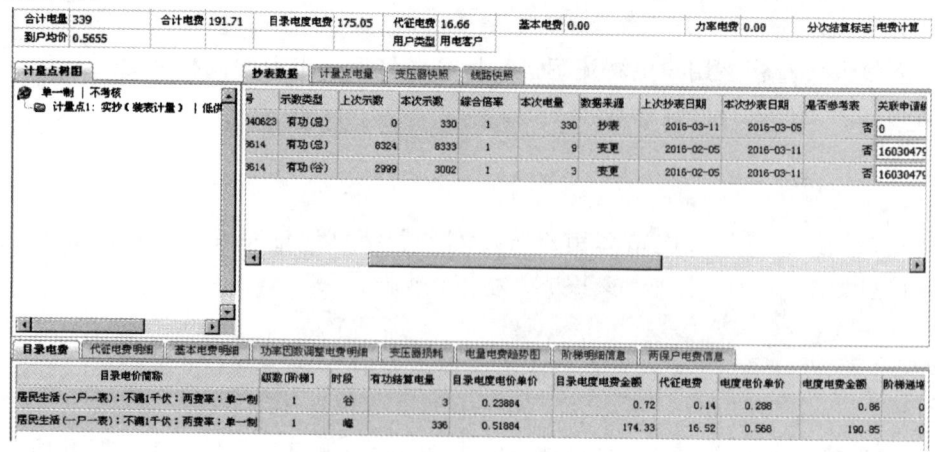

图 3-19 某用户复核信息

可以看出该用户属两费率分时用户，3 月走了一个换表改类流程后，电价未变，但是新表的计数器只选了有功（总），而有功（谷）漏选了，导致该户新表谷电量按 0 计算，即新表电量全部按峰价格计算，属于档案错误产生的异常。

处理方法：

电费复核人员将该用户进行流程拆分，并终止电费流程，再通知营业部门走改类流程将该户计数器档案修改正确，然后再由抄表相关人员制订临时抄表计划重新发起该户当月的抄表流程。

2. 换表后电量突降

【案例 4】

电费复核人员在复核某分次结算路灯专变用户 2016 年 2 月的电费时发现异常：往月一直有电量，2015 年 12 月 2 日表计轮换后，电表抄见值负控自动获取成功，但是电表走度一直为 0，仅有变损电量，如图 3－20、图 3－21 所示。

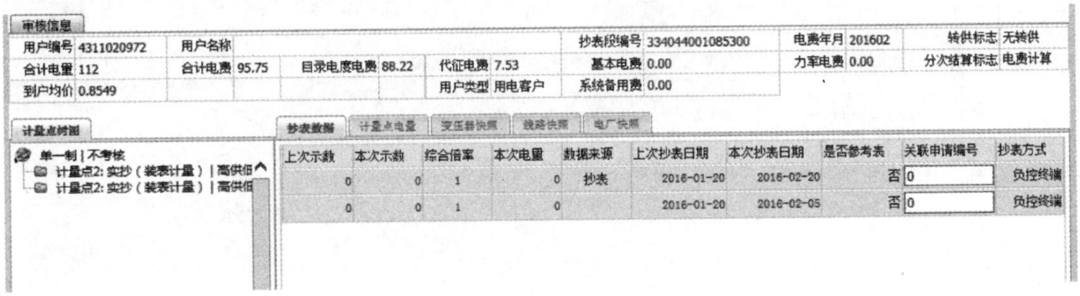

上次示数	本次示数	综合倍率	本次电量	数据来源	上次抄表日期	本次抄表日期	是否参考表	关联申请编号	抄表方式
0	0	1	0	抄表	2016-01-20	2016-02-20	否	0	负控终端
0	0	1	0		2016-01-20	2016-02-05	否	0	负控终端

图 3－20　某用户复核信息一

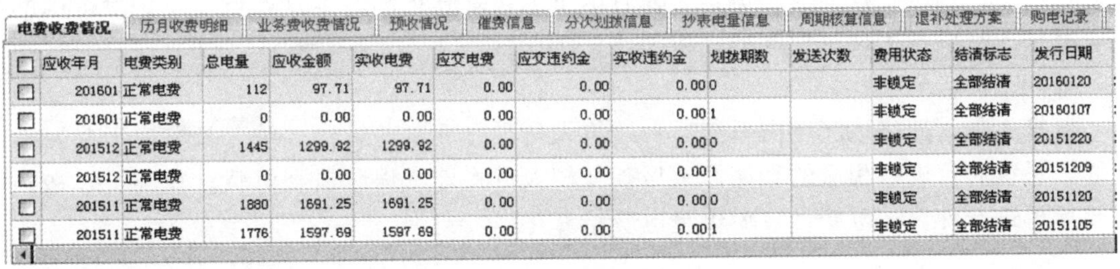

应收年月	电费类别	总电量	应收金额	实收电费	应交电费	应交违约金	实收违约金	划拨期数	发送次数	费用状态	结清标志	发行日期
201601	正常电费	112	97.71	97.71	0.00	0.00	0.00	0		非锁定	全部结清	20160120
201601	正常电费	0	0.00	0.00	0.00	0.00	0.00	1		非锁定	全部结清	20160107
201512	正常电费	1445	1299.92	1299.92	0.00	0.00	0.00	0		非锁定	全部结清	20151220
201512	正常电费	0	0.00	0.00	0.00	0.00	0.00	1		非锁定	全部结清	20151209
201511	正常电费	1880	1691.25	1691.25	0.00	0.00	0.00	0		非锁定	全部结清	20151120
201511	正常电费	1776	1597.69	1597.69	0.00	0.00	0.00	1		非锁定	全部结清	20151105

图 3－21　某用户复核信息二

问题分析：

路灯用户用电习惯不大变化，另外该用户表计属轮换性质，不涉及其他变更，换表前一直有电量，而换表后变成无电量，可能存在错抄或错接线等异常。

处理方法：

复核人员将该用户进行拆分，回退至抄表数据复核环节，并通知营业所进行现场核查异常情况。后经现场检查后发现，该户表计现场有数据，接线正常，属用电采集数据有误。抄表人员按现场数据进行重新抄表，抄表流程重发后该户电费计算正常。另外，抄表人员将该异常报告给自动采集班。经自动采集班采集参数重新设置和下发后，该户在采集系统中的数据恢复正常。

3.4.3 调价或系统变更时复核发现的异常

【案例5】

2016年7月1日，一般工商业及其他用户调价，营销系统进行相应调整。电费复核人员在复核某低压非工业用户复核信息时发现异常：该户抄见电量为9495，而合计电量为47475，两者不一致，电量多次重复计算，如图3-22所示。

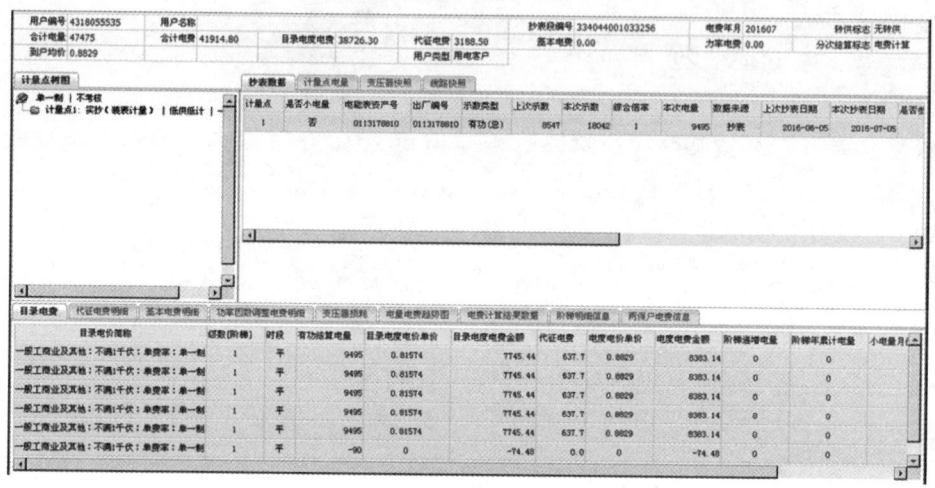

图3-22 某用户复核信息

问题分析：

该用户近期未走任何业扩流程，往月电量电费结算正确。本月该户属于调价范围的用户，复核人员判断为调价引起的系统差错。

处理方法：

复核人员立即将该问题向系统后台运维人员进行反馈，后台运维人员核实后确属系统原因。系统后台进行相应的程序修改后，复核人员将该流程回退至电费计算环节，在档案同步后再进行计算，重新计算后电量电费结算正确。

3.4.4 日常工作中发现的异常

1. 已停电用户，但有电量产生

【案例6】

某公司在电费日常稽查中，通过精益化管控平台"已欠费停电用户，但仍有电量产生"预警主题发现某低压用户，运行容量为0，但是每天仍有电量产生。

问题分析：

工作人员查询档案后发现该户较早之前因配合政府拆违停电，档案中已走过强制停电流程，运行容量为0。近期，政府拆违停电已取消，营业所人员现场已给变压器送电，但是营销系统中漏走恢复送电流程，从而使现场与档案不符，产生预警。

处理方法：

补走恢复送电流程后，异常消除。

2. 应出账未出账

【案例 7】

某公司的每月最晚抄表例日为 25 日。2016 年 6 月 25 日，电费管理人员在当月电费待办工作单全部完成后，即将进行电费关账。关账人员通过营销系统常用查询"84007 当月未出账用户清单"，查询出还有 3 户新装用户未出账。

问题分析：

根据规定，新装用户在一个抄表周期内必须出账。实际工作中，存在对异常用户抄表流程先行拆分终止，待异常处理结束后再进行补抄，往往会出现补抄工作遗忘的情况；抄表段已完成当月抄表结算工作后，新装用户才分配到该抄表段，该用户不会再自动发起抄表流程。在营销系统中检查发现 3 户用户均为新装用户，用户立户时间在该抄表段抄表例日后，由不会自动发起抄表流程，造成未出账现象。

处理方法：

营业人员对这些用户制订临时抄表计划流程进行补抄，电费流程经复核人员审核无误后立即发行。在关账人员再次查询无未出账用户后，进行电费关账。

3. 抄表电量不等于有功合计

【案例 8】

某公司在电费日常稽查中，通过常用查询"03016 抄表电量不等于有功合计"主题查询结果见表 3-39。

表 3-39　　　　　　　　　抄表电量不等于有功合计查询结果

供电单位	计算年月	户号	户名	抄见电量/（kW·h）	有功电量/（kW·h）
西城供电营业所	2016 年 2 月	××××××××	A	15357	15263
清溪供电营业所	2016 年 2 月	××××××××	B	600	800

问题分析：

核查用户档案后发现，用户 A 为转供用户，抄见电量与有功电量之差，刚好是被转供用户的电量，因此 A 户无异常。用户 B 不是转供用户，该用户原为居民定量用户，2015 年 12 月中旬时走了一个定量改纯照明电价的改类流程，改类流程时计量方案设置错误，定量取消后漏删计量点 2。从图 3-23 可以看出，该户多设了计量点 2，多计定量电量

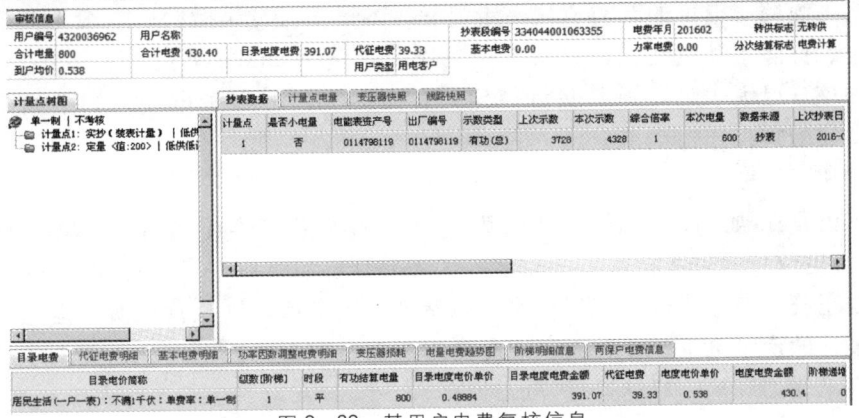

图 3-23　某用户电费复核信息

200kW·h，造成抄见电量与有功合计电量不等。

处理方法：

通知供电营业所走改类流程，将用户 B 计量点 2 删除，将档案修改正确。在完成改类流程且次月电费结算结束后，供电营业所再将 B 用户档案错误期间多计的电量进行退补。

4. 试算时发现异常

【案例 9】

某公司电费试算人员在日常电费试算过程中，发现以下试算结果，如图 3-24 所示。

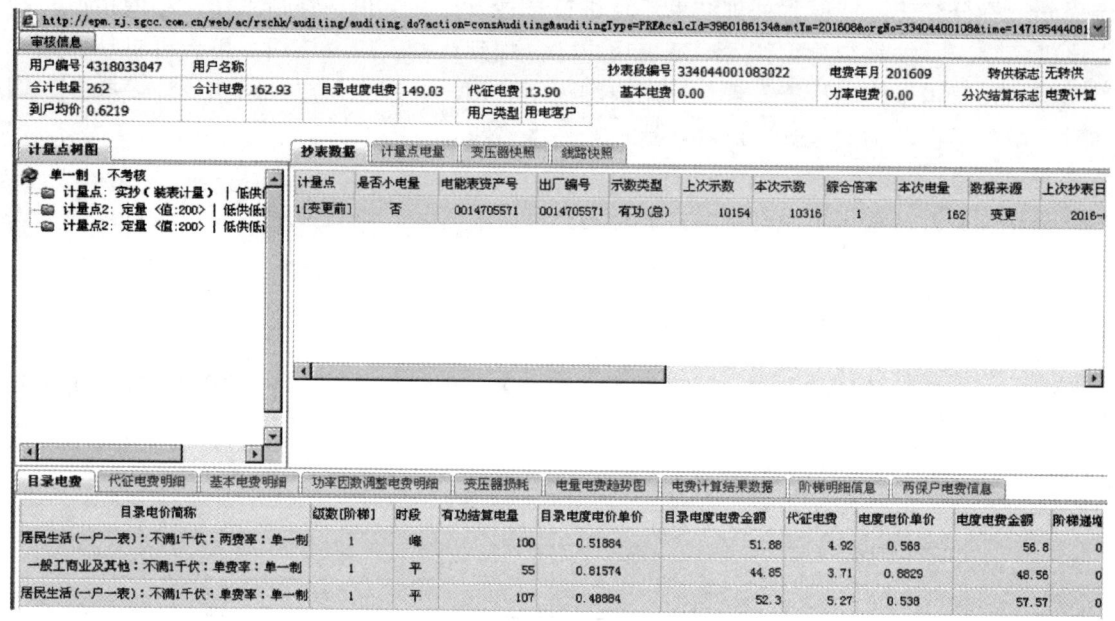

图 3-24 某用户试算复核信息

问题分析：

一般来说，营销系统试算电量为 300kW·h，加上变更前表计后台电量 162kW·h，合计电量应为 462kW·h，但系统中只有 262kW·h，因此判断为异常。经查看用户档案时发现，该户原电价为一般工商业及其他（其中居民定量 200kW·h），变更时走了一个取消定量改为纯照明电价的改类流程。走流程时，操作人员误撤销了一般工商业及其他这条计费方案、拆除了计量装置，只留了一条居民定量 200kW·h 的计费方案。也就是说，营销系统中该户已无表计，每月只计算定量的 200kW·h 电量电费，档案如图 3-25 所示。该异常属受理操作错误造成。

处理方法：

通知供电营业所走改类流程。在营销系统中删除定量计费方案，新增一条居民生活（一户一表）电价计费方案，新装一只表计，另外到现场将原有表计拆除，换装上新表计，将档案修改正确。在完成改类流程且次月电费结算结束后，供电营业所须退还该用户档案错误期间多计的定量电量、并补收调表时的拆表后台电量（因系统中已无旧表档案，此时的拆表止度已无处计算，只能通过补收计算）。

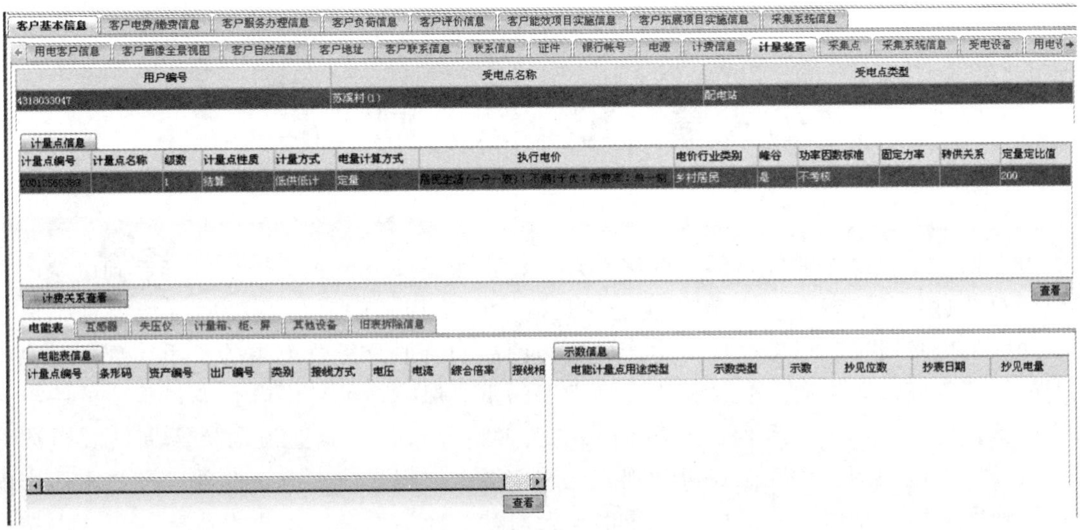

图 3-25 某用户档案信息

第4章 电 费 回 收

电费回收是供电企业经营活动的终端环节,指的是供电企业从电费发行后到电费收费完成的整个过程,表现在资金流动性上就是流动资金周转到最后阶段回收货币资金的过程。回收的电费既反映供电企业所生产的电力商品的价值及经营成果的货币体现,是供电企业的主要经营收入来源,是维持生产和发展的重要保障,也是供电企业最重要的一项经济指标。供电企业如不能及时、足额回收电费,将导致供电企业流动资金周转缓慢或停滞,从而影响电网的后续安全建设和现代化改造等全过程,使供电企业的生产受阻而影响供电企业的供电、配电、售电等,严重的还会对社会经济生产产生重大影响。因此电费回收在整个电力生产过程中有着至关重要的地位和作用,供电企业人员要高度重视电费回收工作。

4.1 基 本 知 识

4.1.1 电费回收方式

随着社会经济的不断发展,拓宽用户电费回收渠道,建设多维度全方位的电费回收平台已经成为国网的主要工作之一。用户电费回收方式的管理首先以方便用户为先导,在互联网经济不断推进的当下,主要电费回收方式可以分为两类:传统回收方式和新型回收方式。

1. 传统回收方式

(1) 柜台坐收。柜台坐收是指用户前往营业厅用现金、支票等方式向供电公司柜台收费人员缴纳电费并领取缴费凭证的一种收费方式。柜台坐收曾在供电公司电费回收方式中占据举足轻重的地位,但随着经济的发展,柜台坐收方式面临诸多问题,首先用户需要定期定时前往营业厅缴费,其次电费回收效率低下不符合目前经济形势,最后供电企业资金安全也存在重大挑战。目前供电公司绝大部分地区柜台坐收已趋消失。

(2) 走收。走收是指供电公司工作人员带着打印好的电费发票前往用户家里或固定地点,面对面收取电费的方式。在回收方式匮乏的年代也曾发挥重要作业,但在现代社会同样已经不合时宜。首先工作人员工作强度高、效率低下,还要考虑天气交通、用户是否在家等因素,收费存在很大的不确定性,其次工作人员携带大量现金对供电企业的资金安全管理和工作人员的人身安全造成较大隐患。目前除特殊边远山区或老弱病残外,一般不进行上门走收收费。

(3) 银行代扣。用户凭借有效户号可以在供电公司合作银行中选择合适的银行办理电费代扣业务,在每月电费产生以后,银行会按时从委托账户中扣取相应金额电费,此类缴费方式最为省心省力，只要办理代扣银行卡余额充足，每月电费系统会自动扣除，从而从根本上解决用户的缴费难问题。

（4）银行现金代收。用户可以在电费产生以后前往供电公司合作银行网点进行现金缴纳的电费，此类缴费方式需要用户知道自己用电户号且需要每月前往银行进行缴费，如遇高峰期还需要排队缴费，不如代扣方便。合作银行网点也因在电费缴费高峰期，会影响到银行其他业务的开展，对此种缴费方式有所抵触。

（5）电费充值卡。用户可以到供电公司营业厅购买电费充值卡，通过供电营业厅柜台、电力自助缴款机、拨打充值热线、短信发送或电e宝等完成充值缴费。

（6）电力自助缴款终端。用户可以前往供电公司营业厅的电力自助缴款终端进行缴费。目前电力自助缴款终端支持现金、银联卡缴纳电费、电力充值卡充值缴费和预缴电费等。

（7）网上银行自助缴费。用户可以通过与电力公司合作的银行使用网上银行进行电费的缴纳。

（8）供电营业厅POS机缴费。用户可以使用银联卡在营业厅POS机进行电费缴费。

（9）银行托收。非居民用电用户可以通过与供电部门、用户开户银行三方签订《电费收缴协议》，在电费产生后由供电部门委托供电部门开户银行从用户开户银行扣除相应电费。特约委托收费方式目前有一般电子托收和手工托收两种方式。

（10）其他缴费方式。根据地方实际情况的不同，各地还存在其他电费缴纳方式，如村邮站、便利店、一户通、ATM机等。

2. 新型缴费方式

（1）电e宝缴费。电e宝是国网自主研发的一款便携交电费App目前已经实现全国26个省份跨省交费，使电费交纳不再受地域限制，方便、快捷。

电e宝主要通过将互联网技术工具与电力行业传统业务结合，服务用户为社会大众及电力行业相关企业，是国网统一交费平台的重要组成部分。

主要功能包括掌上电力、生活缴费、供电窗、银行卡等相关服务，后续还会陆续开通国网商城、国网商旅、金财贷等其他服务，是一个全网通一站式服务平台。操作界面如图4-1所示。

（2）"掌上电力"App缴费。"掌上电力"是国网指定的官方手机用户端，是一款掌上互动平台，提供完善、便捷、舒心的人性化用电服务。操作界面如图4-2所示。

主要功能有：支付购电、电量电费、购电记录、服务网点、停电公告以及业务受理等，目前国网正在对App功能不断进行完善，线上受理功能不断强化，用户可以足不出户完成各项业务的受理，享受互联网经济带来的便利性。

（3）"国网浙江省电力公司"微信公众号缴费。用户可以使用手机关注微信公众号"国网浙江省电力公司"，在"我的用电"进行户号绑定，绑定后可以随时进行电费的缴纳以及电费信息的查询。除电费缴纳外，微信公众号还支持营业网点、停电公告等查询功能。

（4）95598智能互动网站缴费。用户可以登录www.sgcc.com.cn国网网上电力缴费厅点击用户服务后，根据网站提示可以使用银联卡进行电费的缴纳和预存等。

图 4-1 电 e 宝操作界面

图 4-2 掌上电力 App 操作界面

（5）支付宝缴费。用户可以使用手机或支付宝网站登录支付宝账号，在"生活缴费"模块下选择电费缴纳，绑定户号后可随时使用手机进行电费缴纳。

4.1.2 电费回收工作内容

电费回收主要工作内容包括电费通知管理、电费催费管理、欠费停复电管理等。

4.2 工作实施

4.2.1 电费通知

电费回收工作首要任务就是在电费发行后通过各种渠道将详细电费信息告知用户，并提醒用户按时缴纳电费。随着互联网社会的全面发展，电费通知方式也在发生着较为显著的变化。纸质电力电费通知单，如图4-3所示，由于诸多弊端不断显现，如环保、个人信息安全、人工送达效率低下、显示电量电费信息不完善等，已逐步转化为电子化通知方式，浙江省已经于2016年8月1日起全面取消纸质电量电费通知单。电子化通知方式有订阅电费短信、掌上电力App、电e宝、关注微信公众号、订阅支付宝电子账单等方式。电费短信是目前应用最多的电子化通知方式，用户可以携带有效证件至供电营业厅办理订阅，订阅成功后系统将在每月电费发行成功当天或次日自动发送当月电费信息。同时还可以通过营业厅自助缴款终端、营业厅柜台查询、拨打95598电力服务热线获取电费信息。

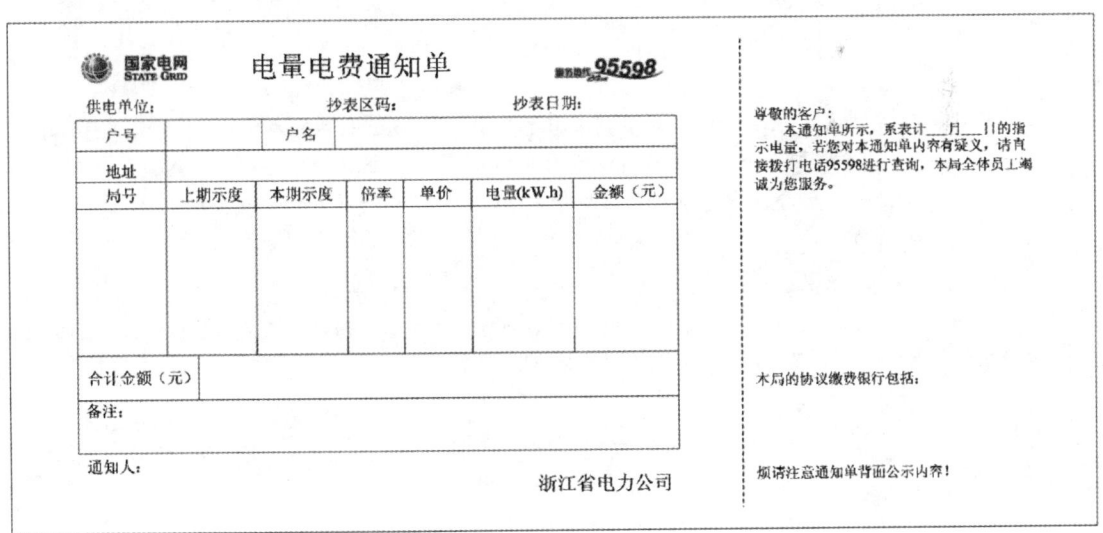

图4-3 电量电费通知单

1. 操作方法

（1）用户基础资料维护。取消纸质电力电费通知单，首要任务是完善用户基础资料管理，为用户维护好正确的联系方式，在取得用户认可后订阅正确的电费通知短信，以便用户在电费产生后第一时间获取正确的信息。

抄核收人员收集正确用户信息后，可以在营销系统"客户档案管理》档案维护模块》客户联系信息"模块中输入户号进行用户基础信息维护，包括基本信息、联系信息等，对用户进行各类电费短信信息的订阅，如图4-4所示。

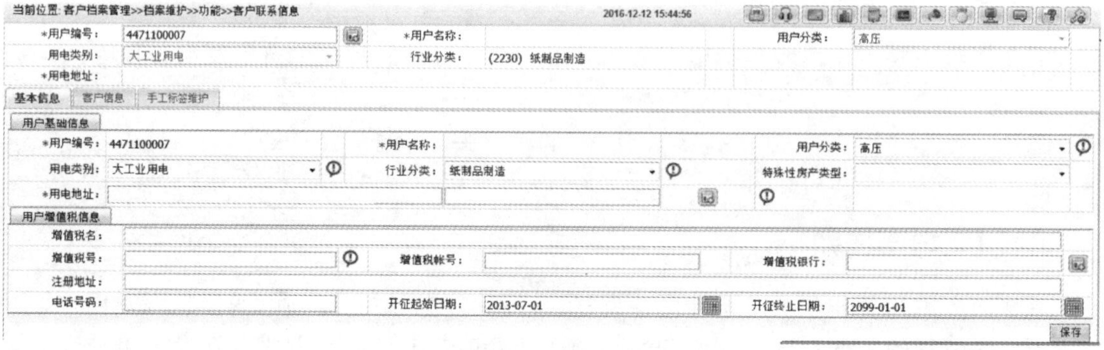

图4-4 客户联系信息维护界面

（2）浙江省电力公司短信模板及发送策略。

1）短信模板。电量电费短信包括电量电费通知、"一户一表"居民用户阶梯电量跨挡提醒、批扣缴费成功、首次批扣失败提醒、电费充值卡充值成功等信息。催费短信包括缴费截止日前短信提醒、缴费截止日后短信催费等信息。详细催缴电费短信模版如图4-5所示。

序号	名称	模板	
		当期没有预收或充值卡直接抵冲电费全部模板	当期有预收或充值卡结转抵冲电费模板
1	电费发行电量电费通知短信	尊敬的客户：您好，贵户（户号××××××，用电地址××××××）本期用电量500kW·h，电费269元，请于5月25日前交费。详情咨询95598，如需退订请回复×××××，祝您生活愉快！（浙江电力）	尊敬的客户：您好，贵户（户号××××××，用电地址××××××）本期用电量500kW·h，电费269元，电费充值卡（预收）已抵冲×××元，尚需您支付×××元，请于5月25日前交费。详情咨询95598，如需退订请回复×××××，祝您生活愉快！（浙江电力）
2	一户一表居民客户阶梯电量跨挡提醒短信	尊敬的客户：您好，贵户（户号××××××，用电地址××××××）截止到本期已经用完居民阶梯第一（二）档电量指标，开始使用第二（三）档电量，敬请您留意家庭用电情况。详情咨询95598，祝您生活愉快！（浙江电力）	
		全额代扣成功模板	部分代扣成功模板
3	批扣缴费成功短信	尊敬的客户：您好，贵户（户号××××××，用电地址××××××）本期用电费472.80元，2月5日已在工商银行扣款成功。详情咨询95598，如需退订请回复×××××，感谢您的支持！（浙江电力）	尊敬的客户：您好，贵户（户号××××××，用电地址××××××）本期用电费472.80元，已成功扣款200.50元，截至目前仍需交费272.30元，请您及时在您代扣账户存入足够的资金，如您的账户资金充足，请忽略此短信。详情咨询95598，如需退订请回复×××××，感谢您的配合。（浙江电力）

图4-5（一） 催缴电费短信通知模版

序号	名称	模板	
4	首次批扣失败提醒短信	尊敬的客户：您好，贵户（户号：×××××，用电地址×××××）本期电费631.56元，5月26日在×××××银行扣款成功，截至目前仍需交费631.56元，请您及时在您代扣账户存入足够的资金。如您的账户资金充足，请忽略此短信。详情咨询95598，如需退订请回复×××××，感谢您的配合。（浙江电力）	
5	缴费截止日前提醒短信（催费短信）	温馨提示：尊敬的客户，您好，贵户（户号：×××××，用电地址：×××××）截至5月11日，您的电费还有217.24元尚未交费，请您在5月14日前交费，如您已交清电费，请忽略此短信。详情咨询95598，如需退订请回复×××××，感谢您的配合。（浙江电力）	
6	缴费截止日后催费短信	无陈欠电费客户	有陈欠电费客户
		尊敬的客户：您好，贵户（户号：××××，用电地址×××××）截至5月15日，您已欠电费217.24元，为了避免对您的生活造成影响，请尽快交纳，如您已交清电费，请忽略此短信。详情咨询95598，如需退订请回复×××××，感谢您的配合。（浙江电力）	尊敬的客户：您好，贵户（户号：××××，用电地址：×××××）截至5月15日，您已欠电费315.24元，其中陈欠电费117.24元，为了避免对您的生活造成影响，请尽快交纳，如您已交清电费，请忽略此短信。详情咨询95598，如需退订请回复×××××，感谢您的配合。（浙江电力）
7	电费充值卡充值成功短信	短信充值成功	短信充值失败
		尊敬的客户：您好，本次充值成功、充值金额200.00元，充值账户余额459.44元，抵扣电费0.0元，欠费0.0元。详情咨询95598（浙江电力）	尊敬的客户：您好，本次充值失败，请重新输入正确户号、卡号和密码。详情咨询95598（浙江电力） 尊敬的客户：您好，本次充值失败，充值卡××××××已失效，请重新输入正确户号、卡号和密码。详情咨询95598（浙江电力）
		其他方式充值成功	
		尊敬的客户：您好，本身通过××方式充值成功，充值金额200.00元，充值卡账户余额459.44元，抵扣电费0.00元，欠费0.00元。详情咨询95598（浙江电力）	

图 4-5（二） 催缴电费短信通知模版

2) 发送策略。

a. 在 20：00—9：00 时间段内控制短信的发送。

b. 电费发行电量电费通知短信为用户电费发行当日发送一次。

c. 执行"一户一表"居民电价用户，在发生阶梯电价单价提升的当月，发送一次。

d. 批扣缴费成功短信在用户电费批扣信息返回后次日（批扣信息当日晚上返回）或当日（批扣信息次日早上返回）发送一次。

e. 首次批扣失败提醒短信为用户电费批扣信息返回后次日（批扣信息当日晚上返回）

或当日（批扣信息次日早上返回）发送一次。

f. 电费充值卡充值成功短信在用户充值完成后发送一次。

g. 缴费截止日期前三天，对未交清电费的用户发送一次提醒短信，如前一天仍未交清则再发送一次。

h. 缴费截止日后催费短信首次发送日期为缴费截止日后1天，在20日之前每隔4天发送一次，20日之后每隔2天发送一次，25日以后每隔1天发送一次。

3) 发送案例。

a. 低压居民用户。低压居民用户缴费截止日为抄表例日加10天，违约金为次月1日产生。如某用户为8日抄表，8日发行，则交费截止日为18日，违约金为次月1日，8日发送电量电费通知短信一次，15日发送交费提醒短信一次，17日发送交费提醒短信一次，19日发送催费短信一次，22日、24日、26日、27日、28日、29日、30日每天发送一次。

b. 低压非居民用户。低压非居民用户为8日抄表，8日发行，交费截止日为25日，违约金为26日，8日发送电量电费通知短信一次，22日发送交费提醒短信一次，24日发送交费提醒短信一次，26日、27日、28日、29日、30日每天发送一次。

2. 工作要求

（1）电量电费通知纸质通知单（账单）应在电费发行后5天内送达。

（2）电量电费通知单打印内容应包括本期电量电费信息、交费方式、交费时间、交费地点等，对在银行扣款后打印的电量电费通知单还应告知扣款信息。

3. 注意事项

（1）特殊用户群体如有需求仍要送达纸质通知单。

（2）电量电费通知单可以采用人工、信函、传真等方式送达。采用人工送达方式时，应注意纸质电费通知单的放置位置，不得随意粘贴在用户门上。

（3）短信订阅应维护好用户的联系信息、在接到用户申请后要及时变更。

4.2.2 电费催费

在对用户进行电费通知后，对已过缴费截止日欠费用户应根据实际情况及时开展电费催缴工作，确保电费能够及时足额的完成回收。

1. 操作方法

（1）催费通知单打印。在营销系统"电费收缴及营销账务管理〉〉客户缴费管理〉〉功能〉〉催缴费通知单打印"菜单下打印催费通知单，打印界面如图4-6所示。通知单格式如图4-7所示。

（2）差异化催费。基于用户的客户画像，建立差异化催费方案，做到精准催费。如按照单位、用户分类、起始终止抄表段、信用等级、一年内欠费次数等条件筛选用户，根据不同类型打印不同的催费单，实现差异化催费。

在营销系统"电费收缴及营销账务管理〉〉欠费管理〉〉差异化催费〉〉催费通知单打印"菜单下打印。输入单位、应收年月、信用等级、风险等级等查询条件查询用户欠费信息，如图4-8所示。右下角"打印方式"下拉框可选择"按选择记录打印"和"按查询条件打印"，按选择记录打印是打印已勾选用户的催费通知单，按查询条件打印是打印查询条件范围内所有用户的催费通知单。催费通知单打印内容根据用户的信用等级而有所不同，具体如图4-8~图4-10所示。

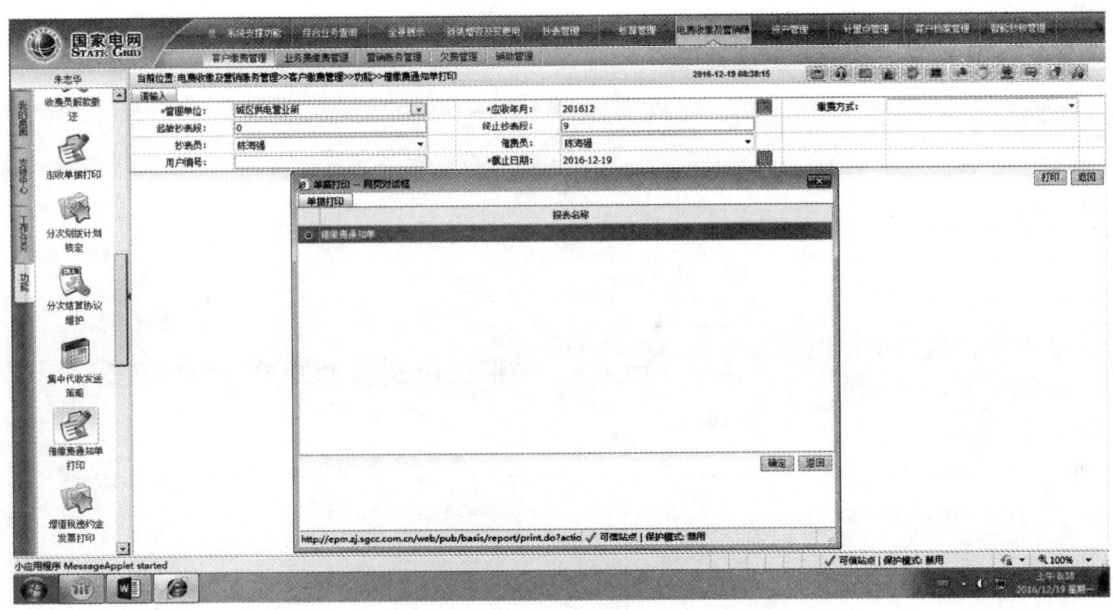

图4-6 催缴费通知单打印界面

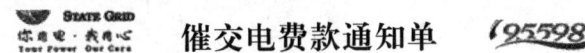

图4-7 催缴费通知单格式

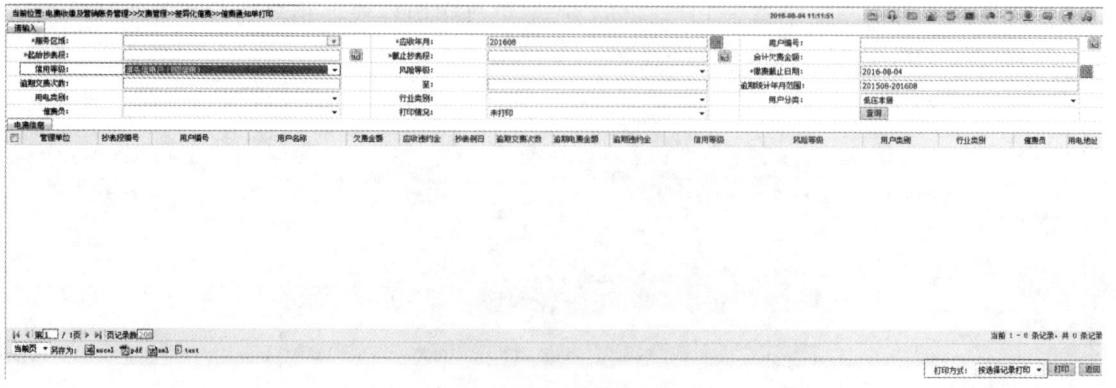

图4-8 差异化催费通知单

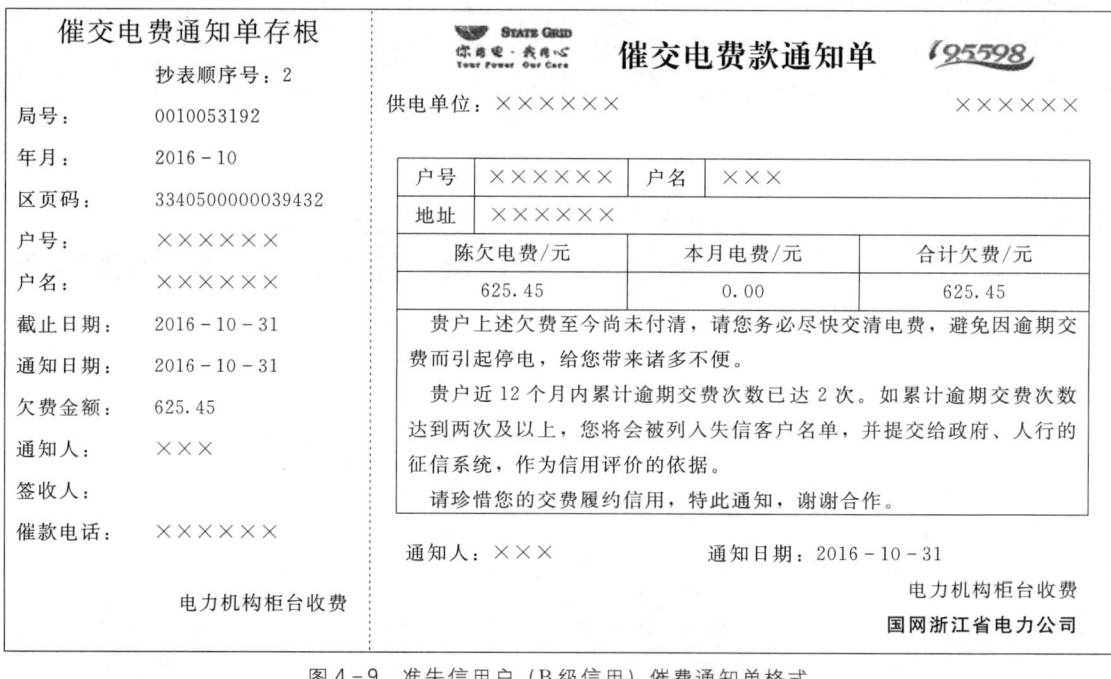

图4-9 准失信用户（B级信用）催费通知单格式

2. 工作要求

（1）催费责任部门可以根据用户用电情况、交费情况、风险情况，分类制定电话催费、语音催费、短信催费、现场催费、跟踪催费、驻厂催费等个性化催费策略，对已经发生欠费的用户进行持续跟踪分析，制定和落实具体催收措施。

（2）催费人员应在逾期交费日后2天内，对逾期未缴电费的用户通过电话、短信、上门、送达催交电费通知单等形式进行催费。

（3）用户以短信、电子邮件等催费方式的订阅、撤销和调整等申请工作，由营销窗口人员统一受理，营销业务应用系统根据用户订阅方式集中自动进行批量发送。

（4）电话催费时应该及时表明身份，使用规范催费用语。若不慎拨错电话，应主动向对方致歉。在电话催费过程中应主动告知用户银行代扣、网上交费等交费渠道和使用方法，必要时对催费电话进行录音，并妥善保管录音资料。

催交电费通知单存根		催交电费款通知单 95598		
抄表顺序号：2		供电单位：×××		
局号：	0010053193			
年月：	2016-10	户号	××××××	户名	×××
区页码：	3340500000038802	地址	××××××		
户号：	××××××	陈欠电费/元	本月电费/元	合计欠费/元
户名：	××××××	3573.98	0.00	3573.98
截止日期：	2016-10-31	贵户上述欠费至今尚未付清，请您务必尽快交清电费。 贵户近12个月累计逾期交费次数已达2次，严重违反了供用电合同义务和诚实守信的社会准则，已被列入失信客户名单，并提交给政府、人行的征信系统，作为信用评价的依据。如贵户超过上述交费截止日仍未交费，将被实施中止供电，停电后必须办理预付费业务方可复电。 特此通知，谢谢合作。		
通知日期：	2016-10-31			
欠费金额：	3573.98			
通知人：	×××			
签收人：				
催款电话：	××××××			
		通知人：×××		通知日期：2016-10-31
电力机构柜台收费		电力机构柜台收费 国网浙江省电力公司		

图4-10 失信用户（C/D级信用）催费通知单格式

（5）现场催费时应遵守用户内部有关规章制度，主动出示有效工作证件，并应注重用户的风俗和习惯，择时择机进行催费。

（6）跟踪催费、驻厂催费时要及时了解用户欠费原因，生产经营动态，驻厂催费时做到人员到位、工作到位、任务到位。如非用户原因引起的欠费，应及时向用户解释。

（7）对因经营困难一时无法支付电费的欠费用户，应要求用户制定欠费还款计划，并按照还款计划定时进行催交。

（8）对历史陈欠电费应做好跨年度电费债权的确认工作。已经核销的电费呆坏账，应继续做好追偿工作。

3. 注意事项

（1）用户的电费催收人员原则上保持相对固定，催费责任人发生变更时，及时办理交接手续。催费责任人负责制定催费计划。

（2）催交电费通知单存根应专门存档保管，保存期限不得少于12个月。

（3）信用等级A级的用户，超过违约金起算日仍欠费可打印；信用等级B级，超过抄表日15天仍欠费可打印；信用等级C、D级，超过抄表日10天仍欠费可打印。

4.2.3 欠费停复电

1. 操作方法

（1）欠费停电。催费责任单位对逾期未交清电费的用户发起欠费停电申请，制定停电计划后发送审批，按照金额逐级审批后由催费责任发放停电通知书后方可进行现场停电。欠费停电流程流程如图4-11所示。

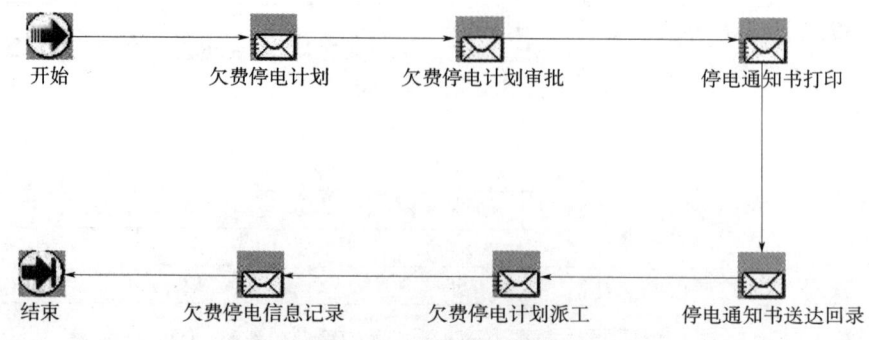

图 4-11 欠费停电流程图

1)欠费停电申请。停电申请界面,输入起始年月,用户编号,或者抄表段等查询条件,查询出符合停电申请的用户。选择远程停电或者人工停电方式,录入停电原因后,发送到相应部门人员审批。停电申请界面如图 4-12 所示。

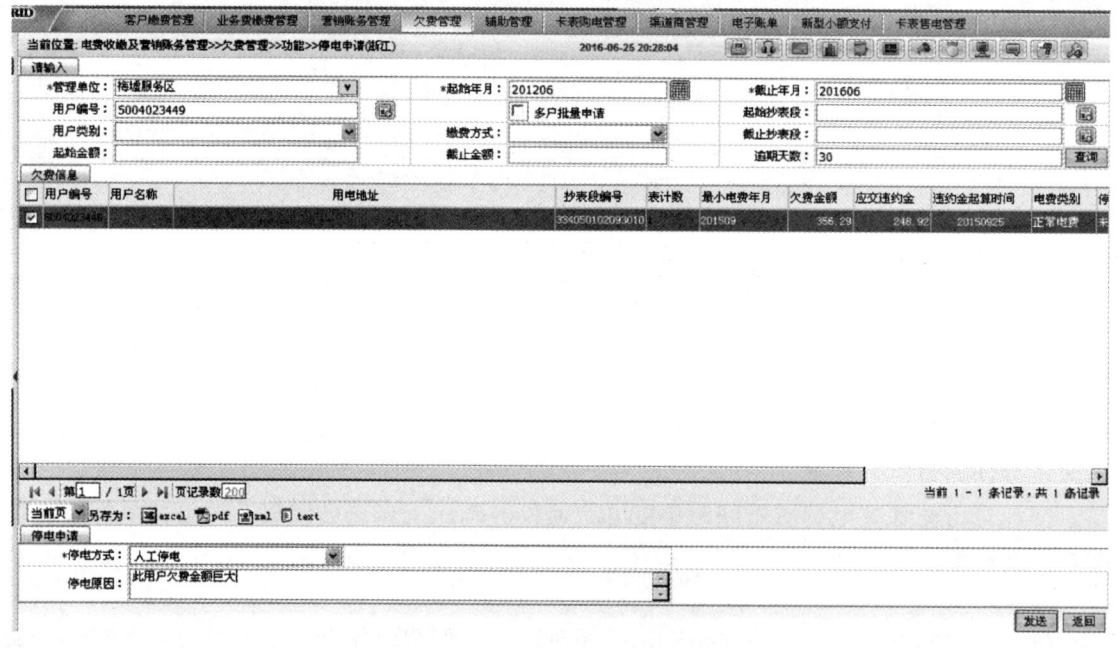

图 4-12 欠费停电申请界面

2)欠费停电通知书打印。在营销系统"电费收缴及营销账务管理>>欠费管理>>差异化催费>>停电通知书打印"菜单下打印。输入单位、应收年月、抄表段范围、信用等级、风险等级等查询需要打印停电通知书的用户信息,如图 4-13 所示。用户的不同信用等级停电通知书的打印模板也是不同的。

3)实施停电后,将实际停电时间,停电方式录入到营销系统,通知用户已经实施停电,保存并发送,停电流程结束。如果未停电录入未停电原因。

(2)欠费复电。在确认欠费用户按要求结清电费后,收费责任班组按期发起欠费复电流程并及时恢复送电。欠费复电流程如图 4-14 所示。

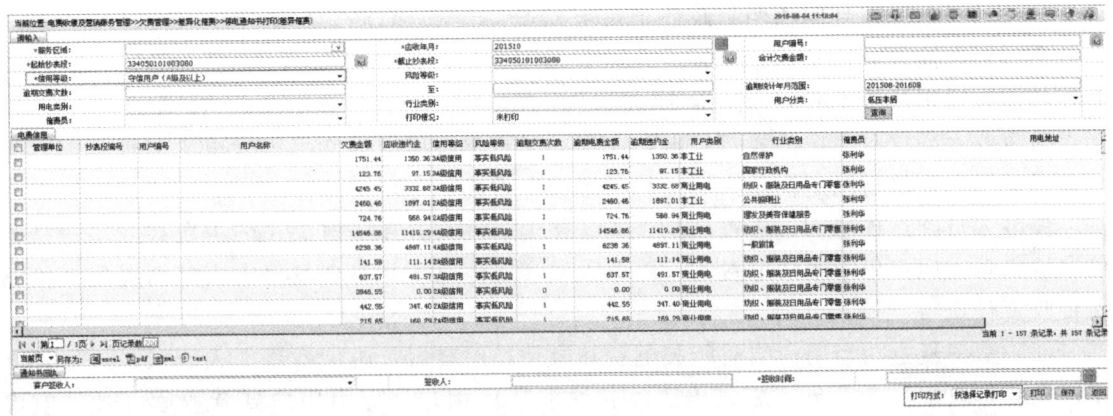

图 4-13 欠费停电通知书打印界面

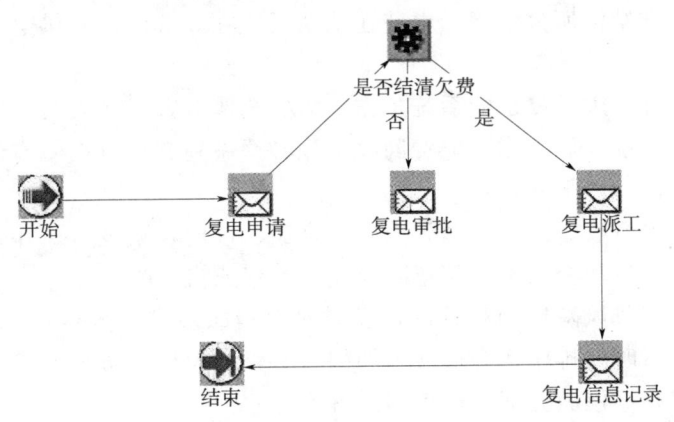

图 4-14 欠费复电流程图

2. 工作要求

(1) 欠费停电。对逾期未交清电费，且自逾期之日起计算超过 30 天，经催交仍未交清电费的用户可实施中止供电。逾期之日指约定交费截止日次日。催费责任班组应提前发起欠费停电申请。欠费停电流程经审批同意后方可实施停电。欠费停电管理流程图如图 B-1 所示，停电审批规定如下：

1) 低压用户由市公司营业及电费室主任、县公司业务管理室主任或供电所所长负责审批。

2) 10 (20) kV 高压用户由市、县公司用户服务中心主任负责审批。

3) 35kV 及以上高压用户由本单位分管领导负责审批。

4) 有重要负荷，停电后可能引起人身伤亡，发生重大设备事故和政治影响的重要（高危）用户，由市级供电企业负责人负责审批，并报送上一级电力管理部门和当地政府相关部门同意。

经审批同意后由催费责任人对停电用户发送欠费停电通知书，欠费停电通知应当至少提前 3~7 天送达。

欠费停电通知书在发出之前必须再次核实欠费，欠费停电通知书应由用户签收。对无法签收的通过公证或带回执的邮政公函送达。

实施停电前30min应再通知用户一次，方可实施停电。对重要（高危）用户中断供电时，还应在规定的停电时间到达前15min再次发出警告。

对重要（高危）用户的欠费停电，应当同时将欠费停电通知书抄送电力管理部门、当地政府备案，在最后限定期限内用户仍不缴清电费的，方可实施停电。

停电人员到达现场后，应查勘是否具备停电条件，并在停电操作前再次核对用户是否已缴清欠费。用户仍未缴清电费的，停电人员实施停电，并将现场停电实施情况反馈给电费催收责任班组。

（2）费清复电。当用户结清所欠电费和电费违约金后，由催费责任人确认，经班长审批同意后，通知复电人员实施复电手续。对非居民用户，应由用户到营业厅办理复电申请，营业受理人员收取复电费后，方可恢复供电。对存在电费风险的用户须要求用户办理相关的电费风险防范措施。

欠费停电用户在结清所欠电费和电费违约金后应在24h内恢复供电。

3. 注意事项

电费回收是一件严肃且复杂的系统工作，需要全体电力工作人员以审慎的态度严格按照抄核收相关工作标准开展工作，电费回收工作必须做到有章可循、有法可依，电费回收日常开展工作需要注意以下几点：

（1）严格执行电费收缴制度。做到准确、全额、按期收缴电费，并开具电费发票或相应收费凭证。任何单位和个人不得随意减免应收电费或搭车收费。

（2）加强电费回收风险控制和管理，及时对电费账龄进行分析排查。在收取电费时，按照发生欠费的先后时间排序，先追缴早期的欠费，最大程度防范电费回收风险。追缴欠费的过程中，应保存好催缴凭证，避免超过诉讼时效。

（3）确保电费资金安全。电费核算与收费岗位应分别设置，不得兼岗。收费人员不得以任何借口挪用、截留电费资金。收费网点应安装监控和报警系统，实现收费作业全过程实时监控。

（4）电费发行后，电量电费信息应及时以通知单（账单）或短信、微信、电子邮件等方式告知用户，并提供电话或网络等查询服务。鼓励用户以电子的方式获取电量电费信息，实施前应得到用户确认。使用纸质通知单时，应在电费发行后五天内送达用户。

（5）电费收取必须做到日结日清。收取的现金及支票应当日解缴银行并落实保安措施，确保解款资金安全。当日解款后收取的现金及支票按财务制度存入专用保险箱，与次日收取资金一并解交银行。银行进账回单、解款清单及时移交账务管理部门。

（6）委托金融机构、第三方机构代收电费，须签订代收电费合作协议。协议内容应包括代收方式、对账方式、手续费标准、资金到账时间、违约责任等条款。

（7）采用特约委托方式收取电费，供电企业、用电用户、银行应签订协议，明确各方的权利义务。协议内容应包括用户编号、用户名称、托收单位名称、地址、托收银行账号、托收协议号、收款银行、扣款时间、用户服务条款及违约责任等。

(8) 采用自助终端收费方式时，应每日对自助交费终端收取的现金进行日终解款，每日对银行卡在自助终端交费的数据进行对账并及时处理单边账。用户在自助终端交费成功后应向其提供交费凭证。

(9) 电费充值卡销售必须日结日清，对当日电费充值卡的销售数量、销售金额、未售数量核对一致后，销售资金解入指定的电费专户。当日解款后收取的销售资金与次日销售资金一并解交银行，并编制日报表。电费充值卡销售应开具货物销售的机打发票，发票内容为"电费充值"，销售时未开发票的事后可以补开发票。电费充值卡抵扣电费的金额不再开具电费发票。

(10) 采用远程预付费控业务方式，应根据平等自愿原则，与用户协商签订协议。条款中应包括电费测算规则、测算频度、预警阈值、停电阈值、预警、取消预警及通知方式、停电、复电及通知方式、通知方式变更、有关责任及免责条款等内容。

(11) 采用（预）购电交费方式，应与用户签订（预）购电协议，明确双方权利和义务。协议内容应包括购电方式、预警方式、跳闸方式、联系方式、违约责任等。

(12) 用电用户发生欠费时，应按规定的程序催缴。

1）电费催缴通知书、停电通知书应由专人审核、专档管理。

2）严格按照国家规定的程序对欠费用户实施停电措施。停电通知书须按规定履行审批程序，在停电前3～7天内送达用户，可采取用户签收、带回执的邮政函件或公证等方式送达。对重要用户的停电，应将停电通知书报送同级电力管理部门。在停电前30min，将停电时间再通知用户一次，方可在通知规定时间实施停电。

(13) 对具备远程费控条件的用户，欠费停复电应优先采用远程费控操作。

1）当远程费控用户达到停电阈值时，发起停电流程。逐户对停电用户进行确认，经审批后按规定的程序实施远程停电。

2）当欠费结清后，发起复电流程。居民用户应在24h内完成，非居民用户应在3天内完成复电。对无法进行远程复电的，应现场复电。

3）重要用户或带有重要负荷的用户，不得纳入远程费控应用范围。

(14) 实施多元化交费。统筹考虑本地区特点和用户群体差异，巩固和发展银行代收、代扣交费模式，加大电子化及社会化交费推广力度。交费渠道新建、撤销应办理相关的审批手续。各市、县级供电企业增（删）委托金融机构、第三方机构等代收电费缴费渠道时，应向省公司营销部提出书面申请，待审核同意后方可实施。

(15) 应定期开展电费回收及风险分析，主要内容包括欠费结构、重大欠费用户、高风险行业、风险防范措施及成效等方面。

(16) 全面落实电费回收工作责任制，建立各级电费回收工作质量考核和激励制度，采用"日实时监控、月跟踪分析、季监督通报、年考核兑现"等方式，对电费回收率、应收电费余额等指标进行考核，确保电费按时全额回收。

(17) 各地（市）、县公司应建立电费管理专项资金，用于电费管理奖励，对电费回收成效显著，发现或制止重大电费差错发生和电费计算重大缺陷，及时预防或处置重大电费回收风险的情况等进行奖励。

4.3 工作质量管控

4.3.1 电费回收质量指标管控

根据 2016 年国网同业对标体系,电费回收考核指标主要有"电费及自备电厂收费月均水平"和"互联网＋电力营销"应用成效。

1. 电费及自备电厂收费月均水平

电费及自备电厂收费主要是对目标单位电费及自备电厂收费水平的综合考量,对规定统计周期及时间节点内目标单位的整体电费回收水平已量化的方式进行考量,体现的是目标单位整个电费回收过程中的质量管控效果和力度。

(1)统计算法。电费及自备电厂收费月均水平＝Σ统计期内各月[(1－未收电费金额/当月应收电费金额)×100％×0.7＋(1－在途电费金额/当月应收电费金额)×100％×0.1＋(1－自备电厂系统备用费和政府性基金未收金额/当月应收系统备用费和政府性基金金额)×100％×0.1]/统计期止月份＋(新增低压居民用户通过公司自有线上渠道交费购电金额/新增低压居民用户交费购电金额)×100％×0.1。

1)未收电费金额,指截至统计时点在营销系统显示仍未回收的电费金额(含往月旧欠和往年陈欠)。

2)当月应收电费金额,指当月发行的应收电费金额。

3)在途电费金额,指截至统计时点,在营销系统登记实收,但资金未达账,尚属在途的电费金额;收取支票、汇票等,营销系统登记实收,并且资金已达账,但未在营销系统完成到账确认(二次销根)的电费,视为在途。

4)自备电厂系统备用费和政府性基金未收金额,指截至统计时点仍未回收的系统备用费和基金金额。

5)当月应收系统备用费和政府性基金金额,指当月统计的应收自备电厂系统备用费和政府性基金金额。

6)公司自有线上渠道包括掌上电力 App、95598 网站、电 e 宝;新增低压居民用户指在营销业务应用系统完成归档的新报装低压居民用户。

(2)目标及要求。

1)(1－未收电费金额/当月应收电费金额)×100％×0.7。考核的是目标单位的电费回收率,要求目标单位在统计周期内加大电费催收力度,切实加强回收管控,及时回收陈欠电费,确保不发生大额欠费,在节点时间前完成本单位的电费回收工作,0.7 指的是电费回收率占整个指标考核的权重为 70％,体现出电费回收率在整个指标管控中的重要地位。

2)(1－在途电费金额/当月应收电费金额)×100％×0.1。考核的是目标单位的在途电费管理水平,要求目标单位加强在途电费的管控水平,对在途电费及时进行跟踪管理,第一时间完成电费的二次销账,保证电费及时能够颗粒归仓,并在一定程度上防止考核单位弄虚作假,在电费没有实际收回的情况下进行一次销账,0.1 指的是在途电费管理水平占指标考核权重为10%。

3)（1－自备电厂系统备用费和政府性基金未收金额/当月应收系统备用费和政府性基金金额）×100%×0.1。考核的是自备电厂收费水平，要求目标单位严格按照要求在规定时间内对辖区内自备电厂系统备用费和政府性基金进行回收，0.1指的是在途电费管理水平占指标考核权重为10%。

4)（新增低压居民用户通过公司自有线上渠道交费购电金额/新增低压居民用户交费购电金额）×100%×0.1。考核的是目标单位新增低压居民用户通过公司自有线上渠道交费比例，要求目标单位在受理新增低压居民用户时加强公司自有线上渠道的推广力度，切实有效提高自有线上渠道的市场占有率，0.1指的是在途电费管理水平占指标考核权重为10%。

该指标要达到99%以上。

（3）管控措施。电费及自备电厂收费月均水平管控需要针对计算公式中涉及指标进行相应管控，主要注意以下几点：

1）加强电费回收考核力度，提高电费回收人员业务水平，加强电费催收力度，采取多维度有效措施防止发生较大欠费，在考核期内完成电费回收工作。

2）自备电厂系统备用费和政府性基金按照正常电费进行催收考核，确保按时完成回收。

3）加强在途电费监控力度，对在途电费做好管控，对截止日前的电费采取直接转账至电费专户的方式进行缴费，避免在途电费超期影响指标。

4）严格按照要求对新增低压居民用户进行自有线上渠道缴费渗透，加强市场推广，有效提升市场占有率，制定相应考核目标及奖励机制，促进完成相关推广。

2."互联网＋电力营销"应用成效

"互联网＋电力营销"应用成效主要考量目标单位居民电子账单应用推广情况及电子服务渠道的渗透情况，以量化的方式体现考核目标单位新型电费回收方式的实际应用情况。

（1）统计算法。"互联网＋电力营销"应用成效＝居民电子账单应用率×0.5＋电子渠道渗透率×0.5。

1）居民电子账单应用率＝（短信电费通知订阅居民户数+线上电子账单订阅居民户数）/居民总户数。

线上渠道包括：微信、掌上电力App、95598网站、支付宝服务窗；账单订阅成功但无成功发送记录的视为无效订阅；线上渠道重复订阅的做去重处理；用户主动退订的在订阅户数中扣除；零电量用户不计入考核。

2）电子渠道渗透率＝电子渠道业务办理数/业务办理总数×100%。

业务办理总数＝低压居民新装数+低压非居民新装数+高压新装数+低压居民峰谷表受理数（异常终止流程不计入业务办理总数）。电子渠道包括：掌上电力App、95598网站。

（2）目标及要求。居民电子账单应用率年度考核目标值为70%，达到目标值按100%计，未达目标时，每降低1%，减指标分值的5%。

电子渠道渗透率年度考核目标值为 15%，达到目标值，按 100% 计；未达到目标值的，每低于目标值 1%，减指标分值 10%。

（3）管控措施。"互联网＋电力营销"应用成效主要在于提高居民用户短信订阅率和加强电子渠道推广，需要注意以下几点：

1）加强居民用户的信息核实，确保居民用户都能及时正确订阅电费短信，电费回收人员应主动及时采集联系方式等信息，经用户同意后主动订阅。

2）加强电子渠道推广力度，强化营销服务人员互联网＋意识，主动推广相关电子渠道，着重对掌上电力 App 进行推广，引有效导客户使用相关功能。

4.3.2 电费回收质量预警管控

（1）欠费结清 24h 内未复电客户预警管控见表 4-1。

表 4-1　　　　　　　　欠费结清 24h 内未复电客户

主题名称	欠费结清 24h 内未复电客户	
抽取规则	欠费结清用户但未复电客户，每条数据记录欠费结清时间	
预警阈值	一级预警	—
	二级预警	
	三级预警	

（2）已经发起欠费停电流程，未执行停电的客户预警管控见表 4-2。

表 4-2　　　　　已经发起欠费停电流程，未执行停电的客户

主题名称	已经发起欠费停电流程，未执行停电的客户	
抽取规则	已经发起欠费停电流程，未执行停电的客户	
预警阈值	一级预警	—
	二级预警	
	三级预警	

（3）已欠费停电客户，但有电量产生的用户预警管控见表 4-3。

表 4-3　　　　　　　已欠费停电客户，但有电量产生的用户

主题名称	已欠费停电客户，但有电量产生的用户	
抽取规则	已欠费停电客户，但有电量产生的用户	
预警阈值	一级预警	—
	二级预警	
	三级预警	

（4）各单位欠费超过 10 万用户清单见表 4-4。

表 4-4　　　　　　　　　　各单位欠费超过 10 万用户清单

主题名称	各单位欠费超过 10 万用户清单	
抽取规则	各单位欠费超过 10 万用户清单	
预警阈值	一级预警	—
	二级预警	—
	三级预警	—

（5）催费员月度电费回收分析见表 4-5。

表 4-5　　　　　　　　　　催费员月度电费回收分析

主题名称	催费员月度电费回收分析	
抽取规则	（1）单位：①管理单位内当月发行电费用户；②管理单位内当月已发行电费用户，已结清电费用户；③管理单位内当月已发行电费用户，未结清电费用户。 （2）班组：①班组负责催缴的当月发行电费用户；②班组负责催缴的当月发行电费用户，且已结清电费用户；③班组负责催缴的当月发行电费用户，且未结清电费用户。 （3）个人：①个人负责催费，当月发行电费的用户；②个人负责催费，当月发行电费的用户，且已结清电费用户；③个人负责催费，当月发行电费的用户，且未结清电费用户	
预警阈值	一级预警	—
	二级预警	—
	三级预警	—

（6）电费回收率预警管控见表 4-6。

表 4-6　　　　　　　　　　　电 费 回 收 率

主题名称	电费回收率	
抽取规则	（1）单位：①管理单位内当月发行电费用户；②管理单位内当月已发行电费用户，已结清电费用户；③管理单位内当月已发行电费用户，未结清电费用户。 （2）班组：①班组负责催缴的当月发行电费用户；②班组负责催缴的当月发行电费用户，且已结清电费用户；③班组负责催缴的当月发行电费用户，且未结清电费用户。 （3）个人：①个人负责催费，当月发行电费的用户；②个人负责催费，当月发行电费的用户，且已结清电费用户；③个人负责催费，当月发行电费的用户，且未结清电费用户	
预警阈值	一级预警	—
	二级预警	—
	三级预警	—

4.4　常见问题的分析及处理

4.4.1　用户原因造成的电费实收异常

因用户原因造成的电费实收异常，应按照依法合规、方便用户、快速响应的原则及时进行处理，有效降低服务风险。

【案例1】

用户楼某用电户号为 4400000001，2015 年 5 月 21 日在自助缴款机缴纳了 500 元电费，但在 5 月 22 日仍收到催费短信，用户拨打"95598"投诉。

问题分析：

在营销系统内检查户号为 4400000001 的用户 5 月 21 日并没有交费记录。经与用户联系，在用户提供的交费凭证上发现缴纳的用户户号为 4400000002，营销系统中也有 4400000002 在 5 月 21 日缴纳的 500 元电费的缴纳记录，500 元作为预收电费。是用户楼某在自助缴款机操作时输错户号。

处理方法：

（1）供电部门工作人员首先根据用户楼某的缴款凭证与户号为 4400000002 的用户王某取得了联系，用户王某同意后填写预收电费互转申请单，将 500 元电费转入 4400000001 用户。

（2）在自助缴款机醒目处提醒用户交款时注意核对户名和户号，确认无误后再实施缴款步骤。

（3）若 500 元已被 4400000002 用户抵扣电费，可调解用户王某支付楼某现金 500 元或为楼某缴存 500 元电费等方式解决。

（4）4400000002 用户若无意归还错交电费，只能建议 4400000001 用户走司法途径解决。

4.4.2 供电企业原因造成的电费实收异常

因工作人员原因造成的电费异常，应由引发异常的责任班组发起修订流程，经电费复核后，按照金额逐级审批，并在应收电费关帐日前处理完毕。

【案例2】

定量定比用户李某在查看电费通知单时发现本月实际表计走度为 130kW·h，但实际结算时发现收取 130kW·h 居民生活用电时还被收取 130kW·h 一般工商业用电，致电电力部门反映情况。

问题分析：

工作人员确认该用户由于定量定比设置时将级数设置错误，导致虚增电量 130kW·h，实际该用户应设置 200kW·h 居民生活用电，一般工商业包底。

处理方法：

（1）工作人员应走改类流程将级数设置正确。

（2）发起退补流程将多收的 130kW·h 工商业电费进行退补。

（3）在完成电费退补后及时告知用户，向用户说明情况并致歉请求用户谅解。

【案例3】

用户 4400067566 刘某，2014 年 12 月 1 日表计轮换，施工人员将表计接反，直到 2016 年 5 月供电所发现后将接线改正确，当时未对电量进行补收，7 月上级部门对反向电量异常用户下发稽查工单，7 月 18 日供电所对现场表计进行故障更换，7 月 26 日退补反向电量 4236kW·h，其中阶梯一电量 2040kW·h，阶梯二电量 95kW·h，因为差错年月选择在 2016 年，将本年度阶梯电量全部用完，造成多收用户电费。

问题分析：

(1) 施工人员没有严格按照要求进行表计轮换，表计安装完成后未及时进行检查。

(2) 抄表收费人员未对异常电量用户进行核查，周期核抄时也没有对连续多月 0 电量用户引起重视。

(3) 在走退补流程时应将差错年月选择在差错发生年月，不能随意，如此用户差错年月应选择 2015 年，避免多收用户阶梯电费，或占用今年的阶梯电价额度。

处理方法：

(1) 重新对用户电费进行退补，差错年月选择在 2015 年，系统自动退还多收用户阶梯电费转为预收，由用户选择是否将预收电费转出。

(2) 因电力部门原因造成多收用户电费向用户表示道歉。

【案例 4】

户号 4404152758 用户于 2016 年 1 月 29 日办理"一户一表"用电业务，采用预付费方式缴费，预交电费 4000 元。2016 年 3 月因用户要求停止预付费方式缴费，扣除 2 月、3 月两个月电费后余额退返给用户。7 月 26 日系统发起退费流程，退还预收电费，系统重新对 4—6 月电费进行补扣，7 月 26 日同时发起减免违约金流程，因未对流程进行跟踪导致审批不够及时，系统在减免完成前批扣回用户电费，收取 4—6 月违约金。

问题分析：

(1) 对发起的违约金流程没有进行跟踪处理，导致收费前未完成违约金减免。

(2) 对已经进入营销系统的电费或者业务费，在进行退费时必须在营销系统中发起退费流程，不能仅凭纸质退费审批单进行退费。此次退费中实际在 3 月已经将预收电费退还给用户，但在营销系统中没有发起退费流程，导致系统正常使用预收电费进行抵扣，直到 7 月有用户反映才发现问题。

处理方法：

(1) 退还多收用户违约金并向用户致歉。

(2) 加强流程管控，避免因流程冲突出现差错，影响到供电企业的形象。

4.4.3 合作单位原因造成的电费实收异常

银行未能按时反馈批扣、托收、集中代收付信息等情况，应及时联系相关银行及省公司系统运维部门进行处理，同时应及时通知相关电费催收责任部门。

【案例 5】

用户赵某电费违约金日算为次月 1 日，31 日当天用户将电费足额存至代扣银行卡内，因银行系统故障 31 日当天未能对电费进行批扣，1 日进行批扣时产生一天电费违约金。

问题分析：

银行系统原因导致未能按期扣回电费，产生违约金。

处理方法：

根据抄核收工作规范用户采用银行代扣电费，因系统或银行方原因延缓扣款，产生的电费违约金，应该免收违约金，工作人员在确认用户赵某应系统扣款原因多收一天电费违约金后应及时发起违约金减免流程。

在违约金减免完成后与用户沟通并请求用户谅解。

第5章 电 费 账 务

供电企业的电费账务工作涉及每一个用户，作为电力营销工作的组成部分，和其他各项营销工作一样，自然而然地受到了来自市场经济的挑战，其水平与质量高低直接影响经济效益。随着社会经济发展，用户和用电量的增长，对电费资金安全性、账务准确性、流程严密性的要求日益增加。账务处理要求制度健全，操作方便，严格按制度执行，不打折扣。电费账务管理的合理性，直接关系着电力企业供电服务质量的优劣，对企业健康发展有直接影响。

5.1 基 本 知 识

电费账务是电费抄核收工作中的重要组成部分，是确保电费资金安全的关键环节。账务处理具有时效性，及时、规范、准确的账务处理，是为了更好地服务于经营管理。加强电费账务时效、规范管理，确保营销账务与业务信息、银行资金信息的同步性，确保账务数据真实准确，电费账务全面完整，清晰明了，为电费账务指标分析工作提供了真实可靠的信息资源。加强电费账务管理分析，及时掌握每月的电费实收情况、资金流量、各种收费类型、资金到位等情况，动态掌握电费回收和资金的构成，能为电费资金管理提供依据。

5.1.1 电费账务处理方式

电费账务处理工作从最为原始的手工记账转变到电费账单录入营销业务应用系统后的电费账务集约化处理，目前在专业化管理水平的不断提高的前提下，实现了业务信息、账务、报表集成的营财一体化账务处理方式。

1. 手工记账方式

手工记账是供电部门最为原始的电费务记账方式，对电费凭证、账单票据等进行统计管理。这种处理方式需要收费人员与电费账务管理人员以及银行进行合作，其缺点主要表现为人工记账的准确性不高、时效性差，监管和查账十分困难，电费账务处理低效。

2. 电费账务集约化处理方式

电费账务集约化处理是将电费应收、实收、预收等电费相关的明细账处理纳入营销业务应用系统，由系统根据营销部门收取的电费信息进行归集，随后生成应收、实收报表传递给财务部门，再由财务人员根据营销提供的原始凭证、报表进行财务科目编制等具体财务管理。

相对于原始的手工记账，电费账务集约化处理在电费应收、实收方面做到了营销和财务有机衔接，有效提高了电费账务管理效率及准确性。但是，财务管理系统与营销业务应用系统分属于两个不同的系统,由于原始凭证传递和凭证生成时间差,不能够实时反映电费资金状况;除电费应收、实收外,电费退费、业务费等方面也未能做到有效衔接。

3. 营财一体化账务处理方式

营财一体化账务处理方式是将营销日常业务通过账务信息、退费信息、报表的集成,实现财务与电力营销部门信息共享,为企业经营提供完善的分析、预测和决策支持的一种账务处理方式。

(1) 账务信息。营销账务信息包括电费和业务费信息,账务信息集成通过营销记账凭证制作、凭证发送等营销账务处理来完成。

1) 营销记账凭证制作。营销记账凭证制作是在营销业务应用系统建立会计科目体系,产生营销明细凭证和营销汇总凭证,营销汇总凭证与财务 ERP 系统进行交互。

a. 营销明细凭证制作。涉及资金的电费账务各环节,完成后按照记账规则生成记账明细凭证。

b. 营销汇总凭证制作。营销侧当天业务操作完成后,根据业务大类(应收凭证、实收凭证、银行流水凭证、业务费应收、业务费实收),生成汇总凭证。

2) 凭证发送。营销汇总凭证制作完成后,进行凭证审核发送,将凭证信息通过营财接口自动传递至财务。凭证发送后,财务 ERP 向营销业务应用系统反馈凭证传递结果和财务凭证编号。

(2) 退费信息。退费处理时在退费流程增加了"发送退费数据"环节,用于将退费数据发送至财务管控系统,财务退费完成后,将退费结果反馈给营销,只当财务反馈退费结果后,退费流程才能结束。

(3) 报表。账务报表可以通过"营财一体化>>账务报表界面直接查询"科目明细帐、科目汇总账,如图 5-1 所示,实现营销报表管理与财务管控系统的有效衔接,及时掌握每月的电费实收情况、资金流量、各种收费类型、资金到位等情况,动态掌握电费回收和资金的构成,为电费资金管理提供依据。

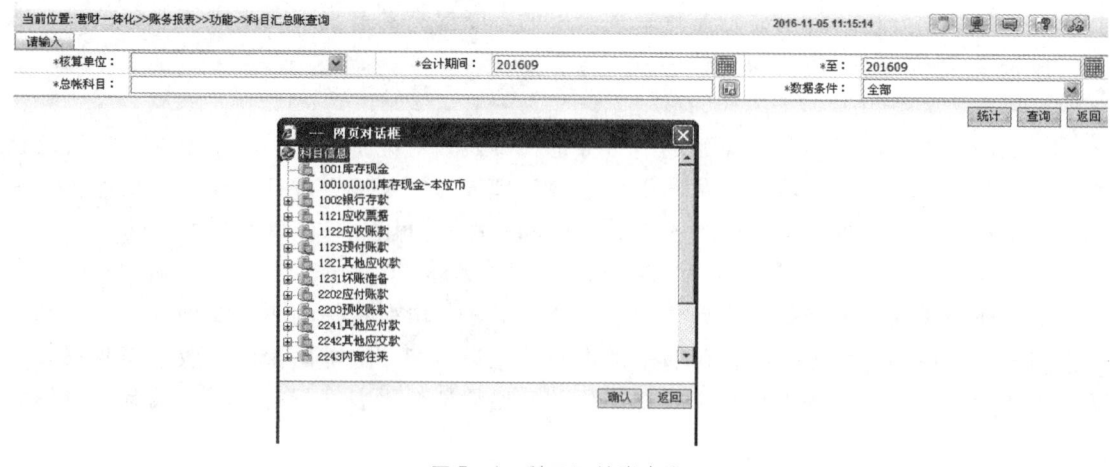

图 5-1 科目汇总账查询

5.1.2 电费账务处理主要工作内容

电费账务是在抄表核算收费之后所发生的一项工作内容,具体工作内容包括日常营销账务处理;开展金融机构及第三方委托代收业务,做好收费渠道管理工作;配合财务部门做好电费票据购置计划、领用、使用、库存及缴销工作;做好电费充值卡的领用、销售及库存管理工作。

1. 日常营销账务处理

日常营销账务处理是指营销会计事务中的日常业务记录工作,主要涉及应收账务处理、实收账务处理、预收管理、对账管理及二次销账工作。通过对日常营销账务的及时正确处理实现对电费资金的有效监管。依据《国家电网公司电费抄核收工作规范》,规范电费账务管理,按标准开展日常工作。

(1) 应收账务处理。应收账务处理就是对应收电费的账务处理。应收电费应设立台账,所有应收电费必须纳入营销业务应用系统管理。核算班核算员负责应收目录电费、各类代征费等明细数据的统计和审核。当月应收电费台账的登账工作必须在应收电费关账前完成。关账以后产生的应收电费记入次月的应收电费台账。应收电费关账后,核算员统计生成应收电费月报表,核对无误并签字、盖章后,交财务部门。

(2) 实收账务处理。实收账务处理就是对时收电费的账务处理。实收电费应设立台账,所有实收电费必须纳入营销业务应用系统管理。实收电费台账应登记实收电费金额、预收电费金额、违约金金额、收费方式、收费时间、收费人员等信息。

(3) 预收管理。预收管理包括分次划拨、费控预收等两个方面。

1) 分次划拨收费的客户,应签订分次划拨协议或者在供用电合同中明确分次划拨条款。按照双方协商一致原则签订分次划拨协议,在电费结算前作为预收电费入账,待电费发行时,自动冲抵预收款。

根据分次划拨协议约定的日期按时生成分次划拨计划,确保已生成分次划拨计划的供电单位、抄表段编号、划拨日、协议户数、协议笔数等信息无误。核对已生成分次划拨计划的总发行金额和总户数,核对无误后发行分次划拨计划。

2) 费控用户,先缴费后用电。供电企业应与其签订电费预付结算协议,并在营销业务应用系统中根据协议约定内容完成费控策略制定。针对费控用户预警时产生的计划结算电费,可以通过银行代扣、柜台缴费、自助终端缴费、充值卡缴费等方式进行缴费,所缴电费在预收余额里体现,待电费发行时,自动冲抵。

(4) 对账管理。对账管理是一项日常性工作。电费账务人员必须每日监控现金和支票交费情况,对银行交易情况进行核对确认,并在当交易双方对账不一致时进行核实处理。

1) 电费账务人员必须每日完成联网银行金融机构批量扣款、现金代收、一户通以及邮政村邮站、超市、有线电视、支付宝、移动支付等第三方机构代收电费数据的交易信息对账和确认。

2) 当交易双方对账不一致时,应与银行方及时进行核实,并按照双方业务规约约定进行单边账处理。

(5) 二次销账。银行对账确认后,由二次销账人员在营财一体化平台做资金确认,完成凭证制作。

2. 金融机构及第三方委托代收业务

开展金融机构及第三方委托代收业务是为了保障电费收缴业务的正常进行。

（1）委托金融机构或第三方代收电费的，供电企业应与其签订协议，明确双方的权利义务。协议内容应包括缴费信息传送内容、方式、时间、缴费数据核对要求、错账处理、资金清算、手续费标准、客户服务条款及违约责任等。

（2）采用特约委托方式收取电费的，供电企业、用电客户、银行应签订协议。协议内容应包括客户编号、客户名称、托收单位名称、地址、托收银行账号、托收协议号、收款银行、扣款时间、客户服务条款及违约责任等。

（3）电费账务人员按协议约定时间与银行方确认代收电费笔数并提交财务部门，财务部门在协议约定时限内完成电费代收手续费结算支付。

3. 收费渠道管理

收费渠道管理是为了保证电力机构收费、金融机构收费的正常进行，并通过一体化缴费平台进行日常管理。

（1）电力机构收费方式包括电力柜台收费、电力自助缴费（销售）终端、电费充值卡等。金融机构收费方式包括银行柜台、银行代扣、电子托收、网上银行、银行自助缴费终端、POS 机缴费等。

（2）电力柜台收费所需 PC 机、电力自助缴费终端需通过一体化缴费平台进行维护授权，绑定 IP 地址和 MAC 地址后允许进行日常缴费。

4. 票据使用

票据的使用是收费管理的重要环节，所提供票据是用户缴费的有效凭证。营销使用票据包括电费票据与业务费票据。

电费票据包括增值税专用发票、10 版普通发票，对预收电费开具收款收据。业务费票据包括增值税专用发票、增值税普通发票和冠名通用机打发票。

5. 电费充值卡

电费充值卡由供电企业统一发行，是低压电力客户抵缴现时或未来电费的一种交费方式。充值成功后，如果客户存在欠费，将直接冲抵；如果无欠费，将以预收电费形式存于客户户号下，待有电费产生时再进行冲抵。

5.2 工 作 实 施

5.2.1 收费账务处理

收费账务的及时准确处理对于提高电费账务的管理水平、提高电费回收率、降低电费回收风险有很大促进作用。包括手工销账的账务处理、自助缴费终端管理、业务费处理。

1. 手工销账的账务处理

手工销账的账务处理涉及营业厅收费、网银转账收费、倒缴资金收费的账务处理。

(1) 操作方法。

1) 营业厅收费人员收取电费时，通过"电费收缴及营销账务管理>>客户缴费管理>>功能>>坐收收费"进行收费销账，如图 5-2 所示。输入户号查询出需收费的用户，核对金额正确无误后做收费处理。

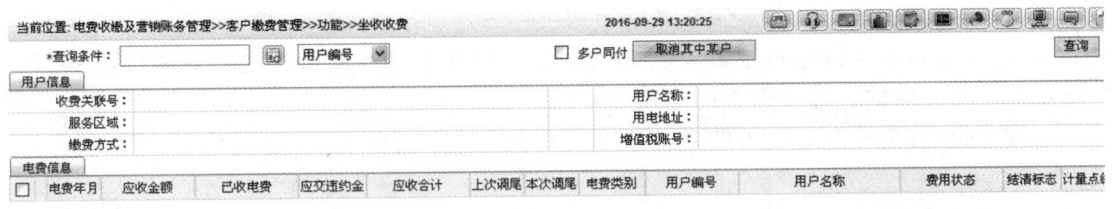

图 5-2 坐收收费

通过网银转账的，由一次销账人员核对用户信息，确认无误后根据转入金额在当天完成收费工作。

倒缴资金是银行入账在上月，收费在本月的电费。此种情况通常发生在月末最后一天，一次销账人员完成收费后，再次网银转入的电费。需由一次销账人员核对用户信息，确认无误后做收费处理。

2) 当日收费完毕后，营业厅收费人员应对当日收取现金和票据进行清点，并与营销业务应用系统实收信息核对一致。

3) 营业厅收费人员通过营销业务应用系统打印解款清单，并按银行规定机外填写解款单据，对现金和票据、解款清单、解款单据进行封包后移交营业厅当值值长，由当值值长在安保人员陪同下负责将封包送交解款银行，与解款银行当面交割解款资金，获取银行出具的现金缴款凭证、票据进帐回单。

4) 编制实收日结日清报表（按支票、现金等不同支付方式分列），附上银行现金缴款凭证、票据进账回单，在下一工作日移交账务班。对当天解款后发生的零星收费，可存入专用保险箱进行保管，并在次日一并解款。

(2) 工作要求。

1) 收费窗口设置图像监控、录音设备，用于记录收费业务过程，配置专业验钞设备、个人钱钞箱，用于当柜收取电费现金验钞、找零的临时存放保管。

2) 收取现金可以汇总填写一张现金缴款单，对支票应一张支票对应填写一张支票进账单。

3）保险箱存放现金资金应符合财务管理规定。

4）要求营业班做好每日收费统计，编制日结日清报表并存档管理。

（3）注意事项。

1）营销业务应用系统销账金额必须与实际向客户收取的金额一致。

2）电费资金需实行专户管理，收缴的电费不得存入其他银行账户。对系统信息与实际收取资金不一致的，应立即查明原因并处理。

3）收取现金需注意人民币的残损情况和检查人民币的真伪。

2. 自助缴费终端管理

自助缴费终端是指为电力客户提供现金缴费服务的自助服务终端。指定责任营业窗口负责自助缴费终端的日常运行管理和维护工作。

（1）操作方法。

1）每天在营业开始前检查自助缴费终端状态，是否正常运行。

2）在营业结束前需对终端设备当日所缴纳的现金及时清机取出存入指定银行。清机前由当值值长通过管理员工号登陆自助缴费终端控制台进行系统对账。对账过程中出现单边账时，对账人员应与营销业务应用系统核对，确认单边账记录，并通过自助交费终端进行单边账处理，待系统对账成功后方可继续清机操作。

3）清点完毕的资金按照柜台现金收费方式进行系统解款和封包处理，随同柜台现金一起解交指定银行电费专户，交款成功后需在营销系统中"自助缴费机解款"模块中完成解款。

（2）工作要求。

1）现金自助交费终端必须每日清机。

2）清机人员通过自助交费终端打印清机账单并锁屏，在监控下打开钱钞箱清点钱钞确定各面值钱钞张数与清机账单一致后重新装上钱钞空箱并解开屏锁。

3）当天解款后应由当值值长负责进行自助缴费终端的日切操作。日切后的交费记录纳入下一日对账批次。

（3）注意事项。

1）现金自助缴费终端每日可以多次清机，但每日只允许一次日切操作。

2）钱钞箱应在监控下打开并清点钱钞，各面值钱钞张数应与清机账单一致。

3）营业班应严格管理自助交费终端的登录账号密码、终端开箱钥匙。

4）自助缴费营业终端的钥匙要求外壳钥匙和钱箱钥匙分开保管，确保只有在保管外壳钥匙和钱箱钥匙的人都在现场时才能打开钱箱取钱。

3. 业务费处理

业务费是用户在办理营销业务时根据收费标准应该收取的费用。

（1）操作方法。

1）营业收费员可以在营销业务应用系统流程中业务费收费环节，如图5-3所示，记录结算方式、金额、发票号码，完成用户业务费收费。也可通过"电费收缴及营销账务管理》业务费缴费管理》功能》业务费坐收"界面，如图5-4所示，完成收费。对于直接收取的现金及支票等，结算方式应对应选择"现金""转账支票""进账单"等。

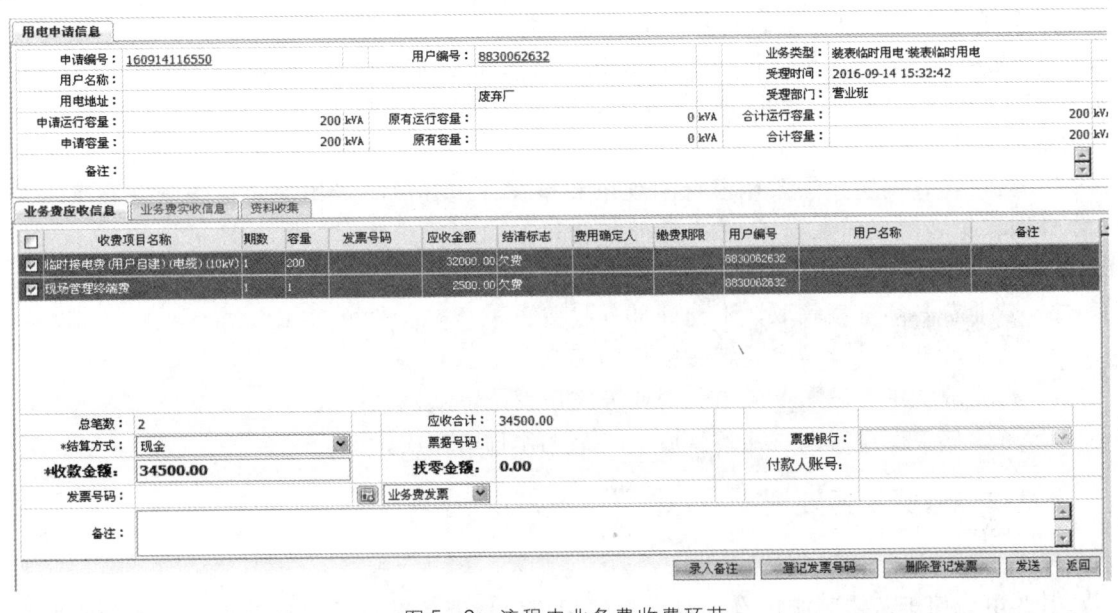

图5-3 流程中业务费收费环节

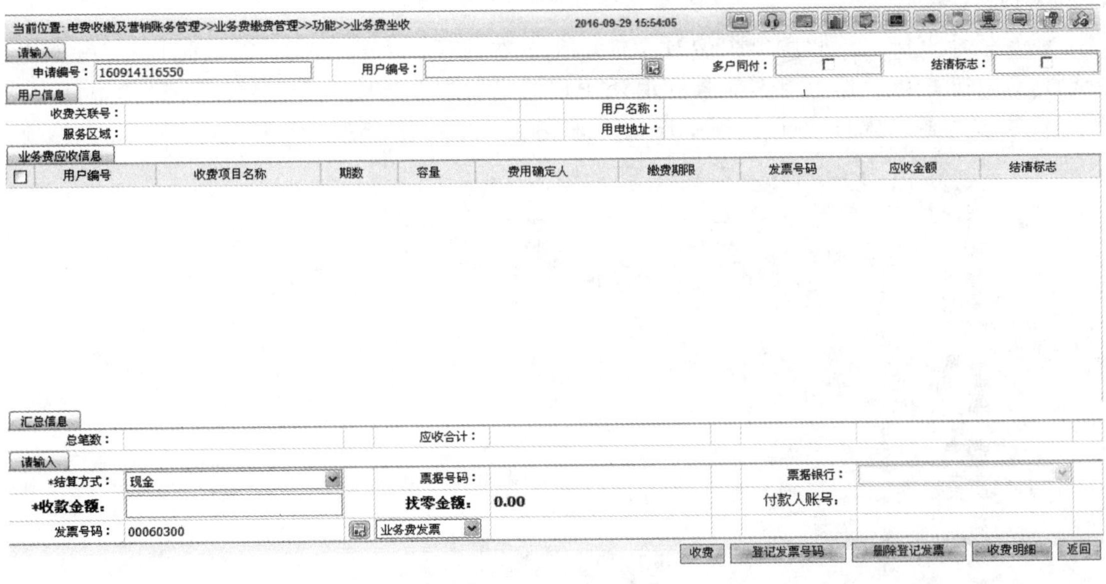

图5-4 业务费坐收

2）收费资金盘点完毕后，在营销业务应用系统解款并打印解款清单。

3）收费人员应将当天收取营业费款项解入指定银行账户。

（2）工作要求。

1）电费账务人员应对营业收费解款情况进行监督，对未及时解款情况督促处理。

2）电费账务人员必须每日对营业人员送交的营业收费日报表、解款单、进账单、发票记账联等纸质资料进行审核，完成解款核定操作。同时将营业班移交的营业收费日报表、解款清单、现金解款单、支票进账单等解款单据按解款日期整理后，编制营业收费汇总表加盖部门章，连同上述单据定期移交财务部门。

3）财务部门账务人员应按时从解款银行获取资金到账流水，与电费账务班移交资料进行核对，核对正确后生成并发送凭证，如有错误及时需通知解款核定人员核查处理。

（3）注意事项。

1）对于当日确实无法缴存银行的现金和票据，应存放于专用保险箱保管并在下一个工作日缴存银行，任何人员不得以任何名义和方式截留或转存。对每月末最后一个工作日，业务人员必须将收取的营业收费资金全部解缴银行。

2）营业费必须全额收取，不允许部分收费。

3）系统解款记录应与实际解缴银行的资金一致。

4）每张解款单、进账单应与营销业务应用系统解款记录一致。

5）解款核定操作需在收到解款后的三个工作日内完成。

5.2.2 退费账务处理

1. 退电费

退费申请用于营销系统内有预收金额的用户申请退还电费的业务处理，分退预收费和退负电费。

（1）操作方法。预收金额类型有4种：充值卡预收、电费预收（包括溢收）、电卡表、分期划拨，如果走了退负电费流程，退还用户的电费也在预收金额里显示。退费申请由账务人员通过"客户缴费管理>>退费申请"来完成，如图5-5所示。

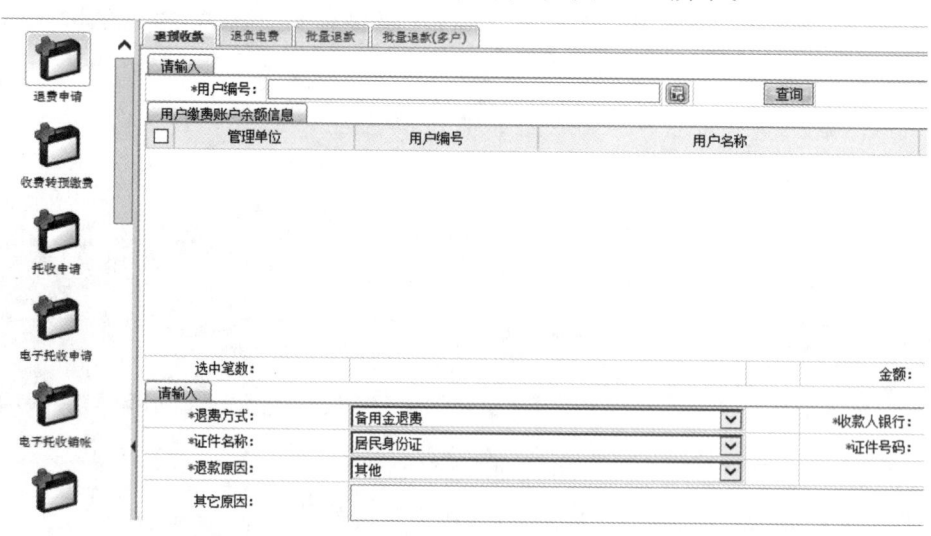

图 5-5 退费申请

（2）工作要求。

1）退预收电费，企业客户需要提供营业执照（盖章），负责人、经办人身份证明，申请报告，收款收据等，填写"电量电费退款（冲账）审批单"，同时填写财务费用报销单，提交权限部门审批。

个人客户需提供户主、经办人身份证明，申请报告，收款证明等，填写"电量电费退款（冲账）审批单"，同时填写财务费用报销单，提交权限部门审批。

2）在营销业务应用系统内走退费申请，按要求填写完成后流程会发送至财务，完成退费。

（3）注意事项。

1）营销业务应用系统内走退费申请，退费方式必须选择财务退费。

2）退费申请时需核实退款人的有效身份，审核退费相关资料，确认退费的合理性。

2. 退业务费

退业务费是在原收取营业费解款并已到账的情况下客户申请退费的行为。可退费种类包括符合规定的可退临时接电费、客户办理业务过程中终止退费以及校验鉴定结果不合格的申请校验费。

（1）操作方法。

1）退业务费申请由营业人员通过电费收缴及营销账务管理>>业务费缴费管理>>功能>>退业务费申请界面来完成实收业务费的退费申请，如图5-6所示。

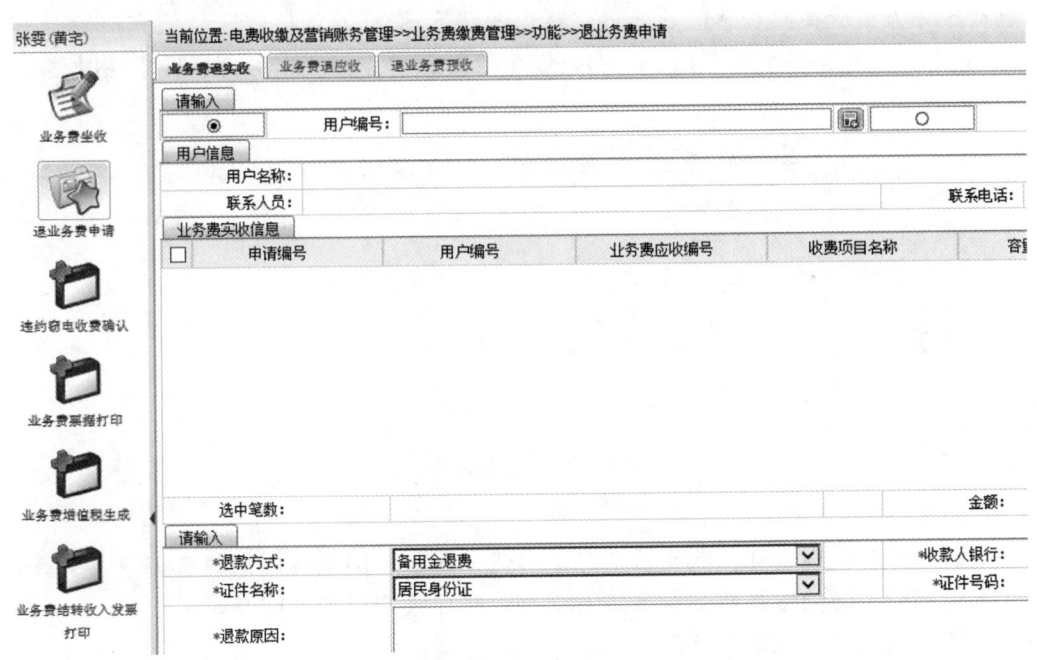

图5-6 退业务费申请

2）营业受理人员受理客户供电营业费退费申请，并在营销业务应用系统核实营业费收费记录，确认客户已交费后在系统中发起退费申请，录入退款方式和退费金额，同时填写财务费用报销单，提交权限部门审批。

（2）工作要求。

1）对临时用电客户按照合同约定销户，应按规定退还供电营业费。

2）退款方式可采用财务退费和备用金退费。对于自然人500元以下退费，可以通过营业窗口备用金方式进行退费；对采用备用金退费方式的退费申请，经审批同意后，由业务收费人员直接通过备用金支付方式退费；对采用财务退费方式的退费申请，经审批和审核无误后，由财务资产部执行退费。

3) 退费审核时财务资产部需查验原收费票据，不能提供原交费凭据的，提供原交费凭据复印件，同时对于非自然人退费应提供单位账户、账号、收款收据，自然人客户提供户主、经办人各自身份证复印件和个人收款收条。

（3）注意事项。

1) 业务受理人员受理客户退费申请时需核实退款人的有效身份，并审核退费相关资料，确认退费的合理性。

2) 非自然人的退费和自然人 500 元及以上的退费，必须以非现金方式支付。

3) 业务受理人员不得将收取的营业费用直接用于支付营业收费退费。

5.2.3 解款核定

解款核定工作是为了保证收费人员实际收取金额与银行缴存金额一致。

1. 操作方法

电费账务人员应在收费解款后通过"客户缴费管理〉〉解款核定"界面完成解款核定，如图 5-7 所示，并将现金解款单、支票进账单等解款单据按照财务部门要求及时移交。

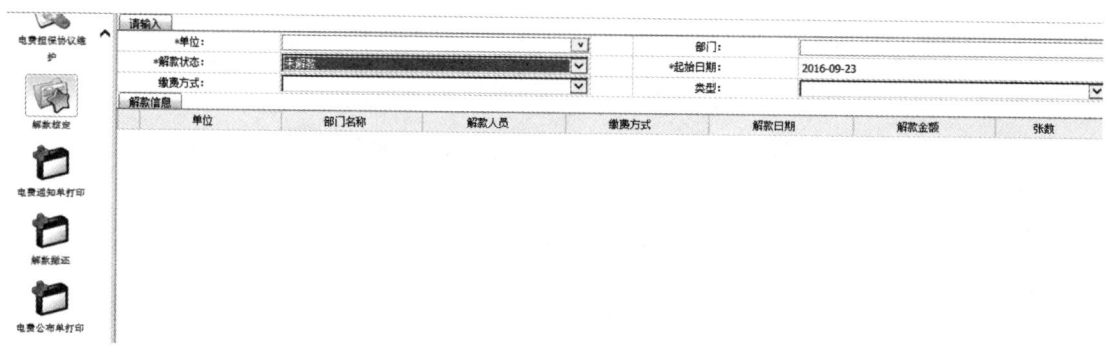

图 5-7 解款核定

2. 工作要求

（1）需每日监控现金和支票交费情况，对营销业务应用系统内的收费记录、解款记录和收费责任部门上缴的银行解款凭证进行稽核，督促收费责任部门及时解款。

（2）解款核定要求收费解款后 3 个工作日内完成。

3. 注意事项

核对系统解款日期和银行进账单日期，严禁虚假销账。

5.2.4 二次销账

二次销账工作使营销和财务做到了有效衔接，通过营销业务应用系统完成银行流水录入确认，再由营财一体化平台完成凭证制作、凭证发送，提高了电费账务和资金管理的水平和效率。

1. 操作方法

(1) 银行流水确认。银行流水确认分对账单录入、对账单确认两个界面，通过"电费缴费及营销账务管理〉〉营销账务管理〉〉功能〉〉对账单录入"界面，如图5-8所示，新增银行资金流水。新增资金流水完成后，在"电费缴费及营销账务管理〉〉营销账务管理〉〉功能〉〉对账单确认"中确定资金类别，并产生银行明细凭证，如图5-9所示。

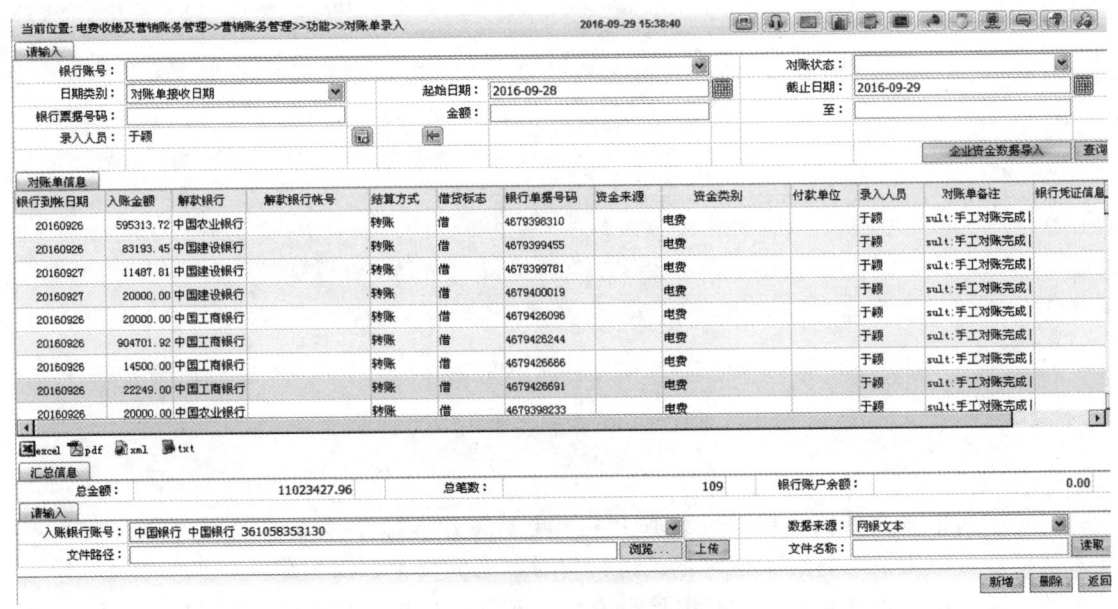

图5-8 对账单录入

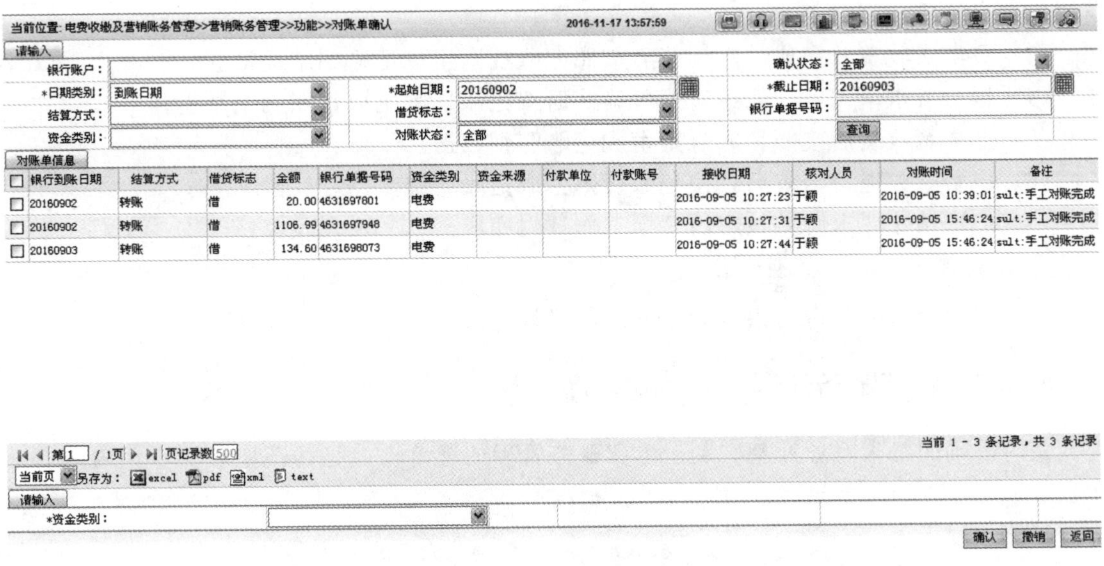

图5-9 对账单确认

(2) 凭证制作与发送。将录入的银行流水与营销的电费数据进行一一对应后，进入"营财一体化〉〉凭证管理〉〉汇总凭证制作"界面，如图5-10所示，查询后生成凭证，核实无误后完成审核和发送，将凭证传递至财务 ERP 系统。

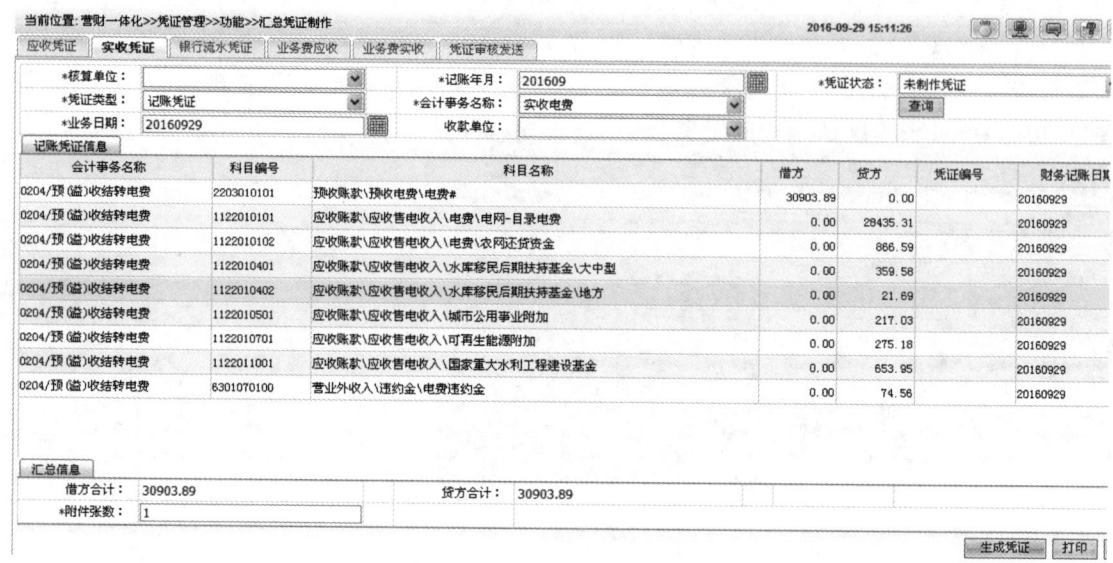

图 5-10　汇总凭证制作

2. 工作要求

（1）二次销账人员从解款银行获取上一天电费账户对账单流水或银行资金入账单据，导入营销业务应用系统与解款核定记录进行勾对，完成资金二次销账。

（2）通过用户类别在电费发行时区分趸售户和普通用户，对趸售用户的电费信息每天自动传递至财务，对普通用户的电费信息在生成凭证后，并凭证审核后，将凭证信息通过营财接口自动传递至财务。

（3）在电费收费并完成二次销账后按照记账规则生成记账明细凭证。

（4）银行流水录入后，完成对账单确认后按记账规则生成记账明细数据。

（5）业务费收费后按照记账规则生成记账明细数据。

（6）电费财务退费结束后，按记账规则生成记账明细数据。

（7）二次销账要求解款核定后 7 个工作日内完成。

3. 注意事项

需逐笔勾对营销收费与银行到账资金，严禁虚假销账。

5.2.5　月末账务处理

及时准确的月末账务处理有利于电费账务管理的规范性，是防范电费资金风险的有效手段。

1. 操作方法

每月编制应收电费余额调节表（表 5-1），预收电费余额调节表（表 5-2），对整个电费工作的质量进行监督和控制，加强资金的归集效率，确保资金的安全归集。

表 5-1　　　　　　　　　营销与财务系统应收电费余额调节表

应收电费余额核对			
SAP 系统月底累计余额		营销：本月止欠费	
		营销：累计一次已销二次未销	
		营销：超本月实收电费（下月电费，收费在本月）	
合计		营销：倒缴资金（收费在次月，二次销账在本月）	
差异			

打印日期：　　　　　　　　　　　　　　　　　部门盖章：

表 5-2　　　　　　　　　营销与财务系统预收余额调节表

预收余额核对				
预收类型	SAP 余额科目	营销：本月止预收	差异	原因
预收－客户				
预收－充值卡				
预收－电卡表				

打印日期：　　　　　　　　　　　　　　　　　部门盖章：

2．工作要求

（1）加强与财务部门协作，完善月末与财务部门的应收电费余额、预收余额的核对制度。

（2）对账工作一般在记账之后、结账之前进行。

（3）通过对账，应做到账证相符、账账相符、账实相符。

3．注意事项

（1）营销与财务系统应收电费余额、预收余额必须编制及时。

（2）如有差异需查明原因，编制余额调节表，核对无误后盖章确认。

5.2.6　银电联网账务处理

1．银电联网

（1）操作方法。账务人员每日通过"综合业务查询>>账务查询>>客户缴费管理>>银行批扣监控"（图 5-11）和"综合业务查询>>账务查询>>客户缴费管理>>文件日志查询"（图 5-12）监控联网银行批扣文件的发送及返回情况。

（2）工作要求。

1）根据约定的时间，按地区、银行查询批扣文件是否生成。

2）批扣文件没有按照约定时间生成的，电话联系银行和省公司系统运行维护人员查明原因，确实无法生成文件时，通知收费责任部门，做好客户解释工作。

图 5-11 银行批扣监控

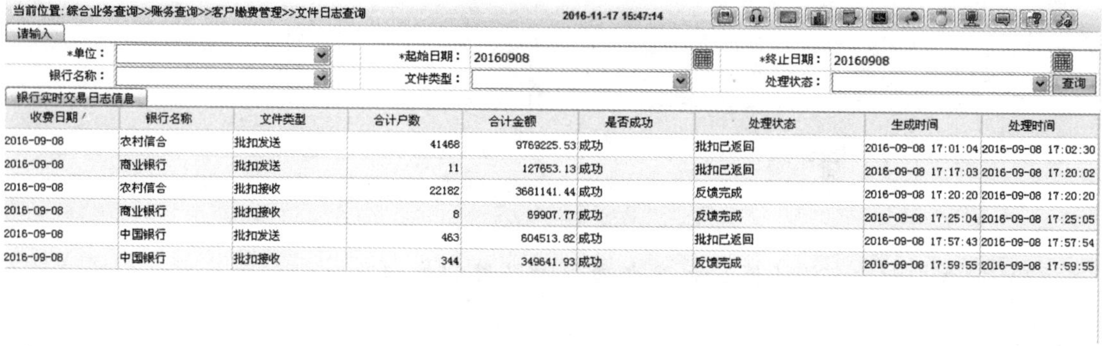

图 5-12 文件日志查询

3) 银行完成批扣，批扣文件未及时返回的，应电话联系银行和省公司系统运行维护人员查明原因，及时处理。

4) 特殊情况下，营销业务应用系统未按时生成批扣文件，导致银行无法自动获取批扣文件时，由账务人员通过"综合业务查询>>账务查询>>客户缴费管理>>银行批扣重取"界面，配合重新生成批扣文件，提供给银行重取。核实银行批扣重取信息，选择需重取的银行，进行银行批扣重取操作，并立即通知银行重新获取批扣数据包，跟踪确认银行是否成功获取批扣数据包。

5) 银行批扣数据获取成功，但未按时完成扣款，需进行银行批扣手工解锁。银行方已经扣款的，要求银行方立即重新返回数据。银行方未进行扣款的，由对账人员凭银行方的联系单等有效通知，选择正确的银行，及时进行银行批扣手工解锁。银行方已经扣款，但有特殊原因确实无法返回批扣数据的，应要求银行将所扣款项原路返回各扣款账户，再凭银行方的联系单等有效通知，选择正确的银行，及时进行银行批扣手工解锁。

(3) 注意事项。

1) 银行批扣重取操作必须慎重，避免重复获取批扣数据，导致批扣差错。

2）银行批扣手工解锁操作必须慎重，避免重复扣款。当发现银行批扣数据没有在约定的时间内返回时，立即联系银行，确定是否完成扣款操作。

银行方已经扣款的，要求银行方立即重新返回数据。银行方未进行扣款的，由对账人员凭银行方的联系单等有效通知，选择正确的银行，及时进行银行批扣手工解锁。银行方已经扣款，但有特殊原因确实无法返回批扣数据的，应要求银行将所扣款项原路返回各扣款账户，再凭银行方的联系单等有效通知，选择正确的银行，及时进行银行批扣手工解锁。

2. 交易信息确认

（1）操作方法。由账务人员通过"电费收缴及营销账务管理>>客户缴费管理>>功能>>银行对账确认"界面，如图5-13所示，分银行核对银行收费信息，与转入电费专户的金额保持一致后，进行确认。

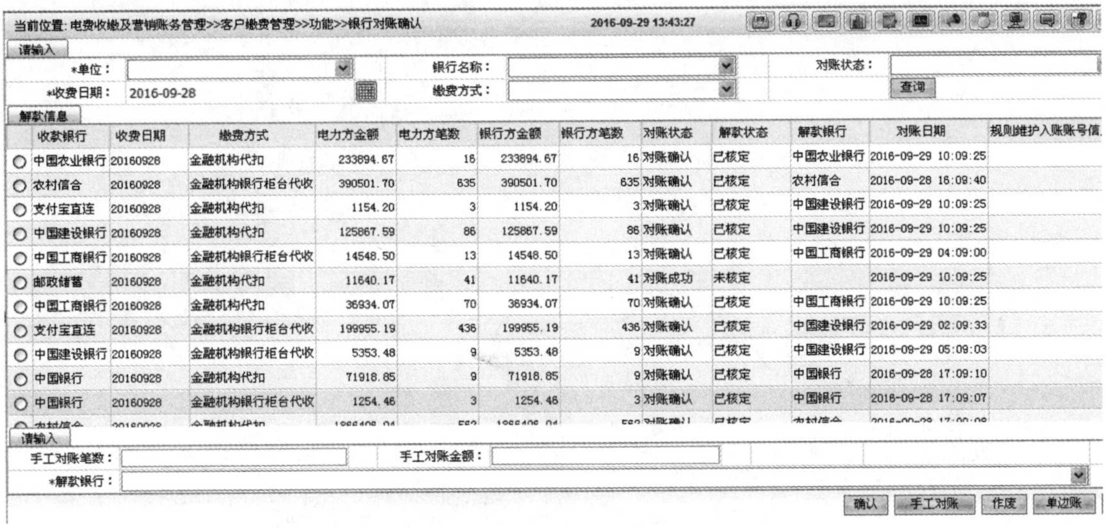

图5-13 银行对账确认

（2）工作要求。

1）当交易双方对账不一致时，应与银行方及时进行核实，并按照双方业务规约约定进行冲销或补记。

2）由银行方负责调账的，在调账后由银行方重新对账。由电力方负责调账的，电力方根据银行方提供的数据或调账联系单，进行补记或冲销处理。

3）对当日无法处理的电费单边账，由银电双方进行核实，发生银行方无法冲销或补记的单边账时，以银行方交易记录为准，由电费账务人员在营销业务应用系统中进行对应的错账冲销、补记处理。

（3）注意事项。

1）单边账处理必须以电费专户实际到账资金信息为依据，并根据银行出具的业务联系单或营销业务应用系统内的单边账明细信息进行操作。

2）将单边账处理情况及时通知催费责任部门，妥善处理因单边账而产生的违约金，做好后续的催费工作。

5.2.7 预收处理

1. 收费转预缴费

(1) 操作方法。收费人员解款后发现实收差错,可通过"电费收缴及营销账务管理〉〉客户缴费管理〉〉收费转预缴费"界面根据客户要求将已经收取的电费转为预交费,如图5-14所示。

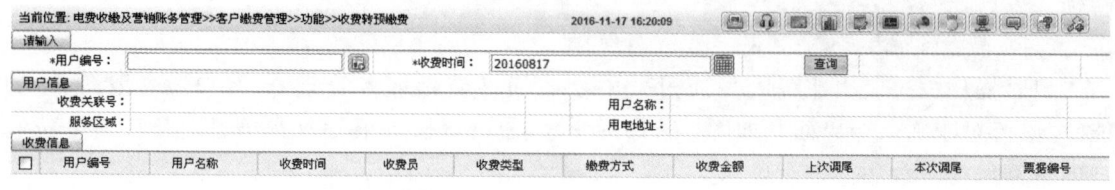

图 5-14 收费转预缴费

(2) 工作要求。

1) 确认收费转预交费的必要性。

2) 当发生实收差错,客户要求退费时必须先进行收费转预交费。

(3) 注意事项。

1) 收费转预交费操作必须在财务资产部门二次销账后方可进行。

2) 加强对收费转预交费的监督,定期开展检查。

2. 预收结转欠费及撤还

(1) 操作方法。用户当月电费出账后的预收款,确认预收电费已入账且无退费在途流程情况下可通过"电费收缴及营销账务管理〉〉营销账务管理〉〉预收结转欠费"界面,完成预收结转欠费操作,以抵欠费,如图5-15所示。

(2) 工作要求。

1) 客户存在电费欠费的情况下转入预收款,系统无法自动实时进行预收款抵充欠费,需在营销业务应用系统进行手工预收结转欠费操作。

2) 在预收结转欠费出现差错时,可通过预收结转撤还进行预收金额抵冲欠费还原。

(3) 注意事项。

1) 跨月的收费不允许预收结转撤还。

2) 确认预收结转欠费的必要性。

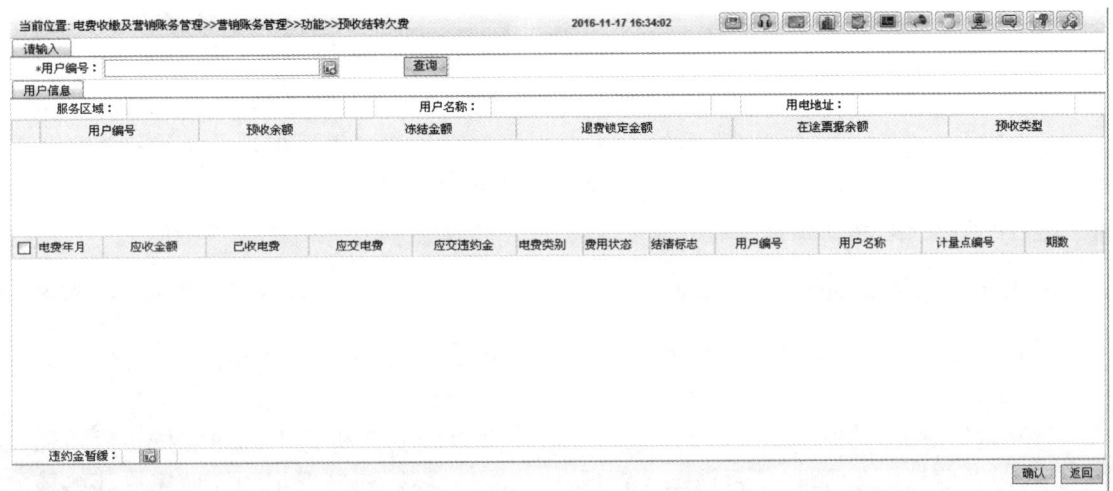

图 5-15 预收结转欠费

3）在预收结转欠费操作前，先确认预收电费已二次销账。

4）加强对预收结转撤还操作的监督管理，定期开展检查，规范收费业务，避免违章作业。

3. 不同用户预收结转

（1）操作方法。不同用户预收结转指将预收金额从一个客户转到另一个客户。可通过"电费收缴及营销账务管理>>营销账务管理>>不同用户预收互转"界面完成操作，如图5-16所示。

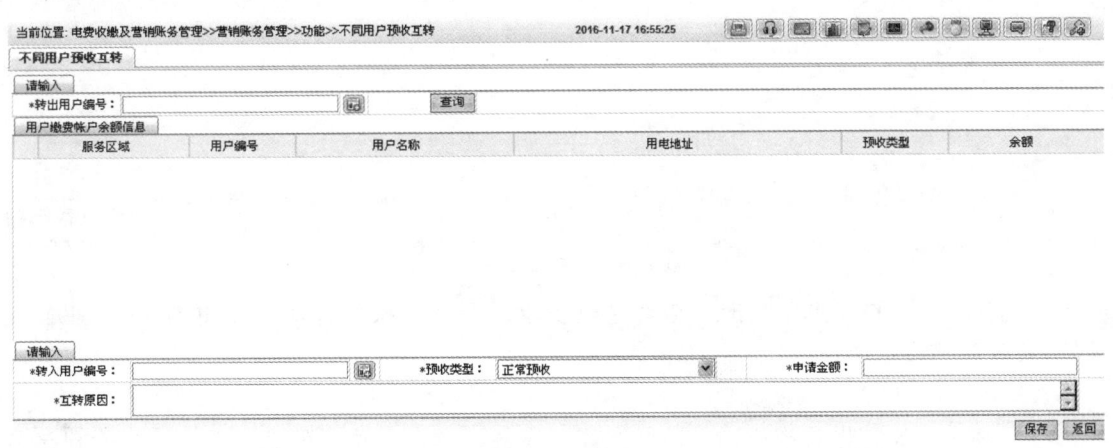

图 5-16 不同用户预收互转

（2）工作要求。

1）不同客户之间的预收电费结转，由转出客户或收费责任部门提出申请，填写《预收费结转申请单》，经审批同意后确认转出户无退费流程时进行结转。

2）在营销业务应用系统中录入结转申请信息并核对一致，发起流程。

（3）注意事项。

1）不同客户预收结转前，应确定互转是否必要，确定转入、转出客户之间的关联关系。

2)严格资金管理,确认资金已到账后方可进行预收结转操作。

3)发起申请流程时,录入信息要准确,申请结转金额不得大于转出客户的预收金额。

4)不同客户预收结转,必须由转出客户或收费责任部门提出申请,实行机外申请审批手续,审批同意后方可办理,并严格按照书面审批结果操作。

5)申请资料必须存档备查。

5.2.8 电费呆坏账

电费呆坏账是指无法收回或收回的可能性极小的应收电费。

1. 操作方法

(1)营销业务人员在取得上级部门的书面审批单和税务机关审批同意核销后,通过"电费收缴及营销账务管理>>营销账务管理>>功能>>坏账核销登记"界面完成坏账核销申请,如图5-17所示。

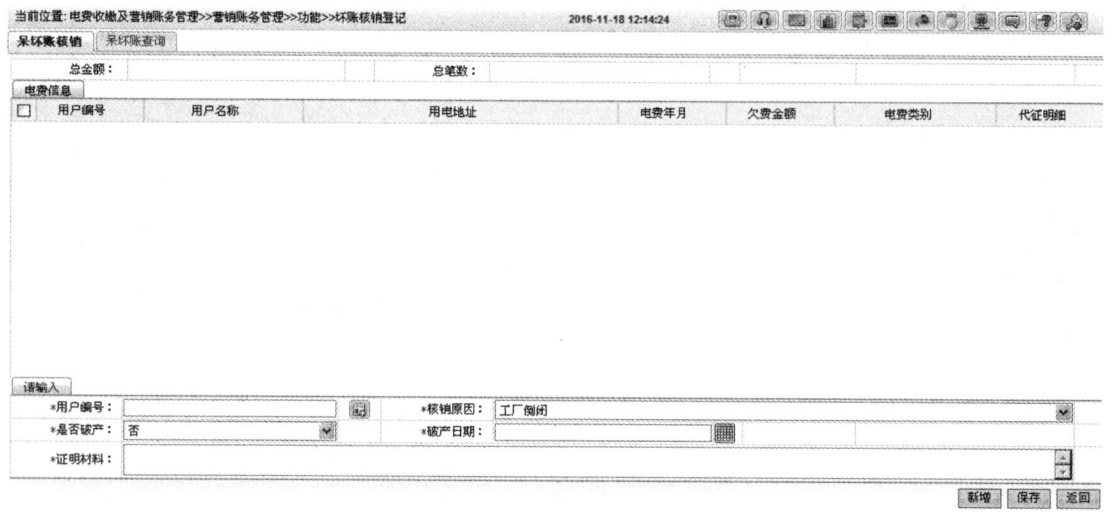

图5-17 坏账核销登记

(2)如回收已核销的电费时,应在"电费收缴及营销账务管理>>营销账务管理>>功能>>呆坏账回收"中登记回收,如图5-18所示。

2. 工作要求

(1)客户已经宣告破产或进入破产清算程序的,应取得法院的破产公告。客户已清算的,应取得清算报告及债权凭证,扣除以清算财产清偿的部分,对仍不能收回的应收电费,作为坏账损失予以核销。客户未清算的,应取得相关不能收回的证据资料,予以核销。

(2)客户因经营不善清理整顿、歇业等原因而非持续经营的,应取得政府的行政决定或文件、工商部门的注销工商登记、吊销营业执照的证明,予以核销。

(3)客户死亡或者依法被宣告失踪、死亡,其财产或者遗产不足清偿且没有继承人的应收电费,在取得有效死亡证明、死亡宣告、失踪宣告、法院关于财产或遗产分配的裁定

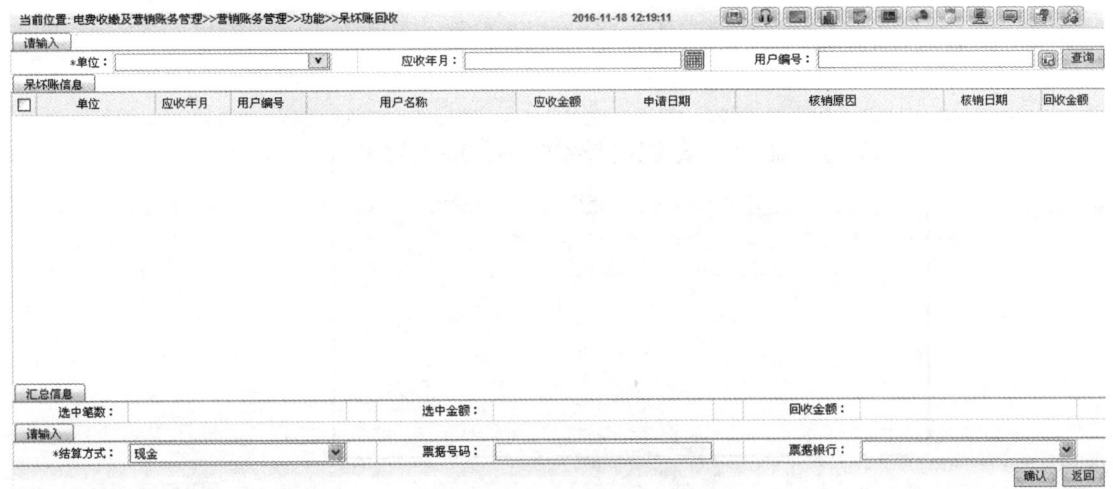

图 5-18 呆坏账回收

书或其他文件等相关法律文件后，作为坏账损失，予以核销。

（4）涉诉的应收电费，已生效的人民法院判决书、裁定书判定、裁定败诉的，或者虽然胜诉但因无法执行被裁定终止执行的，作为坏账损失，予以核销。

（5）客户遭受重大自然灾害、战争、政治事件或其他意外事故等导致停产，损失巨大，以其财产（包括保险款等）确实无法清偿的应收电费，应取得政府公告、相关不能收回的证据资料等，作为坏账损失，予以核销。

（6）每年编制《电费呆坏账情况统计表》，并逐级上报省公司营销部。

3．注意事项

（1）电费呆坏账的核销过程必需依法合规，核销应履行审批手续，收费责任人提出电费呆坏账申请，经营销部审查同意后，再经财务部门审核并向当地税务机关办理核销申报手续，税务机关同意核销后，营销、财务各自进行账务处理。

（2）电费呆坏账无论金额大小都不能自行核销，必须查清原因，提供相关证明，以书面报告形式上报上级主管部门（省公司一级）审批后方可执行。

（3）与财务备查账之间必须在核销当月和每年年底核对一致。核销电费备查账是辅助会计账簿，仅用于辅助管理，严禁通过核销电费备查账截留资金收入。

5.2.9 一体化缴费平台

1．操作方法

（1）各网点根据实际缴费业务需求增添终端（终端包括柜台收费 PC 机、售卡台式机，自助交费终端设备，柜台刷卡 POS 机等），缴费终端由系统管理员通过一体化交费管理平台"渠道管理》终端设备管理》功能》终端设备档案维护"界面完成新增，如图 5-19 所示。

（2）终端完成新增后通过一体化交费管理平台"渠道管理》终端设备管理》功能》终端设备配送申请"界面可以分配至使用人进行收费业务，如图 5-20 所示。

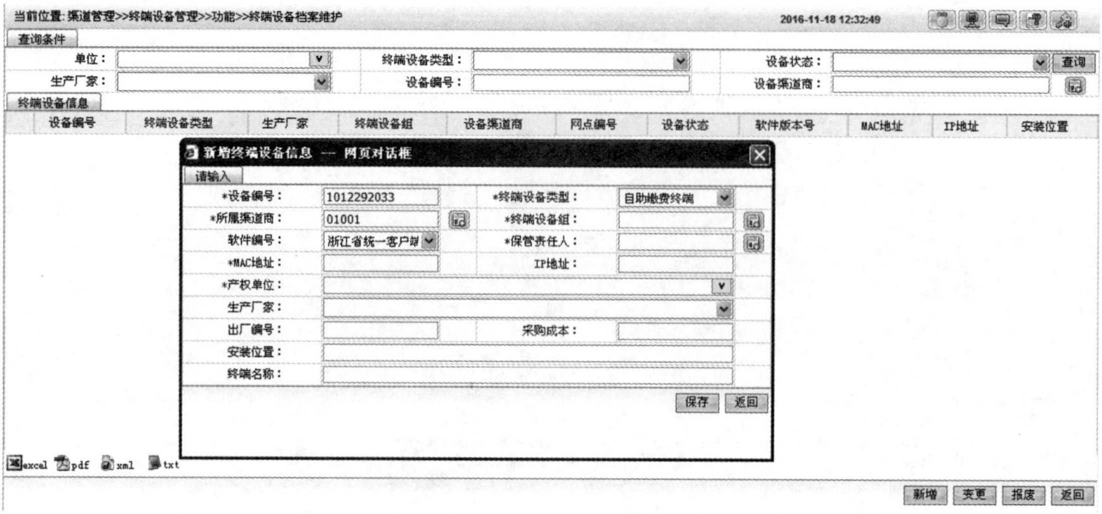

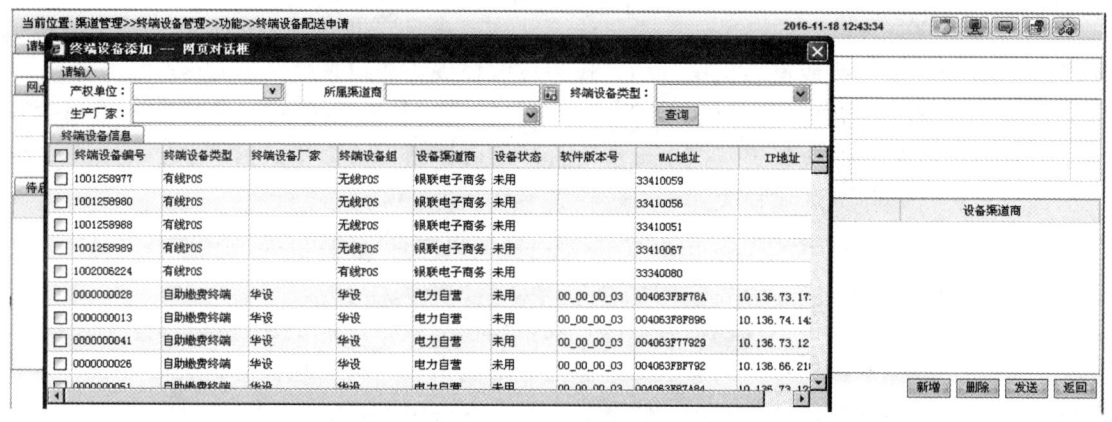

图 5-19 终端设备档案维护

图 5-20 终端设备配送申请

（3）定时采集现场电能表数据，如每天零点采集现场电能表的抄表数据，对于专变客户还要通过"渠道管理》》终端设备管理》》终端设备状态维护"界面完成保管责任人修改，如图 5-21 所示。

（4）终端报废或是 PC 机的实际地址或 IP 地址变更，需通过一体化交费管理平台"渠道管理》》终端设备管理》》功能》》终端设备拆回申请"界面，先申请拆回，如图 5-22 所示，拆回后在终端设备档案维护界面进行报废或是信息变更。

2. 工作要求

（1）进行终端注册时，各营业网点须向系统管理员提供网点名称、终端类型、终端MAC 地址、IP 地址、保管人工号、保管人姓名、终端名称等信息，由系统管理员在一体化交费管理平台发起"网点维护申请"流程。

（2）在系统中进行终端设备档案维护时，输入的实际地址英文字母应为大写，且实际地址之间不能有横杠。在系统中进行终端配送申请时，需要将新增的终端对应到所属网

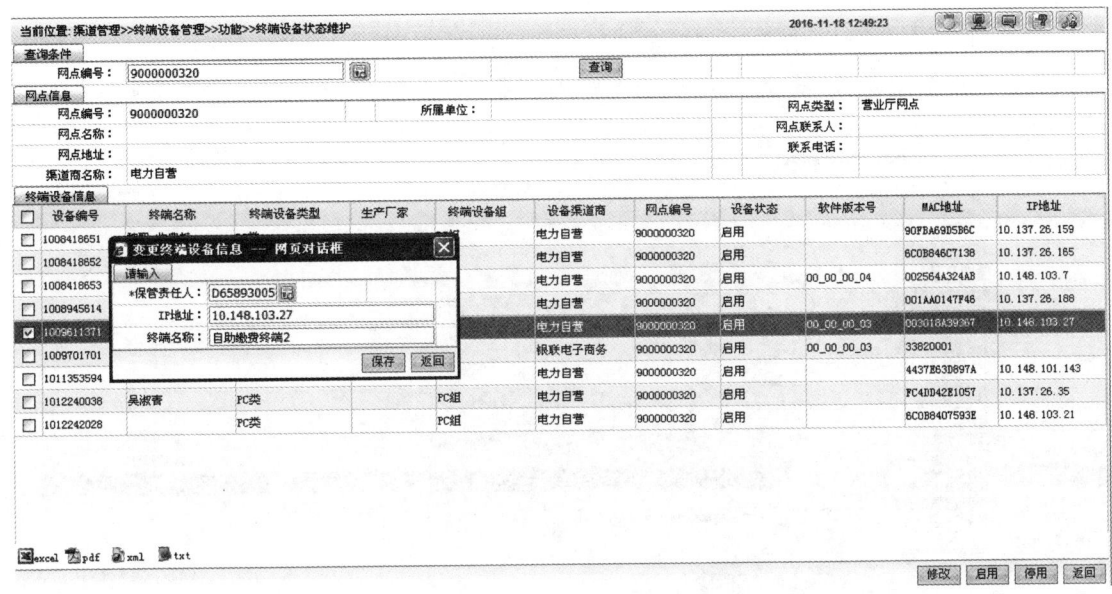

图 5-21 终端设备状态维护

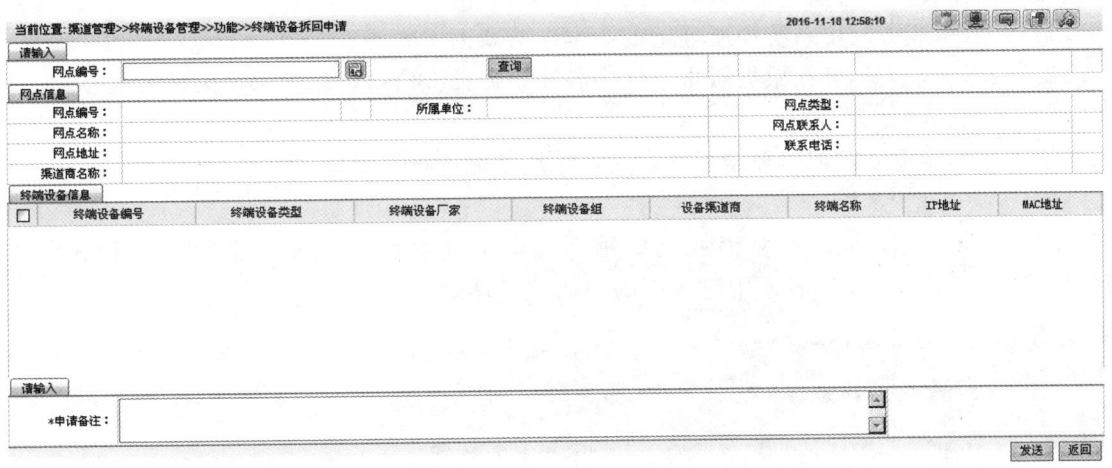

图 5-22 终端设备拆回申请

点,终端方可启用。

3.注意事项

(1) 只有在一体化交费管理平台建档并配送后的终端,才可以正常使用,但部分国网系统终端暂未纳入一体化交费管理平台管理。

(2) 缴费终端注册时,若出现"获取 MAC 地址失败",则需要手工安装插件。

(3) 在缴费终端进行收费时,若收费界面提示"鉴权不通过",则说明终端未在一体化缴费平台进行注册,或注册失败。

5.2.10 票据的使用与管理

票据使用部门应设专人专柜负责保管空白票据、收费专用章和票据登记簿。

1. 票据版本管理

(1) 操作方法。在营销业务应用系统中,由票据管理人员通过"电费收缴及营销账务处理》营销账务管理》功能》票据版本管理"界面中进行登记,如图5-23所示。

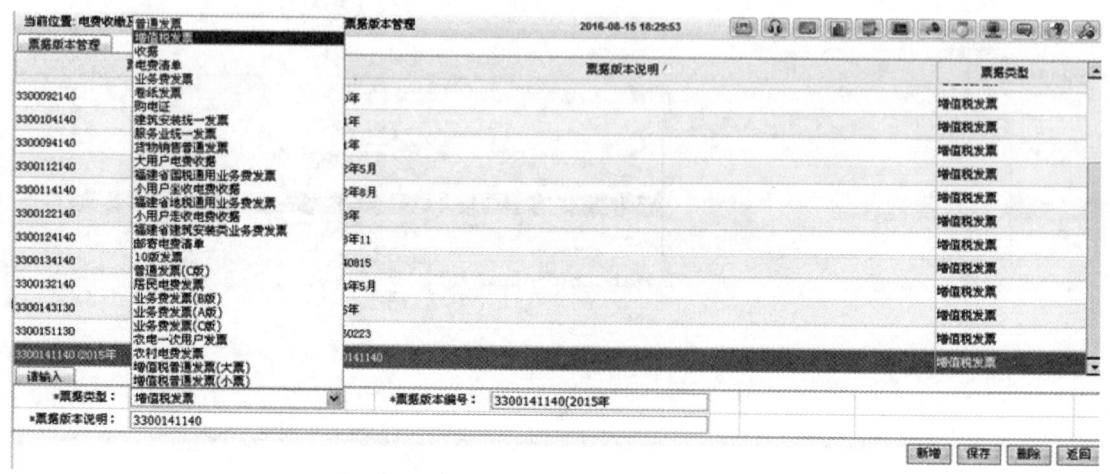

图5-23 票据版本管理

(2) 工作要求。

1) 在营销业务应用系统中所登记的版本应与票据实物一致。

2) 票据管理人员可在票据版本说明中备注票据批次信息,以便选择区别版本号。

(3) 注意事项。

版本号不能重复登记,登记版本号后,系统才能进行入库操作。

2. 票据领用及入库

(1) 操作方法。通过在营销业务应用系统电费收缴及营销账务处理》营销账务管理》功能》票据入库"界面中对领用的票据进行登记入库,如图5-24如示。

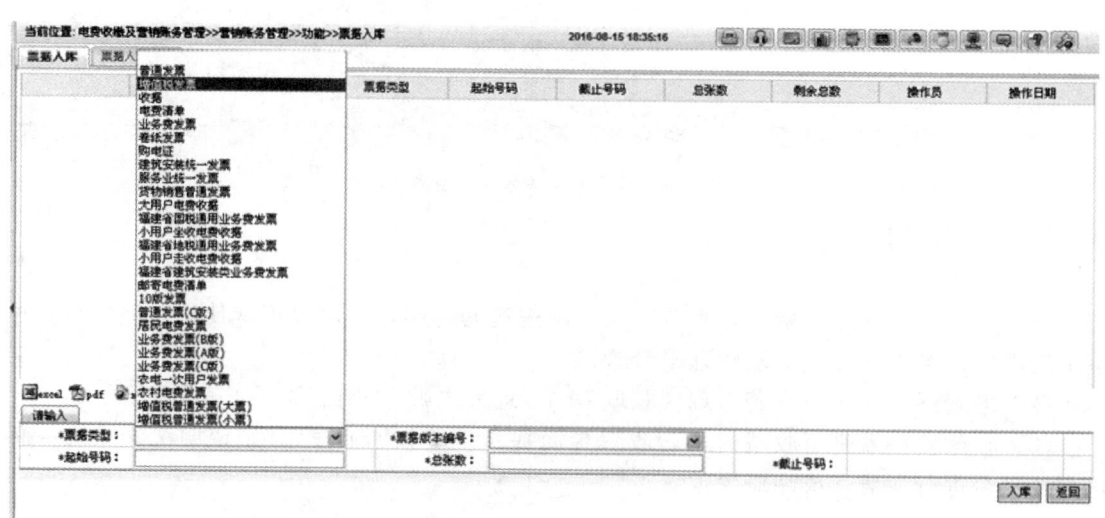

图5-24 票据入库

(2) 工作要求。

1) 票据管理人员根据核定的使用数量向财务部门领用实物票据。

2) 登记入库时,输入票据类型、票据批号、票据印刷起始编号和终止编号,并核对确认无误后方可入库。

(3) 注意事项。

1) 对于同一批号的票据可以分多次入库,但同一批号同一印刷编号只能入库一次。

2) 营销业务应用系统中入库信息须与实物票据一致。

3) 票据不得自行印刷,必须由财务部门统一购置。

3. 票据分发及领用

(1) 操作方法。票据管理人员根据票据使用部门的票据领用需求通过"电费收缴及营销账务管理>>营销账务管理>>功能>>票据部门领用"界面进行票据发放,如图5-25如示。

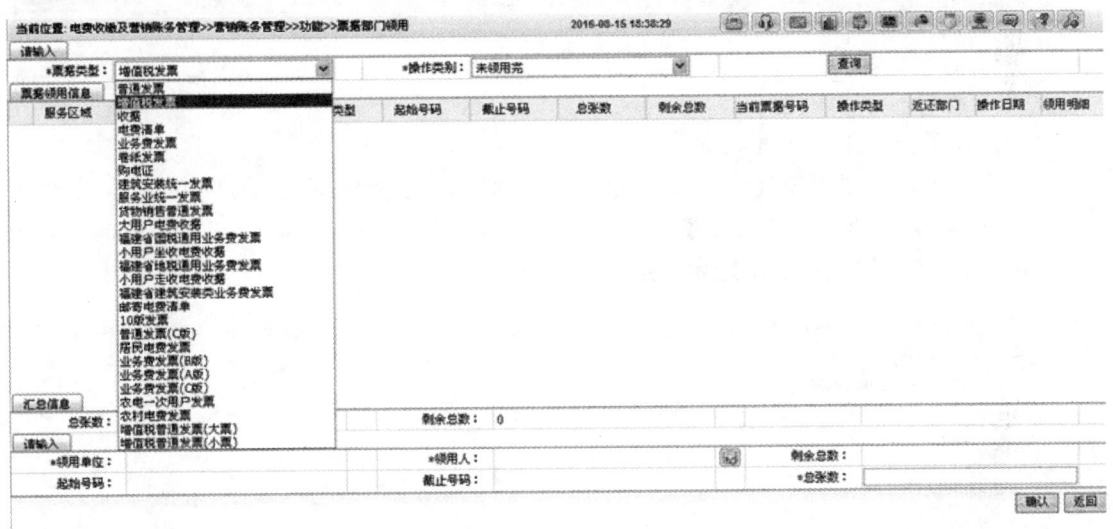

图5-25 票据部门领用

票据部门领用成功后,需要发放给具体的使用人员。由票据部门领用人员通过"电费收缴及营销账务管理>>营销账务管理>>功能>>票据个人领用"界面分发给个人,如图5-26所示。这样票据就正式发放给营业厅使用人员工号内,可正常开票。

(2) 工作要求。

1) 票据发放必须严格遵循票据领用登记制度,在票据登记簿上记录票据领用日期、票据数量、票据起止号码、领用单位等信息,并由领用人签收。

2) 在营销业务应用系统中对领用的票据进行分发。

(3) 注意事项。

1) 票据部门领用、个人领用,需确保部门票据库存充足,当低于合理库存时,应立即提出票据领用申请。

2) 票据发放必须严格遵循票据领用登记制度,规范作业,不得代领、代发。

3) 必须保证实物票据类型、版本、数量、起止号码与系统中登记一致。

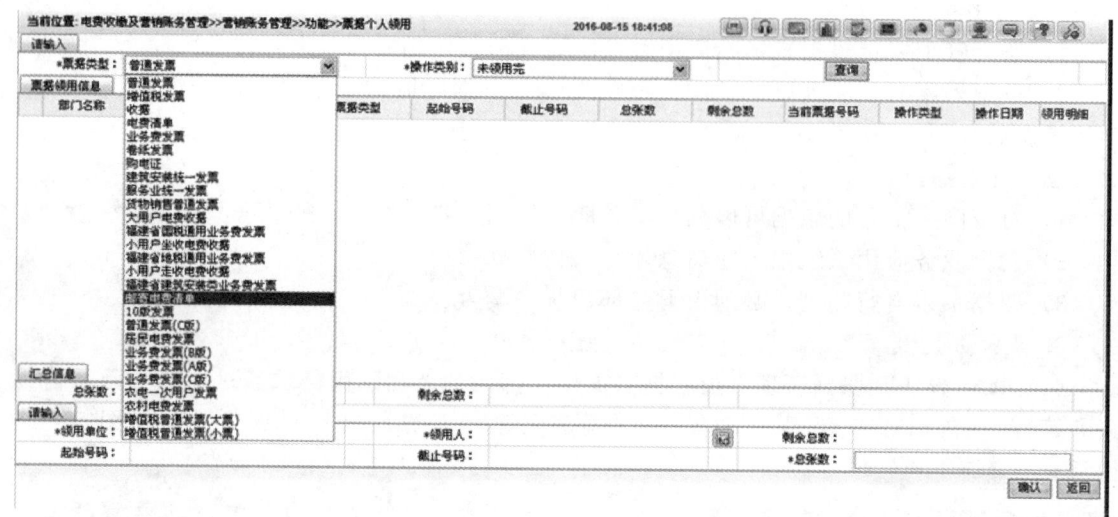

图 5-26 票据个人领用

4．票据返还

票据返还适用于未使用的票据。

（1）操作方法。票据返还由票据使用人员通过"电费收缴及营销账务管理>>营销账务管理>>功能>>票据个人返还"界面，如图 5-27 如示。返还至部门领用，由部门票据管理人员重新发放给新的票据使用人员。

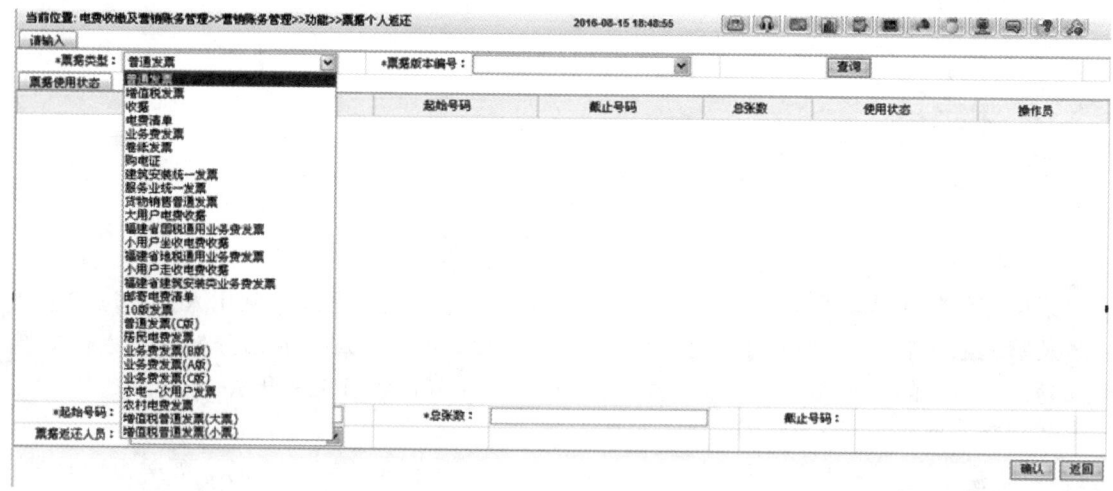

图 5-27 票据个人返还

（2）工作要求。

1）系统票据返还信息必须与实物票据信息一致。

2）按需领用票据，尽量减少不必要的票据返还操作。

（3）注意事项。

1）返还票据可重新进行领用。

2）有污损等影响使用的票据不能返还，应作空白作废处理。

3）票据管理和使用人员调动工作时，必须办理交接手续，移交票据、发票专用章及票据登记簿。

5. 票据缴销

（1）操作方法。票据使用人员对已使用的票据存根和作废票据，应及时在营销业务应用系统中通过电费收缴及营销账务管理>>营销账务管理>>功能>>票据个人上缴"界面进行缴销，如图 5-28 所示。

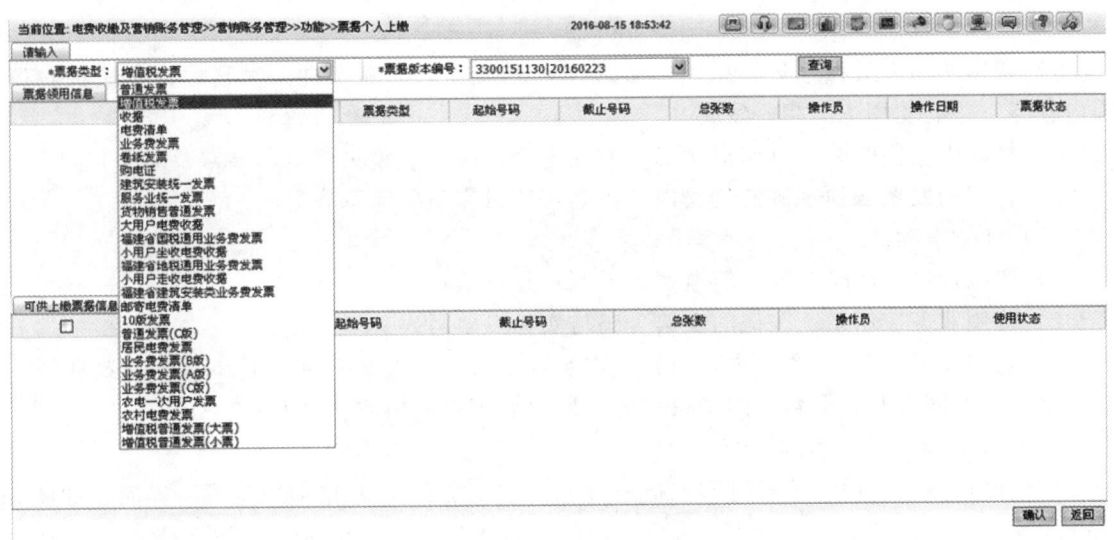

图 5-28 票据个人上缴

（2）工作要求。

1）按月分类装订成册，添加封面，封面上注明票据起止号码、汇总金额、作废票据的份数和号码等，定期交电费账务班，经电费账务班清点汇总后统一交回本单位财务部门。

2）票据存根联及作废票据，按号码顺序连续排列，按月分类装订成册。添加封面，封面上必须注明票据起止号码、使用起止日期、上缴人员、上缴日期等信息。

（3）注意事项。

1）作废票据必须联次齐全，各联加盖作废章，且与营销业务应用系统中票据信息一致。

2）需上缴的票据遗失时，责任部门必须向财务部门提供书面说明。

3）必须保证上缴单据、实物票据与系统登记一致。

6. 电费普通发票打印

目前使用的电费普通发票为 10 版发票，为单联发票，支持按户号、关联号、抄表段、银行批扣账号查询打印，用于电费收费业务。

（1）操作方法。由票据打印人员通过"客户缴费管理>>票据批量"打印界面完成发票打印任务，如图 5-29 所示。

（2）工作要求。

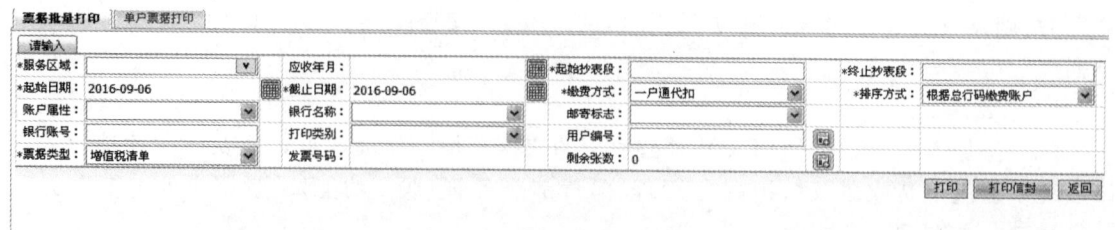

图 5-29 票据批量打印

1）票据使用人员在开具发票时，必须保证开具发票的真实性、完整性、合法性，填票内容与发票的使用范围相一致。

2）打印中应实时关注打印机状态，发现卡纸、跳行、跳页等打印异常及时处理。

3）打印的发票必须字迹清楚、内容正确、项目完整、印章齐全。

（3）注意事项。

1）票据批量打印时，同一笔电费，不能重复出票。

2）营销业务应用系统登记的发票号码与实物发票号码必须一致。

3）电费发生月起 12 个月内，当客户需要发票时，持电费支付凭证和本人有效身份证件到供电营业网点开具电费专用发票。超过期限后不再调换或补开发票。

7. 电费增值税发票打印

（1）操作方法。由增值税打印人员通过"客户缴费管理〉〉增值税生成"界面，如图 5-30 所示，输入管理单位、起止抄表段、应收年月等信息，查询批量生成后按要求生成文本文件，将生成的增值税文件保存在相应位置。

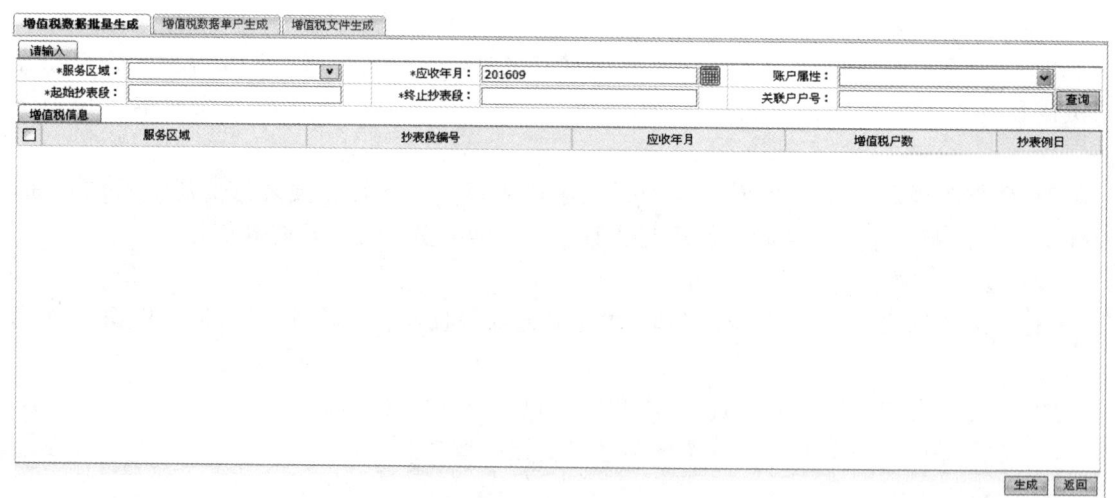

图 5-30 增值税文件生成

（2）工作要求。

1）增值税开票人员每月应按时从营销业务应用系统中生成客户的电费增值税专用发票数据，导入国税税控系统后开具电费增值税专用发票。

2）将营销业务应用系统生成的文本文件导入增值税防伪税控系统，核对后生成发票并开具。

(3) 注意事项。客户需要开具电费增值税发票的，资料齐全后应向营业厅提前提出申请，经审核确认后，从申请当月起开具电费增值税发票，客户申请以前月份的电费发票不予调换或补开增值税发票。

8．业务费发票打印

(1) 操作方法。

1) 在业扩流程中完成业务费收取的同时，同步打印业务费发票。

2) 业务费增值税发票直接在国税票据管理系统中开具。

(2) 工作要求。

1) 开具业务费增值税发票需仔细核对开票信息，金额与营销系统业务费用必须一致。

2) 对同一笔营业费只能开具一次票据。

(3) 注意事项。

1) 每月需同步做好备份统计工作并定期核对各税率账面与票面的差异，确保账票一致。

2) 严禁转借、转让、代开或重复出具票据。

9．其他票据打印

(1) 操作方法。

1) 预付费收据。预付费收据不属于正式发票，是一种机打收款收据，预缴电费后给予用户的收费证明。预付费收据由票据打印人员通过"电费收缴及营销账务管理>>客户缴费管理>>功能>>预付费收据打印"界面，完成票据打印，如图5-31所示。

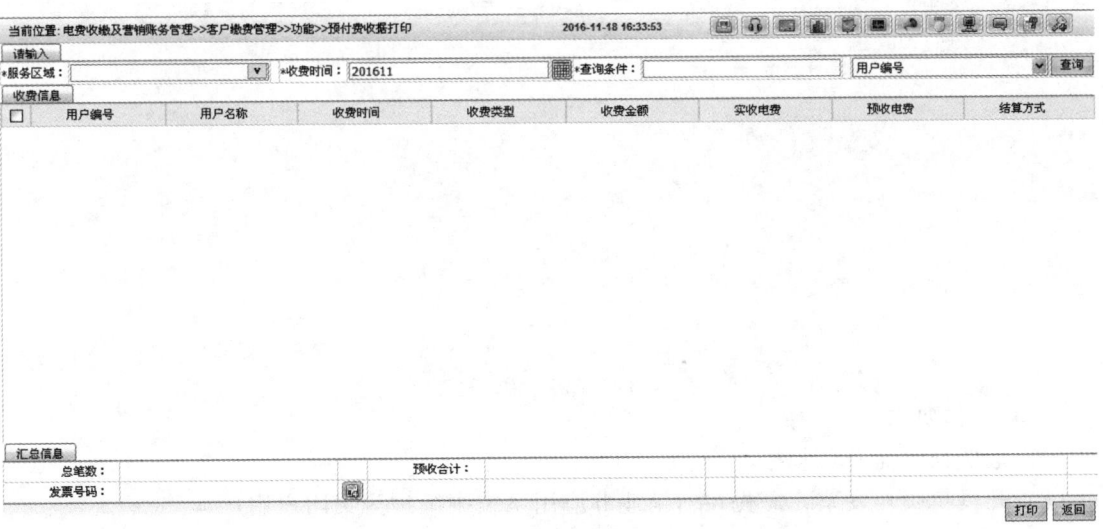

图 5-31 预付费收据打印

2) 集团户是专为票据打印服务的，大大减少了票据打印的工作量，支持电费增值税发票和普通发票用户。

a) 集团户普通发票打印由票据打印人员通过电费收缴及营销账务管理〉〉客户缴费管理〉〉集团户普通发票打印界面完成票据打印，如图 5-32 所示。

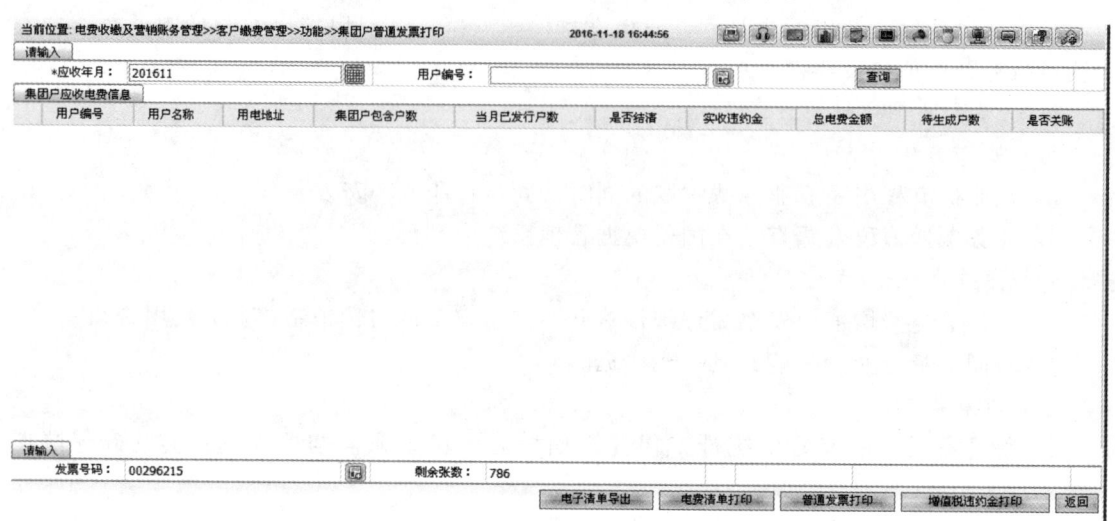

图 5-32 集团户普通发票打印

b) 集团户增值税打印。对已经维护好的集团户用户进行增值税数据的生成操作。由增值税打印人员通过"客户缴费管理〉〉集团户增值税生成"界面完成，如图 5-33 所示，生成后将文本文件导入增值税防伪税控系统，核对后生成发票并开具。

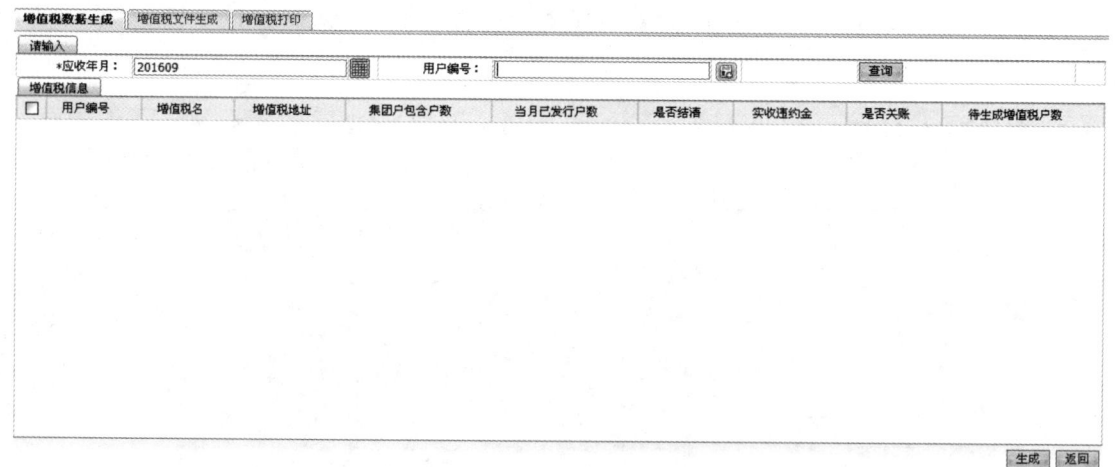

图 5-33 集团户增值税生成

(2) 工作要求。

1) 电费预收需开具收据。

2) 开具集团户发票，需先在营销业务应用系统中维护为集团户用户。

3) 营销业务应用系统中集团户关系建立之后，子户不再单独开票，从关系建立的当月对未出票的电费进行合并开票。

(3) 注意事项。

1) 加入集团户的前提是所有用户均已办理银行批扣。

2) 集团户票据每月需在电费关账后才能打印。
3) 按集团户打印发票适用于电费。

5.2.11 电费充值卡管理

1. 充值卡到货验收及出入库管理

（1）操作方法。

1) 电费充值卡到货验收时需抽查充值卡印刷质量，核对到货数量和面值。
2) 电费充值卡出、入库必须填写"出、入库凭证"，并在电费充值卡管理系统中进行登记。库存保管人员必须在每天下班前核对库存，编制"库存日报表"和"进销存报表"，保证日清日结，账实相符。

（2）工作要求。

1) 验收合格，必须当日将到货合格电费充值卡入库，充值卡到货验收时应严格执行充值卡到货入库前的随机抽检制度，确保充值卡质量可靠，经抽检合格的充值卡才能进行入库操作。
2) 充值卡专用库房建设应达到"三铁（铁门、铁窗、铁柜）一监控"的要求，并制定电费充值卡库房安全保卫、出入库管理等制度。

（3）注意事项。

1) 对外观印制粗糙、质量低劣的充值卡，应视为不合格产品予以退货作废处理。
2) 到货验收发现大批量印制不合格的充值卡应逐级上报至省公司。
3) 要定期对本单位库存电费充值卡进行盘存，编制"盘存表"，保证电费充值卡的安全完整，定期盘存一般每年不少于两次。

2. 充值卡退还

（1）操作方法。由充值卡管理人员通过电费充值卡业务应用系统中的"充值卡管理>>库存管理>>功能>>充值卡退还"界面，如图 5-34 所示，做退还处理。

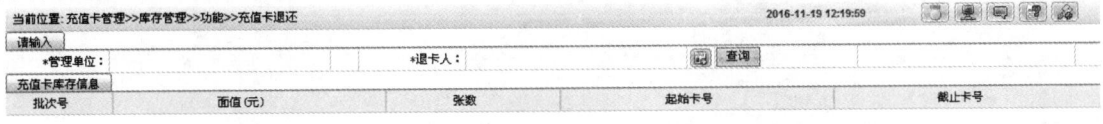

图 5-34 充值卡退还

(2) 工作要求。

1) 上级库存管理人员（分发人）在充值卡业务应用系统查询退卡人的库存信息，确定需退还的充值卡。

2) 上级库存管理人员（分发人）根据退还的实物充值卡各面值的起止卡号和数量信息在充值卡业务应用系统执行退还操作。

3) 上级库存管理人员（分发人）将退卡人移交的实物充值卡重新入库，并填写充值卡出入库凭证，双方签字确认。

(3) 注意事项。

1) 充值卡到货验收不合格或不同部门（人）调拨充值卡时，需执行充值卡退还操作。

2) 退还的实物充值卡必须与充值卡业务应用系统退还信息一致。

3) 充值卡退卡操作只能由上级库存管理人员执行。

4) 已销售激活的充值卡不允许进行退卡处理。

3．充值卡分发（领用）

(1) 操作方法。由充值卡管理人员通过电费充值卡业务应用系统中的"充值卡管理>>库存管理>>充值卡领用"界面，将充值卡分发（领用）给销售人员，如图5-35所示。

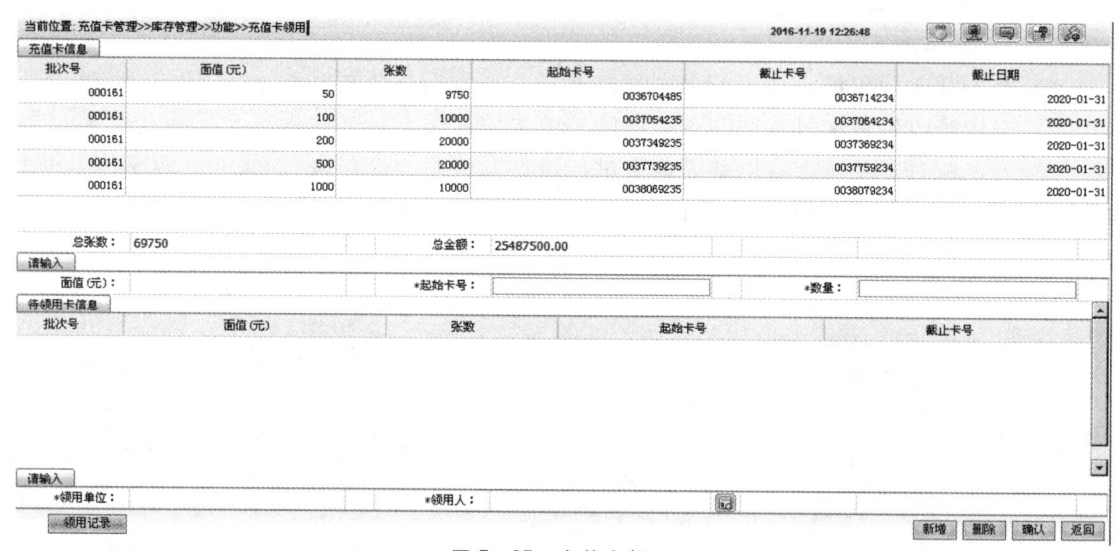

图 5-35 充值卡领用

(2) 工作要求。

1) 领用电费充值卡必须做好台账记录和领用签字手续，确保充值卡实物分发（领用）与系统分发（领用）一致。

2) 库存管理人员（分发人）尽量按照连号分发充值卡。

(3) 注意事项。按照不相容职务相互分离的原则，指定专人分别负责电费充值卡的管理、分发（领用）、销售和业务报表等工作。

4．充值卡销售、解款管理

(1) 操作方法。

1) 销售人员通过电费充值卡业务应用系统中的"充值卡管理>> 业务受理>> 功能>>

充值卡销售"界面完成充值卡销售,如图5-36所示。

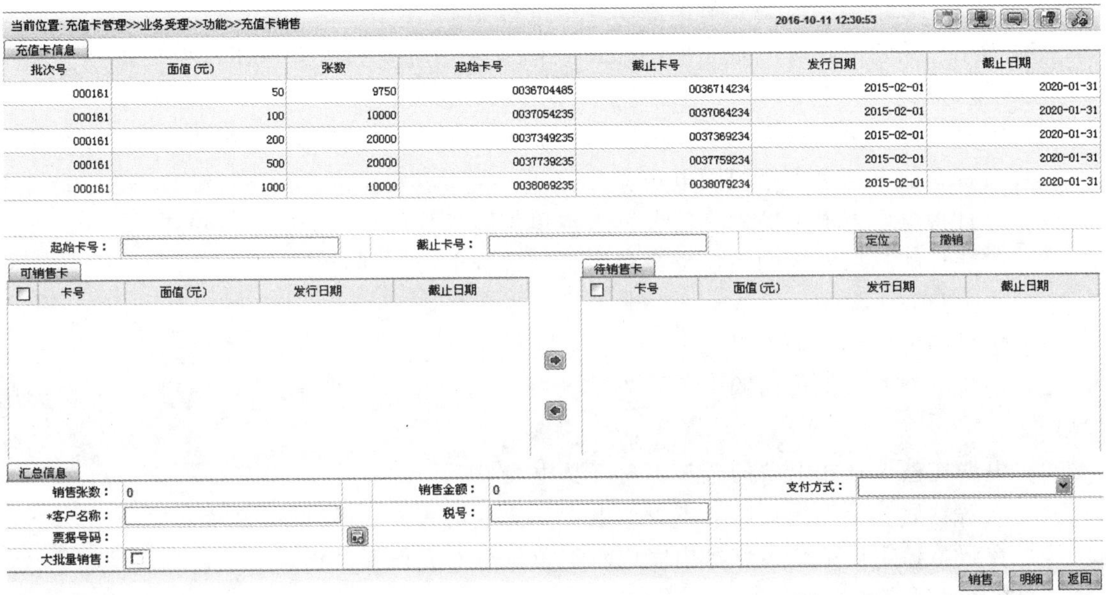

图5-36 充值卡销售

2)电费充值卡销售应开具货物销售的机打发票,发票内容为"电费充值",销售时未开发票的可以通过电费充值卡业务应用系统中的"充值卡管理>>业务受理>>功能>>充值卡销售发票补打"完成票据打印,如图5-37所示。

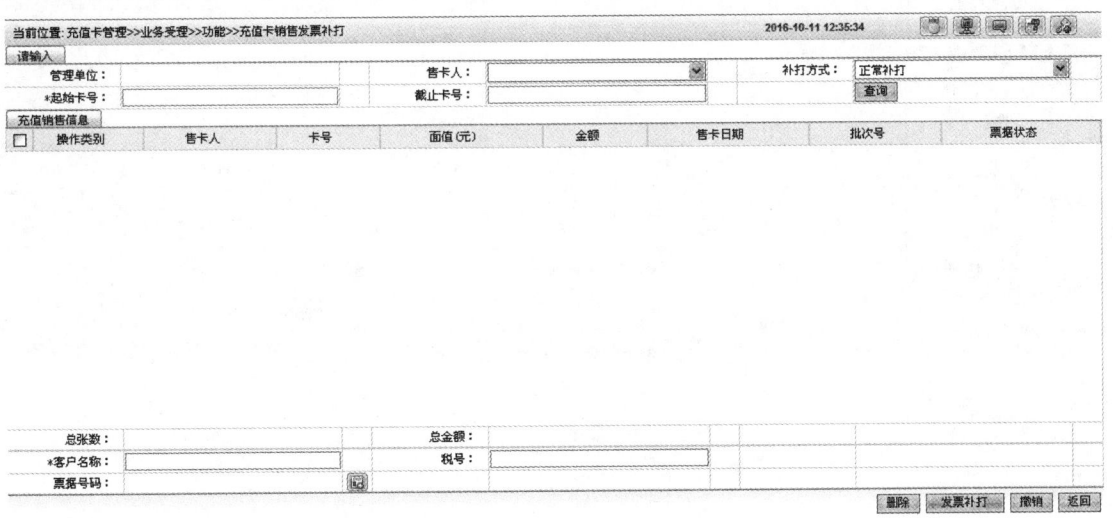

图5-37 充值卡销售发票补打

(2)工作要求。

1)在销售电费充值卡时,根据实物卡卡号在充值卡业务应用系统中定位待销售卡,并做售卡处理,将电费充值卡转为激活状态。

2)电费充值卡可以通过电话、短信、自助缴费终端充值,销售电费充值卡,应告知客户充值方式。

3）每日营业结束后，必须对当日销售电费充值卡情况进行清点核对，并编制"销售清算日报表"，未销售的电费充值卡等同现金进行保管。

4）当用户销户时，其电费充值卡账户余额应采用电费充值卡退还，少于最小面额部分可用现金退还。

5）因电费充值卡销售人员工作失误，造成电费充值卡丢失的，由销售人员个人赔付。

6）电费充值卡销售资金视同电费资金管理，实行电费充值卡销售日结日清。

7）每日将电费充值卡的销售资金解入本单位财务部门指定的电费专户。

8）前一日解款后发生的销售资金和当日销售资金应分别解款。

（3）注意事项。

1）售出的电费充值卡不得退还、不得兑换现金。

2）销售电费充值卡可向购卡人、充值人开具增值税普通发票，不得开具增值税专用发票。

3）电费充值卡抵扣电费的金额不再开具电费发票。

4）在解款后3个工作日内对本单位电费充值卡销售资金进行解款核定。

5）在解款核定后7个工作日内完成对本单位电费充值卡销售资金进行二次销账。

5. 充值卡延期和报废

（1）操作方法。

1）库存充值卡延期。如果库存充值卡在公司客服中心的，由客服中心充值卡管理人员通过电费充值卡业务应用系统中的"充值卡管理》》业务受理》》充值卡延期申请"中发起延期申请，如图5-38所示。

图5-38 充值卡延期申请

2）已售充值卡延期。逾期被冻结的电费充值卡，通过电费充值卡业务应用系统中的"充值卡管理》》业务受理》》功能》》充值卡延期界面申请"延期，如图5-39所示。充值卡销售人员在系统中输入申请客户和备注说明等信息。

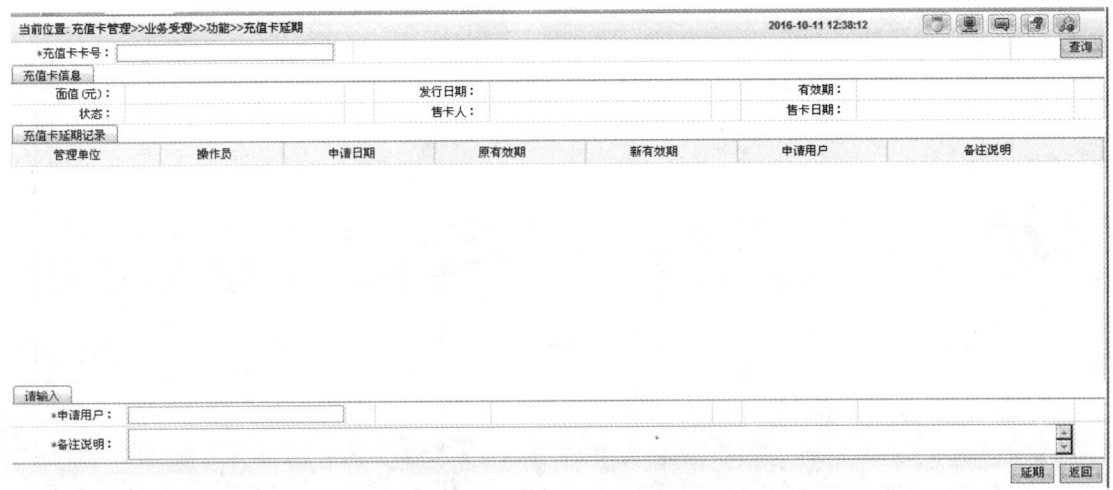

图 5-39 充值卡延期

(2) 工作要求。

1) 已领用、未售出的电费充值卡,由市(县)公司客户服务中心在有效期结束前 6 个月上报市(县)公司财务资产部,由市(县)公司财务资产部进行延期申请。

2) 财务资产部根据库存管理人员提供的纸质充值卡延期申请单,在系统中核对充值卡批次号、面值、张数信息,确认延期的必要性。

3) 已售电费充值卡,销售人员在系统中输入充值卡卡号,核实是否符合延期条件。

(3) 注意事项。

1) 批量延期适用于库存未销售激活的充值卡。

2) 已售充值卡办理延期时应确认充值卡尚未充值。

3) 逾期被冻结的电费充值卡,以重新激活的方式延长使用期限,延长期为 6 个月。

4) 首次延期可通过供电营业厅柜台或 95598 办理,再次逾期应在指定的供电营业窗口柜台办理。

5) 充值卡销售人员告知客户延期后的有效期限,提醒客户在新有效期内及时充值。

6. 充值卡报废

(1) 操作方法。

1) 已售充值卡破损。已售充值卡因密码刮坏等原因导致无法充值的,需通过电费充值卡业务应用系统中的"充值卡管理》》业务受理》》功能》》充值卡换卡界面",核实无误后完成换卡操作,如图 5-40 所示。

2) 库存充值卡报废。未销售的电费充值卡出现被盗、遗失、损坏、到期等情况可申请报废处理。通过电费"充值卡业务应用系统中的"充值卡管理》》业务受理》》功能》》充值卡报废申请"界面,如图 5-41 所示,输入待报废的充值卡起止卡号,核对无误后发送报废申请。

(2) 工作要求。

1) 充值卡销售人员检查待报废充值卡确实无法充值需换卡。

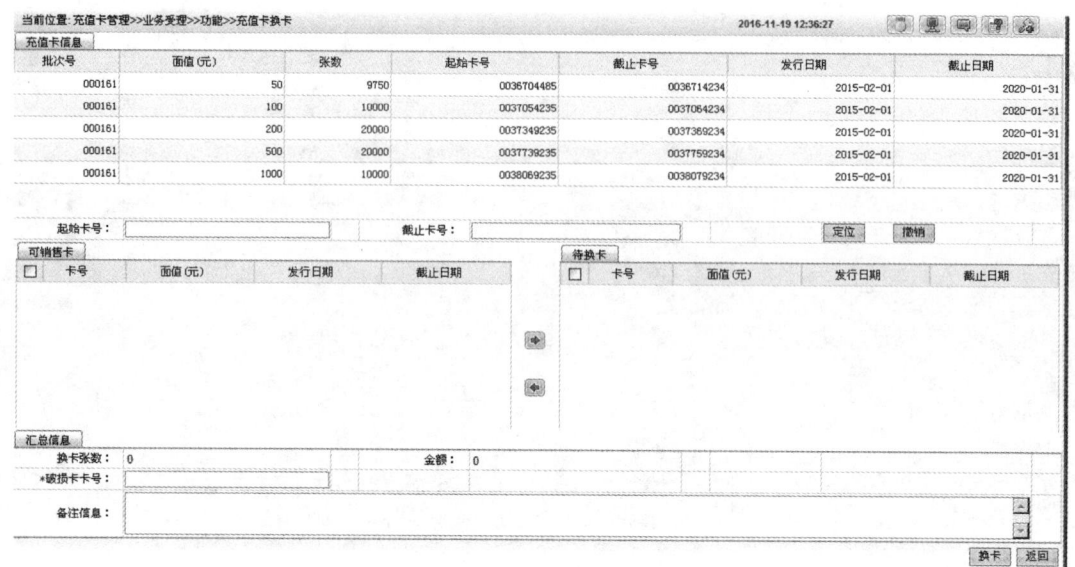

图 5-40 充值卡换卡

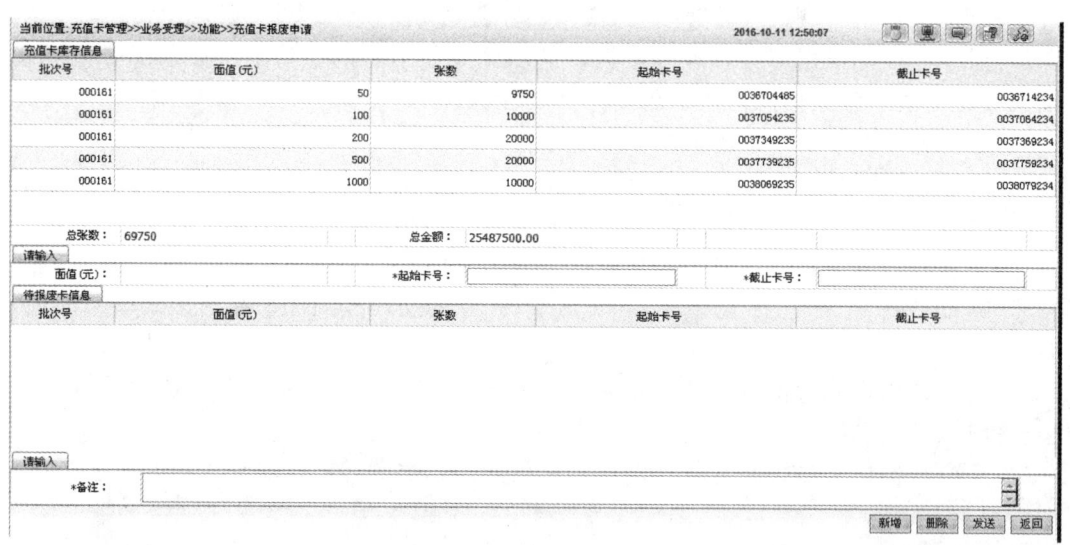

图 5-41 充值卡报废申请

2) 已售充值卡因密码刮坏等原因导致无法充值的, 需填写《电费充值卡破损换卡处理单》, 经客户签字确认后, 将新卡递交客户。

3) 经销售换卡后, 原卡办理报废手续。

4) 充值卡遗失、被盗时需根据实物盘点和系统库存情况确认需要报废的充值卡信息。

5) 充值卡损坏、到期时根据实物情况确认需要报废的充值卡信息。充值卡库存管理人员书面填写《电费充值卡报废申请单》, 逐级审核并经公司分管领导签字同意。

(3) 注意事项。

1) 已售充值卡破损换卡, 客户须凭原卡和有效身份证明调换相同面值的新卡。

2) 对经报废处理的破损充值卡，定期上交电费账务班。
3) 电费充值卡破损处理资料、报废的库存电费充值卡资料应存档并长期保存。
4) 被盗和遗失的电费充值卡信息均须登报公示。
5) 对无实物卡进行报废的，必须核实丢失实物卡的备案记录。
6) 报废卡实物定期上缴财务部门，由财务资产部、营销部、安全监察质量部共同鉴证下进行销毁处理，销毁记录应存档备查。

5.3 工作质量管控

电费账务工作规范化和制度化，有助于提升工作效率和准确程度，提高电费账务工作质量。严格遵循制度要求，强化基础管理，将各项规章制度和要求在日常业务中有效延伸，实时监控重点关键节点，严格管理程序和处理时限。以电费账务处理及时、准确，日常业务规范、有序为目的，做到账账相符、账实相符。

5.3.1 电费账务质量指标管控

电费账务管控主要是围绕资金的及时性展开，质量管控指标包括应收电费月末余额、解款及时性、二次销账及时性等方面。加强电费账务质量指标的管控，为账务数据的真实准确提供保障，有利于集中资金，提高资金使用效率。

1. 应收电费月末余额

统计算法：统计期内，$\sum$各月（应收用户电费余额/当年月均应收用户电费×100%）/考核期止月份数。

目标及要求：各月月末24：00，应收用户电费余额占当月止月均应收用户电费的比例（财务口径）不超过0.3%。

主要管控措施：应收电费月末余额属于"两金"压控重点关注内容，"两金"包括应收账款、存货两方面，余额以月末最后一天财务账面数据为准。

(1) 加大电费催缴力度，提高服务质量，促进电费回收与清欠工作的开展。
(2) 对电费回收进行监控、跟踪服务和反馈分析，加快电费回收。
(3) 确保收费渠道畅通，对回收的电费及时入账，加快电费资金回笼。

2. 解款及时性

统计算法：收费后必须当天解款至银行，不排除节假日。

目标及要求：日结日清。

主要管控措施：

(1) 对当天解款后发生的零星收费，可存入专用保险箱进行保管，并在次日一并解款。
(2) 建立考核制度，对未及时解款情况有相应的考核机制制约，保证资金安全。
(3) 建立现金和支票解缴银行情况的监控机制，并及时进行督促。
(4) 每天指定账务人员开展解款监督，每日日终及时提醒未解款作业人员。

3. 解款核定及时性

统计算法：解款后规定时间内完成解款核定工作。

目标及要求：3个工作日内完成。

主要管控措施：

（1）收费人员将现金解款单、支票进账单等解款单据按要求及时移交账务人员。

（2）核对系统解款日期和银行进账单日期，以防系统虚假销账。

（3）解款核定工作由专人负责监督完成。

（4）建立考核制度，对解款核定超期按原始单据未及时移交、解款核定人员未及时完成等不同原因进行考核，以规范工作。

（5）指定专人对"解款核定不及时信息"的预警主题进行监督，及时提醒解款核定人员。

4. 二次销账及时性

统计算法：解款核定后规定时间内完成二次销账工作。

目标及要求：7个工作日内完成。

主要管控措施：

（1）账务人员完成解款核定后，将收费人员提供的原始单据按财务部门要求及时移交。

（2）二次销账指定专人负责，确保营销账务与业务信息、银行资金信息的同步性，确保账务数据的真实准确，以实现对电费资金的有效监管。

（3）建立考核制度，对二次销账超期按不同原因进行考核。

（4）指定专人对"二次销账不及时信息"的预警主题进行监督，及时提醒二次销账人员。

5.3.2 电费账务质量预警管控

异常预警监控是为了提早预防，及时发现和处理，为账务处理及时性，提高电费账务工作质量提供保障。

（1）解款及时率见表5-3。

表5-3　　　　　　　　　　解 款 及 时 率

主题名称	解款及时率	
抽取规则	解款未日结日清清单	
预警阈值	一级预警	收费后当天16：00未解款
	二级预警	收费后当天17：00未解款
	三级预警	收费后24h未解款

（2）解款核定及时性见表5-4。

表5-4　　　　　　　　　　解 款 核 定 及 时 性

主题名称	解款核定及时性
抽取规则	解款核定超过3个工作日（排除假期）

续表

预警阈值	一级预警	解款后当天 16:00 距离超期≤1 个工作日未完成解款记录核定
	二级预警	解款后当天 16:00 距离超期≤0 个工作日未完成解款记录核定
	三级预警	解款后当天 16:00 距离超期≥1 个工作日未完成解款记录核定

(3) 二次销账不及时见表 5-5。

表 5-5　　　　　　　　二次销账不及时

主题名称	二次销账不及时	
抽取规则	解款核定后未在 7 个工作日内完成二次销账（排除假期）	
预警阈值	一级预警	
	二级预警	解款后当天 16:00 距离超期≤0 个工作日未完成解款记录核定

(4) 临时用电超三年，临时接电费未做转收入处理用户见表 5-6。

表 5-6　　　临时用电超三年，临时接电费未做转收入处理用户

主题名称	临时用电超三年，临时接电费未做转收入处理用户	
抽取规则	抽取临时用电超三年，临时接电费未做转收入处理用户	
预警阈值	一级预警	出现 1 户即一级预警
	二级预警	10 个工作日未处理
	三级预警	15 个工作日未处理或月末未完成

(5) 临时用电用户三年以内销户未退费的清单见表 5-7。

表 5-7　　　　临时用电用户三年以内销户未退费的清单

主题名称	临时用电用户三年以内销户未退费的清单	
抽取规则	抽取临时用电用户三年以内销户未退费的清单（销户 3 个月外未退费）	
预警阈值	一级预警	出现 1 户即一级预警
	二级预警	10 个工作日未处理
	三级预警	15 个工作日未处理或月末未完成

(6) 临时用电用户未收取临时接电费见表 5-8。

表 5-8　　　　　　临时用电用户未收取临时接电费

主题名称	临时用电用户未收取临时接电费	
抽取规则	临时用电用户未收取临时接电费	
预警阈值	三级预警	出现 1 户为三级预警

(7) 银行批扣数据未取见表 5-9。

表 5-9　　　　　　　　　　　银 行 批 扣 数 据 未 取

主题名称	银行批扣数据未取	
抽取规则	银行批扣数据未取、未反馈	
预警阈值	一级预警	当天 17：00 银行批扣数据未取
	二级预警	当天银行批扣数据未取
	三级预警	当天银行批扣数据未取、未反馈

5.4　常见问题的分析及处理

5.4.1　电费账务常见问题处理

1. 解款银行错误

【案例 1】

电费账务人员在解款核定时，根据收费人员提供的现金缴款单与解款单，在解款核定界面未找到相同记录，无法完成解款核定工作。

问题分析：

根据现金缴款单和缴费日期，在营销业务应用系统解款核定界面查找与收费人员提供的现金缴款单金额和日期相同的解款记录，经比对解款明细一致，是由于收费人员在营销业务应用系统解款时选择解款银行与实际解缴的银行不一致，造成无法完成后续的核定工作。

处理方法：

在解款核定前发现系统中解款记录与银行解款单据不一致时，联系收费部门核实情况，若由于业务受理人员解款银行错选造成不一致，则由业务受理人员在营销业务应用系统中将该条记录进行"解款撤还"操作，并重新选择正确银行进行解款。

【案例 2】

二次销账人员在做二次销账时，导入银行资金流水后无对应的收费信息，二次销账工作未能顺利完成。

原因分析：

收费人员由于操作失误，在解款时选择解款银行与实际解缴银行不一致，电费账务人员在解款核定时，未将收费人员提供的现金缴款单和解款单与营销业务应用系统解款记录进行仔细核对，解款核定工作不仔细造成二次销账时无对应数据。

处理方式：

（1）在解款核定后发现解款银行错选，则首先由账务人员取消核定，并通知业务受理人员进行"解款撤还"操作，账务人员再次核实确认后进行"解款核定"操作。

（2）也可在营销业务系统中的解款核定界面，点击明细，选择正确的解款银行后直接保存。

2. 电费实收差错

【案例3】

某日，一用户到供电营业厅柜台缴纳电费，拿到收费凭据后发现户名不是自己的，怀疑缴费错误，要求柜台收费人员核对。

问题分析：

柜台人员将用户提供的户号在档案中进行仔细核对，发现户号与收费凭证上的户名是一致的，属用户提供的户号有误，柜收人员收取现金时未跟用户核对缴费人信息便收费，引起收费错误。

处理方法：

因收费完成便发现了该笔收费错误，是在当天解款前，柜台收费人员对错收客户进行冲账处理，并重新正确销账。如果已打印发票的，由收费人员收回电费发票并作废。

【案例4】

某日，一用户来到供电营业厅称自己在前一天缴了电费，但今天还是收到了催费短信，要求柜台收费人员帮其查明原因，并提供了一张收费凭据。

问题分析：

经核对用户手机上电费短信的户号与收费凭据上的户号，户号不一致。经核查属柜台收费人员在收费时户号输入错误，由于两个户号只相差一个数字，且本月用电量相差无几，用户在拿到收费凭据后也未发现问题，造成缴费当天未发现错误。

处理方法：

（1）因是在第二天才发现该笔收费错误，属电费解款后发现的实收差错。需进行电费实收退费处理。

（2）对客户错收或溢收等原因需要退还电费的，由收费责任人通过营销业务应用系统发起退费申请，填写申请单并报审批。

5.4.2 票据常见问题处理

1. 票据实际状态与系统不一致

【案例5】

用户来供电营业厅要求打印票据，在提供电费发行短信和有效身份证明后，营业厅票据打印人员帮其出票，检查所出票据后发现打印内容不全，无法交给用户使用。

问题分析：

票据实际状态与系统不一致，主要原因包括系统打印票据，实际未打印成功；票面污损，无法继续使用；打印内容不全等。票面打印内容不全，主要是票据错位引起。

处理方法：

（1）可以通过营销业务应用系统中的"营销账务处理>>票据状态维护"界面，如图5-42所示，由出票人员按实际状态更正系统内票据信息。票面打印内容不全，可以选择【作废】进行更正。

（2）票面打印内容不全无法正常使用，采用"作废"来更正，发票作废后在发票上盖

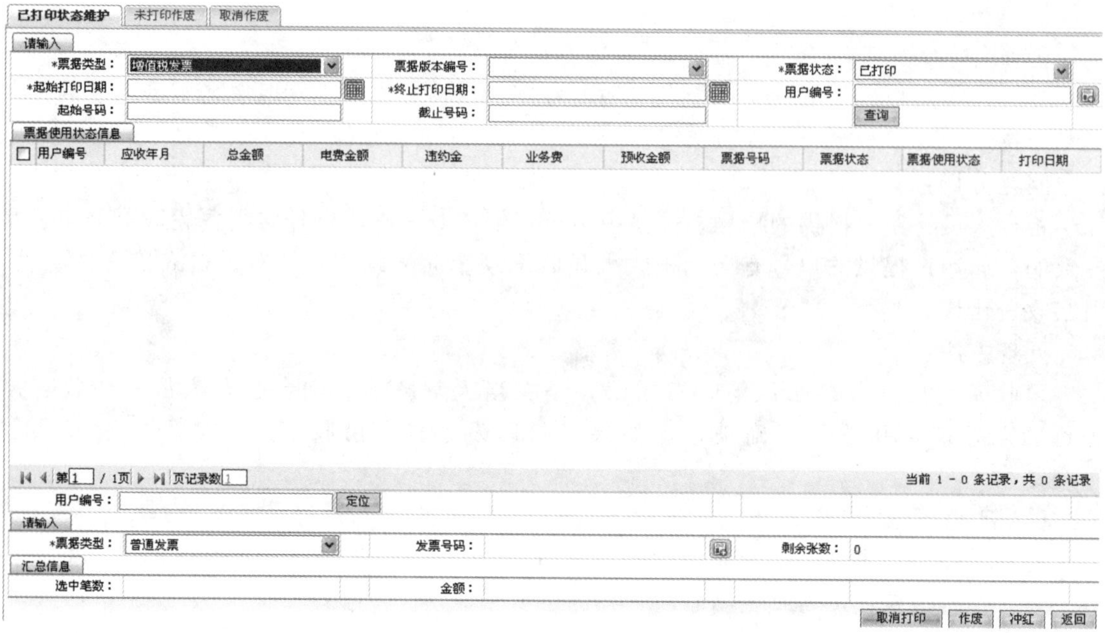

图 5-42 票据状态维护

作废章，可重新打印交于用户使用，做好领用签名。

（3）其他需要更正的情况。

1）如果系统中已经有票据打印信息，实际该号码发票未打印的情况，可采用"取消打印"来更正，取消打印之后该号码发票仍可正常使用。

2）发票打印有误，但是已经隔月无法作废的情况，可选择冲红。冲红的发票为负数发票，对应一张正数发票，正负相抵。

2. 已打印票据的号码与系统登记的号码不一致

【案例 6】

票据打印人员打印票据，在打印时发现系统中使用的发票号码与空白发票号码不同。

问题分析：

连续打印时中间出现传输错误、跳号的情况，或是之前出现需要"票据状态维护"但实际未操作等原因都会引起已打印票据的号码与系统登记的号码不一致的情况。

处理方法：

通过营销业务应用系统中的"营销账务管理〉〉票据错位维护"界面，如图 5-43 所示，由票据使用人员进行批量维护与单户维护，更正后实际票据号码与系统中登记的票据号码一致。错位维护完成后，可进入"票据信息查询"，对维护结果进行核查，确保维护正确。

3. 增值税发票开具后退回

【案例 7】

用户到供电营业厅反映自己取得的增值税发票无法认证，要求重开。

问题分析：

在开具增值税专用发票后，发生增值税专用发票票据差错或无法认证等情况，主要原

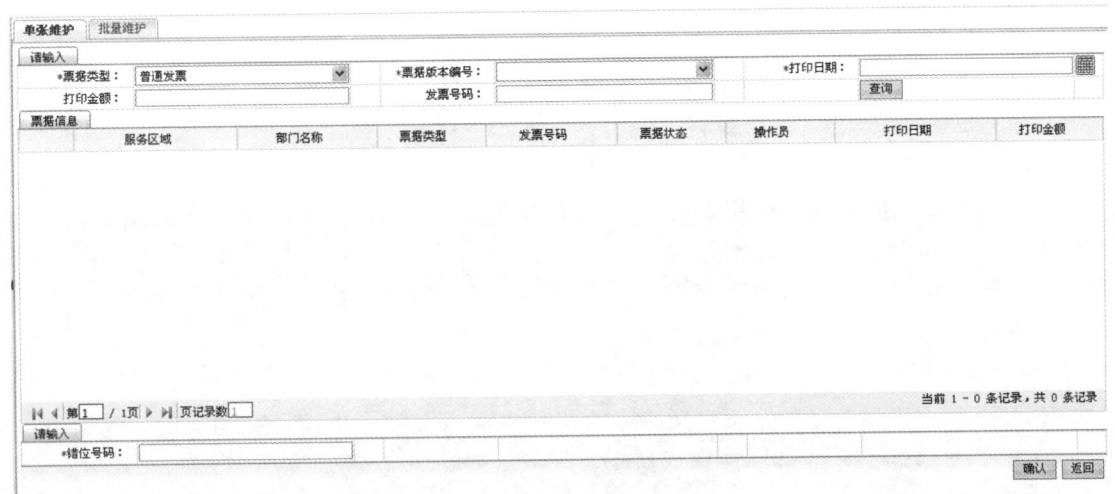

图 5-43 票据错位维护

因是用户税号变更,或是系统已过户,增值税信息未变更。该用户是由于办理了五证合一,税号变更了,但未在供电营业厅申请开票资料变更,造成开出的增值税发票无法认证的情况。

处理方法:

(1) 如果是当月票据差错且未认证的,必须收回原发票联和抵扣联并作废,同时开具正确的票据。作废票据应在营销业务应用系统中进行登记,并在票据各联上加盖"作废"章,票据各联应保持完整,不得私自销毁。

(2) 往月票据差错对方未认证的,在开票系统中由我方申请、我方开具相同内容的红字发票,正负相抵。

(3) 往月票据差错对方已认证的,由对方申请,在将红字信息表发给我方后,由我方直接开具相同内容的红字发票。

5.4.3 充值卡常见问题处理

1. 充值卡无法充值

【案例 8】

某用户到供电营业厅反映,自己的一张电费充值卡密码刮坏导致无法充值,要求帮其换一张新卡。

问题分析:

(1) 经电费充值卡业务应用系统中"充值卡管理〉〉综合查询〉〉充值卡信息查询"界面查询卡信息,该张电费充值卡为本地营业厅售出。

(2) 该卡状态为未充值。

处理方法:

经售卡人员核实并填写"电费充值卡破损换卡处理单"后,客户可凭原卡和有效身份证明调换相同面值的新卡,原卡予以报废。

2. 异地购买无法充值

【案例 9】

一日，某用户到供电营业厅反映，自己的一张电费充值卡密码刮坏导致无法充值，要求帮其换一张新卡。

问题分析：

(1) 经电费充值卡业务应用系统中"充值卡管理〉〉综合查询〉〉充值卡信息查询"界面查询，该张电费充值卡不是本地售出。

(2) 异地购买充值卡因密码刮坏、卡面破损无法充值要求换卡，因暂不支持异地柜台调换卡业务，无法满足用户要求。

处理方法：

客户需凭原卡及有效身份证明到原卡购买地电力营业柜台申请调换相同面值的新卡。

3. 已售未充值的充值卡逾期被冻结

【案例 10】

一日，某用户到供电营业厅，称其一张电费充值卡过了充值卡标注的有效期限，无法充值，询问该张卡是否还能用于抵扣电费。

问题分析：

(1) 已售出的电费充值卡在充值卡标注的有效期到期前未充值，充值卡逾期。

(2) 逾期的电费充值卡需要办理延期手续才能继续充值。

处理方法：

(1) 电费充值卡业务应用系统中的"充值卡管理〉〉业务受理〉〉充值卡延期"界面申请延期。

(2) 逾期被冻结的电费充值卡，可通过重新激活的方式延长使用期限，延长期为 6 个月。首次延期可通过供电营业厅柜台或 95598 办理，再次逾期应在指定的供电营业窗口柜台办理。

(3) 申请延期完成后告知用户尽快充值。

4. 营业厅柜台人员充值差错

【案例 11】

某用户到供电营业厅柜台购买电费充值卡，提供用电户号，要求营业厅柜台人员帮其充值。充值提示成功后通过"营销业务应用系统〉〉综合业务查询〉〉电费查询〉〉核算管理〉〉应收电费查询"界面中未有该笔收费。

问题分析：

(1) 通过电费充值卡业务应用系统中"充值卡管理〉〉综合查询〉〉充值卡信息查询"界面查询，该张充值卡对应的用电户号与用户提供的户号、户名不一致。

(2) 营业厅柜台人员通过充值卡系统充值时，出现操作失误，输入的户号有误导致充值错误。

处理方法：

经核查无误后，填报《电费充值卡差错处理单》，经主管部门审核确认，并报本单位分管领导批准后，方可通过营销业务应用系统中的"电费收缴及营销账务管理〉〉营销账务管理>>不同用户预收互转"的界面进行调整。

5. 客户原因充值错误

【案例 12】

一日，某用户到供电营业厅，拿出一张使用过的电费充值卡跟营业人员说自己在短信充值的时候户号输入错误，错帮别人交了电费，并给营业人员出示了短信内容。

问题分析：

(1) 营业人员根据用户提供的充值卡号，通过电费充值卡业务应用系统中"充值卡管理>>综合查询>>充值卡信息查询"界面进行了查询，查询结果与用户提供的充值户号、充值金额一致，其手机号与充值时发送短信的号码相同。

(2) 客户使用电费充值卡充值时，根据充值卡背面的操作说明发送短信的方式进行充值，在输入用电户号时一个数字错误，造成错充至他人的户号内，被充值用户的缴费方式是银行代扣，电费在发行当天已从银行扣款结清，该笔充值的金额显示为预收。

处理方法：

(1) 用户应凭原电费充值卡、充值电话号码、个人有效身份证明等资料到指定的供电营业柜台申请调整。

(2) 供电营业厅营业人员协助客户联系对方客户，双方客户在"电费充值卡错充调整处理单"签字确认后，经本单位营销分管领导审批，由客户服务中心电费账务班对相关客户的充值账户进行调整。

6. 销户时充值账户有余额

【案例 13】

低压用户销户，在销户流程信息归档时提示"用户存在预收余额"，无法归档，销户流程未能结束。

问题分析：

(1) 业务人员在流程信息归档时因为该用户存在预收余额无法完成归档，经查询该户收费明细，用户电费原为充值卡充值缴费，销户时存有预收余额。

(2) 通知用户提供个人有效身份证明等资料，到供电部门办理退预收余额的申请。

处理方法：

(1) 充值账户余额应采用充值卡退还，少于最小面额的部分用现金退还。

(2) 客户在同一属地内有其他户号用电的，可申请办理预收互转，将销户户号预收款余额转至其他户号使用。

第6章 电费风险防范

随着电力用户用电量快速增加和电力体制改革的不断推进，供电公司面临的电费风险和不确定性也在逐年加大。研究电费抄核收工作中存在的问题，加强公司风险管理水平，防止欠费、呆坏账的产生，降低供电公司经营风险，增加公司营运能力，是供电公司面临和需要解决的问题。电能这一商品的特殊性使供电企业电费风险管理策略都有别于其他传统行业，供电公司只有做到超前谋划、积极应对、管理得当，才能降低电费回收的风险率，保证电费回收颗粒归仓。

6.1 基本知识

2009 年，国网在《营销安全风险防范与管理规范（试行）》中针对电费风险进行了定义，主要指电费管理期间，由于国内外经济形势发生改变，抄核收管理有失规范、电价政策执行不到位、社会代理机构拒收用户现金缴费等诸多因素而造成的电费纠纷、差错、欠缴等风险。电费风险防范是为了建立以防为主、协同配合、快速响应的电费风险预控机制，提升对各类电费风险的预警防控和快速响应能力，防止欠费风险的发生。电费风险防范涵盖电费风险分类与识别、风险评估、风险防范措施、应急保障等方面内容。

6.1.1 电费风险防范方式

供电企业随着依法治企不断深入，员工的素质也在不断提升，控制风险的手段也越来越多样化，可以采取不同的风险防范方式对风险进行调节和控制，以减少电费风险发生的可能性和电费风险发生的损失程度。供电企业通常采用的风险防范方式有风险规避、风险控制、风险转移、风险自留。

风险规避是指已经对风险进行了分析预测，针对分析可能发生的风险点及发生几率，制定相应的策略，从而避免风险，是一种事前的控制方式。实施风险规避策略，一般有拒绝行为和改善行为两种。拒绝行为就是供电企业对有风险的用户拒绝建立供用电关系从而不承担风险，如某用户的项目是不符合国家相关政策的，有被政府关停的可能，电费风险相当大，供电企业就可以不受理该用户的用电申请，以彻底避免风险的发生。改善行为是指改变风险发生的土壤，减少风险的发生，如供电企业建设用电信息采集系统，改变抄表方式，提高抄表质量，避免风险的发生。

风险控制是指对风险再发生的可能性进行评估，在风险造成损失后最大程度的使损失降到最低，从而控制风险蔓延的策略，是一种事中的控制方式。一般采用中断行为，就是对已建立供用电关系的用户发生的风险进行中断，不再继续承担风险，如当发生用户欠费不交情况时，对其进行停电处理，避免风险的扩大。

风险转移是指将可能发生的风险转移给别的企业或个人，让他人去承担风险造成的后果和损失，也是一种事前的控制方式，一般采用法律手段事后实现。如对有可能发生风险的用户要求实施电费担保，当用户无力缴纳电费时，由担保人支付，从而将电费风险转移到了担保者的身上。

风险自留是指供电企业自行承担风险，因为此类风险已经无可避免，一般采用呆坏账方式解决。如破产用户的电费，通过法律追回部分欠费后，其他的就会成为坏账。

6.1.2 电费风险防范工作内容

1. 电费风险防范分类

根据电费风险管控实际，一般采用风险来源进行分类。按照风险来源可以分为政策性风险、经营性风险、管理性风险、法律性风险等。

政策性风险是指国家或地方政策调整引起的企业经营变化，导致电费欠费风险。如产业调整使某些行业成为淘汰、限制类行业，导致企业限产、停产；企业重组、转制、改制相关政策的变化，导致的债权债务关系的变化；国家电价政策调整、税收政策变化导致企业运行成本增加；列入政府整体拆迁、搬迁范围内企业；地方政府的行政干预。

经营性风险是指在用户企业经营过程中，由于金融动荡、经济衰退、经营状况不良、停产倒闭或企业转型，引起资金周转困难，导致电费欠费风险。如下游市场需求变化，导致产品积压；上游市场变化，导致成本增加；成长期或衰退期产品生产企业，经营不稳定。

管理性风险是指供电企业因缺乏完善的抄核收管理制度，以及制度未能有效执行等因素影响而造成的电费差错、电费纠纷、呆坏账或者资金被挪用截留、职务犯罪等。如业扩不规范、计量采集差错、抄表数据差错、计算电费数据差错、电费发票丢失、发票虚开、欠费催缴不力、合作单位收费管理不规范等引起的用户投诉、拒交电费，电费资金管理不到位。

法律性风险是指由于目前法律法规不健全、电价政策执行错误、供用电合同中电费结算条款不规范、停复电操作不规范等原因，引起的被行政处罚、媒体曝光、诉讼案件等，导致电费欠费风险。如电力法规定对欠费用户实施停、限电措施，必须在用户欠费30d并多次催缴后才可实施，造成电费拖欠；供用电合同逾期未重签；担保标的物处分权不明确，担保行为中存在循环担保；用户产权不明晰，导致无处催费。

2. 电费风险识别

电费风险识别主要是针对实际电费管理工作中存在的风险进行查找。对电费风险的识别主要方法有检查表法、历史数据分析法、头脑风暴法、流程图法，一般情况下都采用业务流程图法分析各环节所存在的风险以及风险的起因和影响。通过对流程的分析，可以发现和识别某个环节可能发生的风险，以及流程中各个环节对风险影响的程度。以抄表流程为例进行说明，电费抄表业务流程各环节风险分析见表6-1。

表 6-1　　　　　　　　　电费抄表业务流程各环节风险分析

工作内容	风险描述	风险影响
抄表计划	未按时发起抄表计划、抄表计划与实际不相符	引起月度用电量波动，导致电费纠纷，拒交电费
远程获取抄表数据现场抄表	用电信息采集系统在采集过程中出现差错 抄表人员抄表不到位，不使用抄表机红外抄表，估抄、错抄，未发现计量故障、差错	采集电量与实际不符，引起抄表差错，导致电费纠纷，拒交电费 抄表电量与实际不符，引起抄表差错，导致电费纠纷，拒交电费
抄表起止度复核	复核人员复核不到位，未发现抄表电量差错	抄表电量与实际不符，引起抄表差错，导致电费纠纷，拒交电费

3. 电费风险评估

风险评估是对风险进行综合分析，进行定性和定量评估，确认风险发生的可能性和严重程度。

针对上述在电费业务中识别出的风险点，及时准确收集用户相关数据，包括用户的属性、用电情况、宏观调控政策、用户生产经营情况、用户资金流等。并结合在实际工作对各类风险发生的可能性和风险产生的影响程度，根据评估规则进行量化，划分等级，产生用户风险等级和评估报告。

电费风险最后导致的结果就是用户欠费、电费资金损失，因此电费风险的评估一般根据用户欠费对电费回收的影响程度和电费差错金额、电量的大小来进行。

用户欠费风险事件分为特大、重大和一般三个等级。

(1) 特大欠费风险事件。发生潜在风险且涉及欠费金额在 100 万元及以上或发生事实风险且涉及欠费金额在 50 万元及以上的欠费风险事件。

(2) 重大欠费风险事件。发生潜在风险且涉及欠费金额在 50 万元及以上或发生事实风险且涉及欠费金额在 30 万元及以上的欠费风险事件。

(3) 一般欠费风险事件。发生潜在风险且涉及欠费金额在 50 万元以下或发生事实风险且涉及欠费金额在 30 万元以下的欠费风险事件。

电费差错分为重大电费差错和一般电费差错二个等级。

(1) 差错电费金额在 10000 元及以上或差错电量在 $10000kW \cdot h$ 及以上的差错判定为重大电费差错。

(2) 差错电费金额在 10000 元以下或差错电量在 $10000kW \cdot h$ 以下的差错判定为一般电费差错。

4. 风险防范措施

在对电费风险进行分类、识别和评估后，要针对风险提出防范措施，确保将电费风险所带来的损失降低到最低。首先要努力降低电费风险事故所发生的可能性，制定风险规避策略；其次要努力降低电费风险事故所产生的损失，制定风险控制策略；在不能够降低电费风险发生的可能性与损失条件下，制定风险转移策略。电费风险防范措施从部门职责、制度规范、风险预警、法律等方面进行制定。

（1）成立由本单位主要负责人负责，营销、财务、经法、调控、运检、党群、信通等部门协同管理的电费风险防控组织机构，开展电费风险分类与评估，制定电费风险防控的响应与处置措施。营销部为电费风险防范工作的管理部门，客户服务中心是本单位欠费风险防范的实施部门，财务、经法、调控、运检、党群、信通是欠费风险防范工作的配合部门。

（2）健全电费管理制度，加强电费抄核收工作质量稽查，从源头上控制电费差错的发生；加强抄核收人员的业务技能和职业道德教育培训，杜绝职务犯罪；完善绩效管理体系建设，绩效管理是识别、确保风险应对措施和管控措施落实的重要手段，为识别和衡量各项风险管控措施的效果，要建立相应的指标体系，对关键节点设置关键指标。

（3）动态开展电费风险预警，建立逐级风险预警报告和信息的发布制度。结合用户信用评价结果、国家宏观调控及产业结构调整政策、用户经营动态等因素，开展用户电费风险评估。依据欠费风险程度，逐级报告上级营销部门，由营销部门依据影响范围统一发布欠费风险预警信息，指导业务部门开展欠费风险预警处置。

（4）根据用户电费交纳情况、缴费渠道偏好、守法经营行为及用电行为规范程度等对用户的信用等级进行动态评价，形成客户画像，并按客户画像调整相应的防范措施，对高压用户实施"一户一策"，低压用户实施"一类一策"。采取的措施主要包括：电费违约金、跟踪关注、驻厂催收、分次结算、分期划拨、限荷供电、欠费停电、电费预购电、预付费控、电费担保、行使不安抗辩权、保全电费债权、运用督促程序、信用等级划分及社会信用体系的应用等。

5. 应急保障

根据电费回收发生的性质、可能造成的危害和影响范围，电费回收风险预警级别分为一级、二级、三级，并相对应的建立电费回收风险应急预案。营销部门综合分析电费回收风险，提出供电公司电费回收风险预案建议，报供电公司应急处置领导小组批准，由供电公司应急办根据可能影响范围、严重程度、紧迫性，通过传真、安全监督与管理系统等固定方式及时发布。预案信息内容包括时间、地点、信息来源、基本经过、初步原因和性质、已造成的后果、影响范围、警示事项、应采取的措施等。必要时供电公司应急办向上级主管部门报送预案发布情况。

根据事态发展变化，供电公司营销部门或应急办提出电费风险预案级别调整建议，经应急办批准后，根据事件危害程度和社会影响等综合因素，按照预案分级条件，决定是否调整响应级别。当发生特大欠费风险事件时，应启动Ⅰ级响应；当发生重大欠费风险事件时，应启动Ⅱ级响应；当发生一般欠费风险事件时，应启动Ⅲ级响应。Ⅰ级、Ⅱ级响应由供电公司处置办根据电费风险处置效果报请应急处置领导小组研究决定终止事件响应，并发布终止命令；Ⅲ级响应由营销部门根据电费风险处置效果，报请供电公司应急处置领导小组批准后终止事件响应。

(1) Ⅰ级响应。

1)供电公司应急办组织收集各单位综合信息,密切关注事态发展,及时向供电公司应急处置领导小组报告。必要时请求上级公司和政府部门支援。

2)做好成立电费风险事件领导小组及办公室的准备工作。

3)相关职能部门根据职责分工做好异常情况处置和应急新闻披露准备工作。

4)营销部组织开展应急值班,开展信息汇总和报送工作,督促做好应急服务等准备工作。

5)加强与政府职能和新闻媒体部门进行联系沟通,及时报告事件信息,协助开展信息发布工作。

(2) Ⅱ级响应。

1)供电公司应急办和营销管理部门密切关注事态发展,收集相关信息,必要时向供电公司应急处置领导小组报告。

2)营销部门根据职责分工督促做好应急服务等准备工作,做好异常情况处置和应急新闻披露准备。

3)相关单位按本部门预案规定,启动应急值班,及时收集和报送电费风险事件进展等相关信息,做好应急新闻披露准备。

(3) Ⅲ级响应。

1)供电公司应急办和营销管理部门关注事态发展,收集相关信息,必要时供电公司应急处置领导小组报告。

2)营销部门,及时收集和报送应急服务及事件进展等相关信息,做好异常情况处置和舆情监控工作,根据需要督促做好应急服务等准备工作。

(4) 应急队伍建设。各部门(单位)按照"平战结合、反应快速"的原则,加强应急抢修队伍、应急专家队伍、应急救援基干队伍建设和管理,做到专业齐全、人员精干、装备精良、反应快速,提高突发事件应急救援能力。

营销部门应建立应急基干队伍档案,加强营业、计量、电费、市场、财务的队伍建设和人员技能培训,通过模拟演练等手段提高各类人员的应急处置能力。申报突发事件的应急物资装备储存及调拨和紧急配送机制。申报应急资金,在突发事件情况下,按照"特事特办、急事急办"的原则,及时拨付处置突发事件的资金,同时建立应急资金动态监管机制,保证应急工作和处置经费落实到位。

6.2 工作实施

电费风险防范工作实施主要是电费风险防范工作具体作业过程,涵盖电费风险识别、预警、采取的措施等方面内容。

6.2.1 电费风险识别

1. 操作方法

(1)电费抄核收管理风险。电费抄核收管理风险是指未按抄核收相关管理工作规定开展工作，引起抄表数据差错、电费差错、电费资金不安全，造成用户拒付电费或电费损失。对于电费抄核收管理风险的识别主要是以抄核收相关管理工作规定为依据，查找风险点及分析风险发生后的影响。电费抄核收风险分析见表6-2。

表6-2　　　　　　　　　　　　电费抄核收风险分析

风险点	风险描述	风险影响
抄表计划	未按规定安排抄表例日，未按抄表例日发起抄表计划，抄表计划与实际不相符，抄表准备数据上下装时限超出工作标准规定	引起月度用电量波动，导致电费纠纷，拒交电费
远程获取抄表数据	用电信息采集系统在采集、集中、传输、导入过程中出现差错	采集电量与实际不符，引起抄表差错，导致电费纠纷，拒交电费
现场抄表处理	抄表人员抄表不到位，不使用抄表机红外抄表，发生估抄、错抄、漏抄、串抄；对现场异常情况如计量故障、差错未及时发现处理；现场环境复杂，计量装置安装不规范	抄表电量与实际不符，引起抄表差错，导致电费纠纷，拒交电费；长期抄表差错，易引起电费损失
黑户或漏户	业扩过程中未建立抄表信息或未加入抄表段；销户用户未拆回计量装置或拆错计量装置；抄表段调整错误	用户用电而电量一段时间或长期不抄表，抄表后一次性补收电费，易导致电费纠纷，拒交电费或引起电费损失
抄表起止度复核	复核人员复核不到位，未发现抄表电量差错	抄表电量与实际不符，引起抄表差错，导致电费纠纷，拒交电费
周期核抄	未按规定要求开展周期核抄，核抄不使用抄表机红外抄表，对现场异常情况如计量采集故障、差错未及时发现处理	用户电量差错一段时间或长期存在，发现后一次性退补电费，易导致电费纠纷，拒交电费或引起电费损失
电费试算复核	未按规定要求开展试算复核，试算出现异常未认真检查，未进行闭环管理，差错不能及时发现、更正	易造成出门差错，导致电费纠纷，拒交电费或引起电费损失
电费计算复核	未按规定要求开展计算复核，电费计算程序存在缺陷，与计算相关参数错误，电价调整时计算规则错误，流程归档不及时，抄表时间调整，复核人员技能素质不高，缺少纠错能力，对异常未进行闭环管理，差错不能及时发现、更正	易造成出门差错，影响企业形象，导致电费纠纷，拒交电费或引起电费损失

续表

风险点	风险描述	风险影响
电费退补	出现异常、故障、差错退补时未按要求开展，电费退补不规范，电费退补不及时	易导致电费纠纷，影响企业形象，用户拒交电费或引起电费损失
收费制度	收费制度性缺陷，没有滚动修改，收费新方式没有及时制定相应管理制度	易造成收费人员无据可依或引用错误，影响电费回收业务正常开展
走收电费安全	走收特点造成资金、人身安全，未做到日结日清，收取假币、资金被盗抢遗失、资金被挪用截留、人身伤害	发生人身伤害、廉政风险，导致电费损失
库房管理	未对充值卡、现金保险柜实施"三铁"管理，未配备必要的安全措施	发生人身伤害、电费损失
催缴电费	没有及时上门了解用户生产情况，没有及时发送电费通知单、短信发送错误，没有按规定发送催费通知单，未保留催费通知证据	电费不能及时收取、造成电费损失
陈欠电费	为按陈欠电费管理规定开展工作，陈欠电费管理混乱，没有定期开展电费催缴呆坏账非法核销	电费不能及时收取、造成电费损失，形成廉政风险
电费违约金	未按违约金管理规定开展，违约金未按合同要求设置，随意收取减免违约金，没有进行违约金减免审批，挪用截留违约金	造成违约金损失，未按统一规定收取引起用户投诉，拒交电费或违约金
抄核收岗位设置	抄核收混岗，造成电费失去监督，电费工作质量下降	不同岗位之间无法有效监控，易发生电费差错和廉政风险，影响电费回收
电费账户	过多开设电费账户，未严格执行电费账户的资金核对制度	造成电费资金利用率不高，易发生电费资金被截留挪用
智能表安全	费控智能表由于参数设置错误，引起电费与电量不一致或产生误跳	误跳造成用户损失、参数错误造成电量电费纠纷，影响电费回收
发票管理	未按发票管理要求开展工作，导致发票遗失、增值税虚开	造成电费不能及时回收，有可能产生经济犯罪

(2) 用户欠费风险。用户欠费风险是指用户因某种原因引起用户拖欠、不交电费的风险。对于用户欠费风险的识别主要是以用户用电属性、经营状况、用户画像、政策为依据，查找风险点及风险发生后的影响。用户欠费风险分析见表6-3。

表 6-3　　　　　　　　　　　　用户欠费风险分析

风险点	风险描述	风险影响
用户关停、破产、重组、转制	列入限期关停目录企业，淘汰类企业，执行差别化电价企业，重组企业	用户资金短缺，电费支付能力下降，造成用户欠费，重组企业重组前后由于划分不清，造成用户不付电费
拆迁用户（旧村改造用户）	拆迁计划不知情，拆迁不是一日完成，实施前无法断电，拆迁后用户去向不明，因拆迁意见拆迁户抗拒拆迁	拆迁后无处催费，造成电费无法回收，形成电费损失，增加电费呆坏账
公共用电用户	公共用电缴费责任主体不明晰，物业（村委）本身并不用电，而业主管理较松散，如楼道灯、电梯、公共区域路灯等	会造成有人用，无人缴费现象，采用停电措施时，会引发舆情事件，影响电费回收
临时基建用户	基建用户主体为业主单位，使用者为建设单位，易引起缴费责任不明晰	会造成有人用，无人缴费现象，影响电费回收
村两委选举	处于选举期间，会造成权利真空，谁都不管	会造成电费无人签字，影响电费回收
恶意欠费用户	用户缴费意识淡薄，在经营不善、电价调整、计算差错时故意不交或少交电费	以各种理由不交或少交电费，影响电费回收，造成电费损失

（3）法律风险。法律风险是指供电企业在电费计算、收缴过程中未按相关法律法规执行，引起用户拖欠、不交电费的风险。对于法律风险的识别主要是以相关法律法规、供用电合同为依据，查找风险点及风险发生后的影响。法律风险分析见表 6-4。

表 6-4　　　　　　　　　　　　法律风险分析

风险点	风险描述	风险影响
电价执行错误	未严格按电价文件规定进行电价分类，执行错误电价，擅自增加或减少各种基金的收取或增加额外收费	上级部门检查时，受到行政处罚、媒体曝光，影响电费回收，易造成电费损失
电费结算条款	合同中结算方式、缴费方式、缴费截止日、违约责任不明确	引起与用户的缴费纠纷，影响合同的效力核电费回收
欠费停复电	未按欠费停复电规定要求执行，停电理由不充分、停电时间不符合规定、停电通知不到位、停电程序不合法，未保留停电程序的相关证据	引起与用户的纠纷，易被媒体曝光，影响电费回收，易造成电费损失

（4）合作单位风险。合作单位风险是指供电企业与合作单位在电费通知、收缴过程中未按合同执行或出现合作单位员工工作差错，引起用户拖欠、不交电费的风险。对于合作

单位风险的识别主要是以与合作单位签订的合同为依据，查找风险点及风险发生后的影响。合作单位风险分析见表6-5。

表6-5 合作单位风险分析

风险点	风险描述	风险影响
电费通知	电费通知单、发票邮寄不到位，电费短信发放不及时	易引起用户拒交电费，影响电费回收
电费收取	代收网点拒收电费，代收网点撤销，代收电子渠道故障	用户无法就近缴费，无法应用各类缴费方式缴费，造成不能正常缴费，引起用户不满，影响电费回收

2. 工作要求

供电企业应每年滚动开展电费风险识别，修编电费风险识别结果。在业务流程环节、规章制度、政策文件出现变化时同步开展电费风险识别。

3. 注意事项

电费风险的识别主要采用方法有流程图法，但也要结合检查表法、历史数据分析法、头脑风暴法等办法综合开展风险识别。

6.2.2 电费风险预警

电费风险预警就是收集用户的用户属性、行为特征、供用电合同执行情况和与之相关的企业运行环境变化因素依据国家宏观调控、市场变化、企业经营状况开展电费回收风险的识别、量化和应对。将电费回收的管理关口提前，尽量将事后和事中管理控制变为事前控制，对电费回收全过程环节进行管控，实时对电费工作的效果进行跟踪，及时发现电费回收的不利信息，根据影响程度发出预警并启动预案，达到控制电费风险的目的。

比如根据"95598"咨询投诉情况，发现电费发票邮寄送达时间较晚，接近月底，影响到用户财务按时缴费。而电费发票邮寄送达的都是用电大户，对电费回收影响很大，此时就要启动电费回收预警。

风险用户分为事实风险用户和潜在欠费风险用户两类，事实风险用户就是已经发生欠费事实的用户，潜在欠费风险用户包括以下几类：

（1）国家宏观调控、政策性关停、节能减排、环保治理等政策相关行业的客户，主要包括被列入限期关、停目录的企业；执行差别电价的淘汰类、限制类企业等。

（2）人民银行征信系统中信用度较低的客户。

（3）遭遇热点、焦点问题并可能引起欠费风险的客户及其关联客户。

（4）面临困境的企业客户，主要包括受不可抗力或企业自身经营不善等原因影响，不能严格执行重组计划或重组失败企业及面临关停的企业。

（5）列入政府整体拆迁、搬迁范围内的客户。

（6）低信用、高风险的客户。

(7) 租赁经营或生产的客户。
(8) 由物业（市场、写字楼等）代交电费的客户。
(9) 存在欠费风险客户的连环担保客户。
(10) 平均回款周期明显延长的客户。
(11) 电量同比、环比出现大幅下降的客户。
(12) 近12个月内发生逾期交费达3次及以上的客户。
(13) 支票发生退票的客户。
(14) 其他因素导致存在欠费风险的客户。

供电企业要根据电费交纳情况、缴费渠道偏好、守法经营行为及用电行为规范程度等制定用户风险等级划分标准，针对不同风险等级以高压用户实施"一户一策"，低压用户实施"一类一策"制定出相应的预警防范预案，模板见表6-6。

表6-6　　　　　　　　　　　　　电费风险预案

风险等级	风险结果	预案
极高风险	此类用电用户的各方面情况都处于不佳的状态，电费正常回收可能性几乎为零	必须要采取强制性的措施，按规定程序严格执行同时下发《催缴通知书》和《终止供电通知书》的措施，"两书"必须由企业的负责人或负责人的委托人签字，对拒绝不签字的用电用户，将要把停电通知书贴在企业的门口或其他能够明显证明通知书已被送达的地方，并向用户说明；不定期地与此类用户以上门、电话等方式进行催缴，及时掌握用户的情况，并告之应在何时必须足额缴纳电费；在该用户缴纳所欠数额电费以及违约罚款金等费用后，必须要提供一定数额的预付电费，并且最好有担保人为其作担保，以减少电费回收风险
高风险	此类用电用户有恶意欠费的现象发生，信用度低，电费回收风险很高	有必要遵循国家规定程序严格执行停电催缴措施；下发催缴通知书和终止供电通知书；欠费停电复电时，都必须为公司领导的签字，并说明签字人必须要为该用户担保所欠下的电费；在交完电费、违约金等一系列费用后，重新缴纳一定数量的预付电费，以降低此后电费回收风险
普通风险	此类用电用户的电费回收风险颇高	由于该类企业的经营状况不佳，当用户没用能力支付欠缴的电费时，可以积极跟政府相关部门进行协调，以用户的固定资产来补偿供电企业的电费和滞纳金，或者由担保人来负责履行偿还债务的义务；不定期与此类用户沟通，掌握该企业的经营状况，提前告之本月电费余额的缴纳期限
低风险	此类用电用户欠缴情况一般是由于不确定、不可预知的因素造成，有一定的电费回收风险	供电企业的工作人员可定期与该类企业进行沟通，提前告之本月电费余额的缴纳期限，尽量避免拖欠电费的情况发生；如果用户确实因特殊原因需拖延几天，须经公司领导同意并与该用户达成还款协议后，才能延期；对延期用户，应按照规定收取违约金；若用户不能按还款协议及时、足额还款，应按规定停电

续表

风险等级	风险结果	预案
极低风险	此类用电用户的电费回收风险极小	即使企业经营状况不好,但是该类企业能够按时缴纳电费,对此可对其提供限时缓缴等灵活的方法,在与信用度高的企业达成良好合作关系、为经营不善的企业提供便利的同时也能按时收到用户缴纳的电费
无风险	此类用电用户的电费回收风险几乎没有,属于基本无风险企业	供电企业需要加强与这类企业的联系,建立友好的关系;优先提供绿色通道,尽力支持用户工作,提供调度优先、系统供电紧张时优先保电、免费技术服务等优惠服务

6.2.3 电费违约金

《电力供应与使用条例》第三十九条规定逾期未交付电费的,供电企业可以从逾期之日起,每日按照电费总额的1‰~3‰加收违约金,具体比例由供用电双方在供用电合同中约定。《供电营业规则》第九十八条规定用户在供电企业规定的期限内未交清电费时,应承担电费滞纳的违约责任;电费违约金从逾期之日起计算至交纳日止。

用户在与供电企业约定的期限内未交清电费时,应承担电费滞纳的违约责任,这是供电企业运用了违约责任,遏制用户拖欠电费有效的手段之一。电费违约金管理业务,涵盖了电费违约金配置、计算、收取、免计全过程。

1. 操作方法

(1)违约金配置。配置电费违约金时要输入用电管理单位、用户范围、用户属性值、计算方式、默认值等参数,以明确此违约金配置在什么范围、以什么方式实施。

用电管理单位一般指实际的管理机构,如供电所。

用户范围是指用户的不同分类,可以抄表例日、用电类别、单位、用户、用户类型等分类方法分类用户。如以用户类型可分为考核、高压、低压非居民、低压居民等类型。

用户属性值是指不同用户的类别,赋予的一个唯一的值,见表6-7。

表6-7 用户类型及用户属性值表

用户属性值	用户类型
00	考核
01	高压
02	低压非居民
03	低压居民

计算方式是指违约金起算日的确定方式,计算方式主要有指定日期、指定延后天数、当月最后天数(月末)、抄表例日后加固定天数、本月固定日期、下月固定日期、应收年月固定日期等。

默认值是指计算方式中的天数、日期。

1) 管辖单位下一定用户范围内用户违约金配置。在违约金配置界面，如图6-1所示，选择好管辖单位后，点击【查询】按钮，会出现配置过的信息。选择某条信息，可重新配置信息，输入完成后，点击【修改】按钮，完成对原配置信息的修改；点击【新增】按钮就会新增一条配置信息。

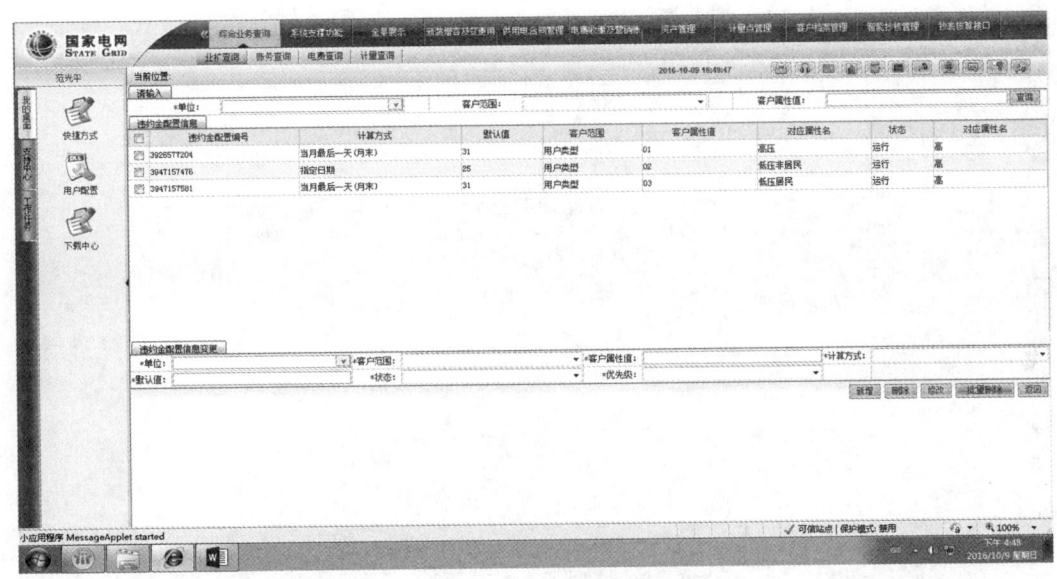

图6-1 管辖单位下一定用户范围内用户违约金配置界面

例如，对××单位下的低压居民违约金起算日期配置为次月1日，按图6-2配置即可。

图6-2 低压居民违约金起算日期配置示意图

2) 单户用户违约金配置。选择好单户用户所属管辖单位，用户属性值内填写好户号，查询后，若无配置信息，按照违约金配置要求填写完成并点击【新增】按钮完成配置；若有配置信息，按照违约金配置要求检查原信息，信息修改后点击修改完成配置。

3) 分次结算用户电费违约金配置。在营销系统分次结算违约金配置界面中输入户号，如图6-3所示，查询后，若无配置信息，则按照违约金配置要求填写完成并点击【新增】按钮完成配置；若有配置信息，按照违约金配置要求检查原信息，信息修改后点击修改完成配置。

如每月5日、15日分次抄表的用户，违约金配置如图6-4所示，签订日期、生效起始年月、生效终止年月上下两条信息必须一致。

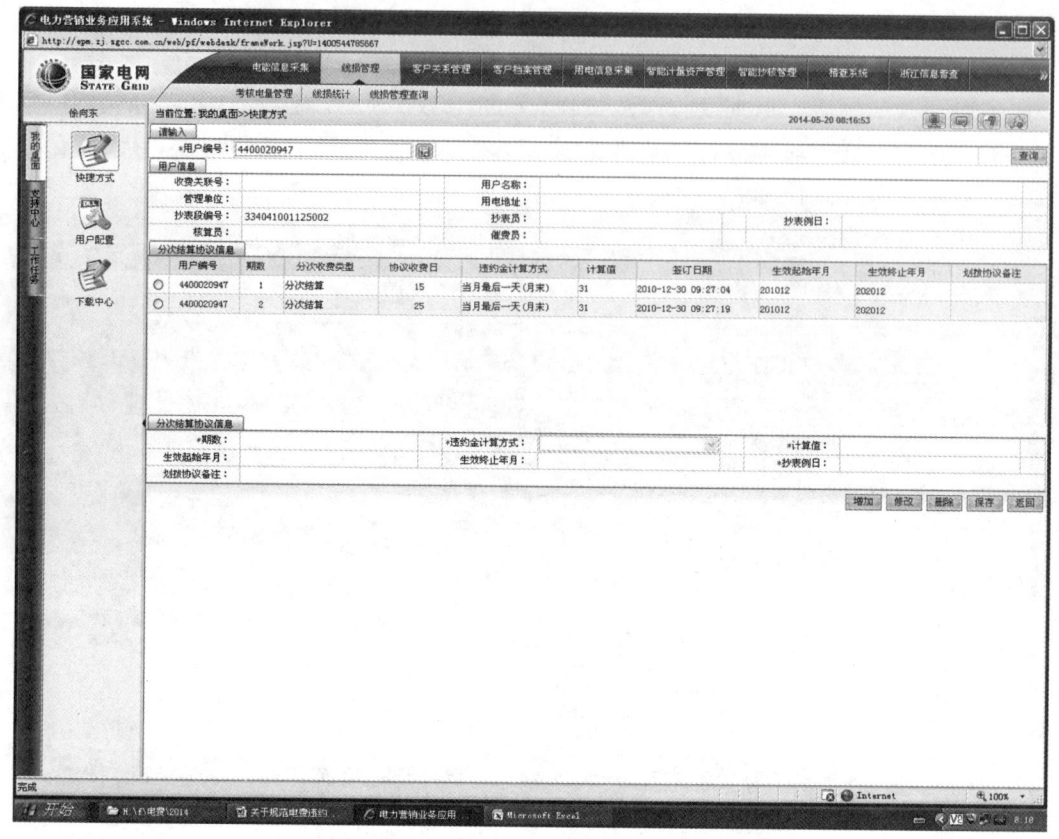

图 6-3 营销系统分次结算违约金配置界面

图 6-4 分次结算违约金配置示意图

（2）违约金计算。

电费违约金＝欠费总额×费率×违约天数，违约天数为用户电费违约金起算日期起计算至交纳日止的天数，违约金起算日期就是逾期日期，是指规定的电费交费截止日的次日。非居民用户按照供用电合同约定的交费截止日期加一天，但居民用户一般为次月 1 日。

电费交费截止日应在供用电合同中予以明确，具体按照以下规定：对抄表例日在 20 日及以前的用户交费截止日为抄表例日后第 7 天；抄表例日在 20 日以后（包括分次结算终次抄表）的用户交费截止日为抄表例日后第 5 天，但最迟不得超过月末最后一天；分次结算各期交费截止日为抄表例日后第 5 天。对未签订供用电合同或合同上无明确规定交费截止日的用户，交费截止日为抄表例日后第 10 天。居民用户交费截止日期为抄表例日加 10 天。交费截止日应在电费通知信息（电量电费通知单、电费通知短信、微信、电力 App）中告知用户。

当发生因用户原因引起的电费托收不成功、票据退票或电费错收等引起冲账时，违约金应从起算日起重新计算。

分次结算电费用户需按合同约定设置各期交费截止日，按不同交费截止日分别收取违约金；分期划拨电费用户，前批次划拨电费不收取电费违约金（用户与供电企业有专门合同约定者除外）。

(3) 电费违约金收取。电费违约金应与电费本金同步收取；部分收费的，电费违约金与电费本金按比例同步收取。增值税发票用户交纳的电费违约金可与电费本金合并出票，也可以单独出具普通电费发票；其他用户的电费违约金与电费本金合并出票。电力柜台收取的电费违约金视同电费管理，与电费合并解款；核算账务班进行解款核定后，由财务资产部进行二次销账和资金账务处理。

(4) 电费违约金免计。

1) 电费违约金免计流程。电费违约金免计申请由抄表班（营业班）在营销业务应用系统发起流程，违约金免计界面如图 6-5 所示，填写相关信息后，发送至审批岗位，完成电费违约金免计流程，流程图如图 B-4 所示。同时，机外填写《电费违约金免计审批单》，按业务管理归属，进行分级审批。违约金免计完成后，抄表班（营业班）应将《电费违约金免计审批单》，在 5 个工作日内送交电费账务班存档。

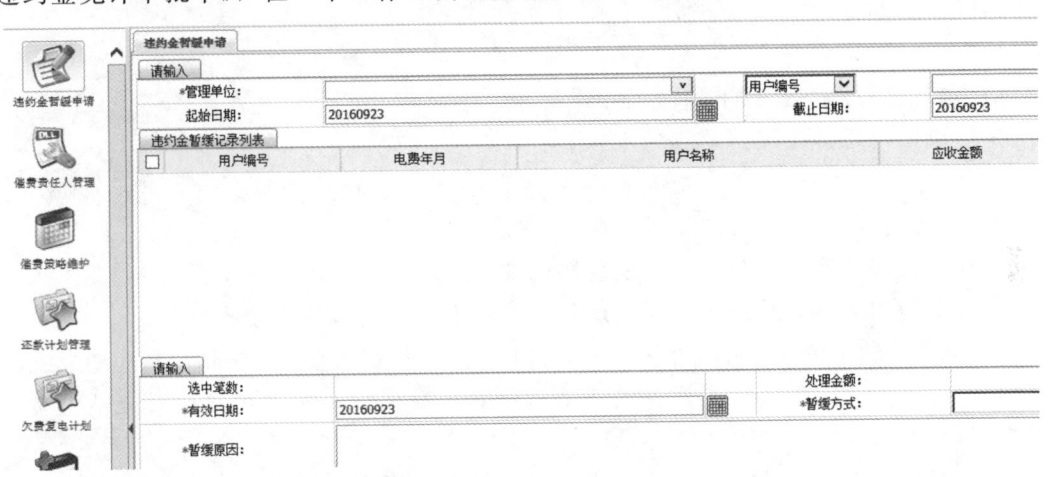

图 6-5 违约金减免界面

2) 电费违约金免计审批权限。

a) 电费违约金免计金额在 100 元以下由市公司用户服务中心营业及电费室主任或县公司用户服务中心业务管理室主任审批。

b) 电费违约金免计金额在 100 元及以上 1000 元以下由本单位营销部主任审批。

c) 电费违约金免计金额在 1000 元及以上由本单位分管领导审批。

3) 电费违约金退还。对因免计原因导致实际多收取的电费违约金，应退还用户。电费违约金退还，由抄表班（营业班）在营销业务应用系统中发起电费违约金转预收流程，界面如图 6-6 所示，经审批后由电费账务班处理。电费违约金转预收流程实行一级审批，其审批权限与电费违约金免计审批权限一致。若用户要求直接退还电费违约金，视同电费退费处理。完成电费违约金退还后，流程发起人应及时通知用户。

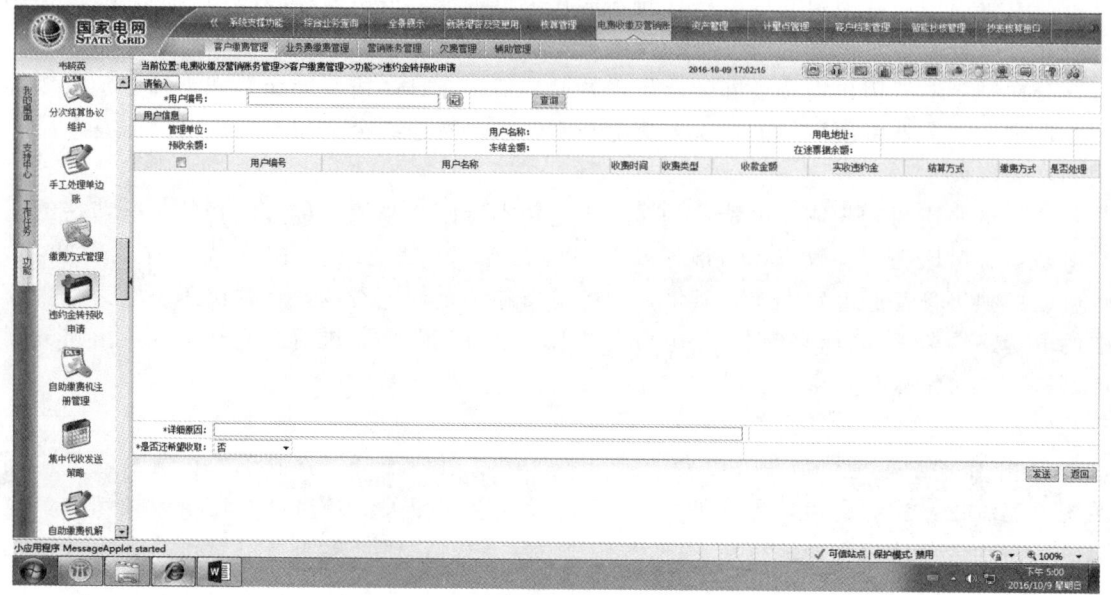

图6-6 电费违约金转预收流程界面

2. 工作要求

(1) 每日电费违约金按下列规定计算：

1) 居民用户每日按欠费总额的1‰计算。

2) 其他用户。

a) 当年欠费部分，每日按欠费总额的2‰计算。

b) 跨年度欠费部分，每日按欠费总额的3‰计算。

3) 电费违约金收取总额按日累加计收，总额不足1元者按1元收取。

(2) 电费违约金免计条件。非用户原因引起的用户逾期交费，可申请电费违约金免计：

1) 因供电企业工作人员工作差错或电费计算出现错误，影响用户按时交纳电费，产生的电费违约金。

2) 银行代扣电费或POS机刷卡，因系统或银行方原因延缓扣款或出现单边账，产生的电费违约金。

3) 因营销业务应用系统用户档案资料不完整或错误，影响用户按时交纳电费，产生的电费违约金。

4) 用户通过网上银行等交费渠道"倒交"电费，未及时通知收费人员造成滞后销账，产生的电费违约金。

5) 经审批同意核销的电费呆坏账，同步存在的电费违约金。

3. 注意事项

(1) 违约金配置的优先级，一般是单户违约金起算日配置优先级要高于范围用户，若不然配置时若单户违约金起算日大于范围用户配置的违约金起算日，营销系统则以范围用户配置的违约金起算日为准参与计算。

(2) 目前营销系统在收费时按收费日期重新计算违约金，对 24h 工作的自助缴款机来说，清机解款后在当日再缴纳的电费，其违约金会按次日缴纳计算，多收取其 1 日违约金。

(3) 预付电费（计划结算电费）不收取违约金。

(4) 电费欠费总额不包括违约金。

(5) 供电企业起诉用电人要求支付拖欠的电费时，应一并将电费违约金作为诉讼请求之一，在《供用电合同》《电费结算协议》等对电费违约金有明确约定时，应按约定的违约金支付比例、起算时间计算电费违约金；在供用电合同或电费结算协议中直接援引《供电营业规则》的相关规定时，以《供电营业规则》规定的违约金比例，结合电费交费单的交费日期等计算电费违约金。

(6) 供电企业在《供用电合同》《电费结算协议》中约定了违约金，但是用户一般会以该约定远远高于同期银行贷款利率为由，请求法院依据《中华人民共和国合同法》第一百一十四条予以减少。供电企业应重点对约定的违约金并未过分高于造成的损失进行抗辩。

6.2.4 分次结算（分期划拨）

《供电营业规则》第八十六条规定对月用电量较大的用户，供电企业可按用户月电费确定每月分若干次收费，并于抄表后结清当月电费。收费次数由供电企业与用户协商确定，一般每月不少于三次。对于银行划拨电费的，供电企业、用户、银行三方应签订电费划拨和结清的协议书。

电费分次结算（分期划拨）业务涵盖了分次结算（分期划拨）实施范围、协议签订、分次结算（分期划拨）结算方式执行等业务。

1. 操作方法

(1) 分次结算（分期划拨）协议签订。电费分次结算协议应明确各次抄表结算时间、抄表方式、电费计算方式、各次交费截止时间、资金支付方式、资金支付账号、违约金计算方式、违约责任、协议有效期等内容。电费分期划拨协议应明确每月电费划拨期数、划拨时间、划拨金额确定方式、资金支付方式、资金支付账号、违约责任、协议有效期等内容。电费分次结算（分期划拨）的次（期）数一般每月不少于 3 次，最后一次结算抄表日应与该用户所在抄表段的规定抄表日一致。

客户经理负责在用户合同签订中进行分次结算（分期划拨）协议的商谈和签订工作。签订完成后客户经理必须根据分次结算协议在营销业务应用系统违约金配置中进行合同维护，内容包括生效年月、终止年月、分次结算（分期划拨）期数、结算（划拨）日期、分次结算违约金起算天数、附件内容等信息。综合室信息归档审核人员负责对系统内分次结算（分期划拨）信息进行审核归档，并在流程归档后 1 个工作日内将分次结算用户信息发送采集班（计量班）。

(2) 分次结算（分期划拨）执行。采集班自动抄表员根据综合室归档信息，负责在分次结算用户下一个抄表周期发起前编排入分次结算抄表段，采集班班长负责对用户抄表例日与抄表段例日是否匹配进行核实并审批。电费核算班（核算账务班）负责各期分次结算电费的计算和复核；电费核算人员在抄表示数复核结束后 48h 内完成电量电费审核和电费发行工作。电费分次结算发票默认为按照每期电费分别出票的方式，也可以应用户需要改为全月各次合并出票，但应由用户提出申请，由电费账务班（核算账务班）负责出票方式的维护。

2. 工作要求

（1）实行电费分次结算（分期划拨）必须与用户签订电费分次结算（分期划拨）协议（见附录A.1），该协议等同供用电合同进行管理。

（2）电费分次结算（分期划拨）实施范围。

1）对高压供电的用户应实行电费分次结算或分期划拨结算方式：

a）新装100kVA及以上的工商业用户必须实行电费分次结算（分期划拨）。

b）对100kVA及以上的工商业用户尚未执行电费分次结算（分期划拨）划拨的存量用电用户，在合同到期重签时应实行电费分次结算或分期划拨。

c）对其他高压用户在条件许可的情况下，可考虑实施分次结算（分期划拨）。

2）对用电量较大、存在电费回收风险、租赁性质的低压用户，可实行电费分次结算（分期划拨）结算方式。

3）对实施电费分期划拨的用电用户，如在合同年度内出现3次及以上分期划拨不到位的，应结合合同重签实施电费分次结算方式。

（3）分次结算电费计算规则如下：

1）各次电量和电费根据各分次实际抄见电量值进行计算。

2）两部制电价用户非月末次结算不计算基本电费；全月基本电费在月末最终次结算时一次性计算。

3）功率因数调整电费按照全月有功、无功在月末最终次结算时一次性计算。

4）变压器损耗、线损电量电费在月末最终次结算时一次性计算。

5）由于换表、更名流程变更引起的变更前电量在最终次结算时一次性计算。

6）遇分次结算用户中间发生过户的，过户后用户当月不执行分次结算。

（4）实行电费分次结算方式的用户不得随意调整抄表时间和抄表段；如确需调整应书面报市公司营业与电费室或县公司专业管理室进行审批同意后方可调整。

（5）电费核算班（核算账务班）应根据合同约定的分期划拨日期生成用户分期划拨计划并发行。

3. 注意事项

需调整分次结算（分期划拨）次数、分次抄表时间或者结算方式的用户，应在营业及电费室（业务管理室）主任审批同意后，与重新签订分次结算（分期划拨）协议，并在营销系统内进行分次结算协议维护和抄表段调整。

6.2.5 预付费控

预付电费就是用户提前购买相应用电量的行为，是将传统的赊电制转变为购电制方式，将一直以来约定俗成的"先用电，后付费"的电费收取模式改变为"先付费，后用电"的电费收取模式。

《中华人民共和国电力法》第二十七条规定："电力供应与使用双方应当根据平等自愿、协商一致的原则，按照国务院制定的电力供应与使用办法签订供用电合同，确定双方的权利和义务。"由此可见，电费如何收取，《中华人民共和国电力法》中并未对此做出明确规定，用合同的方式确定预收电费的付费方式以及相关的供用电双方的权利义务是不违反《中华人民共和国电力法》相关规定的。《中华人民共和国电力法》第三十三条第一款"供电企业应当按照国家核准的电价和用电计量装置的记录，向用户计收电费。"该条第三款"用户应当按照国家核准的电价和用电计量装置的记录，按时交纳电费。对供电企业查电人员和抄表收费人员依法履行职责，应当提供方便。"依照该法条可以明确一点，实行预收不是最终的电费结算方式，最终还是要以用电计量装置记录的数据为依据。

《电力供应与使用条例》第二十七条规定："用户应当按照国家批准的电价，并按照规定的期限、方式或者合同约定的办法，交付电费。"该条款对用电付费规定了两种方式：一是用户应当按照规定的期限、方式交付电费；二是按照合同约定的办法交付电费。第三十四条："供电企业应当按照合同约定的数量、质量、时间、方式，合理调度和安全供电。用户应当按照合同约定的数量、条件用电，交付电费和国家规定的其他费用。"《供电营业规则》第八十二条规定供电企业可根据具体情况，确定向用户收取电费的方式。《关于安装负控计量装置供用电有关问题的复函》（国经贸厅电力函〔2002〕478号）中明确：①用电人先付费、供电人后供电是近年出现的一种新型供用电方式，采用此种方式供用电不违反法律、法规的规定，但须经供用电双方协商一致；②现行相关法律、法规和规章对于用电人先付费、供电人后供电的供用电方式及有关问题没有作出具体规定，此种方式下供用电双方的权利和义务可由双方当事人在供用电合同中具体约定。依据合同约定，负控计量装置电费结零后停电的，不属于违约停电行为。此种方式供用电不存在欠费问题，因此不适用欠费停电的有关规定。

因此预付电费缴费方式并不违反法律。同时由于该方式的先进性和可操作性，在预防电费风险方面具有很强的现实意义，目前该方式已成为国网主推缴费方式。由以上规定可知收取和交纳电费的方式属于当事人意思自治的范畴，供用电双方在供用电合同中，既可以约定"先用电，后付费"，也可以约定"先付费，后用电"，只要供用电双方协商一致，且不违反法律的强制性规定，是合法有效的。

预付费控业务涵盖了预付费控管理策略、实施范围、协议签订、预付费控业务日常管理、预付费控停复电管理等工作流程、业务要求。

1. 操作方法

（1）预付费控协议签订。实行电费预付费控必须与用户履行《电费预付结算协议》签署程序，该协议必须由直接用户当面签署，工作人员应向用户说明关键条款，在条件允许的情况下，让用户手写"我已阅读并理解上述条款，并愿意遵守合同约定"，同时签署《预付电费告知书》。具备条件的可以参照银行理财产品合同签署方式，采用录音方式。该协议等同供用电合同进行管理。

新建房产小区采用预付费控缴费方式时，该协议如果是房产开发商与供电公司签署，则必须在用户用电时与用户重新签署方能有效。最好在开发商集中交房时，采用驻点上门服务的形式，直接与用户签订合同。

电费预付结算协议应明确预收电费金额、预警额度、停电约定、预付电费支付方式、违约责任、协议有效期等内容。

预收电费金额，原则上按照用户每月可能使用电量对应的电费确定。预警额度一般设置为预付电费金额的20%。当用户的测算余额小于预警值时,产生计划结算电费,向用户发送预收代扣通知短信,银行代扣用户同步发起代扣流程,其他缴费渠道也支持交费。

(2) 预付费控查勘。预付费控用户计量装置必须具备实行远程跳合闸条件,也就是已经安装了2007通信规约智能表,并已实现采集的用户。用电检查人员现场勘察后,确认计量装置不符合的,由装表接电人员更换设备。

(3) 费控用户设置。

1) 无其他业务用户费控用户设置。费控用户策略调整申请主要实现用户费控模式新增、修改、删除和费控策略调整。

在营销系统费控模式调整申请模块用户选择界面,选择"新增"、"修改"、"删除"调整类型,输入查询条件,查询结果在"可选择用户信息列表"中显示,勾选用户,加入结果在"已选择用户信息"中显示,如图6-7所示。

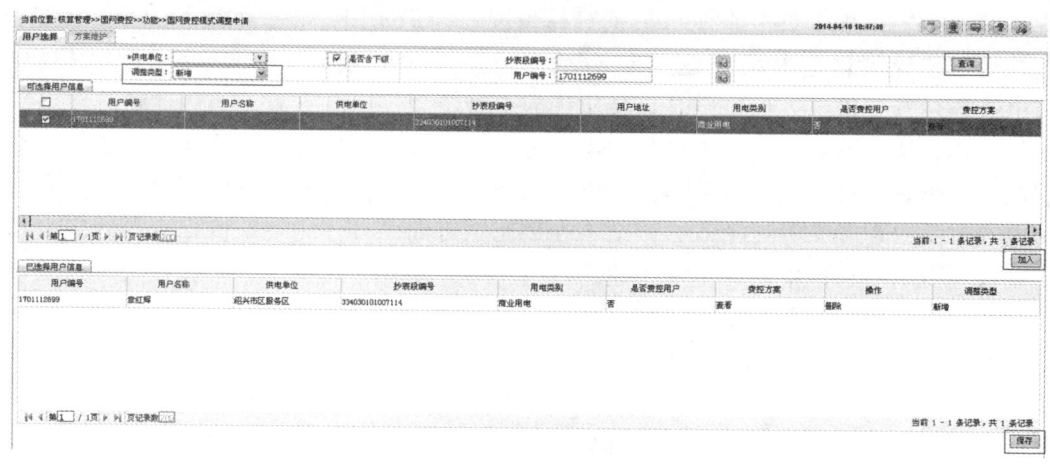

图6-7 费控模式调整申请模块用户选择界面

在方案维护界面,调整费控方案。选择基准策略编号,如图6-8所示,修改预警处理方式、代扣值、停电方式、复电方式、协议电价计算标志,保存后,经审批、合同签订、归档后生效。

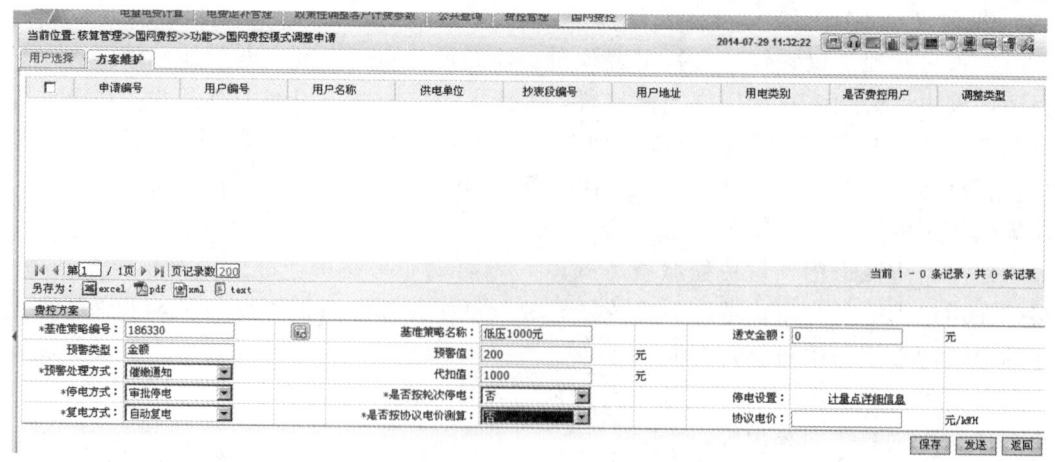

图6-8 方案维护界面

2）新装、增容及变更用户费控设置。在营销业扩业务办理过程中完成费控的设置，主要实现用户费控模式新增、修改、删除和费控策略调整。

在营销系统新装增容及变更用电界面选择费控申请信息（国网）界面，选择费控标志为"是"，选择"基准策略编号""协议电价计算标志""预警处理方式""停电方式""复电方式""预收代扣值"，如图6-9所示。

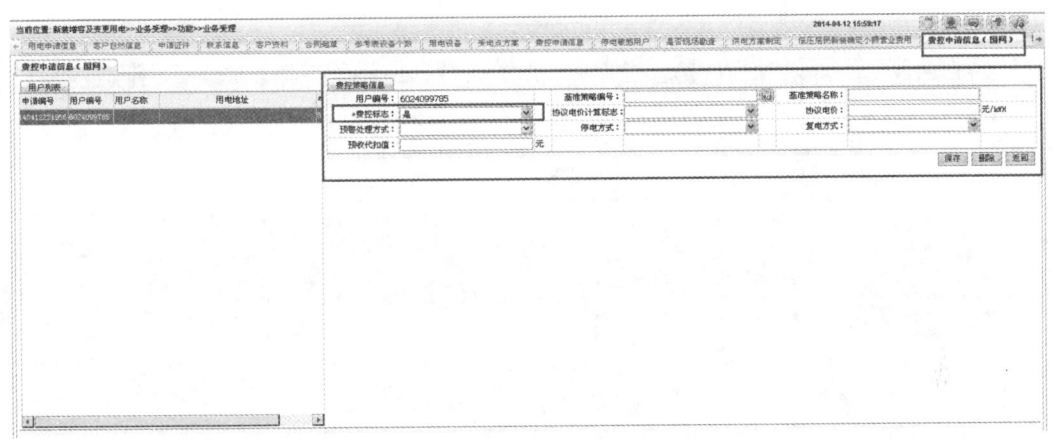

图6-9 费控申请信息（国网）界面

若为批量用户，则维护费控策略信息时，需在左侧列表勾选用户，然后填写"基准策略编号""费控标志""协议电价计算标志""预警处理方式""停电方式""复电方式""预收代扣值"，点击【保存】，选择应用范围，点击【应用】即可。需注意：点击【应用】时，右侧费控策略信息不能为空，需为用户对应的策略信息。如图6-10所示。

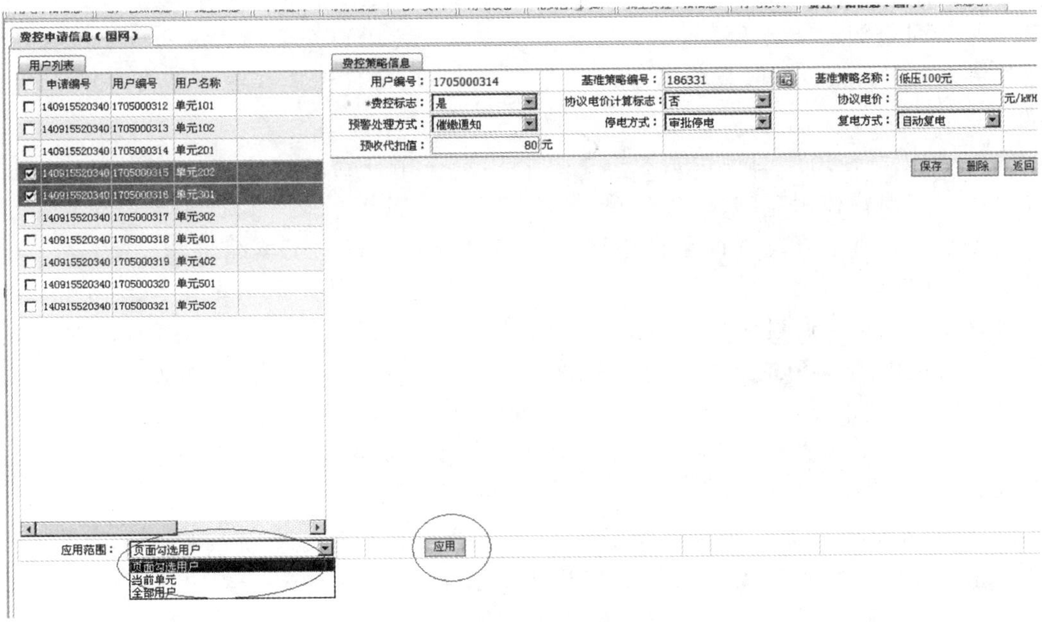

图6-10 批量用户费控申请信息

3）用户取消费控。费控用户取消费控在营销系统费控模式调整申请模块完成，在用户选择界面，选择"删除"调整类型，输入查询条件，查询结果在"可选用户信息列表"中显示，勾选用户，加入结果在"已选用户信息"中显示，选择方案维护，选中需要删除的条目，发送到后续环节审批，如图 6-11 所示。审批通过后开展合同重签。

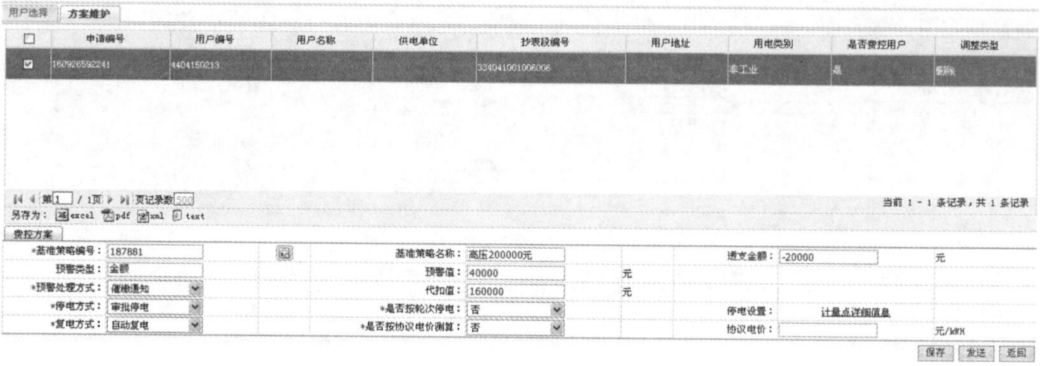

图 6-11 用户取消费控界面

4）用户过户、销户、更名后费控设置。用户业务受理走过户、销户、更名流程，信息资料归档环节会消除用户的计划结算电费。其中，过户和销户还会删除用户预付费控协议，过户用户需实行预付费控的需重新进行配置和合同签订。

（4）费控用户电费收取。费控用户电费类别分正常电费和计划结算电费。正常电费也就是每月按抄表例日抄表结算的电费；计划结算电费是用户的预付电费金额，在用户调整为费控用户和费控用户测算后，预收余额小于 20% 预付金额时生成。

预付费控用户的正常结算电费发行后，预收电费自动结转冲抵电费，此时若预付余额小于 20% 预付金额，又会生成计划结算电费。预付费控用户交纳预收电费后，没有发票，营业收费人员应为其打印收款收据作为交费凭证。用户每月正常电费结清后，可打印电费发票。

1）未建档费控用户的预付费收取。新装用户在用户新装流程未归档以前的预付电费收取在未建档费控用户的预付费收取模块完成。在营销系统未建档用户预付费收取界面，如图 6-12 所示，在查询条件中输入"用户编号"或"工单编号"，并在另一个条件栏中对应的选择"用户编号"或"申请编号"的查询条件，若为批量新装用户，则在预收费收缴时，只能通过工单编号进行查询；通过工单编号可查询出该工单下所有的批量用户。勾选用户，下方会显示勾选的总户数，选择"结算方式"，输入收款金额，点击"收费"，完成未建档用户预付费收费。若为批量用户共同收取预收款，填写"收款金额"时需注意金额大小能够均分，否则会收费失败，提示"预置电费分摊不均，请核查！"。

2）预收冻结及解冻。预收冻结及解冻在营销系统预收冻结解冻界面，如图 6-13 所示，输入"用户编号"查询后勾选用户进行预收冻结及解冻。其中，预收电费解冻后，若用户有欠费，可以手工参与预收结转欠费操作。

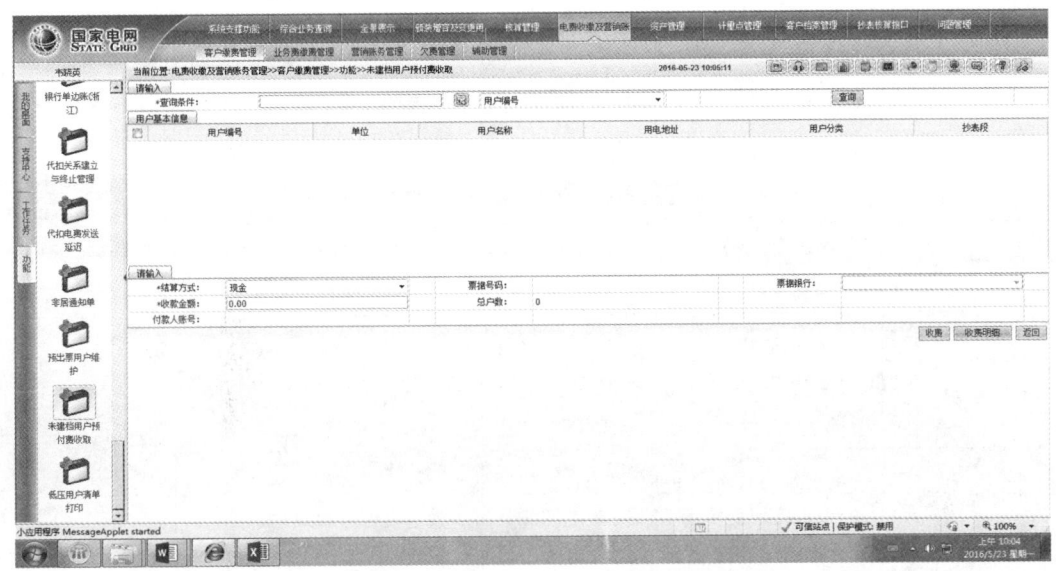

图 6-12 未建档用户预付费收取界面

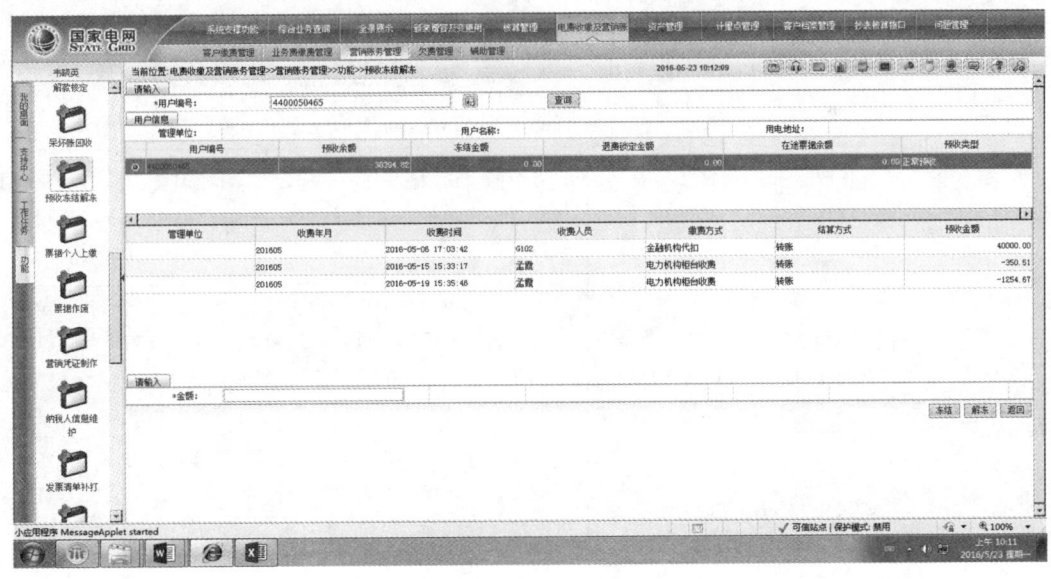

图 6-13 预收冻结及解冻界面

（5）费控用户短信发送。费控用户短信发送机制见表 6-8：①账务联系人；②催费联系人（短信订阅）；③电费联系人（短信订阅）。优先级：①＞②＞③。其中，同级联系人存在多个，短信会发送多个。短信发送策略和模板见表 6-9。

表 6-8　　　　　　　　　　　　　　　　费控用户短信发送机制

当前状态	短信发送条件	短信策略	备注
正常	测算余额小于预警值（包括小于透支金额）	预收代扣短信或催缴费短信（预警策略）	策略方案中，代扣值不为空（若为空，不产生计划结算电费，不发送短信）
预警	测算余额小于透支金额	预收代扣短信或催缴费短信（停电策略）	
预警	测算余额在预警值和透支金额中间（小于预警值，大于透支金额）	不发短信	
停电策略在途（停电流程）	在停电通知环节，点击【短信通知】后；停电复核环节，远程停电指令执行成功反馈后	发送停电通知短信	短信同时发送给费控责任人
复电策略在途（复电流程）	复电策略任务解析成功后（测算成功后）；复电复核环节，远程复电指令执行成功反馈后	发送复电通知短信	

表 6-9　　　　　　　　　　　　　　　　费控用户短信发送策略和模板

短信发送对象	短信生成场景	短信内容
费控用户的账务联系人	催缴通知：预警策略任务解析成功后【测算推送成功后】	尊敬的｛用户名称｝，户号｛用户编号｝，｛测算月数字｝月｛测算日数字｝日抄见电量为｛测算电量｝kW·h，已用金额为｛测算电费｝元，实际可用余额为｛测算余额｝元，为保证您的正常用电，请及时充值，详询95598
	预收代扣：预警策略任务解析成功后【测算推送成功后】	尊敬的｛用户名称｝，｛月数字｝月｛日数字｝日即将代扣户号｛用户编号｝电费｛代扣值｝元，当前电表（建议改为电费）余额为｛测算余额｝元，详询95598
	审批停电：停电通知环节，点击【短信通知】后	尊敬的｛用户名称｝，非常抱歉通知您，户号｛用户编号｝，当前电表（建议改为电费）余额为｛测算余额｝元，符合停电条件，将停止供电。为保证您的正常用电，请及时充值，详询95598
	审批停电：停电复核环节，远程停电指令执行成功反馈后	尊敬的｛用户名称｝，非常抱歉通知您，户号｛用户编号｝，当前电表（建议改为电费）余额为｛测算余额｝元，符合停电条件，已停止供电。为保证您的正常用电，请及时充值，详询95598
	自动复电：复电策略任务解析成功后（测算成功后）	尊敬的｛用户名称｝，户号｛用户编号｝，当前电表（建议改为电费）余额为｛测算余额｝元，符合复电条件，将为您恢复供电，详询95598
	自动复电：复电复核环节，远程复电指令执行成功反馈后	尊敬的｛用户名称｝，户号｛用户编号｝，当前电表（建议改为电费）余额为｛测算余额｝元，符合复电条件，已为您恢复供电，详询95598

续表

短信发送对象	短信生成场景	短信内容
费控责任人手机号码	审批停电：停电通知环节，点击【短信通知】后	尊敬的〈费控责任人名称〉：户号〈用户编号〉，户名〈用户名称〉，用电地址信息〈用电地址〉，将审批停电！
	审批停电：停电复核环节，远程停电指令执行成功反馈后	尊敬的〈费控责任人名称〉：户号〈用户编号〉，户名〈用户名称〉，用电地址信息〈用电地址〉，已审批停电！
	自动复电：复电策略任务解析成功后（测算成功后）	尊敬的〈费控责任人名称〉：户号〈用户编号〉，户名〈用户名称〉，用电地址信息〈用电地址〉，将自动复电！
	自动复电：复电复核环节，远程复电指令执行成功反馈后	尊敬的〈费控责任人名称〉：户号〈用户编号〉，户名〈用户名称〉，用电地址信息〈用电地址〉，已自动复电！

(6) 费控用户停复电。

1) 费控用户停电。费控用户远程费控停电流程主要包括流程发起、审批、通知、执行、复核等环节。停电流程的发起包括自动发起和手工发起两种方式。

自动发起停电流程是用户测算后执行停电策略，系统自动发起停电流程，流程处于停电审批环节；手动发起停电流程是在停电申请中通过查询欠费用户的信息，发起停电流程，然后进入停电审批环节。当预付费控用户测算余额达到停电阈值，自动发起或手工发起费控停电流程；费控停电流程按照停电管理有关规定，由相应权限人员进行分级逐户审批。停电审批规定如下：

低压用户由市公司营业及电费室主任、县公司业务管理室主任负责审批。

35kV 以下高压用户由市、县公司用户服务中心主任负责审批。

35kV 及以上高压用户由本单位分管领导负责审批。

审批通过后，催费责任人员依据停电相关规定操作，在停电操作前再次核对用户是否已交费。如用户不满足停电阈值的，不得实施停电；如用户仍未交费，远程费控停电责任人应在系统内逐户复核后下达费控停电指令；远程费控停电责任人确认费控停电执行结果，对于没有执行成功的转现场停电流程，并同时通知费控现场停电责任班长；停电执行完毕后，远程费控停电责任人负责告知用户。

预付费控用户现场停电流程主要包括派工、执行、记录归档等环节。现场停电流程必须在停电当日完成。费控现场停电责任班长在收到现场停电流程后，应立即完成任务分发，记录派工信息；现场停电执行人员应按照停电通知书的内容，再次核实是否满足费控停电条件。如用户不满足停电条件的，不得实施停电；如用户仍未交费时，执行现场停电；现场停电执行完毕后，现场停电执行人员记录停电开始时间、停电人员、现场情况等信息，并进行资料归档。

2) 费控用户复电。预付费控用户费清复电流程主要包括流程发起、执行、复核归档等环节。复电流程必须在 24h 内完成。

预付费控用户满足复电条件后，系统自动启动复电流程并下发允许合闸指令；远程费控复电责任人确认费控复电执行结果，对于执行不成功的转现场复电流程，并同时通知费控现场复电责任班长。

预付费控用户现场复电流程主要包括派工、执行、记录归档等环节。费控现场复电责任班长在收到现场复电流程后，应立即完成任务分发，记录派工信息；现场复电执行人员现场复电执行完毕后，记录复电开始时间、复电人员、现场情况等信息，并进行资料归档。

预付费控用户临时复电流程主要包括流程发起、审批、执行、复核归档等环节。用户在没有交纳电费或剩余金额不足情况下需要临时恢复供电的，催费责任人发起临时复电申请，并填写原因；临时复电申请经相应权限人员分级逐户审批后，下达远程复电指令执行合闸操作，审批权限等同于停电审批权限。远程费控复电责任人确认费控临时复电执行结果，对于执行不成功的转现场复电流程，并同时通知费控现场复电责任班长。

用户是通过远程指令或人工掌机进行停电的，需通过远程指令或人工掌机进行复电；用户是通过人工现场停电的，需通过人工现场进行复电。用户执行远程指令复电，系统显示成功，但用户现场未复电的，按下用户表计复电按钮持续5s左右即可复电。

（7）集中装表、分户送电。新建小区，特别是房产开发小区在交付前，一般都需要实现通电，这就需要集中装表，在营销系统中部分由房产所有人申请开户，未出售的则由房产公司申请。这样后续就会出现营销系统用户与实际用户不对应、后续电费无法收取等现象。

应用预付费控远程停复电这一业务功能，实施"集中装表、分户接电"的用电服务模式，可有效避免集中装表产生的用户不对应和后续电费无法收取等现象。该模式在新小区交付前，由房产公司统一开户办理用电申请手续，供电部门集中完成装表与采集系统建设，随后利用采集系统远程停复电功能对小区所有智能电能表实施停电。待用户办理实名制装表接电申请手续后，在48h内恢复供电。

2. 工作要求

（1）预付费控实施范围。预付费控优先应用于租赁、季节性、临时性用电用户和电费回收风险较高的用户。重要用户或带有重要负荷的用户，不纳入预付费控应用范围。如没有自有产权、非财政出资路灯、楼道灯、临时性用电、用于出租经营、用于承包经营、国家产业政策限制淘汰类行业用户；出现欠费被实施停电、被查实有窃电行为或严重的违约用电行为的用户；进入法院破产程序的、信用等级差、其他可能影响电费回收的用户。

（2）预付电费金额设定。

1）新装用户。初次预付金额原则上按以下规则设定，后视每月可能使用电量对应电费的一倍以上预付。预警金额为预付金额的20%。

a）低压居民用户原则上初次预付电费金额为不少于100元。

b）低压非居民用户原则上初次预付电费金额为不少于合同容量×360元。

c）专变用户原则上初次预付电费金额为不少于合同容量×180元（最低不低于90元），但最高不超过50万元。

2）老用户。初次预付金额按照前几月的月平均用电量对应的电费设定，后视每月可能使用电量对应电费的一倍以上预付。预警金额为预付金额的20%。

3) 无对应产权用户。原则上初次预付电费金额为不少于合同容量×360元，并予以预付冻结。

(3) 预付费控策略。预付费控策略主要包括基准策略维护、余额测算、用户费控方案。

1) 基准策略维护根据用户分类及月度电费情况设置策略标准、预警值、透支金额等，基准策略标准模板见表6-10，可根据实际情况进行增删。

表6-10 基准策略标准模板

策略标准	用户类别	预警值/元	透支金额/元
××低压居民1000元	低压居民	200.00	0.00
××低压居民100元	低压居民	20.00	0.00
××低压居民2000元	低压居民	400.00	0.00
××低压居民200元	低压居民	40.00	0.00
××低压居民3000元	低压居民	600.00	0.00
××低压居民300元	低压居民	60.00	0.00
××低压居民4000元	低压居民	800.00	0.00
××低压居民400元	低压居民	80.00	0.00
××低压居民5000元	低压居民	1000.00	0.00
××低压居民500元	低压居民	100.00	0.00
××低压居民800元	低压居民	160.00	0.00
××低压1000元	非居民	200.00	0.00
××低压100元	非居民	20.00	0.00
××低压2000元	非居民	400.00	0.00
××低压200元	非居民	40.00	0.00
××低压3000元	非居民	600.00	0.00
××低压300元	非居民	60.00	0.00
××低压4000元	非居民	800.00	0.00
××低压400元	非居民	80.00	0.00
××低压5000元	非居民	1000.00	0.00
××低压500元	非居民	100.00	0.00
××低压800元	非居民	160.00	0.00
××高压100000元	高压	20000.00	−10000.00

续表

策略标准	用户类别	预警值/元	透支金额/元
××高压10000元	高压	2000.00	−1000.00
××高压150000元	高压	30000.00	−15000.00
××高压200000元	高压	40000.00	−20000.00
××高压20000元	高压	4000.00	−2000.00
××高压30000元	高压	6000.00	−3000.00
××高压40000元	高压	8000.00	−4000.00
××高压50000元	高压	10000.00	−5000.00
××高压5000元	高压	1000.00	−500.00

注：策略标准名称包含了某个供电单位、用电类别、应缴纳预付费金额，如××低压居民1000元，就是××供电单位低压居民用户应缴纳预付费金额为1000元。

2) 余额测算采用定时计算用户抄表周期内的实时电费与用户预付费账户余额进行比对的方式。

负载率＝测算电量/（运行容量×24h×运行天数），其中，测算电量为（测算当天从采集获取的当日日冻结抄表数据-上一个抄表日结束后第2天的冻结抄表数据）×电价。

分次结算用户：

测算余额＝预收金额之和－[（测算电费－当前测算周期所属年月分次结算前期发行电费）＋欠费]；

非分次结算用户：

测算余额＝预收金额之和－（测算电费＋欠费）。

3) 用户费控方案按照用户分类及月度电费情况选择基准策略，设置预警处理方式、代扣值、停电方式、复电方式、协议电价计算标志等。

预警处理方式分为两种：催缴通知、预收代扣。针对缴费方式为柜台收费的用户，推荐为催缴通知，当用户的测算余额小于预警值时，向用户发送催缴通知短信，产生计划结算电费欠费记录，下发预警指令（预警指令执行成功后，电能表上预警指示灯会闪烁，同时会有预警报警音）。针对缴费方式为银行代扣的用户，推荐为预收代扣，当用户的测算余额小于预警值时，向用户发送预收代扣通知短信，产生计划结算电费欠费记录。

停电方式一般选择审批停电；停电流程分为手工发起和自动发起，自动发起时流程停留在停电审核环节；复电方式一般选择自动复电，选择自动复电，即测算后，复电流程自动发起后停留在复电复核状态。

3. 注意事项

(1) 与用户签订《电费预付结算协议》前必须履行告知业务，并请用户在《预付电费告知书》上签字确认。保留用户选择权，若用户坚决不同意采用预付费控方式，则应尊重用户选择，采用先用电后付费的方式。

（2）如果预收电费金额选择与正常电费不匹配，会出现连续催费的情况。例如，用户选择的费控基准策略标准为低压居民 50 元，用户的每月正常电费为 200 元，这样每月就会发起多笔计划结算电费，影响用户体验。

（3）费控用户流程归档后，一般情况下，在当天 12：00 之前归档的，参与当天的费控测算，12：00 之后归档的，第二天参与费控测算。正常测算为一天一次；当费控用户的账户预收发生变化时，会触发实时测算。测算中发现用户负载率大于 1 时会停止测算。用户取消费控后，后台系统每天 11：00 会将计划结算电费改为"已结清"状态。

（4）费控用户停电通知应按其他用户停电通知规范执行。

6.2.6 法律措施

电费回收会应用到许多法律措施，以最大程度保障电费的足额回收，主要包括供用电合同、担保、发放律师函、开展司法公证、电费债权的保全、不安抗辩权、督促程序等内容。在处理电费回收法律纠纷案件中法律法规的应用就会更广泛，电费回收法律纠纷案件常用法律法规见附录 C.4。

1. 供用电合同

供电企业和用户的关系，说到底是一种供用电合同关系，双方的权利和义务关系是由供用电合同来规范的，供电企业的收费时间、收费金额、收费方式、收费措施等都是建立在供用电合同约定的基础上，我们判断用户是否欠交电费，欠交多少，欠交时间等，都要以供用电合同为基础来判定，因此供用电合同是防范电费回收风险的第一道防线。但由于供电企业基础从业人员缺乏法律意识，供用电合同在内容上存在不严谨、不规范或在签约中未尽到告知义务，都会为以后用户主张合同无效而拒绝缴费留下隐患，使电费回收带来潜在风险，因此供用电合同的签订必须严格依法进行，避免出现无效合同或者无效的合同条款。

（1）合同签订主体。用户所提供的相关资料必须与其申请主体要一致，合同主体应具有完全民事行为能力。

居民生活用电的供用电合同，签名主体应为房产证登记的房屋所有人或共有人，其他家庭成员尤其是未成年人或精神病人等限制民事行为能力人或无民事行为能力人，不能签订供用电合同。未成年人为房屋所有人的，供用电合同主体为该未成年人，但须由监护人即法定代理人代为签订。

企事业单位的供用电合同，签名主体应为企事业法人。企事业分支机构的职能科室、分公司、办事处或者其他具体部门在没有取得相应营业执照和法人证书前不能作为签订供用电合同主体。

如果主体不一致，在出现欠费情况后，供电企业采取法律措施时，会出现无法确认欠费主体，成为无头债，无法回收电费。但在实际中主体用电人情况复杂，电费追偿案件中可按以下确定合同主体（被告）。

1）居民用户、个体工商户、个人合伙、单位用户（企事业单位、政府机关）。

a）居民用户：应以居民用电登记卡或供用电合同中的用电人为被告，如居民用电登记卡中用电人栏登记为房号的，应以房屋的所有权人为被告。

b) 个体工商户用户：应以营业执照上登记的经营者为被告。有字号的，以营业执照上登记的字号为被告，但应同时注明该字号经营者的基本信息。营业执照上登记的经营者与实际经营者不一致的，以登记的经营者和实际经营者为共同被告。

　　c) 个人合伙：未依法登记领取营业执照的个人合伙，应以全体合伙人为共同被告。个人合伙有依法核准登记的字号的，应在诉状中注明登记的字号。

　　d) 单位用户（企事业单位、政府机关）：单位用户为独立法人的，应以单位用户为被告。单位用户为非法人单位的，对执营业执照的分公司，应以总公司和分公司为共同被告；对无营业执照的其他分支机构发生欠费的，应以法人单位为被告。

　2) 物业小区公共电费用户。

　　在向物业管理小区追索拖欠的公共部分电费和非一户一表物业管理小区业主使用的电费，确定被告应重点注意以下问题：

　　a) 供电企业与小区开发商（用电人）签订了供用电合同，截止欠费时供用电合同仍未解除的，应以开发商为被告。

　　b) 小区开发商针对供用电合同，已和物业公司在供电企业营业场所办理了过户手续，或供电企业与物业公司签订了新的供用电合同，应以物业公司为被告。

　　c) 供电企业与开发商签订供用电合同，之后又与开发商、物业公司签订了两方或三方《电费结算协议》，应以开发商和物业公司为共同被告。

　　d) 供电企业与开发商签订的供用电合同未解除，也未与物业公司签订供用电合同或电费结算协议，实际由物业公司一直交纳电费，但电费发票一直开给开发商时，应以开发商为被告。如果电费发票开给物业公司，向开发商催收电费存在法律上的不确定性，应以开发商和物业公司为共同被告。

　　e) 供电企业与小区业主委员会签订了供用电合同的，应以业主委员会为被告。

　3) 用电人合并、分立的情况。

　　a) 用电人发生公司合并情形时，对用电人合并前拖欠的电费和合并后的电费，应以合并后存续或新设的公司为被告。

　　b) 用电人发生公司分立情形时，在分立前与供电企业就电费债务清偿达成书面协议的，供电企业应按协议约定确定被告；未达成书面协议的，供电企业应将分立后的各方列为共同被告，分立前的用电人未注销的，可以将其与分立后的各方一并列为被告。

　4) 用电人注销、破产的情况。

　　a) 用电人已倒闭但未办理清算注销手续的，供电企业应将用电人列为被告。如用电人已在工商行政管理部门注销完毕，对其注销前拖欠的电费，可选择将有过错的清算人、用电人的原股东、承受用电人债权债务的主体列为被告。如有用电人在工商行政管理部门备案的清算报告为据，可直接将清算报告中确定的债务清偿人列为被告。

　　b) 用电人已进入破产程序，对进入破产程序前拖欠的电费，供电企业应及时向法院指定的破产管理人申报电费债权，电费违约金计算到破产受理之日止。对破产清算过程中发生的电费，应要求破产管理人作出明确的支付承诺。在人民法院受理破产申请以前，对用电人已经开始的电费追偿诉讼、仲裁或其他法律程序，破产管理人上任以后，应由破产管理人承担继续诉讼、仲裁或者其他法律程序的责任。

5) 其他情况。

a) 用电人申请并办理了过户,供电企业应将过户后新的用电人列为被告。但如果仅办理了电费缴费信息变更,但未办理过户,应以供用电合同中的用电人为被告。

b) 供电企业与用电人签订供用电合同时,还与第三人签订了电费保证协议的,应以用电人和保证人为共同被告。

c) 供电企业与用电人签订供用电合同时,还同时签订了电费抵押、质押协议的,应依据《中华人民共和国民事诉讼法》第一百九十六条的规定,向担保财产所在地或者担保物权登记地基层人民法院提出实现担保物权的申请。如法院裁定驳回时,应及时向有管辖权的法院提起供用电合同纠纷诉讼。

(2) 合同有效性。对供电企业而言,对一些无法提供合法手续、主管部门明令限制的用电项目,供电企业应拒绝其申请用电,不与其签订供用电合同。

供用电合同必须要有履行期限,在合同期限届满后,及时续签合同,或是在合同有效期的条款中增加"有效期届满后,若供用电双方未续签合同,本合同继续有效。"的条款。

供用电合同属于格式合同,供电企业还应尽到三项法定义务:①应遵循公平原则来确定当事人之间的权利与义务,若有失公平的话,相对人可以根据《中华人民共和国合同法》要求撤销或变更合同;②提请对方注意义务,如合同中"无论发生什么情况用户都要先交清电费,待查明原因后,再做其他处理。"等类似条款,都必须以《告知书》等形式尽到提醒义务;③答复说明义务,否则合同就会无效。

若产生无效合同就要承担以下法律后果:合同自始至终没有法律效益;一方应将从对方取得的财产返还给对方或相互返还,财产不存在或没有必要返还的,可折价赔偿;由于其过错而导致合同无效的一方,应对因合同无效而给对方造成的损失负责赔偿;对于恶意串通,损害国家、集体或第三人利益的合同,应将因此而取得的财产收归国有或返还集体或第三人。

用户提供的资料、现场勘察及装表接电资料、签订的供用电合同及相关协议要妥善保管,作为行使法律措施的依据。

2. 担保

担保是指在各类经济活动中,债权人为了担保债权实现,依据法律规定拟定的法律措施。《中华人民共和国合同法》第六十八条为供电企业要求欠费用户提供担保给予了法律依据,在履行合同中,先履行义务一方在后履行义务一方当事人的财产状况发生恶化而难以给付时,有权要求对方提供担保,在对方未为履行合同提供担保时,有权终止合同而拒绝自己的履行,以防止造成损失。在要求用户签订担保协议,用户基本不太愿意,我们可以在供用电合同补充条款中加入"如果用户发生拖欠电费事宜,应在补交电费,恢复供电前,向供电公司提供担保;不提供担保的,供电公司不予恢复供电。"提升对用户的约束力。

目前,在《中华人民共和国担保法》中规定的担保方式有五种:保证、抵押、质押、留置和定金,在供电企业实际应用中,一般采用保证、抵押、质押三种方式。

(1) 保证。保证,指债务人以外的第三人(保证人)为债务人履行债务而向债权人所立的一种担保。在电费回收中，用电方立下保证，如遇到用户不履行债务时，依照约定，保证人须代替用户履行债务或者承担责任。

供电企业对用户提供的保证人要进行审核，以确保保证人合法和有为欠费用户偿还的能力，避免出现保证无效。一般情况下，国家机关、学校、医院等以公益为目的事业单位、社会团体，企业法人的分支机构、职能部室不得作为担保人。

保证方式包括一般保证和连带保证。一般保证是指当事人在合同中约定，当债务人不履行债务时由保证人承担保证责任，但保证人在主合同未经仲裁或审判前，保证人可以拒绝承担保证责任，即保证人依法享有先诉抗辩权的保证方式；连带保证是指当事人在合同中约定，当债务人不履行债务时即由保证人承担连带责任的保证方式，供电企业可以要求保证人履行保证责任；结合供用电合同特点，从有利于供电企业的角度出发，应选择连带保证，且为最高额保证为宜。保证合同可以是正式合同，也可以是体现保证性质的信函、传真、签章或单方出具的担保书。

根据担保法有关条文规定，保证期间是由当事人自愿约定的，如无约定，考虑到供用电主合同的持续性，一旦订立保证从合同，此期间一般以供用电合同约定支付电费期限届满之日起6个月内。

(2) 抵押。抵押，是指债务人或保证人可以向债权人以不占有的方式提供自身财产或物资进行担保，用以担保债务履行的担保方式。如果用电方长期不履行缴纳电费义务时，供电方可要求用电方拿出部分物权和财产作为抵押品，一旦用电方无法完成交费，供电方可享受这批物资变卖后的优先受偿权。但要注意在抵押合同中，不得约定"在供电企业电费债权未受清偿时，抵押物所有权就归供电企业"，否则抵押无效。签订抵押合同后依照《中华人民共和国担保法》和《中华人民共和国物权法》规定需要登记的抵押物，要及时办理抵押登记手续，已取得对抗第三人的效力，抵押合同自登记之日起生效。

供电企业要合理选择抵押物，以确保抵押物为法律规定可以做抵押的物，避免出现无效抵押，同时抵押物要具有便于受偿性，当发生欠费时，便于拍卖；抵押物的价值要进行过评估，其价值要略大于担保期间可能发生的最大电费额；对抵押物的权利要进行考察，防止重复抵押的情况发生。一般情况下，土地所有权，集体所有的土地使用权，学校、医院等以公益为目的事业单位、社会团体的教育设施、医疗卫生设施，已依法查封、扣押、监管的财产等财产不得抵押。用户配电变压器及相应配电柜的安装都必须有配电承装资质的企业才能进行，且这些设备是用户的生产设备，在停产前一般不会拆除，有利于抵押物的保全和受偿。以配电设备为抵押物的《电费担保协议书》见附录 A.2。

实物折抵电费的处理，应在合同中明确：如果用户发生欠费且又联系不上的，供电企业可依照约定对用户专用变压器等财产进行变卖，折抵欠费。在抵押权实现操作程序上，至少应有财产公证、价格评估、作价出卖等步骤。用户发生欠费时，可协议拍卖抵押物，协议不成的，向人民法院提起诉讼。抵押债权按以下顺序清偿：抵押物已登记的，按登记先后顺序清偿，顺序相同的按债权比例清偿。

(3) 质押。质押，是指债务人或保证人可以向债权人以转移占有的方式提供自身动产或权利进行担保,用以担保债务履行的担保方式,分动产质押和权利质押两种。质押后当用电方不履行债务时,供电方就有权依法就该动产或权利卖得价金优先受偿。

动产质押采用转移占有的方式,因此对债权人而言,质押权的实现比抵押权容易,但在适用此方式时要注意:①要选择合理质物,应选择没有瑕疵、价值较稳定、不易损坏、便于保管的物;②质物要按照约定时间交付质权人占有;③质权人对质押动产负有保管责任,在接收时要检查封存;④不能在合同中约定不得约定"在用户未按时缴纳电费时,质物所有权就归供电企业",否则质抵无效。

权利质押债务人或保证人有权处分的权利可以出质,实施权利质押。如汇票、支票、本票、债券、存款单、股权、专利权、著作权、注册商标专用权等。

以存款单为质押物的用户、银行、供电企业三方《电费担保金协议书》见附录A.3。利用存款单权利质押手续简便,在用户欠费后可以协议条款兑现存款单,是一种比较理想的权利质押方式。

3. 发放律师函

律师函是指律师事务所接受供电企业的委托,指派律师就用户拖欠电费事实向欠费用户进行告知的专业法律文书。供电企业发放律师函时应明确告知用户欠费金额、缴费期限及逾期缴费所应承担的后果等。

电费拖欠案件大都权利义务关系明确,事实清楚,且用户拖欠电费一般都是恶意的,供电企业若通过法律顾问发出律师函,敦促用户及时缴纳电费及违约金,大部分用户慑于律师函的法律威力,还是能主动及时缴费的。

4. 开展司法公证

公证是公证机构根据自然人、法人或其他组织的申请依照法定程序对民事法律行为的事实和文书的真实性、合法性予以证明的活动。

供电企业向欠费用户发出的《催费通知书》和《停电通知书》,在遭到用户拒签或以挂号信发出用户仍不承认信函内容的情况下,供电企业就要对整个通知书送达过程和停电过程进行现场公证,并由公证机关出具公证证明,保全合法行为的凭证和依据。此外,供电企业还要收集欠费停限电过程的其他资料,为日后可能出现法律纠纷提供有力证据。

5. 电费债权的保全

债权的保全是指法律为防止因债务人的责任财产不当减少给债权人的债权带来损害,允许债权人代债务人之位向第三人行使债务人的权利,或者请求法院撤销债务人与第三人的法律行为的法律制度,主要有代位权和撤销权两种。

代位权,指因债务人怠于行使其到期债权,对债权人造成损害的,债权人可以向人民法院请求以自己的名义代位行使债务人的债权。对供电企业来说,用户拖欠供电企业电费,已逾缴费期限但仍未缴纳;用户对其他人也存在到期债权,但怠于行使,导致无力交清电费或有使电费不能交清的危险,在这种情况下供电企业可以行使代位权。供电企业行使代位权,应以自己的名义行使,并不必征得用户的同意,但必须向用户所在地人民法院作出请求,不能直接向第三人行使,行使范围也以用户所欠电费为限。

如出租人出租部分厂房，出租人、承租人共同实际用电的情况，从法律上讲，应是供电企业与出租人，出租人与承租人之间分别签订合同，供电企业一般不与承租人之间发生关系。在这种情况下，当出租人以承租人未交房租为由拒交电费，蓄意欠费时，供电企业可对出租人行使代位权。为保障代位权的行使，供电企业可与承租人签订一个直接向供电企业付费合同（将房租直接抵电费），此时如果承租人不向供电企业交纳电费，则可依法提起民事诉讼。

撤销权，又称废罢诉权，是指当债务人以不合理低价处理其财产，威胁到债权人的利益时，债权人可以有权向法院起诉，撤销债务人的行为。撤销权的取得必须符合以下条件：债务人有放弃到期债权、无偿转让财产，或以明显不合理低价转让财产的行为；债务人的行为必须以财产或财产权利为标的的；债务人的行为损害了债权人债权的实现；受让人主观上必须知道债务人以明显不合理低价转让财产的。如果用电用户拖欠电费，拒不缴纳，或者滥用处分权利，以不合理手段处理其财产分配，或者其行为损害到供电企业的权益时，供电企业不能主动向用户或受让人提出，只能依法向债务人所在地法院提出申请，行使撤销权，行使撤销权范围以供电企业所欠电费为限。但行使撤销权，只是起到恢复或保持欠费用户的交费能力的作用，最终实现回收电费，还应通过其他手段。

6. 不安抗辩权

不安抗辩权，即指在合同或法律规定中，当事人互负债务，且有先后履行顺序的，先履行的一方有确切证据表明另一方丧失履行债务能力时，在对方没有履行或者没有提供担保之前，有权中止合同履行的权利。

不安抗辩权的发生应同时满足三个条件：①只有双务合同，才能发生，供用电合同就是一种双务合同；②只能由先履行一方当事人行使，供电企业就是先履行方；③先履行方必须提出确切证据证明对方不能履行合同义务或有不能履行合同义务的可能，也就是说供电企业要提供出证据证明用户有不交电费的可能。

在供用电关系中，供电企业是先供电一方，当供电企业发现用电方属国家产业政策限制类行业或经营状况恶化或资金周转紧张，有抽逃奖金、转移财产以逃避债务，有可能丧失商业信誉或可能丧失履行债务能力等情况时，供电企业可申请行使不安抗辩权。如果用户在合同规定的缴费期限内没有按约定交纳电费，经催交后，仍未能交纳，其行为本身就已经证明其丧失商业信誉。此时可主张要求用电方提供充分的担保，在对方未提供担保和给付债务时，有权拒绝执行合同，终止供电，但不能直接解除供用电合同。一旦用户提供了适当的担保，则不安抗辩权即归于消灭，供电企业应依合同约定继续履行供电的义务。

行使不安抗辩权与"停电催费"相比，更显得程序简单，周期短，效果好。而且，诉诸法律手段，对于不交电费的用户，更能够促使他们按时交纳足额电费。

行使不安抗辩权应注意：①供电企业负有举证责任。供电企业对于用户出现经营状况恶化等严重危及其履约能力的情形，要提供确切的证据加以证明。供电企业在行使不安抗辩权时，要注意证据的收集与保存，必要时可以进行公证或申请法院诉前证据保全，也可以依据有关法律的规定及时请求政府有关部门进行现场勘察、制作调查笔录等；②供电企业应履行告知义务。供电企业在行使不安抗辩权时还应当将中止履行的事实、理由以及恢复履行的条件及时告诉用户，用户提供适当担保的，应当恢复履行，否则将有可能承担违约责任。

7. 督促程序

督促程序，又称支付令程序，是一种审判程序，是指人民法院根据债权人提出的要求债务人给付一定的金钱或者有价证券的申请，向债务人发出附条件的支付令，以催促债务人限期履行义务，如果债务人在法定期间内不提出异议又不履行债务的，该支付令即具有强制执行的一种程序。

用户对欠费事实无异议，并有固定住所，可送达支付令时，供电企业可向欠费用户住所地基层法院发起清偿电费支付令的申请。法院在受理供电企业的申请后，15日内向欠费用户发出支付令，欠费用户应在收到支付令后15日内清偿债务或向法院提出书面异议，欠费用户对清偿能力、清偿期限、清偿方式的异议及口头异议是无效的。欠费用户在法定期间内既不提出书面异议，又不清偿债务的，供电企业应及时向法院申请强制执行。

8. 破产案件中的电费

对进入破产程序的企业拖欠电费，一般是很难全额追回的。其实，如果企业能够及时清偿到期债务，也不会申请破产。对于破产宣告前形成的拖欠电费，属于破产债权，在这之前没有办理担保等法律措施或担保无效的，就会成为坏账。

破产债权的清偿顺序为：首先是享有担保权的债权，其次是破产费用和公益债务，再次是破产人所欠职工工资和医疗等费用，然后是破产人所交的社会保险费用和税款，最后才是普通债权。

因此在处理破产案件中电费时要注意：

①抓住申报债权的时机，一般情况下破产企业提交的债务清单中不会有电费债权，法院不会直接通知，而是通过公告形式通知，因此供电企业要特别关注相关媒体，及时获取信息，在公告之日起3个月内向法院申报债权，申报债权时，要列明债权性质、数额及有无财产担保，并附详细的证据材料，若有财产担保，应向法院申请行使优先权；②要对破产企业进行深入了解，分析破产企业破产的真实性，是否有转移财产现象，若有异议，应及时向法院申诉；③积极参加债权人会议，并依法行使权利。

在《中华人民共和国破产法（试行）》第三十四条及最高人民法院《关于贯彻执行〈中华人民共和国破产法（试行）〉若干问题的意见》第六十六条中规定，破产财产管理、变卖、分配所需费用，包括清算组的必须费用，应从破产财产中优先拨付。因此，在破产企业财产清算清偿过程中，应先对该企业停止供电。清算组照明等办公用电，则需另外申请。供电企业与清算组重新签订供用电合同，发生的电费属于破产清算的必须费用，应另行支付。这样操作，可以最大限度减少电费损失，避免更大损失。

在实际中，部分企业为逃避电费债务，也会不惜制造破产的假象。对此，供电企业应请求法院确认其行为无效并追回财产。对已破产又在其基础上组建的新企业，其实质仍受原企业控制的，供电企业应根据《中华人民共和国民法通则》诉其欺诈，请求法院宣告其破产无效，由新企业对原有债务承担连带责任，缴纳之前企业的所有欠费。

6.2.7 社会信用体系的应用

社会信用体系也称国家信用管理体系或国家信用体系，它记录社会主体信用状况，揭示社会主体信用优劣，警示社会主体信用风险，保证授信人和受信人之间遵循一定的规则达成交易，保证经济运行的公平和效率。征信体系建设是社会进步的需要。2014年国务院已颁布了《社会诚信体系建设规划纲要》，2015年政府工作报告也提到了信用体系建设工作。在当前形势下，国家倡导诚信，社会呼唤诚信，个人需要诚信。供电企业为了响应社会信用体系建设的需要，同时为了给不按时缴纳电费的失信用户以警示，在建立自身用户信用评价的基础上开展了社会信用体系的应用。

国网近年来围绕征信体系建设积极与国家质监总局、国家工商局、中国人民银行等单位，开展广泛调研和深入讨论，国网浙江、福建、冀北、河北、上海、湖南电力等单位已相继和中国人民银行签订合作协议，将电力用户失信信息纳入人民银行征信系统，并通过网络、微信等媒介广泛宣传拖欠电费对个人信用记录的影响，提高社会各界对诚信交费的关注度。目前主要的征信平台有中国人民银行征信系统，政府部门征信平台等。

用户信用等级评价指标主要包括企业用电基本信息、缴费信息、履约信息、企业经营状况、企业发展能力及潜力、宏观经济指标以及银行、税务、工商等部门的信用信息。通过用户信用等级评价，对用户不同的信用等级采取不同的电费回收措施。在营销系统用户画像中就包涵了用户信用等级评价信息。

供电企业用户社会信用体系的应用工作包括征信平台选择、失信用户识别与审核、失信用户发布、异常情况处理等工作程序及业务要求。

1. 操作方法

（1）征信数据生成。每月10日前，由营销业务应用系统按照本规范确定的准入规则，以地市公司（本级）、县公司为单位自动生成疑似失信用户的名单和数据。地市、县公司应在每月20日前，组织对上述信息进行审核，必要时可开展现场确认。

（2）居民征信数据审核。在征信数据审核菜单的"居民征信数据审核"页面，显示登录者所在单位已生成的居民征信数据，分为汇总信息和明细信息。在居民征信明细信息中包括："单位""户号""用户名""身份证号""地址""欠费次数""欠费金额""窃电金额""备注""类型""审核状态"。其中，数据生成后，还未进行审核时，审核状态为"初始化"，点击"初始化"可对该用户的征信信息进行审核，如图6-14所示。审核通过后，该用户的征信信息的审核状态更新为"通过"。如果在审核过程中，发现用户身份证号码错误，支持身份证号码的修改，同时也可增加备注信息，修改完成后，保存即可。

（3）非居民用户征信数据（以下简称"非居征信数据"）审核。在征信数据审核菜单的"非居征信数据审核"页面，显示登录者所在单位已生成的非居征信数据，分为汇总信息和明细信息，如图6-15所示。非居征信明细信息中包括："管理单位""企业名称""户号""地址""欠费次数""欠费金额""营业执照号""组织机构代码""税务登记证号""窃电金额""退票次数""欠费说明""备注""类型""审核状态"。非居征信信息的审核操作和居民征信数据的审核相同，点击对应的审核状态进行修改即可。同时，非居征信明细信息中的"营业执照号""组织机构代码""税务登记证号""欠费说明""备注允许修改"，修改后点击【保存】即可。

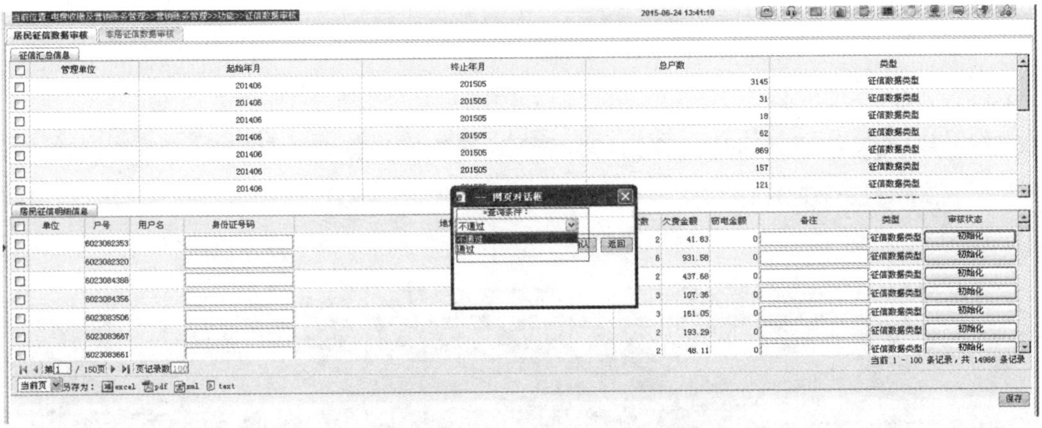

图 6-14 居民征信数据审核

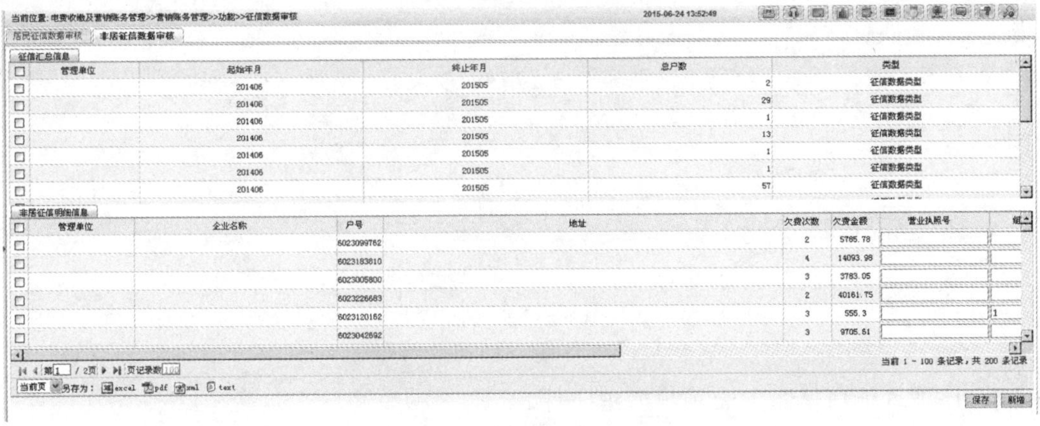

图 6-15 非居征信数据审核

（4）征信数据汇总审批。征信数据汇总审批分为居民征信数据汇总审批和非居征信数据汇总审批两部分，对已经审批过的征信数据流程进行汇总审批，审批通过的信息根据与社会征信系统约定的规则发送给社会征信系统。浙江省目前与中国人民银行签有协议，征信数据发送给中国人民银行。

在征信数据汇总申请界面输入"单位"和"统计年月"进行用户的查询。选中标题上的复选框，自动选中全部记录加入；也可选择特定记录前面的复选框，部分加入，如图 6-16 所示。汇总相应的用户后，发起居民征信审核申请流程，流程进入征信汇总审批环节。审批完成后通过接口统一发送数据至约定的征信平台。

2. 工作要求

（1）纳入征信体系电力用户条件。

1）最近 12 个月有两次及以上由用户原因造成的逾期交费记录的用户（判断依据为存在违约金）。

2）最近 12 个月存在违约窃电行为的用户。

3）最近 12 个月存在用支票方式支付电费并存在两次及以上由用户原因造成的退票记

录的用户。

图6-16 征信数据汇总申请界面

(2) 已纳入征信体系电力用户撤销条件。

1) 纳入征信体系的欠费和支票退票用户,连续12个月未发生逾期交纳电费、违约用电和窃电等失信行为。

2) 纳入征信体系的窃电用户,连续24个月未发生逾期交纳电费、违约用电和窃电等失信行为。

3) 非用户主观原因造成的,由用户携带户号、户主及经办人身份证原件至供电营业厅提出申请撤销,经供电企业查证,确属非用户主观原因造成的,用户可申请撤销失信信息。

(3) 电力用户失信数据抽取范围。

1) 抽取范围为公司所有用电用户。

2) 居民用户需要有身份证信息,且户名和身份证名字一致的用户是有效用户(实名制的为有效),不符合上述条件的不能审核通过并上报。传输明细内容包括:用户名,身份证号码,地址,欠费次数,欠费金额,地区代码,窃电金额,备注。

3) 非居民用户需要有工商注册号或者企业组织机构代码证的为有效用户,不符合上述条件的不能审核通过并上报。传输明细内容包括:企业名称,电力户号,地址,欠费次数,欠费金额,营业执照号,组织机构代码,税务登记证号,地区代码,窃电金额,退票次数,欠费说明,备注。

4）用户为与供电企业签订《供用电合同》的一方当事人，而非指实际用电人，交纳电费属于其应当履行的法定义务。如房产交易后，未办理电表过户，若发生欠费情况，将影响原户主的信用记录。房屋租赁关系，若发生欠费情况，影响房东的信用记录。

3. 注意事项

（1）用户在传输前补交所拖欠的电费及其违约金的，供电企业可将该用户名单从失信用户名单中撤销。审核结果应经本单位营销部负责人签字同意。

（2）失信用户名单和数据应通过与社会信用机构约定的技术通道进行传输，不得擅自对外公布。传输前，供电企业应通过挂号信等书面方式将失信信息告知用户。每月20日通过接口统一发送数据至约定的征信平台。社会信用机构获取数据后遵循以最近数据作为最终结果的原则，并在3个工作日之内自动替换历史数据。

（3）数据传输后，经核实发现失信信息存在偏差的，供电企业应在2个工作日内报公司营销部，由公司营销部负责向社会信用机构提交紧急更新联系单，对异常用户进行紧急处理。

6.2.8 电力贷

与银行建立战略合作伙伴关系，推出银行担保电费收交业务，在用户出现资金需求时，银行作为担保方，将先行履行电费付款义务。由供电企业、银行、用户三方签订业务协议，由银行方为用电量较为平稳、信用记录良好的企业，在出现资金周转困难期间，发放用于缴纳电费、无需抵押的资金贷款。这类似担保中的质押，是银行以用户信用和供电企业的在贷款逾期时应履行的义务为抵押。电力贷切实帮助企业解决生产用电流动资金方面的困难，也降低了供电企业电费回收风险，营造了供电企业和用户双赢的局面。电力贷三方协议书见附录 A.4。

6.3 工作质量管控

工作质量管控就是建立以指标为主的工作质量评价与监督考核机制，应用营销系统和精益化管控平台开展工作质量管控工作，以一定周期进行统计分析、查找原因，提出相应整改措施，并形成统计、分析报告，实现日常监督，对责任班组和相关工作人员提出考核意见，实现闭环管理。

工作质量管控要建立"每日发布、每周分析、每月通报"的管理机制。实行专职负责制，每天关注电费风险管控工作的开展情况和电费风险指标的完成情况，及时发现问题、及时做出预警、及时协调解决；专职定期对各项指标完成情况在公司层面进行排名、对标、通报，对弱项指标进行重点管控，进行差别化的管理。一般做法有：指标日通报、周例会、每月分析报告、弱项指标分析会、经济活动分析会、专项稽查报告。

6.3.1 电费风险防范质量指标管控

电费回收风险指标的建立时要考虑以下特点：

（1）需要考虑电费回收全面性。通过全面收集和分析用户电费回收风险相关数据，指标体系应该包括用户用电属性、用电申请情况、国家宏观调择政策、用户生产经营状况、社会经济状况等方面，对这些方面风险进行量化，再分级进行风险评价，进行电费风险评估，从而对电费回收进行控制。

（2）需要考虑不同性质的指标。电费回收风险指标需要包括客观因素和主观因素。客观因素能够切实的表现出电费回收的实际情况，主要在营销管理系统中进行提取，客观因素包括：分次结算率、用电用户电费回收率、预付费占月均电费比例、结转电费情况、是否按规定时间交费、催费次数、欠费情况、违约金暂缓执行情况、违约用电情况、走收销账及时率等。主观因素是对于电费回收状态的主观评估，它没有确切的数据支撑，主要根据用电用户实际社会环境、经营状况来主观评估，包括：行业整体情况（高耗能、非居民、党政机关等）、区域政策和经济形势对电费回收的影响、自然灾害影响、用电量变化率和风险的关系、金融政策因素对电费回收的影响、物业小区居民、媒体曝光、其他因素影响等。

1. 应收用户电费余额占月均应收电费的比例

（1）统计算法。应收用户电费余额占月均应收电费的比例＝统计期内，Σ各月（应收用户电费余额/当月应收用户电费×100%）/考核期止月份数。其中：应收用户电费余额是指财务口径的应收用户电费余额

（2）目标及要求。该指标反映了每月月末电费回收情况，通过对月末电费回收余额的监控，使绝大部分电费回收在月末处在管控之下，能有效防范电费回收风险。统计期内，月末最后一日 24：00，应收用户电费余额达到上级下达的目标值，一般为电费总金额的 0.3%。

（3）管控措施。

1）加大电费回收力度，争取在月末最后一日前完成电费回收。

2）与合作单位签订月末最后一日准实时到账协议，即合作单位收取的电费资金，当日准实时到达供电企业电费账户。

3）月末最后一日电费收取渠道，一般应选择使用自有渠道收取，同时监控合作单位电费资金到账情况。

2. 高压用户电费回收风险可控率

（1）统计算法。高压用户电费回收风险可控率＝统计期内，Σ各月电费回收风险可控金/高压用户应收电费总额×100%）/考核期止月份数。其中：电费回收风险可控金额包括高压用户预购预收电费金额、分次划拨到账金额、分次结算实收电费金额、第三方协议金额、电费抵押担保金额、物电互抵金额。

（2）目标及要求。该指标反映了高压用户电费回收风险通过预收、分次结算、担保等手段控制风险的成效。统计期内，月末最后一日，电费回收风险可控率达到上级下达的目标值，一般为 95% 以上。

（3）管控措施。

1）制定优惠措施积极推进高压用户应用电费预购预收、分次划拨（分次结算）电费缴纳方式。

2）对高风险用户应用法律措施实施担保。

3. 分次结算覆盖率

（1）统计算法。高分次结算覆盖率＝统计期内，已执行分次结算用户数/应执行分次结算用户数×100％）之和/考核期止月份数。其中：应执行分次结算用户是指《电费分次结算（分期划拨）业务规范》中明确需执行的高压100kVA以上的一般工商业用户。

（2）目标及要求。该指标反映了高压100kVA以上的一般工商业用户执行分次结算的比例，要达到上级下达的目标值，一般为99％以上。

（3）管控措施。

1）新装100kVA及以上的工商业用户在业扩流程中由用户经理负责在用户合同签订中进行分次结算协议的商谈和签订。

2）对100kVA及以上的工商业用户尚未执行电费分次结算的存量用电用户，在合同到期重签时进行电费分次结算协议的商谈和签订。

3）定期检查有无遗漏用户，进行补签。

4. 费控用户覆盖率

（1）统计算法。费控用户覆盖率＝统计期内，已执行费控结算用户数/总用户数×100％）之和/考核期止月份数。其中：已执行费控结算用户是指已与用户签订《电费预付结算协议》并在营销系统中完成设置的用户；总用户数是指营销系统的运行用户数。

（2）目标及要求。该指标反映了用户选择执行电费预付结算的比例。由于电费预付正在推广，目前暂未有明确指标值，每年按计划调整。

（3）管控措施。

1）按远程预付费控应用范围推广实施费控。

2）与用户签订《电费预付结算协议》时要实施告知步骤，解释费控业务特点，合理配置费控相应参数，提高用户使用感受好评度。

5. 用户银行批扣签订率

（1）统计算法用户银行批扣签订率＝统计期内，已委托银行批扣用户数/总用户数×100％）之和/考核期止月份数。其中：已委托银行批扣用户是指用户已于相应银行签订《委托缴费业务协议》并在营销系统中完成完成参数写入；总用户数是指营销系统的运行用户数。

（2）目标及要求。该指标反映了选择银行代扣缴费方式用户的比例，要求达到90％以上。

（3）管控措施。

1）客户经理在新装用户办理业扩时，向其宣传银行代扣缴费方式的便捷性，推荐其办理银行代扣。

2）对办理了银行代扣用户，产生电费后代扣成功的，按周期进行抽奖活动，提高用户办理代扣的积极性和代扣的成功率。

6.3.2 电费风险防范质量预警管控

确定了电费回收风险指标后，我们就要对指标的结果管理转向于完成的过程进行有效的管控,最大限度的降低风险发生的几率和减小损失的程度。而过程管控的有效途径就是开展稽查监控、分级预警,同时引入"PDCA"循环和持续改进的思想,电费风险防范预警费控项目包括前几章的预警项目。

(1) 分配到分次结算抄表段但没有分次结算协议见表 6-11。

表 6-11　　　　　　　　分配到分次结算抄表段但没有分次结算协议

主题名称	分配到分次结算抄表段但没有分次结算协议	
抽取规则	分配到分次结算抄表段但没有有分次结算协议,剔除新装用户	
预警阈值	一级预警	出现一户即一级预警
	二级预警	3 个工作日未处理为二级预警
	三级预警	7 个工作日未处理或当月月末最后一天未完成为三级预警

(2) 低压用户手工抄表见表 6-12。

表 6-12　　　　　　　　　　低 压 用 户 手 工 抄 表

主题名称	低压用户手工抄表	
抽取规则	低压用户营销系统抄表止度与用电信息采集系统抄表止度不一致且为手工抄表	
预警阈值	一级预警	出现异常占当月抄表用户比例 0.01%～0.03%户为一级预警
	二级预警	占当月抄表用户比例 0.03%～0.05%为二级预警
	三级预警	超过当月抄表用户比例 0.05%为三级预警

(3) 电费审核和发行及时性见表 6-13。

表 6-13　　　　　　　　　　电费审核和发行及时性

主题名称	电费审核和发行及时性	
抽取规则	未在 24h 内完成电费审核及发行的用户	
预警阈值	一级预警	未在当天 16:00 完成电费审核及发行为一级预警
	二级预警	当天 17:00 未完成为二级预警
	三级预警	超过 24h 未完成为三级预警

(4) 未按规定时间周期核抄见表 6-14。

表 6-14　　　　　　　　　　未按规定时间周期核抄

主题名称	未按规定时间周期核抄	
抽取规则	未按规定周期核抄,高压用户超 6 个月,低压用户超 12 个月(以抄表段实际最后周期核抄抄表月份为准)(剔除无表定量抄表段)	
预警阈值	一级预警	每月 5 日未开展周期核抄为一级预警
	二级预警	每月 15 日未开展周期核抄为二级预警
	三级预警	月底最后一天 24:00 未开展周期核抄为三级预警

(5) 周期核抄数据与当天采集数据不符合逻辑关系见表6-15。

表6-15　周期核抄数据与当天采集数据不符合逻辑关系

主题名称		周期核抄数据与当天采集数据不符合逻辑关系
抽取规则		周期核抄数据与当天的采集数据不符合逻辑关系（周期核抄示数不在周期核抄下装日采集示数和7天后的采集示数范围内）；周期核抄抄表方式为非红外线，当月有多次周期核抄以最后一次核抄数据为准，剔除当月已补抄用户
预警阈值	一级预警	当月周期核抄数据与当天采集数据不符合逻辑关系用户低于当月周期核抄户数1%为一级预警
	二级预警	不符合逻辑户数超过当月周期核抄计划户数1%~3%为二级预警
	三级预警	不符合逻辑户数超过当月周期核抄计划户数3%为三级预警

(6) 分类电价执行准确性情况见表6-16。

表6-16　分类电价执行准确性情况

主题名称		分类电价执行准确性情况
抽取规则		(1) 执行电价电压等级与计量点电压不一致用户。 (2) 用电类别和执行电价不一致用户（抽取只有一种电价用户）
预警阈值	一级预警	出现一户即一级预警
	二级预警	3个工作日未处理为二级预警
	三级预警	7个工作日未处理或当月月末最后一天未完成为三级预警

(7) 执行电价与计度器不符见表6-17。

表6-17　执行电价与计度器不符

主题名称		执行电价与计度器不符
抽取规则		两费率、三费率缺少峰谷计度器，两费率多尖峰计度器，三费率多平（剔除冰蓄冷电价用户）
预警阈值	一级预警	出现1户即一级预警
	二级预警	3个工作日未处理，升级为二级预警
	三级预警	7个工作日未处理或月末未完成升级为三级预警

6.4　常见问题的分析及处理

6.4.1　抄核收类

1. 定比定量不规范

【案例1】

某农村，旧村改造后，由于电网改造还未到位，辖区内用户未安装一户一表，以村总表计费，供电企业对该村用户按居民40%，一般工商业60%进行电费结算，再由村里向村内用户收取电费上交供电企业。某月，该村以定比不合理、与邻村定比不同，无法收取电费等理由，拒交供电企业电费。

问题分析：

调查后发现该供电企业在为该村办理定比时，没有留下明确的定比依据，如用户用电设备清单等，该村目前出租房屋住人较多，居民用电大幅攀升。而邻村用电的基本用于加工用电，定比也为居民40%。这两个村在初次定比后，都未开展一年一次的重新定比核定。主要是由于该供电企业定比工作不规范引起用户对电费收取不合理，继而拒交电费。

供电企业在定比工作上存在以下问题：①未严格执行相关的规范和流程，定比缺乏依据；②未根据《供用电营业规则》开展一年一次的定比核定工作；③对定比工作缺乏有效的监控。由于这些问题的存在可能存在以下风险：①人为因素影响定比结果，而定比影响用户电费，由此就会产生廉政风险；②定比不合理会影响到供用电双方的利益；③影响到电费回收，产生电费回收风险。

处理方法：

（1）建立健全定比定量工作的管理制度，明确定比定量的核对方法、依据、流程，根据用户现场的负荷性质、设备容量、发展状况合理核对定比定量值，并保留核定依据。

（2）定比定量核定人员自由裁定权过大，因此要加强内部管控，强化审批流程，严格把关，避免出现廉政风险。

（3）根据用户的实际用电情况，每年重新进行定比定量的核定，确保计费准确，避免出现拒交电费现象。

（4）发布电费风险预警，对供电公司下旧村改造用户进行全面的定比定量重新核定，修正错误，避免出现类似拒交电费现象。

2. 电价执行错误

【案例2】

某用户，安装了一台250kVA变压器一台，采用高供低计计量。某日该用户以当地民政部门颁发的福利企业证书，要求执行部队、狱政电价，营业厅予以受理，并更改了电价。供电企业电费管理部门在年度电费稽查中发现电价执行错误，修改电价并进行电费的追补。用户不同意电费的追补，在不断的沟通解释下，用户最终缴纳了电费。

问题分析：

《浙江省电网销售电价分类说明》（浙价资〔2011〕382号）规定为残疾人办的企业（必须符合国家的有关规定，且380/220V供电的用户），其生产用电价格也执行部队、狱政电价。而该用户是10kV供电用户，与电价文件中380/220V供电的用户的条件不相符，因此不能执行部队、狱政电价。电价执行错误，给供电企业的经济利益带来了损失，易引发电费差错纠纷，发生拒交电费现象，也可能引发用户投诉、媒体曝光，给供电企业带来负面的社会影响，同时也容易发生明知而故意为之的廉政风险。

处理方法：

（1）认真学习电价政策文件，加强对营销相关人员电价执行的指导、监督，使计费方案确定、合同签订、电费复核、用电稽查、抄表收费等环节人员正确掌握电价政策。

(2) 制定电价稽查计划，对新装、变更用户要进行首次稽查，其他用户开展定期或不定期的稽查。

3. 抄表例日调整不规范

【案例 3】

某用户其抄表例日为每月 5 日，电费在 6 万元左右，某月电费突然上升为 7.3 万元，用户怀疑电能表不准，要求核查，在核查清楚前拒交当月电费。

问题分析：

对用户的计量装置进行了现场校验，计量装置误差在正常范围内。营销系统中检查该用户抄表例日为每月 5 日，之前都按例日抄表，某月调整抄表时间到 10 日抄表，计费周期扩大到了 35 天，未通知到用户，与电费上升到 7.3 万元的事实基本相符。主要原因是供电企业在这个月调整了抄表时间。

处理方法：

(1) 严格按照《国家电网公司电费抄核收管理规则》规定执行，按照规定的抄表例日进行抄表，抄表例日不得随意变更，确需变更的应履行审批手续，并提前告知用户。

(2) 用户抄表例日变更的应与用户协商一致，因抄表例日变更对阶梯电费、基本电费等计算带来影响的（具体影响在第三章电费核算中已有述及），应按要求做好处理，避免不必要的电费纠纷。

(3) 加强稽查考核力度，不得随意调整抄表时间，以免影响线损、利润等指标的真实性。

4. 业务办理告知不到位

【案例 4】

某低压居民用户 A，抄表例日为 8 日，将房屋卖与 B，在 4 月 10 日到供电营业厅办理过户手续，A、B 用户经协商过户前的电费由 A 用户缴纳，营业厅受理人员在检查受理资料后，告知会予以办理。4 月 11 日通知用户 A 需缴纳电费 976.64 元，用户 A 表示没有这么多电费，在卖房前已不居住，拒交电费。

问题分析：

低压居民用户是执行"一户一表"阶梯电价的，在营销系统中按年进行阶梯计算，在过户、销户时按实际使用时间进行清算，过户时 A 用户实际使用时间为 4 个月。营销系统中查询 A 用户 1—3 月用电量为 7422kW·h，4 月用电量为 101kW·h，过户特抄用电量为 0，4 月电费为 84.64 元，清算电费为 892 元。营业厅受理人员在受理过户申请时未告知用户执行一户一表阶梯电价要进行清算电费事宜。

处理方法：

(1) 低压居民用户在办理过户、销户等与电费结算相关业务时，营业厅受理人员应估算业务办理前可能产生的电费，主动告知用户阶梯电价要进行清算电费的事宜，使用户有心理上的准备，避免引起电费纠纷，造成电费回收风险。

(2) 编制相应业务的用户告知模板，告知用户后请用户在告知书上签字。

5. 违约金设置错误

【案例 5】

某高压用户实施每月分次结算，其三次抄表例日为 5 日、15 日、25 日，营销系统违约金配置时计算方式选了指定日期，计算值选了 10 日、20 日、30 日，该用户某月未按时交纳电费，营销系统于 11 日、21 日、26 日产生了违约金。用户认为违约金计算不合理，拒交电费。

问题分析：

《国网浙江省电力公司电费分次结算（分期划拨）业务规范》第十六条规定分次结算各期交费截止时间，有合同约定的按照合同确定的交费截止日期执行；没有合同约定的应按照抄表日加 5 天进行设置，自第 6 天起计收电费违约金。查询该用户的《供用电合同》，合同中约定的交费截止日期为 10 日、20 日、30 日，与营销系统配置一致，但末次违约金却在 26 日产生。在营销系统中检查发现该供电企业还按用户属性值为高压进行了配置，违约金起算日期为 26 日，优先级为高，也就是所有高压用户在没有其他配置时，按此方式计算违约金，由于优先级选择为高，则其他配置就不能超出按用户属性值为高压的配置，因此就出现了末次违约金 26 日产生的现象。

处理方法：

（1）对给用户末次电费 26 日至 30 日产生的违约金进行免计，与用户做好沟通解释。

（2）优先级的选择原则为单户＞部分用户＞全部用户。在营销系统修改按用户属性值为高压的配置，优先级配置为低。

（3）检查所有分次结算用户违约金设置，设置错误的违约金进行免计，并更正错误。

6. 计量接线差错，退补不规范

【案例 6】

住宅小区某居民用户，2014 年 3 月新装单相表计，结算电费一直为零，到 2015 年 6 月采集系统招测该用户表计反向电量，其值为 8921kW·h，到现场检查发现表计进出线接错，表计倒走，电话告知用户后，更改接线。而后通知用户需追补电费 6137.8 元（2760×0.538＋2040×0.588＋4121×0.838）。用户认为没有这么多电费，且计量装置为供电企业安装，差错后果应由供电企业承担，由此拒交电费。

问题分析：

该用户安装表计后，一直为零电费，抄表人员也未到现场查看，认为用户还未入住，直至 2015 年 6 月由采集系统招测出反向电量后，才到现场检查，确认为接线错误，时间长达 15 个月。检查出接线错误后未让用户到现场签字确认，就改正接线，造成错接线证据缺乏。计算追补电费时又未考虑用户实际用电时间，阶梯电费简单地从 2015 年开始计算，使用户 2014 年的第一阶梯、第二阶梯的电价无法享受。

处理方法：

（1）严格按《电费抄表作业业务规范》中规定执行，对连续 6 个月及以上零电量的用户开展现场核查确认，按规范开展周期核抄，及时发现问题，缩短差错时间。

（2）现场检查用户必须在现场，检查结果必须有用户的签字确认，注重证据收集，同时要进行照片、视频类信息的收集保存。

（3）了解用户用电启用时间，追补电费时阶梯电价按启用时间、年度计算，做到公平合理。营销系统中退补流程时应将差错年月选择在实际发生年月，这样阶梯电费就会从发生年月开始计算，而不是全部计算在今年的额度内。

7. 行政干预

【案例7】

2015年，某供电企业所在当地政府"三改一拆""五水共治"等政策措施不断出台，对于违反此类政策的企业政府予以关停，并要求供电、供水企业予以停电、停水处理。供电企业在得知此消息后及时发布了电费回收风险预警，要求各供电所及时与当地政府沟通，获取政策措施执行时间，及早介入，降低电费回收风险。部分当地政府为完成指标，在没有供电部门参与情况下，私自停电，造成用户拒交电费情况发生。

问题分析：

这是一起政府执行政策措施，而引起的电费回收风险事件。

处理方法：

（1）供电企业要及时与当地政府沟通，说明与用户签有《供用电合同》，停电必须符合相关规范，政府私自停电是非法错误的。

（2）电费是国有资产，要保证回收。对于列入当地政府"三改一拆""五水共治"等政策措施内的用户，需要政府提供电费回收担保，避免停电后电费无法回收，造成国有资产流失。

6.4.2 费控类

1. 智能表版本差异，送电方式不同

【案例8】

某用户欠费停电，在交清电费后，实施了远程复电，但一直不能送电成功，用户处还是无电。查看营销系统显示远程复电已经成功，到现场查看，智能表显示"合闸"，但跳闸灯一直在闪烁，如图6-17所示。

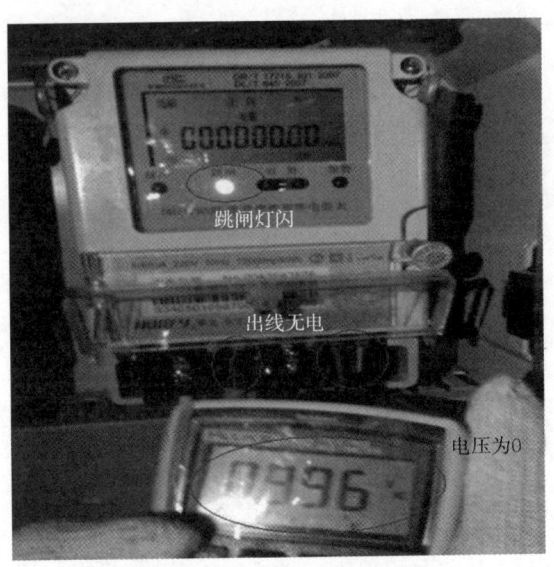

图6-17 电能表现场显示图

问题分析：

费控用户的智能表从费控功能上可分为两种：2013 智能表和非 2013 智能表。2013 智能表（硬件版本为 2013 或 2013－2 的智能表），支持直接合闸；非 2013 智能表，不支持直接合闸，需要按智能表复电按钮合闸。采集系统根据智能表类型下发复电指令也有 2 类报文：1 个是直接合闸报文，1 个是允许合闸报文。用户处安装的可能是非 2013 智能表。

处理方法：

在营销系统中查看智能表类型后，在采集系统中查看下发的智能表报文，看报文是否正确，派工作人员现场手动合闸送电。长按智能表面板显示按钮 5s，合闸成功，跳闸灯熄灭。

2. 智能表停复电状态与实际状态不符

【案例 9】

某用户欠费，在通知用户后实施远程停电，但营销系统中一直显示"停电失败"，到现场查看，却发现智能表显示跳闸灯一直亮着，用户也处于无电状态，已停电成功。

问题分析：

智能表已跳闸，但停电报文未上送主站，显示"停电失败"，主要可能是以下现象引起的：①采集器工作电源接在智能表出线侧，智能表停电后导致采集器无工作电源，停电报文无法上送主站；②受到远程通信网络延迟等因素影响，停电报文上送到主站时已超时，废弃此条报文；③智能表与采集器之间的 485 通信干扰，停电报文无法发送。

处理方法：

（1）检查采集器电源接线，采集器电源线应接在智能表进线侧。

（2）在营销系统的内重置按钮，多次点击【远程停电】按钮，避免上送报文超时现象的发生。

（3）现场检查该采集器下是否存在有极性和无极性的表计混装情况，若有，对无极性的表计安装 485 匹配装置或转现场掌机停电。

3. 智能表跳闸模块损毁

【案例 10】

某用户欠费，在通知用户后实施远程停电，营销系统中显示营销系统停电命令下发成功，但用户一直未缴费，到现场查看，却发现现场智能表跳闸灯常亮，但智能表出线侧依旧有电，用户能正常用电。

问题分析：

智能表跳闸灯常亮，表明已跳闸，可能由于智能表跳闸继电器损坏，触点未断开所致。

处理方法：

更换智能表。检查用户的用电容量是否与智能表容量匹配，若智能表容量过小，应通知用户办理增容后再换表。

4. 营销系统无法实施现场停电

【案例 11】

在实施无欠费停复电的用户远程停复电失败时，营销系统中无法转现场停电或者掌机停电环节，流程无法发送。

问题分析：

新建小区在营销系统中没有进行抄表段及停复电责任人的维护，造成流程不知发到哪个责任人。

处理方法：

在营销系统查看，对新建小区进行抄表段维护，并在营销系统界面"电费收缴及营销账务管理〉〉欠费管理〉〉停复电责任人维护"界面进行停复电人员权限维护。

5. 主站控制命令下达失败

【案例12】

在实施停复电流程时，系统提示：加密认证环节、控制命令下发环节，终端返回失败。

问题分析：

同一采集器下安装有一定数量的无极性表计，通信不稳定，导致在报文传输中出现差错，主站无法正确识别。

485端口异常，采集器与表计连接的485端口异常，电压偏低，导致报文出错，主站无法正确识别。

Ⅱ型集中器出厂时只设置远程抄表功能，而将停复电指令下发功能进行屏蔽，导致停复电指令无法转发。

处理方法：

（1）将无极性表进行更换，全部换成有极性表计；或对带载无极性表计的Ⅱ型集中器加装485匹配装置。

（2）现场检查485端口与表计连接情况，进行电压测试，确定是否在3.5V以上，必要时更换表计。

（3）联系Ⅱ型集中器厂家，让厂家确认已装出的采集器出厂时是否已开通停复电指令转发功能，如未开通，提供采集器逻辑地址由厂家完成远程升级工作。

6. 预收金额配置不合理

【案例13】

某预付费控居民用户，在新装时办理了预付费控业务，该用户拨打95598反映，一个月内多次接收到催费短信，并从其银行代扣存折多次扣款，一个月到底要交几次费。

问题分析：

在营销系统中查阅该用户预付费控信息，其基准策略是低压居民100元，预收代扣值是80元，预警值为20元，新装后第一个月电费为1005元。根据此用户用电情况结合预付费控策略，营销系统在除第一次预交外，当用户的测算余额小于预警值时，产生计划结算电费，向用户发送预收代扣通知短信，银行代扣用户同步发起代扣流程，至电费结算将会发起10次代扣，发送10次通知短信。

处理方法：

（1）在与用户签订预付收费协议时，要告知用户如果预收电费金额选择与正常电费不匹配，会出现连续催费的情况，并请用户在告知书上签字。

(2) 在出现连续催费的情况时要与用户做好沟通，更改其基准策略，使其与用户每月可能使用电量相对应。

(3) 预收电费金额，原则上按照用户每月可能使用电量对应的电费确定。老用户：初次预付金额按照前几月的月平均用电量对应的电费设定，后视每月可能使用电量对应电费的一倍以上预付；新装用户：初次预付金额原则上按负荷容量和特性计算可能产生的电量设定，后视每月可能实际使用电量对应电费的一倍以上预付。

6.4.3 法律类

1. 物业未签新约，原有公司承担债务

【案例 14】

2013 年 5 月 A 房地产公司向 B 供电企业申请用电，用于 A 房地产公司建设的小区物业用电，B 供电企业为其安装了电表，签订了《供用电合同》。2014 年 1 月，A 房地产公司将物业管理移交给 C 物业公司，由 C 物业公司支付电费。2014 年 3 月起 C 物业公司以小区入住率不高，物业费、电费无法收取为由，共拖欠 3—4 月两个月电费 28123.5 元。B 供电企业向 C 物业公司多次催讨无果，在 5 月 10 日向 A 房地产公司和 C 物业公司送达停电通知书，5 月 17 日实施停电措施，并将 A 房地产公司和 C 物业公司诉至法院，要求判决两被告共同支付 B 供电企业电费 28123.5 元。A 房地产公司认为 2014 年 1 月已移交给 C 物业公司，1—2 月电费也是由 C 物业公司缴纳的，3—4 月电费催收也是向 C 物业公司催收的，供电企业已知实际用电人是 C 物业公司，电费应由其缴纳；C 物业公司认为他是代理业主向供电企业缴纳电费，是代收代付关系，实际用电人是业主，电费不应由其缴纳。法院最后判决：被告 A 房地产公司于判决生效后十日内支付原告 B 供电企业电费 28123.5 元，驳回原告其他诉讼请求。

问题分析：

本案是一起涉及三方的电费纠纷案，B 供电企业要回收电费，A 房地产公司、C 物业公司实际都未用电，实际用电人为业主，但 B 供电企业与业主又没有供用电关系。供用电合同双方是 A 房地产公司和 B 供电企业，虽 A 房地产公司将物业管理移交给 C 物业公司，但并未与 B 供电企业终止供用电合同，供用电合同还是有效的，电费缴纳的主体还是 A 房地产公司，与 C 物业公司和实际用电的业主无关。在 2014 年 1 月后电费实际由 C 物业公司缴纳，B 供电企业也向其催收电费，但供用电合同并未变更，债务关系还是没有改变，B 供电公司停电通知书是向 A 房地产公司和 C 物业公司一起送达。

处理方法：

(1) B 供电企业将 A 房地产公司和 C 物业公司一起诉至法院，虽更多的责任主体会减轻电费债务无法实现的风险，但随着用户法律意识的增强，此举只会增加自身诉讼压力。

(2) B 供电企业在催缴电费过程中要向缴费主体催缴，在本案中出现欠费后应向 A 房地产公司催缴，并保存相关证据，对 C 物业公司和业主实施告知义务。

(3) 在实际供用电行为中此类现象较多，比如居民某房产已变卖，但供用电合同未变更，缴费主体还是原房主；企业将厂房整体出租他人生产经营，缴费主体还是原企业主；业主申请基建用电，电费由建筑单位支付，缴费主体还是业主。为避免这类用户电费回收风险，①供电企业要做好告知工作，供用电合同中的签订方是缴费主体，要承担电费债务，其他第三方无需承担缴纳电费的责任；②发现这类情况时，要采取一些担保措施，并提醒用户进行合同变更。

2. 抵押物有瑕疵，行使权利先协商

【案例 15】

A 饰品有限公司将厂房出租给 C 水晶企业，C 水晶企业用电容量较大，与 A 饰品有限公司协商，由 C 水晶企业出资在 2015 年 2 月安装配电变压器 400kVA 及相关配电设备，3 年出租期满后归 A 饰品有限公司所有，电费由 C 水晶企业自行缴纳。A 饰品有限公司在 2015 年 2 月与 B 供电企业签订了《供用电合同》及《电费担保协议书》，《电费担保协议书》中将配电设备作为抵押物担保所使用的电费，但并未向相关部门做抵押登记，也未告知配电设备产权归属。2016 年 1 月 C 水晶企业由于环保问题被责令整改停产，2016 年 2 月拖欠 B 供电企业电费 67386.63 元，B 供电企业向 A 饰品有限公司和 C 水晶企业多次催讨无果，在 3 月 14 日向 A 饰品有限公司和 C 水晶企业送达停电通知书，3 月 21 日实施停电措施。停电后，C 水晶企业表示没有恢复生产的计划，A 饰品有限公司由于租期还有 2 年，也无法接手。B 供电企业与 A 饰品有限公司和 C 水晶企业协商，签订了《拖欠电费确认书》和《配电设备处置同意书》，B 供电企业将配电设备拆除拍卖所得抵交 B 供电企业电费 67386.63 元。

问题分析：

本案是一个担保电费案，虽最后 B 供电企业完成了电费回收，但如果 A 饰品有限公司和 C 水晶企业不参与协商，不签订《拖欠电费确认书》和《配电设备处置同意书》，B 供电企业是无法对抵押物配电设备进行处置的。B 供电企业与 A 饰品有限公司签订《电费担保协议书》后未向相关部门进行抵押物的登记，不能拥有对抗第三人的效力；抵押物配电设备也存在瑕疵，A 饰品有限公司与 C 水晶企业协商确定，由 C 水晶企业出资在 2015 年 2 月安装配电变压器 400kVA 及相关配电设备，3 年出租期满后才归 A 饰品有限公司所有，在 B 供电企业与 A 饰品有限公司签订《电费担保协议书》时，并不归 A 饰品有限公司所有。好在 B 供电企业在 A 饰品有限公司出现欠费时，即时与 A 饰品有限公司和 C 水晶企业协商，签订了《拖欠电费确认书》和《配电设备处置同意书》，避免了电费的损失。

处理方法：

（1）只有规定允许抵押的财产或财产权利方可作为抵押物。在进行抵押前，要对抵押物进行了解，是否有重复抵押情况或抵押物所有权问题，确保抵押权的实现，同时抵押物要便于拍卖变现，如本案中的配电设备。

（2）抵押合同签订后，要及时到有关部门办理抵押物登记，配电设备是企业的生产设备，是动产，可以不登记，但对于法律不要求必须办理登记的，最好也办理登记，以取得对抗第三人的效力，配电设备登记部门为所在地的工商行政管理部门。抵押物要合理选择，以确保抵押物为法律规定可以做抵押的物，避免出现无效抵押。本案中配电设备不属于 A 饰品有限公司的产权，抵押无效；同时抵押物未进行登记，若 C 水晶企业不参与协商，抵押就不能实现。

（3）出现欠费后，要及时与用户进行协商确认欠费事实和抵押物取得事宜，用户不同意协商的，要及时向法院提起诉讼。

3. 依法行使不安抗辩权，降低电费回收风险

【案例 16】

2015年8月A造纸厂由于环保不达标，被环保局责令停产整改，同时企业主因参与高利贷借贷，造纸厂运转资金困难，原材料进货都成问题，经常有供货商上门讨债，B供电企业对供货商上门讨债现场进行了拍照，获取了A造纸厂可能丧失履约能力的证据。B供电企业向A造纸厂多次催讨拖欠电费522690.81元无果，在8月20日向A造纸厂送达停电通知书，8月27日实施停电措施。A造纸厂10月完成了环保技改，并于10月5日清偿了电费522690.81元，要求B供电企业尽快供电以便恢复生产，但B供电企业以A造纸厂经营状态恶化，存在破产倒闭可能坚持要求A造纸厂提供电费担保后才能恢复供电。A造纸厂于是将B供电企业告上法院，认为电费保证金早已明令取消，现并无明确规定必须提供担保才能恢复供电，供电企业违约，要求B供电公司恢复供电，同时赔偿由于停电以来造成的损失6万元。法院经审理后不支持A造纸厂的主张，驳回诉讼请求。A造纸厂没有上诉，与B供电企业签订了以配电设备作为抵押物的《电费担保协议书》，并进行了登记，B供电企业恢复供电。

问题分析：

本案是一个不安抗辩权行使案。自从电费保证金被国务院有关部门取消后，"先用电，后缴费"模式形成的电费回收风险尤为突出，《中华人民共和国合同法》第六十八条规定的不安抗辩权，对于促进供用电合同的正常履行和供用电纠纷解决具有重要意义。在供用电合同关系中，供电企业先履行供电义务，用电人后履行缴费业务。先履行供电业务的B供电企业，在履行过程中发现后履行业务的用电方A造纸厂存在可能交不起电费时，即行使不安抗辩权，停止向A造纸厂供电，在A造纸厂缴清电费后，又行使不安抗辩权要求A造纸厂提供担保才恢复供电。A造纸厂到法院起诉后，B供电企业提供了A造纸厂经营状态恶化，存在破产倒闭可能的证明：供货商上门讨债现场的照片、拖欠电费的资料、环保局责令停产整改材料。法院采信了B供电企业提供的证据，驳回了A造纸厂的诉讼请求。

处理方法：

（1）供电企业应履行告知义务。供电企业在发现对方履行能力明显降低，有不能履行债务危险的确切证据而行使不安抗辩权时，应及时将中止履行的事实、理由以及恢复履行的条件及时通知用户，并保留通知的证据。

（2）供电企业负有举证责任。供电企业在行使不安抗辩权时，要注意证据的收集与保存，必要时可以进行公证或申请法院诉前证据保全，也可以依据有关法律的规定及时请求政府有关部门进行现场勘察、制作调查笔录等。如本案中讨债现场证据。

（3）供电企业在用户丧失或可能丧失履约能力时，应当先暂时停止向其供电，而不能直接解除供用电合同。一旦用户提供了适当的担保，则不安抗辩权即归于消灭，应当恢复供电，依合同约定继续履行供电的义务。供电企业中止向用户供电后，用户既没有在合理期限内恢复履约能力，又没有提供适当的担保时，根据《中华人民共和国合同法》第六十九条的规定，供电企业有权解除供用电合同，并可依法向欠费户追讨尚未缴清的电费。本案中A造纸厂提供了配电设备抵押，供电企业就要恢复供电。

4. 变更需签合同，避免电费纠纷

【案例17】

2010年6月A宾馆与B供电企业签订了《供用电合同》，合同中约定：①双方约定合同到期后，如供用电双方都未提出变更、解除合同，可不再重新签订，本合同继续有效；②抄表例日是每月5日，缴费截止日为25日；③未在缴费截止日前交清电费，应承担电费迟纳的违约责任，电费违约金从逾期之日起计算至缴纳日止，每日按欠费总额的2‰计算，跨年度欠费部分，每日按欠费总额的3‰计算。2012年1月B供电企业根据内部文件要求，与A宾馆协商口头同意后改为分次结算，抄表例日是每月5日、15日、25日，违约金产生日分别为10日、20日、30日，但未与A宾馆重签《供用电合同》，也未签订《电费结算协议》。2014年5月A宾馆因经营不善，开始拖欠电费，合计拖欠5—7月电费345760.21元，电费违约金27800元。B供电企业多次催讨无果，将A宾馆诉至法院，要求A宾馆支付电费345760.21元，电费违约金27800元（按电费支付日期重新计算），并承担本案诉讼费。A宾馆认可所欠电费，但对违约金计算有异议，认为计算标准过高、起算日不符合合同约定，B供电企业提供了《供用电合同》《供电营业规则》及内部《分次结算业务规范》认为是按规定时间、标准计算。法院判决A宾馆支付电费345760.21元，对于电费违约金应按《供用电合同》约定重新计算后支付，B供电企业以最后一次缴费截止日统一作为计算违约金的起算日重新计算违约金。

问题分析：

本问题是用户拖欠电费，供电企业追缴电费而提起的诉讼案件，对电费违约金计算收取纠纷的问题。主要在于B供电企业在改变抄表例日后未与用户重新签订《供用电合同》或《电费结算协议》，导致用户对电费违约金计算时间、标准有异议。《供电营业规则》供电违约金计算标准为当年欠费部分，每日按欠费总额的2‰计算，跨年度欠费部分，每日按欠费总额的3‰计算，合同约定与之相符。内部《分次结算业务规范》虽有规定：分次结算各期交费截止时间，有合同约定的按照合同确定的交费截止日期执行；没有合同约定的应按照抄表日加5天进行设置，自第6天起计收电费违约金。但有《供用电合同》在前，且是有效合同，因此法院不支持违约金的计算时间，支持违约金的计算标准，要求按合同重新计算后支付。

处理方法：

（1）诉讼案件，证据是最有利的说明。本案中在变更抄表例日后虽与A宾馆协商同意后执行，但未与A宾馆户签订《供用电合同》和《电费结算协议》，导致电费违约金计算存疑，法院也不支持供电企业内部规定的计算方法。因此在变更相关事宜时要留下书面证据，并妥善保管，内部规定的要在合同或协议条款中体现。

（2）在A宾馆拖欠5—7月电费的过程中，B供电企业应每月与A宾馆签署《拖欠电费确认书》，也就是要对电费债务进行明确，避免出现本案中A宾馆不认可的情况。

5. 一般担保时限受限，及时主张权利

【案例18】

A化肥厂经常拖欠B供电企业电费，B供电企业认为电费回收有风险，要求A化肥厂提供担保，C集团公司于2009年2月为A化肥厂出具了书面担保书，在担保书中约定，当 A 化肥厂拒不缴纳电费时由 C 集团公司缴纳，担保方式为一般担保方式，担保期限未约定。A 化肥厂 2011 年 3 月至共欠费 102.41 万元，经多次催讨无果，2011 年 10 月 B 供电企业将 A 化肥厂、C 集团公司诉至当地法院，要求 A 化肥厂支付欠费 102.41 万元，并要求 C 集团公司承担欠费清偿责任。A 化肥厂表示无力支付电费，可由 C 集团公司履行保证责任，代为支付欠费。C 集团公司认为担保方式为一般担保方式，担保期限已满，无需承担担保责任。法院判决 A 化肥厂支付欠费 102.41 万元，驳回 B 供电企业要求 C 集团公司承担欠费清偿责任的诉讼请求。

问题分析：

C 集团公司在担保书中承诺担保属一般担保，且没有约定保证期限。按照《中华人民共和国担保法》规定在一般保证场合，保证期限为主债务履行期届满之日起 6 个月，在保证期间，债权人未对债务人提起诉讼或仲裁的，保证人免除保证责任，提起诉讼或仲裁的，一般保证诉讼时效从判决或仲裁生效之日起开始生效。本案中 C 集团公司出具书面担保书是在 2009 年 2 月，债务发生在 2011 年 3 月，而 B 供电企业提起诉讼是在 2011 年 10 月，已超出了 6 个月的期限。B 供电企业虽然要求 A 化肥厂提供了担保，但对担保相关条款理解不透，错过了担保期限而使担保流于形式，电费回收还是无望。

处理方法：

（1）在选择担保方式时，供电企业要综合考虑，合理选择最优担保方式。人的担保即保证，依赖于人的信用与实力，具有不确定性，一般不予选择。在保证方式中，连带保证强于一般保证，连带保证在当债务人不履行债务时即可由保证人承担连带责任，而一般保证，保证人享有先诉抗辩权，在债务未经审判或仲裁，对债务人可以拒绝承担保证责任。因此保证方式要选连带保证。

（2）根据最高法《关于适用〈中华人民共和国担保法〉若干问题的解释》第三十二条，保证期限早于或等于主债务履行期限的，视为没有约定；保证期限约定为保证责任至主债务本息结清时止，视为约定不明。保证期限要在担保协议中体现，尽量约定较长的保证期限，但不宜超过两年。在保证期限内要就债务提起诉讼或仲裁，使之适用于诉讼时效中断的规定。

第7章 统 计 与 分 析

统计与分析是全面、及时、准确地反映一定时期的电力经营成果的有效方式。通过对全公司的供售电量、电力销售收入、售电均价、电费回收等情况定期汇总分析,为企业的经营决策提供信息。本章主要介绍电费报表统计、电费电价分析、电费抄核收工作质量分析和电费回收与风险分析等内容。

7.1 电费报表统计

常用的电费报表有:分类售电情况统计表、分时电价执行情况统计表、行业销售电量情况统计表、高耗能行业销售电量情况统计表、售电量前20名客户用电情况统计表、差别电价执行情况统计表、协议电价执行情况统计表、电费回收情况统计表、行业欠费情况统计表、100万元以上欠费名单统计表、电费余额统计表、代征基金及附加明细表、自备电厂收费情况统计表、各类收费方式回收电费情况统计表、银行代收电费情况统计表、收费点建设情况统计表、农村收费点建设情况统计表等。本节对分类售电情况统计表、分时电价执行情况统计表、行业销售情况统计表、高耗能行业销售电量情况统计表、电费回收情况统计表、各类收费方式收费情况统计表进行重点介绍。

7.1.1 分类售电情况统计表

1. 编制目的

按单价分类统计用电户数、售电量、售电到户均价、应收电费的构成情况,为电费电价分析和预测提供数据。

2. 编制内容

分类统计大工业用电、一般工商业及其他用电、农业用电、居民用电、趸售用电、打水用电、大用户直接交易用电及其他用电户数、售电量、售电到户均价等本年完成情况及本期应收电费构成的情况。

3. 统计算法

合计＝大工业用电＋一般工商业及其他用电＋农业生产用电＋居民用电＋趸售用电＋打水用电＋大用户直接交易用电＋其他用电。

一般工商业及其他用电＝非、普工业用电＋非居民照明用电＋商业用电。

用电到户均价＝应收电费/售电量。

应收电费＝电度电费＋基本电费＋功率因数调整电费＋代征费。

4. 报表示例

表7-1为分类售电情况统计表示例。

表 7-1 分类售电情况统计表

填报单位：××供电公司

序号	项目 分项	用户个数/户	运行容量/kVA	售电量/(kW·h)							应收电费/元								售电到户均价/[元·(kW·h)$^{-1}$]			
		a	b	c	d	e	f	g	h	i	j	k	l	m	n	o	p	q	r	s	t	u	v
1	公司全行业合计																						
2	一、全行业合计（按产业分类）																						
3	第一产业																						
4	第二产业																						
5	第三产业																						
6	二、城乡居民																						
7	城镇居民																						
8	乡村居民																						
9	三、全行业合计（按行业分类）																						
10	（一）农、林、牧、渔业																						
11	（1）农业																						
12	（2）林业																						
13	（3）畜牧业																						
14	（4）渔业																						
15	（5）农、林、牧、渔服务业																						
16	灌溉服务																						
17	（二）工业																						
18	（1）轻工业																						
19	（2）重工业																						
20	1. 采矿业																						
21	（1）煤炭开采和洗选业																						
22	（2）石油和天然气开采业																						
23	（3）黑色金属矿采选业																						

续表

序号	项目 分项	用户个数/户	运行容量/kVA	售电量/(kW·h)							应收电费/元							售电到户均价/[元·(kW·h)$^{-1}$]			
		a	b	c	d	e	f	g	h	i	j	k	l	m	n	o	p	q	r	s	t	u	v
24	（4）有色金属矿采选业																					
25	（5）非金属矿采选业																					
26	（6）其他采矿业																					
27	2.制造业																					
28	（1）食品、饮料和烟草制造业（轻）																					
29	农副食品加工业																					
30	（2）纺织业（轻）																					
31	（3）服装鞋帽、皮革羽绒及其制品业（轻）																					
32	（4）木材加工及制品和家具制造业																					
33	其中：轻工业																					
34	（5）造纸及纸制品业（轻）																					
35	（6）印刷业和记录媒介的复制（轻）																					
36	（7）文体用品制造业（轻）																					
37	（8）石油加工、炼焦及核燃料加工业																					
38	（9）化学原料及化学制品制造业																					
39	其中：轻工业																					
40	其中：氯碱																					
41	其中：电石																					
42	其中：黄磷																					
43	其中：肥料制造																					
44	（10）医药制造业（轻）																					

续表

序号	项目 分项	用户个数/户	运行容量/kVA	售电量/(kW·h)							应收电费/元								售电到户均价/[元·(kW·h)⁻¹]		
		a	b	c	d	e	f	g	h	i	j	k	l	m	n	o	p	q	r	s	t	u	v
45	（11）化学纤维制造业（轻）																					
46	（12）橡胶和塑料制品业																					
47	其中：轻工业																					
48	（13）非金属矿物制品业																					
49	其中：轻工业																					
50	其中：水泥制造																					
51	（14）黑色金属冶炼及压延加工业																					
52	其中：钢铁（新增加）																					
53	其中：铁合金冶炼																					
54	（15）有色金属冶炼及压延加工业																					
55	其中：铝冶炼																					
56	其中：锌冶炼（新增加）																					
57	（16）金属制品业																					
58	其中：轻工业																					
59	（17）通用及专用设备制造业																					
60	其中：轻工业																					
61	（18）交通运输、电气、电子设备制造业																					
62	其中：轻工业																					
63	其中：交通运输设备制造业																					
64	（19）工艺品及其他制造业（轻）																					

续表

序号	项目 分项	用户个数/户	运行容量/kVA	售电量/(kW·h)								应收电费/元							售电到户均价/[元·(kW·h)$^{-1}$]			
		a	b	c	d	e	f	g	h	i	j	k	l	m	n	o	p	q	r	s	t	u	v
65	（20）废弃资源和废旧材料回收加工业																						
66	3. 电力、燃气及水的生产和供应业																						
67	（1）电力、热力的生产和供应业																						
68	其中：电厂生产全部耗用电量																						
69	线路损失电量																						
70	抽水蓄能抽水耗用电量																						
71	（2）燃气生产和供应业																						
72	（3）水的生产和供应业																						
73	其中：轻工业																						
74	（三）建筑业																						
75	（四）交通运输、仓储、邮政业																						
76	（1）交通运输业																						
77	其中：城市公共交通																						
78	管道运输业																						
79	电气化铁路																						
80	（2）仓储业																						
81	（3）邮政业																						
82	（五）信息传输、计算机服务和软件业																						
83	（1）电信和其他信息传输服务业																						
84	（2）计算机服务和软件业																						

续表

序号	项目 分项	用户个数/户	运行容量/kVA	售电量/(kW·h)						应收电费/元								售电到户均价/[元·(kW·h)$^{-1}$]			
		a	b	c	d	e	f	g	h	i	j	k	l	m	n	o	p	q	r	s	t	u	v
85	（六）商业、住宿和餐饮业																						
86	（1）批发和零售业																						
87	（2）住宿和餐饮业																						
88	（七）金融、房地产、商务及居民服务业																						
89	（1）金融业																						
90	（2）房地产业																						
91	（3）租赁和商务服务、居民服务和其他服务业																						
92	（八）公共事业及管理组织																						
93	（1）科学研究、技术服务和地质勘查业																						
94	地质勘查业																						
95	（2）水利、环境和公共设施管理业																						
96	水利管理业																						
97	公共照明业																						
98	（3）教育、文化、体育和娱乐业																						
99	其中：教育																						
100	（4）卫生、社会保障和社会福利业																						
101	（5）公共管理和社会组织、国际组织																						

注：a—本月用户个数；b—上年同月用户个数；c—本月运行容量；d—上年同月运行容量；e—本月售电量；f—上年同月售电量；g—本月增长售电量/％；h—本年累计售电量；i—上年累计售电量；j—累计增长售电量/％；k—本月合计应收电费；l—本月售电应收电费；m—上年同月合计应收电费；n—上年同月售电应收电费；o—累计合计应收电费；p—累计售电应收电费；q—上年累计合计应收电费；r—上年累计售电应收电费；s—本月售电到户均价；t—本月同比售电到户均价；u—累计售电到户均价；v—累计同比售电到户均价

7.1.2 分时电价执行情况统计表

1. 编制目的

通过对分时客户电量、电价、电费进行统计，掌握分时电价的发展水平、发展速度、构成和比例关系，从而发挥电价的经济杠杆作用，促进客户削峰填谷，合理配置使用资源，达到改善电网用电负荷率，提高电力资源利用率和企业效益的目的。

2. 编制内容

分类统计大工业用电、一般工商业及其他用电、农业用电、居民用电、趸售用电、打水用电、大用户直接交易用电及其他用电执行户数、电费损益、售电量、售电收入、平均电价等。

3. 统计算法

合计＝大工业用电＋一般工商业及其他用电＋农业生产用电＋居民用电＋趸售用电＋打水用电＋大用户直接交易用电＋其他用电。

售电收入＝电度电费＋基本电费＋功率因数调整电费。

电度电费＝尖峰电费＋高峰电费＋低谷电费。

电费损益＝分类售电统计表中电度电费－（相应分类的售电量×目录电度电价）。

4. 报表示例

表 7-2 为分时电价执行情况统计表示例。

7.1.3 行业销售电量情况统计表

1. 编制目的

统计各行业分类的用电户数、用电容量、用电量的构成情况，为电费电价分析和预测提供数据。

2. 编制内容

按行业分类统计本月止用户个数、用电容量、本月用电量、累计用电量。行业类别如下。

(1) 全行业用电总计：第一产业；第二产业；第三产业。

(2) 城乡居民生活用电合计：农、林、牧、渔业；工业；建筑业；交通运输、仓储、邮政业；信息传输、计算机服务和软件业；商业、住宿和餐饮业；金融、房地产、商务及居民服务业；公共事业及管理组织。

3. 统计算法

全行业合计（1）＝第一产业＋第二产业＋第三产业。

全行业合计（2）＝农、林、牧、渔业＋工业＋建筑业＋交通运输、仓储、邮政业＋信息传输、计算机服务和软件业＋商业、住宿和餐饮业＋金融、房地产、商务及居民服务业＋公共事业及管理组织。

4. 报表示例

表 7-3 为行业销售电量情况统计表示例。

表7-2 分时电价执行情况统计表示例

填报单位：××供电公司

分项	执行户数		应收售电电费及损益			售电量		峰段售电量		平段售电量		低谷段售电量	
	户数/户	占同类户数比重/%	比上年同期(+，-)/%	本月售电电费/元	本月售电电费损益/元	损益同比(+，-)/%	本月/(kW·h)	同比(+，-)/%	本月/(kW·h)	同比(+，-)/%	本月/(kW·h)	同比(+，-)/%	本月/(kW·h)	同比(+，-)/%
栏次	1	2	3	4	5	6	7	8	9	10	11	12	13	14
合计														
1. 大工业用电														
2. 一般工商业及其他(1) 非工业、普通工业用电														
(2) 非居民照明用电														
(3) 商业用电														
3. 农业用电														
4. 居民用电														
5. 趸售用电														
6. 打水用电														
7. 大用户直接交易用电														
8. 其他用电														

表 7－3 行业销售电量情况统计表

填报单位：××供电公司

栏次	营业户数/户		售电量/(kW·h)		售电到户均价/[元/(kW·h)]		应收电费/元	售电费及明细						基本电费		代征费金额/元	其中：						
		比上年末		同比		同比	本年	合计/元	电度电费		功率因数调整电费/元		变压器容量/kVA	基本电费			重大水利工程建设基金/元	大中型水库移民后期扶持资金/元	地方水库移民后期扶持资金/元	可再生能源电价附加/元	差别电价差/元	城市公用事业附加/元	其他代征费/元
	户数	(+，-)	本年	(+，-)	本年	(+，-)			单价/[元·(kW·h)⁻¹]	金额/元	增加额	减少额		金额/元	最大需量/kVA								
	1	2	3	4	5	6	7	8	9	10	11	12	13	14	15	16	17	18	19	20	21	22	23	24
合计																								
一、大工业用电																								
二、一般工商业及其他用电																								
其中 1. 非工业、普通工业用电																								
2. 非居民照明用电																								
3. 商业用电																								
三、居民用电																								
四、农业用电																								
五、趸售用电																								
六、打水用电																								
七、大用户直接交易用电																								
八、其他用电																								

7.1.4 高耗能行业销售电量情况统计表

1. 编制目的

通过行业分类统计高耗能企业用电量的现状及发展情况。

2. 编制内容

按行业分类统计高耗能用户本月及本年累计售电量、增长率、比重。

高耗能行业：钢铁、电解铝、铁合金、水泥、电石、烧碱、黄磷、锌冶炼、其他高耗能行业。

3. 统计算法

增长率＝[(本期－基期)/基期]×100%。

高耗能售电合计＝钢铁＋电解铝＋铁合金＋水泥＋电石＋烧碱＋黄磷＋锌冶炼＋其他高耗能行业。

4. 报表示例

表7-4为高耗能行业销售电量情况统计表示例。

表7-4 高耗能行业销售电量情况统计表示例

填报单位：××供电公司

分项	本月			本年本月止		
	售电量/(kW·h)	增长率/(kW·h)	比重/(kW·h)	售电量/(kW·h)	增长率/(kW·h)	比重/(kW·h)
栏次	1	2	3	4	5	6
1. 公司						
2. 大工业						
3. 高能耗行业						
(1) 八大高能耗行业						
1) 钢铁						
2) 电解铝						
3) 铁合金						
4) 水泥						
5) 电石						
6) 烧碱						
7) 黄磷						
8) 锌冶炼						
(2) 其他高耗能行业						
1) 造纸						
2) 铸造						
3) 铜冶炼						
4) 碳化硅						
5) 碳素						
6) 其他						

7.1.5 电费回收情况统计表

1. 编制目的

统计各月发行电费回收及陈欠电费回收情况。

2. 编制内容

按电价构成统计欠费、本年电费回收及陈欠电费回收情况,并统计回收率。

3. 统计算法

应收电费=售电收入+重大水利工程建设基金+大中型水库移民后期扶持资金+地方水库移民后期扶持资金+可再生能源电价附加+差别电价差价+城市公用事业附加+三峡基金+其他。

欠费总额=本年新欠+陈欠。

本月回收率=(本月实收/本月应收)×100%。

累计回收率=(累计实收/累计应收)×100%。

陈欠回收率=(实收陈欠/结转陈欠)×100%。

4. 报表示例

表 7-5 为电费回收情况统计表示例。

表 7-5　　　　　　　　电费回收情况统计表示例

填报单位:××供电公司

分项	欠电费情况				本年度电费回收情况							陈欠电费回收情况							
	总额	其中			计算回收率用户电费/元		实收/元		回收率/%		年初陈欠电费合计/元	其中:		实收/元	其中:		回收率/%	其中:	
		本年新欠	陈欠	其中:上年发生	本月	累计	本月	累计	本月	累计		上年末欠费结转	年初并表欠费	陈欠	其中:		陈欠	其中:	
					本月	本月往年						新欠	陈欠	欠费		上年发生		上年发生	
栏次	1	2	3	4	5	6	7	8	9	10	11	12	13	14	15	16	17	18	19
应收用户																			
其中	1. 售电																		
	(1) 农网还贷资金																		
	(2) 农村低压电网维护管理费																		
	(3) 电铁还贷电价电费																		
	2. 重大水利工程建设基金																		

续表

分项		欠电费情况				本年度电费回收情况						陈欠电费回收情况							
		总额	其中			计算回收率用户电费/元		实收/元		回收率/%		年初陈欠电费合计/元	其中：		实收/元		回收率/%		
			本年新欠	陈欠	其中：上年发生	本月	累计	本月	累计	本月	累计		上年末欠费结转	年初并表欠费	陈欠	其中：上年发生	陈欠	其中：上年发生	
								本月	本月往年				新欠	陈欠	欠费				
栏次		1	2	3	4	5	6	7	8	9	10	11	12	13	14	15	16	17	18	19
其中	3. 大中型水库移民后期扶持资金																		
	4. 地方水库移民后期扶持资金																		
	5. 可再生能源电价附加																		
	6. 差别电价差价																		
	7. 城市公用事业附加																		
	8. 其他																		
	9. 三峡基金																		

7.1.6 各类收费方式收费情况统计表

1. 编制目的

统计各收费渠道电费收取情况，为企业收费渠道的建设提供依据。

2. 编制内容

按电力机构自收、金融机构代收、其他第三方代收统计每月收费笔数和收费金额。

3. 统计算法

电力企业自收收费金额＝柜台坐收金额＋走收金额＋自助缴费终端收费金额＋手工托收金额＋电费充值卡缴费＋其他自收收费金额。

金融机构收费金额＝银行柜台收费金额＋银行代扣收费金额＋网上银行收费金额＋电

子托收收费金额＋POS 机收费金额＋其他金融机构收费金额。

第三方收费金额＝支付宝收费金额＋超市代收收费金额＋其他第三方收费金额。

4. 报表示例

表 7-6 为各类收费方式情况统计表示例。

表 7-6　　　　　　　　　各类收费方式情况统计表示例

填报单位：××供电公司

收费渠道	收费方式	金额						笔数					
		本期/元	其中:		占比/%	其中:		占比同比(＋,－)/%	本期	其中:		占比/%	其中:		占比同比(＋,－)/%
			居民	非居民		居民	非居民			居民	非居民		居民	非居民	
	电费合计														
电力机构	柜台坐收														
	走收														
	自助缴费终端														
	手工托收														
	充值卡缴费（含购电卡）														
	其他														
	小计														
金融机构	银行柜台														
	银行代扣														
	电子托收														
	网上银行														
	POS机收费（含自助终端刷卡缴费）														
	其他														
	小计														

续表

收费渠道	收费方式	金额					笔数				
		本期/元	其中：		占比/%	其中：		本期	其中：		占比/%	其中：		占比同比（＋，－）/%
			居民	非居民		居民	非居民	占比同比（＋，－）/%		居民	非居民		居民	非居民	
第三方收费	支付宝											
	超市代收											
	其他小计											
	小计											

7.2 电费电价分析

电费电价分析的主要内容包括售电量、电费电价分析。售电量分析主要针对本单位的售电结构、行业分类等方面增长情况进行分析，反映各类客户经济发展情况和变化规律，了解各行业用电结构的变化规律，为电力市场需求侧分析，电网规划提供依据。电费电价分析包括分类平均电价、分时电价执行情况、阶梯电价执行情况、差别电价执行情况等方面，反映平均电价波动情况、电价政策执行情况以及分类电价变化和用电结构变化对平均电价的影响情况，为公司争取电价政策提供依据。电费分析主要包括销售收入分析，为公司经营决策提供依据。

7.2.1 售电量分析

售电量分析主要是按不同资源售电、不同行业用电分类售电、目录电价口径售电、重点客户售电分别分析其本期值、累计值、同期比、比重。分析出售电量增长、降低的因素和新的增长点，从而研究增长售电量的措施。

1. 售电量的定义

售电量是供电企业销售给用户用于直接消费的电量。

2. 售电量的统计内容

（1）统计售电量指标的完成情况。

（2）分析售电量和分类售电量变化及变化的原因。

（3）分析目前采取的增供扩销措施对售电的影响。

（4）分析当前的一些政策对售电量变化的影响。

（5）大用户用电情况的跟踪分析。

（6）宏观政策及重大事件对售电量的影响等内容。

3. 售电量的统计方法

售电量分析常用方法有绝对数比较法、相对数比较法和结构分析法。

(1) 绝对数比较分析法。绝对数比较分析法是用实际发生的值与标准值进行比较得出的数值,也就是通常所说的增长过重下降的一个比较值。标准值是指分析人员或者辅助系统选定作为衡量效益基础水平的数据,如计划数、上年同期数、目标数、行业平均水平数等。

绝对数比较分析法的计算公式为:增减数=本期实际数-标准数。

售电量的增减数=本期售电量实际数-对比期售电量实际数。

(2) 相对数比较分析法。相对数比较分析法是用实际发生值与标准值进行比较后的值去除以标准值得出的一个以比值形式出现的数值,也就是通常所说的增长率或者下降率。标准值同样是指分析人员或者辅助分析系统选定作为衡量效益基础水平的数据,如计划数、上年同期数、目标数、行业平均水平数等。

相对数比较分析法的计算公式为:增减率=[(实际数-标准数)/标准数]×100%。

售电量增减率(%)=[(本期售电量实际数-去年同期售电量实际数)/去年同期售电量实际数]×100%。

(3) 结构分析法。结构分析法是研究售电经济活动多因素组合效益分析的技术方法,是为探求结构效益服务的。在日常工作中最简单实用的是结构百分比法。结构百分比就是计算结构百分比和编制结构分析的形式,来研究经济总体中各个部分的数量构成比例,分析结构变化趋势,考察结构变化中的问题,区分主次,以便于调整经济活动中各部分的比例关系,抓住重点,提高经营效益和管理水平。

结构分析用的数据叫做结构相对数,一般用百分数表示,计算公式为:结构=(部分/总体)×100%。

售电量比重=(本期分类售电量实际数/本期合计售电量实际数)×100%。

4. 报表示例

表7-7为分类售电量情况统计表示例。

表7-7 分类售电量情况统计表示例

售电分类	售电量/(万kW·h)			各类售电量比重/%		
	本期	上年同期	增长/%	本期	上年同期	升降
大工业用电						
非工业、普通工业						
农业用电						
居民用电						
商业用电						
合计						

7.2.2 电价分析

电价分析主要统计分类售电平均电价执行情况等方面,可反映平均电价波动情况、电价政策执行情况以及分类电价变化和用电结构变化对平均电价的影响情况。

1. 平均电价定义

平均电价是售电收入与售电量的比值。由于现行的销售电价中含各类基金和附加，所以又分为售电综合平均电价和售电目录平均电价两种。

售电综合平均电价＝售电销售收入÷售电量。售电销售收入由售电目录销售收入、销售电价表中含有各类基金和附加收入组成。售电综合平均电价又称到户均价。

售电目录平均电价＝售电目录销售收入÷售电量，售电目录销售收入由电度电费、基本电费和功率因数调整电费组成。

2. 平均电价的分析内容

1）统计售电平均电价指标的完成情况。

2）分析各类用电的售电平均电价的变化情况。

3）分析基本电费、电度电费、功率因数调整电费等对售电平均电价的影响。

4）分析优惠电价、峰谷电价、差别电价及电价政策变化对售电平均电价的影响。

5）分析售电量结构变化对售电平均电价的影响等。

3. 平均电价的分析方法

根据电费电价明细表和分类售电情况统计表的数据，结合分析用电结构变化和分类电价变化对总售电平均单价的影响。

用电结构影响平均电价＝（本期分类用电比重－对比期分类用电比重）×（对比期分类平均电价－对比期总平均电价）。

分类用电影响平均电价＝（本期分类平均电价－对比期分类平均电价）×本期各分类用电比重（剔除调价影响）。

尤其注意的是，在电价调整和政策变化时，应着重分析由此引起的售电平均电价的变化，剔除该变化影响后，还原其他因素对售电平均电价的影响。

4. 报表示例

表 7-8 为分类用电售电单价变化情况统计表示例。

表 7-8 分类用电售电单价变化情况统计表示例

用电分类	售电量/（万 kW·h）	应收电费/万元	平均电价/[元/（kW·h）]		
			本期	上年同期	升降/%
大工业用电					
非工业、普通工业					
农业用电					
居民用电					
商业用电					
合计					

表 7-9 为分类用电影响平均电价情况统计表示例。

表 7-9　　　　　　　　分类用电影响平均电价情况统计表示例　　　　　　　　%

用电分类	各用电分类对平均电价的影响	其中	
		用电结构变化影响平均电价	分类电价变化影响平均电价
大工业用电			
非工业、普通工业			
农业用电			
居民用电			
商业用电			
合计			

7.2.3　电力销售收入预测

电费分析主要包括电力销售收入分析。按目录电价口径统计分类售电收入等，分别计算出本期及累计值、本期及同期比、各类收入在本期及同期中所占的比重，为供电企业预算决策提供依据。

1. 电力销售收入的定义

电力销售收入（简称售电收入）是指按国家规定的电价标准和结算电量，向用户计收电费的总和。售电收入是电力企业一切经济活动成果的综合体现，是国家的一项重要的财政收入。

2. 电力销售收入的分析内容

1）统计销售收入指标的完成情况。
2）分析销售收入和分类销售收入变化情况。
3）分析售电量变化对销售收入的影响。
4）分析平均电价变化对销售收入的影响。
5）分析大用户、高耗能企业变化情况对售电收入的影响。
6）分析产业政策与市场变化对售电收入的影响等。

3. 销售收入的分析方法

分析由售电量变化引起的销售收入的变化，计算方法为（本期售电量－上期售电量）×上期售电平均电价。

分析由售电平均电价变化引起的销售收入的变化，计算方法为（本期售电平均电价－上期售电平均电价）×本期售电量。

4. 报表示例

表 7-10 为分类销售收入情况统计表示例。

表 7-10　　　　　　　　分类销售收入情况统计表示例

售电分类	售电量			售电单价			售电收入		
	本期/(kW·h)	上年同期/(kW·h)	增幅/%	本期/[元/(kW·h)]	上年同期/[元/(kW·h)]	增幅/%	本期/元	上年同期/元	增幅/%
大工业用电									
非工业、普通工业									
农业用电									
居民用电									
商业用电									
合计									

7.3　电费抄核收工作质量分析

电费抄核收工作质量分析主要包括抄表、核算、电费账务以及电费差错等方面。

7.3.1　抄表工作质量分析

1. 分析目的

建立电费抄表工作的质量评价与监督考核机制，定期开展抄表异常数据、抄表方式、抄表到位情况、抄表准时情况等专项稽查，对手工抄表方式、长期零电量客户开展现场监督性抄表，对抄表业务外包工作进行跟踪考核，防止因抄表工作不到位造成的电量电费差错。

2. 分析内容

抄表工作质量分析主要包括实抄率、抄表正确率、抄表准时率、自动化抄表应用情况、周期核抄开展情况等方面，分析抄表作业过程中存在的问题。

3. 分析方法

1）实抄率的评价方法为：实抄率＝（实抄户数/应抄户数）×100%。

2）抄表正确率的评价方法为：抄表正确率＝（实抄户数－差错户数）/实抄户数×100%。

3）抄表准时率的评价方法为：抄表准时率＝（考核期内按照规定抄表例日抄表的抄表段数量/考核期内所有应抄抄表段数量）×100％。

4）自动抄表应用情况评价方法为：自动抄表应用率＝（采用远程自动抄表的用户数/应抄户数）×100％。

5）周期核抄开展情况评价方法为：客户周期核抄率＝（现场实际开展周期核抄的用户数/应开展周期核抄用户数）×100％；周期核抄红外抄表应用率＝（采用红外抄表的周期核抄用户数/周期核抄总用户数）×100％。

4．分析示例

抄表工作质量分析

本月应抄××户，实抄××户，其中：远程自动抄表××户，红外抄表××户，手工抄表××户。现场补抄××户，现场核抄××户，当月应开展周期核抄户数××户，当月已开展周期核抄××户，当年累计开展周期核抄××户。×月抄表异常情况分析见表7-11。

表7-11　　　　　　　　　×月抄表异常情况分析表　　　　　　　　　单位：户

责任单位	抄表异常		远程获取异常	表计异常	连续3个月手工抄表零度户	其他异常	合计
	错抄	估抄					
××							
××							
××							
××							
××							
××							
××							
××							
合计							

抄表异常原因：本月抄表异常共××户。

主要异常：

连续3个月手工抄表零度户。主要原因如下。

（1）部分高压用户属于现场变压器正常暂停，或因政府环境整治等原因强制停止用电现场没电或现场未用电等原因无法红外抄表，只能手工抄表。

（2）终端、表计故障、用户销户、双电源，备用电源表计无电量等原因。

（3）在采集系统覆盖前采用现场抄表时存在个别估抄，随着采集系统覆盖后尽管有采集数据但由于估抄过头导致抄表翻字而人工修改零度。

（4）对长期未用的客户现场补抄时取数不规范（采用四舍五入法），而采集数据采用截尾规则，导致抄表翻字而人工修改止度。

（5）为房地产楼市低迷，新建楼盘与二手存量楼盘成交量均呈低迷局面，空置房存量居高不下，新建楼盘未能及时通电，造成手工抄表及连续零度的数量较多；住户长期不住的情况普遍存在，同时对屋内表计抄表及采集安装工作造成困难。

主要涉及：××公司、××公司。连续多月手工抄表零度户分类明细见表 7-12。

表 7-12　　　　　　　　　连续多月手工抄表零度户分类明细

单位	暂停	暂拆	强停	错抄估抄	采集异常	结存电量	表计新装	表计故障	备用电源	长期空置	楼市低迷	拆违拆迁
××												
××												
××												
××												
××												
××												
××												
××												
合计												

7.3.2　核算工作质量分析

1. 分析目的

建立电费核算工作质量监督检查机制，定期组织开展电费核算相关工作的专项稽查，防止因电费核算工作不到位而导致电费差错，提高电费核算工作质量。

2. 分析内容

核算工作质量分析应包括业扩流程审核、电费试算、电量电费审核以及电费二次复核工作开展情况等方面。

3. 分析方法

（1）业扩流程审核工作质量评价方法为：高压业扩流程审核应在 1 个工作日内完成，低压业扩流程审核应在 2 个工作日内完成，遇抄表例日冲突时，应在抄表例日前 1 天完成。发现异常流程时，责任班组须在 24h 内反馈核查结果和处置意见，并在 3 个工作日内完成异常信息整改工作。

（2）电费试算工作质量评价方法为：核算应在业扩流程信息归档后 3 个工作日内完成电费试算审核。对发现的异常客户应立即发起异常工单，责任班组须在 3 个工作日内回复，对影响电费计算、发行的异常工单在 1 天内回复。

（3）电量电费审核工作质量评价方法为：核算人员须在抄表示数复核结束后 24h 内完成电量电费审核和电费发行工作。若有异常，可在 48h 内完成电量电费审核和电费发行工作。对发现的异常客户应立即发起异常工单，责任班组须在 3 个工作日内回复，对影响电费计算、发行的异常工单在 1 天内回复。在电价政策调整、数据编码变更、营销业务应用系统升级、系统故障等事件发生后，电费核算人员应对各电价类别和电压等级的客户抽取不少于 10 户进行重点抽查审核，并对电量电费结果进行验算。

(4) 电费二次复核工作开展情况评价方法为：核算人员须在电费发行后 10 个工作日内、关账前完成。对发现的异常客户应立即发起异常工单，责任班组须在 3 个工作日内回复，对影响电费计算、发行的异常工单在 1 天内回复。

4. 分析示例

核算工作质量分析

本月共核算发行电费××万户，应收电费××万元。电费试算××笔，二次复核××笔，发起异常工单××笔，反馈异常工单××笔，确认异常××笔，本月已整改差错××笔，未整改差错客户××笔，历史未整改差错客户××笔。×月电费异常情况分析见表 7-13。

表 7-13　　　　　　　　　　×月电费异常情况分析表　　　　　　　　　　单位：户

责任单位	档案参数异常			电量差错	拆表差错	拆表冲突	系统原因	合计
	行业分类与用电类别不符	表计类型与电价不符	计费参数差错					
××								
××								
××								
××								
××								
××								
××								
××								
合计								

核算异常原因：本月核算异常且需整改的客户共××户，主要异常原因有××××××等，异常原因按占比排列分为以下几类：

(1) 档案参数维护异常××户，占比××%。

1) 客户档案中行业分类与用电类别维护不正确共××户，主要原因是××××××。

建议措施：××××××。

2) 表计费率类型与电价费率类型不符共××户。主要原因是××××××。

建议措施：××××××。

3) 计费参数维护不正确共××户：主要原因是××××××。

建议措施：××××××。

(2) 抄表差错共××户，占比××%。

其中：因手工抄表差错原因××户，红外抄表原因××户，远程获取原因××户：具体情况××××××。

建议措施：××××××。

(3) 拆表冲突共××户，占比××%。

具体原因分析××××××。

建议措施：××××××。
（4）系统原因导致电费差错××户，占比××%。
具体原因分析××××××。
建议措施：××××。
（5）应出账而未出账××户。
具体原因分析××××××。
建议措施：××××××。

7.3.3 电费账务工作质量分析

1. 分析目的

建立电费账务管理的监督考核机制，定期开展电费账务稽查，防止因人为原因造成的应收、实收差错。

2. 分析内容

电费账务工作质量分析应包括解款及时性、二次销账及时性等方面。

3. 分析方法

（1）解款及时性评价方法：电费收费应日结日清，当天收取的电费资金必须当日解款至指定银行电费专户。对当天解款后发生的零星收费，可存入专用保险箱进行保管，并在次日一并解款。

（2）解款核定及时性评价方法：账务人员应在收费解款后3个工作日内完成解款核定，并将现金解款单、支票进账单等解款单据按照财务部门要求及时移交。

（3）二次销账及时性评价方法：财务人员应按时从解款银行获取上一天电费账户对账单流水或银行资金入账单据，导入营销业务应用系统与一次销账记录进行勾对，完成资金二次销账。二次销账要求解款核定后7个工作日内完成。

4. 分析示例

账务工作质量分析

截止本月底，电费一次已销二次未销情况问题数共计××笔。在一次销账后3天内未进行解款核定操作的记录为××条，解款核定最长跨度××天，比规定时间超出××余天，在解款核定后7天内未进行财务二次销账的记录为××条，具体见表7-14。

表7-14　　　　　　　　　财务工作质量分析表

单位	一次已销二次未销数	已收费未解款	未及时解款	未解款核定	未及时解款核定	未二次销账	未及时二次销账
××							
××							
××							
××							
××							

续表

单位	一次已销二次未销数	已收费未解款	未及时解款	未解款核定	未及时解款核定	未二次销账	未及时二次销账
××							
××							
××							
××							
合计							

(1) 一次已销二次未销数××户。

具体原因分析××××××。

建议措施：××××××。

(2) 已收费未解款××户。

具体原因分析……。

建议措施：××××××。

(3) 未及时解款××户。

具体原因分析××××××。

建议措施：××××××。

(4) 未解款核定××户。

具体原因分析××××××。

建议措施：××××××。

(5) 未及时解款核定××户。

具体原因分析××××××。

建议措施：××××××。

(6) 未二次销账××户。

具体原因分析××××××。

建议措施：××××××。

(7) 未及时二次销账××户。

具体原因分析××××××。

建议措施：××××××。

7.3.4 电费差错工作质量分析

1. 分析目的

加强电费差错管理，建立有效的考核和约束机制，控制一般电费安全责任事故及差错、杜绝重大电费安全责任事故，保证公司的经营成果和经济效益。

2. 分析内容

营销差错分析主要包括抄表差错、计费参数差错、计量装接差错、拆表差错、收费差错、流程冲突差错等方面。

3. 分析方法

（1）抄表差错：在抄表环节中因估抄、错抄、漏抄引起的电费差错。

（2）计费参数差错：在业扩环节因客户计费参数制定错误引起的电费差错。

（3）计量装接差错：在装表环节因接线错误、串户引起的电费差错。

（4）拆表差错：在安装信息录入环节因未正确录入表计示数引起的电费差错。

（5）收费差错：在收费环节因电费错收、漏收引起的电费差错。

（6）流程冲突差错：在业扩环节因流程超期、不规范引起的电费差错。

（7）电费差错按照差错金额、电量分为重大电费差错和一般电费差错。差错电费金额在10000元及以上或差错电量在10000kW·h及以上的差错判定为重大电费差错；差错电费金额在10000元以下或差错电量在10000kW·h以下的差错判定为一般电费差错。

（8）电费差错应通过营销业务应用系统的电费退补流程来进行纠错。电费退补流程，分类为"抄表差错""拆表差错""计费参数差错""收费差错""流程冲突差错""计量装接差错"的直接认定为电费差错。

4. 分析示例

电费差错工作质量分析

本月审核发行电量电费退补流程共××笔，其中拆表差错××笔、抄表差错××笔、计费参数差错××笔、收费差错××笔、计量装接差错××笔、流程冲突差错××笔。具体见表7-15。

表7-15　　　　　　　　　电费差错工作质量分析表

差错类型	差错笔数					差错金额			差错电量		
	笔数小计	重大差错		一般差错		累计/万元	去年同期/万元	同比/%	累计/(万kW·h)	去年同期/(万kW·h)	同比/%
		笔数	同比(+，-)/%	笔数	同比(+，-)/%						
抄表差错											
拆表差错											
计费参数差错											
收费差错											
计量装接差错											
流程冲突差错											
合计											

(1) 抄表差错××户，占比××%。

具体原因分析××××××。

建议措施：××××××。

(2) 拆表差错××户，占比××%。

具体原因分析××××××。

建议措施：××××××。

(3) 计费参数差错××户，占比××%。

具体原因分析××××××。

建议措施：××××××。

(4) 收费差错××户，占比××%。

具体原因分析××××××。

建议措施：××××××。

(5) 计量装接差错××户，占比××%。

具体原因分析××××××。

建议措施：××××××。

(6) 流程冲突差错××户，占比××%。

具体原因分析××××××。

建议措施：××××××。

各单位差错笔数如图 7-1 所示。

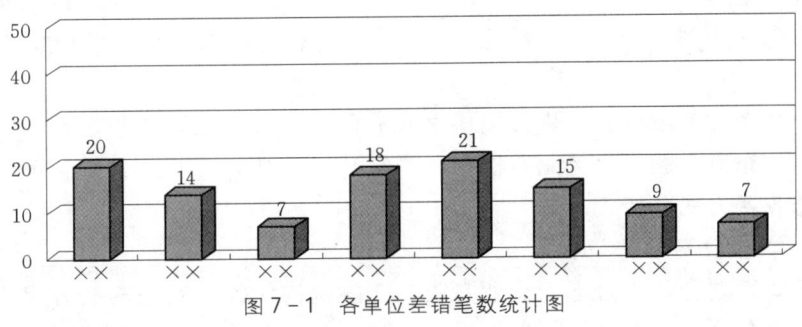

图 7-1 各单位差错笔数统计图

7.4 电费回收与风险分析

7.4.1 电费回收与风险分析目的

通过对收费方式、欠费结构、欠费大户以及电费回收风险预警情况的分析，针对性采取回收措施，促进电费及时足额回收，降低电费回收风险。

7.4.2 电费回收与风险分析内容

(1) 电费回收基本情况重点分析本单位当月及累计应收、实收电费、应收电费余额及占月均电费比重等电费回收关键指标完成情况，体现电费回收工作总体成效。

(2) 收费方式情况重点分析各类方式所收电费的金额、笔数及其所占比重、代收手续费情况，反映各类收费方式、收费渠道的结构，提出收费渠道建设的建议。

(3) 各用电类别欠费结构重点分析欠费户数、欠费户数占比、欠费金额以及欠费金额占比等情况，反映各行业经营情况及潜在的电费回收风险，以及当前电费回收重点及难点问题。

(4) 大客户欠费主要对欠费10万元及以上的大用户进行逐户分析，重点包括欠费原因、经营状况、历史交费信用、已采取措施及成效，并根据分析结果适时启动电费风险防范预案。

(5) 电费风险预警重点应对发布的预警信息次数、预警户数以及预警主要涉及行业进行分析，反映电费回收风险点，并制定相应风险防范措施。

7.4.3 电费回收与风险分析示例

电费回收风险分析

一、电费回收基本情况分析

1. 当年电费回收率

截至____月底，全口径应收电费____万元，实收电费____万元，电费回收率____%。在目标值（99.98%）以下的单位有……

2. 应收用户电费余额占当年月均应收用户电费比例

截至____月底，应收用户电费余额____万元，应收用户电费余额占当年月均应收用户电费比例是____%，在目标值（0.9%）以下的单位有……

3. 预收电费比率

本月预收电费比例是____%，环比____。在目标值（40%）以下的单位有……

4. 充值卡销售

截至____月底，全市（县）累计销售电费充值卡____万张，销售金额____亿元；充值笔数____万笔，充值金额____亿元；抵扣电费笔数____万笔，抵扣电费金额____万元。

二、电费收费方式分析

1. 按缴费渠道收费总体情况

按照缴费渠道划分，本月电力企业自收、金融机构代收、其他第三方代收三种渠道收取电费金额比例分别为____%、____%、____%；电力企业自收、金融机构代收、其他第三方代收三种渠道收费笔数比例分别为____%、____%、____%。按缴费渠道收费总体情况见表7-16。

表7-16　　　　　　　　按缴费渠道收费总体情况

收费渠道	收费金额			收费笔数		
	本期/万元	占比/%	比重变化/%	本期/笔	占比/%	比重变化/%
电力企业自收						
金融机构代收						
其他第三方代收						
合计						

2. 电力企业自收费情况

本月，____供电企业自收费____亿元，占总实收电费的____%；金额比重较上月增长____个百分点。收费笔数____万笔，占总收费笔数的____%，较上月增长____个百分点。

电力企业各类自收费的具体情况见表7-17。

表7-17　　　　　　　　　　电力企业各类自收费情况

收费方式	收费金额			收费笔数		
	本年/万元	占比/%	比重变化/%	本期/笔	占比/%	比重变化/%
柜台坐收						
走收						
自助缴费终端						
手工托收						
充值卡缴费（含购电卡）						
其他						
小计						

3. 金融机构代收费情况

本月金融机构代收电费____亿元，占总实收电费的____%；比重较上期增长____个百分点。收费笔数____万笔，占总收费笔数的____%，较上期增长____个百分点。

金融机构具体各类收费方式收取的电费情况见表7-18。

表7-18　　　　　　　　　　金融机构各类收费情况

收费方式	收费金额			收费笔数		
	本年/万元	占比/%	比重变化/%	本年/笔	占比/%	比重变化/%
银行柜台						
银行代扣						
电子托收						
网上银行						
POS机收费（含自助终端刷卡缴费）						
其他						
小计						

各金融机构（银行）代收电费情况见表7-19。

表 7-19　　　　　　　　　各金融机构（银行）代收电费情况

银行名称	收费金额			收费笔数		
	本年/万元	占比/%	比重变化/%	本年/笔	占比/%	比重变化/%
小计						
工商银行						
农业银行						
中国银行						
建设银行						
交通银行						
邮政储蓄银行						
邮政公司						
人民银行清算中心						
农村信用联社						
城市商业银行						
银联						
其他银行						

4. 其他第三方代收电费情况

本月其他第三方代收电费____亿元，占总实收电费的____%；比重较上期增长____个百分点。收费笔数____万笔，占总收费笔数的____%，较上期增长____个百分点。其他第三方代收电费情况见表7-20。

表 7-20　　　　　　　　　其他第三方代收电费情况

收费方式	收费金额			收费笔数		
	本年/万元	占比/%	比重变化/%	本年/笔	占比/%	比重变化/%
支付宝						
其他						
小计						

三、欠费结构分析

截至____月，总欠费____万元，欠费户数为____户。欠费结构分析见表7-21。

表 7-21　　　　　　　　　欠 费 结 构 分 析

单位	欠费户数/户			欠费户数比例/%	欠费金额/万元			欠费金额比例/%
	居民	非居民	合计		居民	非居民	合计	
××公司								
××公司								

续表

单位	欠费户数/户			欠费户数比例/%	欠费金额/万元			欠费金额比例/%
	居民	非居民	合计		居民	非居民	合计	
××公司								
××公司								
××公司								
××公司								
合计								

四、十万元及以上欠费分析

(逐户分析欠费客户原因)

五、风险预警情况

本月发布预警信息____次，预警客户____户，主要涉及……等行业。

主要风险点分析：

措施及成效：

六、典型案例

案例一：

案例介绍：(略)。

处理过程：(略)。

分析及建议：(略)。

……

第8章 电费计算案例

《供电营业规则》第八十二条规定：供电企业应当按国家批准的电价，依据用电计量装置的记录计算电费，按期向用户收取或通知用户按期交纳电费。由于我国执行的是分类电价，不同用电类别用户电价不同，因此电费计算方式也因用电类别不同而有所差异。

8.1 电量电费计算基本知识

电费计算与执行的电价、计量装置计量的电量及计算周期有关。电量电费计算的主要参数包括抄见电量、变损电量、线损电量、基本电费、目录电费、力率电费、代收电费等。

8.1.1 计算电量的组成

1. 抄见电量

指在计算周期内，供电企业在客户处安装的计费电能表实际记录的用电量，其计算公式如下。

抄见电量＝（本期示数－上期示数）×倍率。

倍率计算公式如下。

高供高计倍率＝电压互感器倍率×电流互感器倍率。

高供低计倍率＝电流互感器倍率。

执行峰谷电价用户，在尖、峰、谷实际抄见电量之和与总电量不平衡时，以总计度器电量为准，按照尖、峰、谷各分时计度器实际抄见的电量比例分摊总计度器电量，并由高峰包底；尖、峰、谷各分时计度器实际抄见的电量都为零时，应根据上一抄表周期电费计算的尖、峰、谷电量比例分摊总计度器电量；上一抄表周期电费计算的尖、峰、谷电量比例无法取得的，则按照分时段设置时间的比例分摊总计度器电量。

2. 变损电量

变损电量分为有功电量和无功电量。变压器损耗的电量主要包括铜损、铁损两大部分。

铁损电量：

变压器有功铁损＝变压器单位时间里的有功铁损×变压器的运行时间；

变压器无功铁损＝变压器单位时间里的无功铁损×变压器的运行时间。

铜损电量：

变压器有功铜损＝有功抄见电量×变压器的铜损率；

变压器无功铜损＝变压器有功铜损×变压器的无功铜损系数。

变损电量：

变压器有功变损＝变压器有功铁损＋变压器有功铜损；

变压器无功变损＝变压器无功铁损＋变压器无功铜损。

计量方式不同，变压器变损电量计算方式也不同。高供高计客户电能计量装置装设在变压器的高压侧，因此无需单独计算变压器损耗。高供低计客户电能计量装置装设在变压器的低压侧，需要计算变压器损耗。

3. 线损电量

线损是电网电能损耗的简称，是电能从发电厂传输到电力用户过程中，在输电、变电、配电各个环节产生的电能损耗和损失。具体指在一定时间内，电流流经电网各个电力设备时所产生的有功、无功电能和电压损失，习惯上指有功电能的损耗。

有功线损电量计算公式为

$$有功线损＝有功电量×线损率$$

8.1.2 计算电费的组成

1. 电度电费

电度电费是根据用户的结算电量和国家批准的电价计算而来，电度电费计算公式如下。

（1）单费率。

计费项电费＝计费项实际电量×计费项电度电价。

（2）多费率。

计费项电费＝计费项尖峰实际电量×计费项尖峰电价；

　　　　　　计费项高峰实际电量×计费项高峰电价；

　　　　　　计费项低谷实际电量×计费项低谷电价。

2. 代征基金

代收（征）费用是指随电费向客户征收的其他各项基金，附加费等。代收（征）费用的收取，严格按照国家规定的审批权限进行审批。

目前国家规定允许向电力客户代收（征）的费用包括以下几项：

（1）农网还贷资金。

（2）重大水利工程建设基金。

（3）城市公用事业附加。

（4）可再生能附加。

（5）大中型水库移民后期扶持资金。

（6）地方水库移民后期扶持基金。

代征基金及附加的计算公式为代征基金及附加＝结算电量×代征基金。

3. 基本电费

基本电费是根据客户变压器的容量（包括不通过变压器的高压电动机的容量）或最大需量和国家批准的基本电价计收的电费。适用于受电变压器容量在 315kVA 及以上的大工业客户。

基本电费计算规则如下。

(1)《供电营业规则》第八十四条规定：基本电费以月计算，但新装、增容、变更与终止用电当月的基本电费，可按实用天数（日用电不足24h的，按一天计算）每月按全月基本电费1/30计算。事故停电、检修停电、计划限电不扣减基本电费。

(2)《供电营业规则》第八十五条规定：以变压器容量计算基本电费的用户，其备用的变压器（含高压电动机），属冷备用状态并经供电企业加封的，不收基本电费；属热备用状态的或未经加封的，不论使用与否都计收基本电费。在受电装置一次侧装有连锁装置互为备用的变压器（含高压电动机），按可能同时使用的变压器（含高压电动机）容量之和的最大值计算其基本电费。

(3)《国家发展改革委办公厅关于完善两部制电价用户基本电价执行方式的通知》发改办价格〔2016〕1583号）规定：用户减容或暂停后，容量达不到实施两部制电价规定容量标准的，应改为相应用电类别单一制电价计费，并执行相应的分类电价标准。选择最大需量计费方式的用户减容或暂停后，最大需量合同确定值按照减容或暂停后总容量申报。

(4)《国家发展改革委办公厅关于完善两部制电价用户基本电价执行方式的通知》发改办价格〔2016〕1583号）规定：电力用户实际最大需量超过合同确定值105%时，超过105%部分的基本电费加一倍收取；未超过合同确定值105%的，按合同确定值收取。申请最大需量核定值低于变压器容量和不通过该变压器的高压电动机容量总和的40%时，按容量总和的40%核定合同最大需量。对按最大需量计费的两路及以上进线用户，同时使用的进线分别计算最大需量，累加计收基本电费。

(5) 转供用户。

1) 转供与被转供用户都执行两部制容量的，则转供用户减掉被转供用户的计算容量计算基本电费。

2) 转供与被转供用户其中一个不是两部制的，另一个按容量计算的，则不再扣减转供容量。

3) 转供户为按最大需量计算基本电费的，需将被转供户电量折算成最大需量扣除。折算规则如下。

照明及一班制：每月电量180kW·h，折算为1kW。

二班制：每月电量360kW·h，折算为1kW。

三班制：每月电量540kW·h，折算为1kW。

四班制：每月电量270kW·h，折算为1kW。

4. 功率因数调整电费

(1) 功率因数是有功功率与视在功率的比值。计算用户的功率因数，以便考核用户的功率因数，并与其电费挂钩。

计算公式为

$$\cos\varphi = \frac{P}{\sqrt{P^2 + Q^2}}$$

(2) 功率因数考核标准值及实施范围。

浙江省现行的《功率因数调整电费办法》按照《关于颁发〈功率因数调整电费办法〉的通知》[（83）水电财字 215 号] 实施执行。具体内容如下：

1) 功率因数标准 0.90，适用于 160kVA 以上的高压供电的用户（包括社队工业用户）、装有带负荷调整电压装置的高压供电电力用户和 3200kVA 及以上的高压供电电力排灌站。

2) 功率因数标准 0.85，适用于 100kVA（kW）及以上的其他电力用户（包括社队工业用户）、100kVA（kW）及以上的非工业用户和 100kVA（kW）及以上的电力排灌站。

3) 功率因数标准 0.80，适用于 100kVA（kW）及以上的农业用户和趸售用户，但在工业用户未划由电业直接管理的趸售用户，功率因数标准应为 0.85。

4) 农业生产用电的功率因数考核标准统一为 0.80。

(3) 凡实行功率因数调整电费的用户，应装设带有防倒装置的无功电度表，按用户每月实用有功电量和无功电量，计算月平均功率因数。

(4) 凡装有无功补偿设备且有可能向电网倒送无功电量时用户，应随其负荷和电压变动及时投入或切除部分无功补偿设备，电业部门并应在计费计量点加装带有防倒装置的反向无功电度表，按倒送的无功电量与实用无功电量两者的绝对值之和，计算月平均功率因数。

(5) 对高供高计、低供低计客户，电能表无功电量按照一、四象限无功电量相加计算；对高供低计客户，电能表无功电量按照第一象限无功电量计算。

(6) 发电客户无功电量按照用电状态无功电量为第一象限和第四象限相加计算；发电状态无功电量为第三象限无功减第二象限无功计算。

(7) 销售电价内包含的国家规定的农网还贷资金、三峡工程建设基金、城市公用事业附加费、可再生能源电价附加、大中型水库移民后期扶持资金、地方水库移民后期扶持资金，不列入功率因数调整电费计算。

(8) 100kVA（kW）及以上含居民生活用电的合表用户，计算功率因数时均包括居民用电的有功电量、无功电量，但居民电费不列入功率因数调整电费计算。

(9) 功率因素调整电费的计算公式为

功率因素调整电费＝（目录电费＋基本电费）×功率因素增减系数。

功率因素增减系数通过查表 8－1～表 8－3 获得。

表 8－1　　　　　　　　以 0.90 为标准值的功率因数调整电费表

减收电费		增收电费			
实际功率因数	月电费减少/%	实际功率因数	月电费增加/%	实际功率因数	月电费增加/%
0.90	0.00	0.89	0.5	0.75	7.5
0.91	0.15	0.88	1.0	0.74	8.0
0.92	0.30	0.87	1.5	0.73	8.5
0.93	0.45	0.86	2.0	0.72	9.0
0.94	0.60	0.85	2.5	0.71	9.5

续表

减收电费		增收电费			
实际功率因数	月电费减少/%	实际功率因数	月电费增加/%	实际功率因数	月电费增加/%
0.95~1.00	0.75	0.84	3.0	0.70	10.0
		0.83	3.5	0.69	11.0
		0.82	4.0	0.68	12.0
		0.81	4.5	0.67	13.0
		0.80	5.0	0.66	14.0
		0.79	5.5	0.65	15.0
		0.78	6.0	功率因数自0.64及以下，每降低0.01电费增加2%	
		0.77	6.5		
		0.76	7.0		

表 8-2   以 0.85 为标准值的功率因数电费调整表

减收电费		增收电费			
实际功率因数	月电费减少/%	实际功率因数	月电费增加/%	实际功率因数	月电费增加/%
0.85	0.0	0.84	0.5	0.70	7.5
0.86	0.1	0.83	1.0	0.69	8.0
0.87	0.2	0.82	1.5	0.68	8.5
0.88	0.3	0.81	2.0	0.67	9.0
0.89	0.4	0.80	2.5	0.66	9.5
0.90	0.5	0.79	3.0	0.65	10.0
0.91	0.65	0.78	3.5	0.64	11.0
0.92	0.80	0.77	4.0	0.63	12.0
0.93	0.95	0.76	4.5	0.62	13.0
		0.75	5.0	0.61	14.0
		0.74	5.5	0.60	15.0
0.94~1.00	1.10	0.73	6.0	功率因数自0.59及以下，每降低0.01电费增加2%	
		0.72	6.5		
		0.71	7.0		

表 8-3   以 0.80 为标准值的功率因数电费调整表

减收电费		增收电费			
实际功率因数	月电费减少%	实际功率因数	月电费增加%	实际功率因数	月电费增加/%
0.80	0.0	0.79	0.5	0.65	7.5
0.81	0.1	0.78	1.0	0.64	8.0
0.82	0.2	0.77	1.5	0.63	8.5
0.83	0.3	0.76	2.0	0.62	9.0

续表

减收电费		增收电费			
实际功率因数	月电费减少/%	实际功率因数	月电费增加/%	实际功率因数	月电费增加/%
0.84	0.4	0.75	2.5	0.61	9.5
0.85	0.5	0.74	3.0	0.60	10.0
0.86	0.6	0.73	3.5	0.59	11.0
0.87	0.7	0.72	4.0	0.58	12.0
0.88	0.8	0.71	4.5	0.57	13.0
0.89	0.9	0.70	5.0	0.56	14.0
0.90	1.0	0.69	5.5	0.55	15.0
0.91	1.15	0.68	6.0	功率因数自0.54及以下，每降低0.01电费增加2%	

8.2 典型计算案例

8.2.1 居民电费计算

1. 居民电费计算规则

(1) 居民客户，当期电费根据当期抄见电量按全年各分档电量标准和对应的电价按阶梯计费方式从一档至三档递增加价法依次结算。

(2) 申请执行"一户多人口"电价家庭户籍人口在5人及以上的居民客户，每户每月增加100kW·h的阶梯电量基数。

(3) 申请执行"一户多人口"电价家庭人口7人及以上的居民客户，可以选择居民合表电价或每月增加100kW·h阶梯电量基数。

(4) 增加的第一档阶梯电量基数在本电费结算年内有效，余额部分不结转至下一个电费结算年。

(5) 阶梯加价：即第二档、第三档用电量比第一档提价部分。阶梯一加价0.05元/(kW·h)，阶梯二加价0.30元/(kW·h)。

居民阶梯电价标准见表8-4。

表8-4　　　　　居民阶梯电价标准

	项目	年用电量
家庭人口 5人以下	年阶梯第一档电量标准	2760kW·h及以下（230×12）
	年阶梯第二档电量标准	2761~4800kW·h（400×12）
	年阶梯第三档电量标准	4801kW·h及以上
家庭人口 5人及以上 （申请执行）	项目	年用电量
	申请月起增加 第一档电量标准	自办理当月（含）起至当年12月份止 的剩余月份数×100kW·h

续表

家庭人口 7人及以上 （选择执行）	合表用电	0.558		
分档电价标准	项目	各档电价标准/[元/(kW·h)]		
		非峰谷电价	峰谷电价	
			峰电价	谷电价
	第一档基础电价	0.538	0.568	0.288
	第二档加价（加价一）	0.05		
	第三档加价（加价二）	0.30		

2. 居民计算案例

（1）非峰谷电价用户正常月份计算。某非分时普通"一户一表"低压居民客户，抄表例日为每个月的7日，2016年1—3月的每个月用电量见表8-5，请计算每个月的电费。

表8-5　　　　　某非分时普通"一户一表"低压居民客户月用电量

时间	总用电量/(kW·h)	备注
2016年1月	2388	1月7日抄表
2016年2月	3216	2月7日抄表
2016年3月	1818	3月7日抄表

计算要点：①确定各档电量：即第一档电量为230×12＝2760(kW·h)，第二档电量指标为170×12＝2040(kW·h)；②当期抄见电量比对上期止剩余第一档、第二档分档电量，计算各档加价电费。

计算过程如下。

1）2016年1月。

基础电费：2388×0.538＝1284.74(元)。

加价一、加价二电费均为0。

截至当月剩余第一档电量指标2760－2388＝372（kW·h）、第二档电量指标2040 kW·h。

2）2016年2月。

基础电费：3216×0.538＝1730.21(元)。

加价一电费：2040×0.05＝102(元)。

加价二电费：（3216－372－2040）×0.3＝241.2(元)。

本月合计电费：1730.21＋102＋241.2＝2073.41(元)。

截至当月剩余第一档电量、第二档电量指标均为0。

3）2016年3月。

基础电费：1818×0.538＝978.08(元)。

加价一电费为0。

加价二电费：1818×0.3=545.4(元)。

本月合计电费：978.08+0+545.4=1523.48(元)。

当月剩余第一档电量、第二档电量指标均为0。

(2) 峰谷电价用户正常月份计算。某执行峰谷电价的"一户一表"居民客户，抄表例日为每个月的7日，2016年1—3月的每个月用电量见表8-6，请计算每个月的电费。

表8-6 某执行峰谷电价"一户一表"居民客户月用电量   单位：kW·h

时间	总用电量	高峰	低谷	备注
2016年1月	2388	1388	1000	1月7日抄表
2016年2月	3216	2000	1216	2月7日抄表
2016年3月	1818	1000	818	3月7日抄表

计算要点：峰谷电价用户阶梯电费计算方式与非峰谷用户类似，只要在计算基础电费的时候，按照峰谷电价分别计算峰谷电费，然后按照总电量计算加价电费。

计算过程如下。

1) 2016年1月。

高峰基础电费：1388×0.568=788.38(元)。

低谷基础电费：1000×0.288=288(元)。

加价一、加价二电费均为0。

本月合计电费：788.384+288+0+0=1076.38(元)。

当月剩余第一档电量指标2760-2388=372(kW·h)、第二档电量指标2040 kW·h。

2) 2016年2月。

高峰基础电费：2000×0.568=1136(元)。

低谷基础电费：1216×0.288=350.21(元)。

加价一电费：2040×0.05=102(元)。

加价二电费：(3216-372-2040)×0.3=241.2(元)。

本月合计电费：1136+350.21+102+241.2=1829.41(元)。

当月剩余第一档电量、第二档电量指标均为0。

3) 2016年3月。

高峰基础电费：1000×0.568=568(元)。

低谷基础电费：818×0.288=235.58(元)。

加价一电费为0。

加价二电费：1818×0.3=545.4(元)。

本月合计电费：568+235.58+0+545.4=1348.98(元)。

当月剩余第一档电量、第二档电量指标均为0。

(3) 新装用户电费计算。

某非分时普通"一户一表"低压居民客户，8月10日新装，抄表例日为每个月的

7日，新装后每个月用电量见表8-7，请计算每个月的电费。

表8-7 某非分时普通"一户一表"低压居民客户新装后月用电量

时间	总用电量/(kW·h)	备注
2015年9月	800	9月7日抄表
2015年10月	700	10月7日抄表
2015年11月	600	11月7日抄表
2015年12月	600	12月7日抄表

计算要点：新装用户按当年实际用电月份数折算分档电量，该算例中按4个月折算，即第一档230×4=920(kW·h)，第二档(400-230)×4=680(kW·h)。

计算过程如下。

1) 2015年9月。

基础电费：800×0.538=430.4(元)。

加价一、加价二电费均为0。

当月剩余第一档电量指标920-800=120(kW·h)、第二档电量指标680kW·h。

2) 2015年10月。

基础电费：700×0.538=376.6(元)。

加价一电费：(700-120)×0.05=580×0.05=29(元)。

加价二电费为0。

本月合计电费：376.60+29+0=405.6(元)。

当月剩余第一档电量指标为0、第二档电量指标680-580=100(kW·h)。

3) 2015年11月。

基础电费：600×0.538=322.8(元)。

加价一电费：100×0.05=5(元)。

加价二电费：(600-100)×0.30=500×0.30=150(元)。

本月合计电费：322.80+5+150=477.8(元)。

当月剩余第一档电量、第二档电量指标均为0。

4) 2015年12月。

基础电费：600×0.538=322.8(元)。

加价一电费为0。

加价二电费：600×0.30=180(元)。

本月合计电费：322.80+0+180=502.8(元)。

当月剩余第一档电量、第二档电量指标均为0，下月起指标重置。

(4) 过户用户电费计算。某非分时普通"一户一表"低压居民客户A，4月10日过户给客户B，抄表例日为每个月的7日，过户前后每个月用电量如表8-8所示，请计算过户双方（A和B）每个月的电费。

表 8-8　某非分时普通"一户一表"低压居民客户过户前后月用电量

时间	总用电量/(kW·h)	备注
2015 年 1 月	2388	1 月 7 日抄表，A
2015 年 2 月	3216	2 月 7 日抄表，A
2015 年 3 月	1818	3 月 7 日抄表，A
2015 年 4 月	500	4 月 7 日抄表，A
2015 年 4 月	200	4 月 10 日特抄，A
2015 年 5 月	700	5 月 7 日抄表，B
2015 年 6 月	600	6 月 7 日抄表，B

计算要点：①原用户按当年实际用电月份数折算分档电量，对往月电费进行重新计算，多退少补；②当年实际用电月份数折算分档电量，该算例中按 3 个月折算，即第一档 $230 \times 3 = 690 (kW \cdot h)$，第二档 $(400-230) \times 3 = 510 (kW \cdot h)$；③上述算例中，在过户时安排特抄，并对原用户进行电费清算。

计算过程如下。

1) 2015 年 1 月。

基础电费：$2388 \times 0.538 = 1284.74 (元)$。

加价一、加价二电费均为 0。

当月剩余第一档电量指标 $2760 - 2388 = 372 (kW \cdot h)$、第二档电量指标 $2040\ kW \cdot h$。

2) 2015 年 2 月。

基础电费：$3216 \times 0.538 = 1730.21 (元)$。

加价一电费：$2040 \times 0.05 = 102 (元)$。

加价二电费：$(3216 - 372 - 2040) \times 0.3 = 241.2 (元)$。

本月合计电费：$1730.21 + 102 + 241.2 = 2073.41 (元)$。

当月剩余第一档电量、第二档电量指标均为 0。

3) 2015 年 3 月。

基础电费：$1818 \times 0.538 = 978.08 (元)$。

加价一电费为 0。

加价二电费为 $1818 \times 0.3 = 545.4 (元)$。

本月合计电费：$457.30 + 545.4 = 1523.48 (元)$。

当月剩余第一档电量、第二档电量指标均为 0。

4) 2015 年 4 月。

基础电费：$500 \times 0.538 = 269 (元)$。

加价一电费为 0。

加价二电费：$500 \times 0.3 = 150 (元)$。

本月合计电费：$269 + 150 = 419 (元)$。

当月剩余第一档电量、第二档电量指标均为 0。

5）4月10日过户清算。

A用户实际用电月份为1—4月，应享受的分档电量标准如下。

第一档指标：$230×5=1150(kW·h)$。

第二档指标：$(400-230)×5=850(kW·h)$。

而实际上已经结算的指标如下。

第一档指标：$2760kW·h$。

第二档指标：$2040kW·h$。

需追回的各档指标如下。

第一档指标：$2760-1150=1610(kW·h)$。

第二档指标：$2040-850=1190(kW·h)$。

故A用户过户电费清算如下。

追补特抄电量电费：$200×0.538=107.6(元)$；

$200×0.3=60(元)$。

追补加价一电费：$850×0.05=42.5(元)$。

追补加价一与加价二差价电费：$2040×(0.3-0.05)=510(元)$。

追补加价二差价电费：$(1610-850)×0.3=228(元)$。

本次变更清算电费：$107.6+60+42.5+510+228=948.1(元)$。

B用户电费计算参照新装用户，其实际用电月份数按照8个月折算，即第一档$230×8=1840(kW·h)$，第二档$(400-230)×8=1360(kW·h)$。

6）2015年5月。

基础电费：$700×0.538=376.6(元)$。

加价一、加价二电费均为0。

当月剩余第一档电量指标$1140kW·h$、第二档电量指标$1360kW·h$。

7）2015年6月。

基础电费：$600×0.538=322.8(元)$。

加价一、加价二电费均为0。

当月剩余第一档电量指标$540kW·h$、第二档电量指标$1360kW·h$。

（5）销户用户电费计算。某非分时普通"一户一表"低压居民客户，3月10日销户，销户前每个月用电量见表8-9，请计算销户时的电费。

表8-9　　　　某非分时普通"一户一表"低压居民客户销户前月用电量

时间	总用电量/(kW·h)	备注
2015年1月	1000	1月7日抄表
2015年2月	950	2月7日抄表
2015年3月	900	3月7日抄表
2015年3月10日	100	3月10日抄表

计算要点：①销户用户按当年实际用电月份数折算分档电量，对往月电费进行重新计算，多退少补；②当年实际用电月份数折算分档电量，该算例中按4个月折算，即第一档230×4=920(kW·h)，第二档(400－230)×4=680(kW·h)。

计算过程如下。

1) 2015年1月。

基础电费：1000×0.538=538(元)。

加价一、加价二电费均为0。

当月剩余第一档电量指标2760－1000=1760(kW·h)、第二档电量指标2040kW·h。

2) 2015年2月。

基础电费：950×0.538=511.1(元)。

加价一、加价二电费均为0。

当月剩余第一档电量指标1760－950=810(kW·h)、第二档电量指标2040kW·h。

3) 2015年3月。

基础电费：900×0.538=484.2(元)。

加价一电费：(900－810)×0.05=4.5(元)。

本月合计电费：484.2+4.5=488.7(元)。

当月剩余第一档电量指标为0、第二档电量指标1950kW·h。

4) 3月10日过户清算。

用户实际用电月份为1—3月，应享受的分档电量标准如下。

第一档指标：230×4=920(kW·h)。

第二档指标：(400－230)×4=680(kW·h)。

而实际上已经结算的指标如下。

第一档指标：2760kW·h。

第二档指标：90kW·h。

需追回的各档指标如下。

第一档指标：2760－920=1840(kW·h)。

第二档指标：90－680=－590(kW·h)。

清算电费如下。

基础电费：100×0.538=53.8(元)。

加价一电费：590×0.05=29.5(元)。

加价二电费：(1840－590+100)×0.3=405(元)。

本次变更清算电费：53.8+29.5+405=488.3(元)。

(6) 抄表例日调整用户计算。某普通一户一表低压居民客户，抄表例日为每月7日，每年12月为年度结算周期结束月，从2015年8月起抄表例日改为每月10日（未有再次调整情况），试计算该用户2015年的各分档电量标准。

计算要点：

1) 供电企业对抄表例日调整有严格控制，不允许随意调整，确因工作需要抄表例日向后调整的，将相应增加居民年阶梯分档电量指标，抄表例日提前的则不减少分档电量指标。

2) 抄表例日每延后一天，增加全年分档电量指标的 1/365。

3) 增加的分档电量指标在当年最末期电费结算时予以兑现。

计算过程如下。

调整前分档电量指标如下。

第一档电量指标：230×7＝1610(kW·h)。

第二档电量指标：(400－230)×7＝1190(kW·h)。

调整后，增加 3 天的分档电量指标如下。

第一档电量指标：1150＋1150×3/365＝1159(kW·h)。

第二档电量指标：850＋850×3/365＝857(kW·h)。

(7) 非峰谷用户"一户多人口"阶梯电量基数调整的电费计算。某执行非峰谷电价普通"一户一表"低压居民客户，家庭常住人口为 5 人，抄表例日为每月 4 日，2016 年 1 月起每个月用电量见表 8-10，该客户于 2016 年 2 月 15 日来营业网点办理"一户多人口"阶梯电量基数调整申请，请计算每个月的电费。

表 8-10　某执行非峰谷价普通"一户一表"低压居民客户基数调整前后月用电量

时间	总用电量/(kW·h)	备注
2016 年 1 月	1300	1 月 4 日抄表
2016 年 2 月	1500	2 月 4 日抄表，15 日申请阶梯调整
2016 年 3 月	1200	3 月 4 日抄表

计算要点：该户于 2 月份申请一户多人口，则 2 月开始按 11 个月、每月 100kW·h 增加其第一阶梯电量共 1100kW·h。

计算过程如下。

1) 2016 年 1 月。

基础电费：1300×0.538＝699.4(元)。

加价一、加价二电费均为 0。

本月合计电费：699.4＋0＋0＝699.4(元)。

当月剩余第一档电量指标 2760－1300＝1460(kW·h)、第二档电量指标 2040kW·h。

2) 2016 年 2 月。

基础电费：1500×0.538＝807(元)。

加价一电费：(1500－1460)×0.05＝40×0.05＝2(元)。

加价二电费为 0。

本月合计电费：807＋2＋0＝809(元)。

当月剩余第一档电量指标为 0、第二档电量指标 2040－40＝2000(kW·h)。

3) 2016 年 2 月 15 日。

客户当月申请"一户多人口"阶梯电价，第一档电量指标增加 11×100＝1100 (kW·h)，故当月剩余第一档指标增加为 0＋1100＝1100(kW·h)，第二档电量指标

2000kW·h。

4) 2016年3月。

基础电费：1200×0.538=645.6(元)。

加价一电费：(1200－1100)×0.05=100×0.05=5(元)。

加价二电费为0。

本月合计电费：645.6+5+0=650.6(元)。

当月剩余第一档电量指标为0、第二档电量指标2000－100=1900(kW·h)。

(8) 峰谷用户"一户多人口"阶梯电量基数调整的电费计算。某执行峰谷电价普通"一户一表"低压居民客户，家庭常住人口为5人，抄表例日为每月4日，2016年1月起每个月用电量见表8-11，该客户于2016年2月15日前来营业网点办理"一户多人口"阶梯电量基数调整申请，请计算每个月的电费。

表8-11　　某执行峰谷电价普通"一户一表"低压居民客户
基数调整前后月用电量　　　　　　　　　　　　单位：kW·h

时间	总用电量	峰电量	谷电量	备注
2016年1月	1300	1000	300	1月4日抄表
2016年2月	1500	900	600	2月4日抄表，15日申请阶梯调整
2016年3月	1200	800	400	3月4日抄表

计算要点：该户于2月份申请一户多人口，则2月开始按11个月、每月增加100kW·h，其第一阶梯电量共1100kW·h。

计算过程如下。

1) 2016年1月。

高峰基础电费：1000×0.568=568(元);

低谷基础电费：300×0.288=86.4(元)。

加价一、加价二电费均为0。

本月合计电费：568+86.4+0+0=654.4(元)。

当月剩余第一档电量指标2760－1300=1460(kW·h)、第二档电量指标2040kW·h。

2) 2016年2月。

高峰基础电费：900×0.568=511.2(元);

低谷基础电费：600×0.288=172.8(元)。

加价一电费：(1500－1460)×0.05=40×0.05=2(元)。

加价二电费为0。

本月合计电费：511.2+172.8+2+0=686(元)。

剩余第一档电量指标为0、第二档电量指标2040－40=2000(kW·h)。

3) 2016年2月15日。

客户当月申请"一户多人口"阶梯电价，第一档电量指标增加11×100=1100(kW·h)，故当月剩余第一档指标增加为0+1100=1100(kW·h)，第二档电量指标2000kW·h。

4) 2016 年 3 月。

高峰基础电费：$800 \times 0.568 = 454.4$(元)；

低谷基础电费：$400 \times 0.288 = 115.2$(元)。

加价一电费：$(1200 - 1100) \times 0.05 = 100 \times 0.05 = 5$(元)。

加价二电费为 0。

本月合计电费：$454.4 + 115.2 + 5 + 0 = 574.6$(元)。

当月剩余第一档电量指标为 0、第二档电量指标 $2000 - 100 = 1900$(kW·h)。

(9) 申请"一户多人口"政策合表电价的电费计算。某执行峰谷电价普通"一户一表"低压居民客户，家庭常住人口为 7 人，抄表例日为每月 4 日，2016 年 1 月起每个月用电量见表 8-12，该客户于 2016 年 2 月 25 日来营业网点办理"一户多人口"政策合表电价调整申请，请计算每个月的电费。

表 8-12　　　某执行峰谷电价普通"一户一表"低压居民客户

电价调整前后月用电量　　　　　　　　　　　单位：kW·h

时间	总用电量	峰电量	谷电量	备注
2016 年 1 月	1300	1000	300	1 月 4 日抄表
2016 年 2 月	1500	900	600	2 月 4 日抄表
2016 年 2 月 25 日	900	600	300	2 月 25 日变更特抄
2016 年 3 月	200	—	—	3 月 4 日抄表
2016 年 4 月	800	—	—	4 月 4 日抄表

计算要点：该户于 2 月份申请 7 人及以上的一户多人口居民合表电价，则变更时特抄，对 1、2 月电费按三个月的阶梯进行清算，清算阶梯：第一阶梯 $230 \times 3 = 690$(kW·h)，第二阶梯 $400 \times 3 = 1200$(kW·h)。

计算过程如下。

1) 2016 年 1 月。

高峰基础电费：$1000 \times 0.568 = 568$(元)。

低谷基础电费：$300 \times 0.288 = 86.4$(元)。

加价一、加价二电费均为 0。

本月合计电费：$568 + 86.4 + 0 + 0 = 654.4$(元)。

当月剩余第一档电量指标 $2760 - 1300 = 1460$(kW·h)、第二档电量指标 2040kW·h。

2) 2016 年 2 月。

高峰基础电费：$900 \times 0.568 = 511.2$(元)。

低谷基础电费：$600 \times 0.288 = 172.8$(元)。

加价一电费：$(1500 - 1460) \times 0.05 = 40 \times 0.05 = 2$(元)。

加价二电费为 0。

本月合计电费：511.2＋172.8＋2＋0＝686(元)。

剩余第一档电量指标为 0、第二档电量指标 2040－40＝2000(kW·h)。

3) 2016 年 3 月。

合表电价调整申请后，该客户实际应享受的分档电量标准如下。

第一档电量指标：230×3＝690(kW·h)。

第二档电量指标：170×3＝510(kW·h)。

实际已结算的指标如下。

第一档电量指标：2760kW·h。

第二档电量指标：40kW·h。

需追回的各档指标如下。

第一档电量指标：2760－690＝2070(kW·h)。

第二档电量指标：40－510＝－470(kW·h)。

2 月 25 特抄变更时清算电费。

高峰基础电费：600×0.568＝340.8(元)。

低谷基础电费：300×0.288＝86.4(元)。

加价一电费：470×0.05＝23.5(元)。

加价二电费：(2070－470＋900)×0.3＝750(元)。

本次变更清算电费：340.8＋86.4＋23.5＋750＝1200.7(元)。

变更后执行合表电价的电量电费：200×0.558＝111.6(元)。

本月总合计电费：1200.7＋111.6＝1312.3(元)。

4) 2016 年 4 月。

本月合计电费：800×0.558＝446.4(元)。

(10) 合表电价调整为"一户多人口"阶梯电价的电费计算。某原执行"一户多人口"政策合表电价的客户，抄表例日为每月 2 日，该客户家庭人口减少至 6 人后，于 2017 年 7 月 25 日来营业网点办理"一户多人口"阶梯电价调整申请且不开通峰谷，2017 年 6 月起每个月用电量见表 8-13，请计算每个月的电费。

表 8-13　　　　某客户"一户多人口"阶梯电价调整前后月用电量

时间	总用电量/(kW·h)	备注
2017 年 7 月	1000	7 月 2 日抄表
2017 年 7 月特抄	650	7 月 25 日变更特抄
2017 年 8 月	300	8 月 2 日抄表
2017 年 9 月	1200	9 月 2 日抄表
2017 年 10 月	1100	10 月 2 日抄表

计算要点：执行合表电价的客户申请调整为"一户多人口"阶梯电价，自办理生效后变更为"一户多人口"阶梯电价，按变更后实际用电月份调整阶梯电量基数，该算例中按

6个月折算，即第一档电量指标为330×6＝1980(kW·h)，第二档电量指标为170×6＝1020(kW·h)。

计算过程如下。

1）2017年7月。

本月合计电费：1000×0.558＝558(元)。

2）2017年8月。

变更前电费为7月25日变更特抄电量650kW·h，按合表电价计算。

变更前的合计电费：650×0.558＝362.7(元)。

变更后电费如下。

基础电费：300×0.538＝161.4(元)。

加价一、加价二电费均为0。

当月止剩余第一档电量指标1980－300＝1680(kW·h)、第二档电量指标1020kW·h。

本月总合计电费：362.7＋161.4＝524.1(元)。

3）2017年9月。

基础电费：1200×0.538＝645.6(元)。

加价一、加价二电费均为0。

本月合计电费：645.6＋0＋0＝645.6(元)。

当月剩余第一档电量指标1680－1200＝480(kW·h)、第二档电量指标1020kW·h。

4）2017年10月。

基础电费：1100×0.538＝591.8(元)。

加价一电费：(1100－480)×0.05＝620×0.05＝31(元)。

加价二电费为0。

本月合计电费：591.8＋31＋0＝622.8(元)。

当月剩余第一档电量指标为0、第二档电量指标1020－620＝400(kW·h)。

(11)"一户多人口"阶梯电价调整为合表电价的电费计算。某执行非峰谷电价"一户多人口"低压居民客户，2017年1月份起家庭常住人口由5人增加到7人，抄表例日为每月2日，2017年1月起每个月用电量见表8－14，该客户于2017年2月25日来营业网点办理"一户多人口"政策合表电价调整申请，请计算每个月的电费。

表8－14　　　某客户"一户多人口"政策合表电价调整申请前后月用电量

时间	总用电量/(kW·h)	备注
2017年1月	1300	1月2日抄表
2017年2月	1500	2月2日抄表
2017年2月特抄	900	2月25变更特抄
2017年3月	200	3月2日抄表
2017年4月	800	4月2日抄表

计算要点：

1)"一户多人口"客户申请合表电价，自办理生效后变更为合表电价，当月变更前特抄的用电量根据当年实际用电月份折算分档电量标准后，对变更前的当年电费进行重新计算，多退少补。

2) 当年实际用电月份折算分档电量，该算例中按3个月折算，即第一档电量指标 $330 \times 3 = 990(kW \cdot h)$，第二档电量指标 $170 \times 3 = 510(kW \cdot h)$。

计算过程如下。

1) 2017年1月。

基础电费：$1300 \times 0.538 = 699.4(元)$。

加价一、加价二电费均为0。

本月合计电费：$699.4 + 0 + 0 = 699.4(元)$。

当月剩余第一档电量指标 $3960 - 1300 = 2660(kW \cdot h)$、第二档电量指标 $2040 - 0 = 2040(kW \cdot h)$。

2) 2017年2月。

基础电费 $1500 \times 0.538 = 807(元)$。

加价一、加价二电费均为0。

本月合计电费：$807 + 0 + 0 = 807(元)$。

当月剩余第一档电量指标 $2660 - 1500 = 1160(kW \cdot h)$、第二档电量指标 $2040 - 0 = 2040(kW \cdot h)$。

3) 2017年3月。

申请合表电价生效后，该客户实际应享受的分档电量标准如下。

第一档电量指标：$330 \times 3 = 990(kW \cdot h)$。

第二档电量指标：$170 \times 3 = 510(kW \cdot h)$。

实际已结算的指标如下。

第一档电量指标：$2800(kW \cdot h)$。

第二档电量指标为0。

需追回的各档指标如下。

第一档电量指标：$2800 - 990 = 1810(kW \cdot h)$。

第二档电量指标：$0 - 510 = -510(kW \cdot h)$。

故特抄清算电费如下。

基础电费：$900 \times 0.538 = 484.2(元)$。

加价一电费：$510 \times 0.05 = 25.5(元)$。

加价二电费：$(1810 - 510 + 900) \times 0.3 = 660(元)$。

本次特抄清算电费为：$484.2 + 25.5 + 660 = 1169.7(元)$。

变更后执行合表电价的电费：$200 \times 0.558 = 111.6(元)$。

本月总合计电费：$1169.7 + 111.6 = 1281.3(元)$。

4) 2017年4月。

本月合计电费：$800 \times 0.558 = 446.4(元)$。

(12) 申请取消"一户多人口"阶梯电价的电费计算。某原执行非峰谷电价"一户多人口"阶梯电价低压居民客户，抄表例日为每月4日，该客户家庭人口已不满5人后，于2016年3月15日来营业网点办理取消"一户多人口"阶梯电价变更申请，2016年1月起每个月用电量见表8-15，请计算每个月的电费。

表 8-15　　　　某客户"一户多人口"阶梯电价变更申请前后月用电量

时间	总用电量/(kW·h)	备注
2016年1月	1300	1月4日抄表
2016年2月	1500	2月4日抄表
2016年3月	1200	3月4日抄表，15日申请电价调整
2016年4月	700	4月4日抄表

计算要点：取消"一户多人口"阶梯电价，自申请当月起开始调整阶梯电价分档电量基数。该算例中，申请取消前第一档电量指标为：$4\times330=1320$(kW·h)，第二档电量指标为$4\times170=680$(kW·h)；申请取消后第一档电量指标为：$9\times230=2070$(kW·h)，第二档$9\times170=1530$(kW·h)。

计算过程如下。

1) 2016年1月。

基础电费：$1300\times0.538=699.4$(元)。

加价一、加价二电费均为0。

本月合计电费：$699.4+0+0=699.4$(元)。

当月剩余第一档电量指标$3960-1300=2660$(kW·h)、第二档电量指标2040kW·h。

2) 2016年2月。

基础电费：$1500\times0.538=807$(元)。

加价一、加价二电费均为0。

本月合计电费：$807+0+0=807$(元)。

当月剩余第一档电量指标$2660-1500=1160$(kW·h)、第二档电量指标2040kW·h。

3) 2016年3月。

基础电费：$1200\times0.538=645.6$(元)。

加价一电费：$(1200-1160)\times0.05=40\times0.05=2$(元)。

加价二电费为0。

本月合计电费：$645.6+2+0=647.6$(元)。

当月剩余第一档电量指标为0、第二档电量指标$2040-40=2000$(kW·h)。

4) 2016年4月。

客户于3月25日申请取消"一户多人口"阶梯电价，1—4月第一档电量标准以330kW·h/月折算，该客户实际应享受的分档电量标准如下。

第一档电量指标：4×330＝1320(kW·h)。

第二档电量指标：4×170＝680(kW·h)。

实际已结算的指标如下。

第一档电量指标：3960kW·h。

第二档电量指标：40kW·h。

需追回的各档指标如下。

第一档电量指标：3960－1320＝2640(kW·h)。

第二档电量指标：40－680＝－640(kW·h)。

清算阶梯电费如下。

加价一电费：640×0.05＝32(元)。

加价二电费：(2640－640)×0.3＝600(元)。

本次清算阶梯电费为：32＋600＝632(元)。

清算后当年剩余第一档电量指标为9×230＝2070(kW·h)，第二档电量指标9×170＝1530(kW·h)。

当月基础电费如下。

基础电费：700×0.538＝376.6(元)。

加价一、加价二电费均为0。

取消后当月电费：376.6＋0＋0＝376.6(元)。

本月总合计电费：632＋376.6＝1008.6(元)。

当月剩余第一档电量指标2070－700＝1370(kW·h)、第二档电量指标1530－0＝1530(kW·h)。

8.2.2 大工业电费计算案例

1. 大工业分次结算电费计算

某大工业客户，合同容量为400kVA，计算方式为高供低计，按容量计收基本电费，有功空载损耗0.57kW，无功空载损耗3.149kVA，有功损耗系数0.01，K值4.065，该用户抄表例日为10日、20日。请计算8月电费。[基本电费电价为30元/(kW·h)]。

8月的表计抄见情况见表8-16。

表8-16 某大工业客户8月表计抄见情况

计度器类型	7月20日抄见数	8月10日抄见数	8月20日抄见数	综合倍率	目录电度电价/[元/(kW·h)]	电度电价/[元/(kW·h)]
有功（总）/(kW·h)	7792.42	8496.13	8766.56	120	—	—
尖峰/(kW·h)	691.91	750.03	771.01	120	1.00244	1.0696
高峰/(kW·h)	2508.34	2746.01	2840.76	120	0.82044	0.8876

续表

计度器类型	7月20日抄见数	8月10日抄见数	8月20日抄见数	综合倍率	目录电度电价/[元/(kW·h)]	电度电价/[元/(kW·h)]
低谷/(kW·h)	4592.16	5000.08	5154.78	120	0.33644	0.4036
无功Q1/(kvar·h)	2399.54	—	2579.93	120	—	—

计算要点：

1) 分次结算用户前几次只结算抄见电量，最终次结算变损、基本电费、力调电费。

2) 计量方式高供低计，按变压器运行天数及当月电量计算变损电量。

3) 大工业用户功率因数考核标准值为0.9。

计算过程如下。

(1) 8月10日电费结算过程。

1) 抄见电量计算。

有功抄见电量：(本次示数－上次示数)×倍率＝(8496.13－7792.42)×120＝84445(kW·h)。

尖峰抄见电量：(750.03－691.91)×120＝6974(kW·h)。

高峰抄见电量：(2746.01－2508.34)×120＝28520(kW·h)。

低谷抄见电量：(5000.08－4592.16)×120＝48950(kW·h)。

峰谷不平分摊电量如下。

尖峰分摊电量：84445×(6974/84444)＝6974(kW·h)。

低谷分摊电量：84445×(48950/84444)＝48951(kW·h)。

高峰分摊电量：84445－6974－48951＝28520(kW·h)。

2) 结算电费计算。

尖峰电度电费：6974×1.0696＝7459.39(元)。

高峰电度电费：28520×0.8876＝25314.36(元)。

低谷电度电费：48951×0.4036＝19756.62(元)。

8月10日第一次结算电费合计：7459.39＋25314.36＋19756.62＝52530.37(元)。

(2) 8月20日最终次电费结算。

1) 全月抄见电量计算。

有功抄见电量：(本次示数－上次示数)×倍率＝(8766.56－7792.42)×120＝116897(kW·h)。

尖峰抄见电量：(771.01－691.91)×120＝9492(kW·h)。

高峰抄见电量：(2840.76－2508.34)×120＝39890(kW·h)。

低谷抄见电量：(5154.78－4592.16)×120＝67514(kW·h)。

9492＋39890＋67514＝116897(kW·h)。

峰谷不平分摊电量如下。

尖峰分摊电量：116897×(9492/116896)＝9492(kW·h)。

低谷分摊电量：116897×(67514/116896)＝67515(kW·h)。

高峰分摊电量：116897－9492－67515＝39890(kW·h)。

2）变损电量计算。

$$有功铜损＝有功总电量×有功损耗系数$$
$$无功铜损＝有功总电量×有功损耗系数×K 值$$
$$有功铁损＝有功空载损耗×24×变损实际运行天数$$
$$无功铁损＝无功空载损耗×24×变损实际运行天数$$

根据上述公式计算所得见表 8－17。

表 8－17　　　　　　　变　损　电　量

有功变损/(kW·h)	无功变损/(kvar·h)	有功铁损/(kW·h)	无功铁损/(kvar·h)	有功铜损/(kW·h)	无功铜损/(kvar·h)	变损运行天数/d
1593	7095	424	2343	1169	4752	31

有功铁损分摊到尖：424/24×2＝35(kW·h)。

有功铁损分摊到峰：424/24×10＝177(kW·h)。

有功铁损分摊到谷：424/24×12＝212(kW·h)。

有功铜损分摊到尖：1169×(9492/116896)＝95(kW·h)。

有功铜损分摊到谷：1169×(67514/116896)＝675(kW·h)。

有功铜损分摊到峰：1169－95－675＝399(kW·h)。

3）结算电量计算过程见表 8－18。

表 8－18　　　　　　　结　算　电　量

时间	电能表类型	本次抄见电量	铁损电量	铜损电量	结算电量
8月20日	有功（总）/(kW·h)	116897	424	1169	118490
8月20日	有功（尖峰）/(kW·h)	9492	35	95	9622
8月20日	有功（峰）/(kW·h)	39890	177	399	40466
8月20日	有功（谷）/(kW·h)	67515	212	675	68402
8月20日	无功电量/(kvar·h)	21647	2343	4752	28742

4）电度及目录电费计算。

电度电费：

尖峰电度电费：$9622 \times 1.0696 = 10291.69$（元）。

高峰电度电费：$40466 \times 0.8876 = 35917.62$（元）。

低谷电度电费：$68402 \times 0.4036 = 27607.05$（元）。

目录电费：

尖峰目录电费：$9622 \times 1.00244 = 9645.48$（元）。

高峰目录电费：$40466 \times 0.82044 = 33199.93$（元）。

低谷目录电费：$68402 \times 0.33644 = 23013.17$（元）。

5）无功总电量为 $21647 + 2343 + 4752 = 28742$（kvar·h）。

6）基本电费。

$400 \times 30 = 12000$（元）。

7）力调电费。

功率因数：$118490/\sqrt{118490 \times 118490 + 28742 \times 28742} = 0.97$。

力调调整系数为 -0.75%。

力调费用：$(65858.58 + 12000) \times (-0.75\%) = -583.94$（元）。

8）8月20日总电费：电度电费＋基本电费＋力调电费－8月10日第一次结算电费＝$73816.36 + 12000 - 583.94 - 52530.37 = 32702.05$（元）。

2. 有线损的大工业电费计算

某高供高计大工业用户，变压器容量为500kVA，按需量计收基本电费，需量核定值200kVA，线损率0.77%，抄表例日为25日。请计算该月电费。

5月25日抄见电量见表8-19。

表8-19　　　　　某高供高计大工业用户5月25日抄见电量

计度器类型	4.25抄见数	5.25抄见数	综合倍率	目录电度电价	电度电价
有功（总）/(kW·h)	696.64	745.32	600	—	—
尖峰/(kW·h)	38.91	42.19	600	1.00244	1.0696
高峰/(kW·h)	447.85	473.84	600	0.82044	0.8876
低谷/(kW·h)	209.87	229.28	600	0.33644	0.4036
无功 Q_1/(kvar·h)	189.58	199.09	600	—	—
无功 Q_4/(kvar·h)	7.54	7.63	600	—	—
最大需量	0	0.317	600	—	—

计算要点：①线损电量为有功抄见电量与线损率的乘积；②计量方式为高供高计，无须考虑变压器的损耗；③大工业功率因数考核标准为0.9；④需量抄见值小于需量核定值，按需量核定值收取基本电费。

5月25日电费结算过程如下。

1) 抄见电量计算。

有功抄见电量：(本次示数－上次示数)×倍率＝(745.32－696.64)×600＝29208(kW·h)。

尖峰抄见电量：(42.19－38.91)×600＝1968(kW·h)。

高峰抄见电量：(473.84－447.85)×600＝15594(kW·h)。

低谷抄见电量：(229.28－209.87)×600＝11646(kW·h)。

无功 Q_1 电量：(199.09－189.58)×600＝5706(kvar·h)。

无功 Q_4 电量：(7.63－7.54)×600＝54(kvar·h)。

2) 线损电量。

有功线损电量：有功抄见电量×有功线损系数＝29208×0.77％＝225(kW·h)。

尖峰线损电量：1968×0.77％＝15(kW·h)。

高峰线损电量：15594×0.77％＝120(kW·h)。

低谷线损电量：11646×0.77％＝90(kW·h)。

3) 结算电量。

有功结算电量：29208＋225＝29433(kW·h)。

尖峰结算电量：1968＋15＝1983(kW·h)。

高峰结算电量：15594＋120＝15714(kW·h)。

低谷结算电量：11646＋90＝11736(kW·h)。

无功结算电量：5706＋54＝5760(kvar·h)。

4) 电度及目录电费计算。

电度电费如下。

尖峰电度电费：1983×1.0696＝2121.02(元)。

高峰电度电费：15714×0.8876＝13947.75(元)。

低谷电度电费：11736×0.4036＝4736.65(元)。

目录电费如下。

尖峰电度电费：1983×1.00244＝1987.84(元)。

高峰电度电费：15714×0.82044＝12892.39(元)。

低谷电度电费：11736×0.33644＝3948.46(元)。

5) 基本电费：200×40＝8000(元)。

6) 力调电费。

功率因数：$29433/\sqrt{29433\times29433+5760\times5760}=0.98$。

力调调整系数为－0.75％。

力调电费：(18828.69＋8000)×(－0.75％)＝－201.22(元)。

7) 5月25日总电费为电度电费＋基本电费＋力调电费＝20805.42＋8000－201.22＝28604.2(元)。

3. 大工业用户变更计算基本电费

(1) 新装用户基本电费计算。某大工业用户于2015年8月29日立户，变压器容量为1000kVA，抄表例日为每月20日。试求该用户9月基本电费。

计算要点：《供电营业规则》第八十四条规定，基本电费以月计算，但新装、增容、变更与终止用电当月的基本电费，按实用天数（日用电不足 24h 的，按一天计算）每日按全月基本电费 1/30 计算。

计算过程：基本电费为 $(1000 \times 22/30) \times 30 = 22000$（元）。

（2）暂停用户基本电费计算。某大工业用户有两台变压器，容量分别为 500kVA 及 315kVA 各一台，抄表例日为每月 20 日。因生产需要，该户 2016 年 9 月 25 日暂停 315kVA 一台，试求该用户 10 月份基本电费。

计算要点：《供电营业规则》第八十四条规定基本电费以月计算，但新装、增容、变更与终止用电当月的基本电费，按实用天数（日用电不足 24h 的，按一天计算）每日按全月基本电费 1/30 计算。

计算过程：基本电费为 $(500 + 315 \times 5/30) \times 30 = 16575$（元）。

4. 大工业用户按需量计算基本电费

（1）需量抄见值小于需量核定值基本电费计算。某大工业用户需量读数上期为 0.134，本期为 0.485，需量核定值为 3000kW，变压器容量为 5000kVA，倍率为 4000，试求该用户当期基本电费。

计算要点：①需量用户按当期最大需量值计算基本电费，与往期需量值无关；②需量抄见值在需量核定值 105% 以内的按核定值收取；③需量按 40 元/kW·月计收基本电费。

计算过程如下。

本月需量值：本月需量抄见值×倍率 $= 0.485 \times 4000 = 1940$（kW）。

本月基本电费：$3000 \times 40 = 120000$（元）。

（2）需量抄见值大于需量核定值但小于需量核定值的 105% 基本电费计算。某大工业用户本期需量抄见值为 0.785，需量核定值为 3000kW，变压器容量为 5000kVA，倍率为 4000，试求该用户当期基本电费。

计算要点：①需量抄见值在需量核定值 105% 以内的按核定值收取；②需量按 40 元/（kW·月）计收基本电费。

计算过程如下。

本月需量值：本月需量抄见值×倍率 $= 0.785 \times 4000 = 3140$（kW）。

需量最大核定值：$3000 \times 1.05 = 3150$（kW）。

本月基本电费：$3000 \times 40 = 120000$（元）。

（3）需量抄见值大于需量核定值 105% 计算基本电费。某大工业用户需量读数本期为 0.795，需量核定值为 3000kW，变压器容量为 5000kVA，倍率为 4000，试求该用户当期基本电费。

计算要点：①需量抄见值在需量核定值 105% 以内的按核定值收取，超过 105% 部分的基本电费加一倍收取；②需量按 40 元/（kW·月）计收基本电费。

计算过程如下。

本月需量值：本月需量抄见值×倍率 $= 0.795 \times 4000 = 3180$（kW）。

需量最大核定值：$3000 \times 1.05 = 3150$（kW）。

本月基本电费：$[(3180 - 3150) \times 2 + 3000] \times 40 = 122400$（元）。

8.2.3 一般工商业用户电费计算

1. 不执行力率考核的工商业用户电费计算

某商业用户，合同容量为 90kVA，执行电价为一般工商业及其他，请计算该户 7 月份电费。

2016 年 7 月抄见电量与执行电价见表 8-20。

表 8-20　　　　　某商业用户 2016 年 7 月抄见电量与执行电价

应收时间	电量类型	抄见电量/(kW·h)	电度电价/[元/(kW·h)]	目录电度电价/[元/(kW·h)]
2016 年 7 月	有功（总）	25325	—	—
2016 年 7 月	有功（尖峰）	815	1.3929	1.32574
2016 年 7 月	有功（峰）	17956	1.0879	1.02074
2016 年 7 月	有功（谷）	6554	0.5649	0.49774

计算要点：根据《关于颁发〈功率因数调整电费办法〉的通知》[(83)水电财字 215 号]规定，合同容量未达到 100kVA，不执行力率调整考核。

计算过程如下。

尖峰电度电费：$815 \times 1.3929 = 1135.21$（元）。

高峰电度电费：$17956 \times 1.0879 = 19534.34$（元）。

低谷电度电费：$6554 \times 0.5649 = 3702.35$（元）。

7 月总电费：$1135.21 + 19534.34 + 3702.35 = 24371.9$（元）。

2. 执行力率考核的工商业用户

某低压供电的用户，合同容量为 110kW，执行一般工商业及其他电价，单费率计算。2016 年 7 月有功抄见电量为 10707kW·h，无功电量为 2968kvar·h。请计算该户 7 月总电费[一般工商业及其他电度电价 0.8829 元/(kW·h)、目录电价 0.81574 元/(kW·h)]。

计算要点：合同容量达到 100kW 及以上的工商业用户，力率调整考核标准为 0.85。

计算过程如下。

1) 目录电费：$10707 \times 0.81574 = 8734.13$（元）。

2) 代征电费：$10707 \times (0.8829 - 0.81574) = 719.08$（元）。

3) 功率因数：$\cos[\arctan(2968/10707)] = 0.96$。

力调调整系数为 -0.011。

力调电费：$8734.13 \times (-0.011) = -96.08$（元）。

4) 7 月总电费为目录电费 + 代征电费 + 力率调整电费 = $8734.13 + 719.08 - 96.08 = 9357.13$（元）。

8.2.4 农业用户电费计算

1. 农业单费率电费计算

某农业生产用户，合同容量为6kW，2016年7月该户结算电量197kW·h，请计算该户7月份应交电费[农业生产不满1kW电度电价为0.728元/(kW·h)]。

计算要点：低计低计用户结算电费为结算电量乘以电度电价。

计算过程：合计电费为197kWh×0.728＝143.42(元)。

2. 农业三费率用户

某农业生产用户，合同容量为8kW，请计算该户7月份应交电费。

2016年7月抄见电量与执行电价见表8-21。

表8-21　　　某农业生产用户2016年7月抄见电量与执行电价

应收时间	电量类型	抄见电量/(kW·h)	电度电价/[元/(kW·h)]	目录电度电价/[元/(kW·h)]
2016年7月	有功（总）	392	—	—
2016年7月	有功（尖峰）	21	0.9984	0.98404
2016年7月	有功（峰）	161	0.8986	0.88424
2016年7月	有功（谷）	210	0.4992	0.48484

计算要点：低计低计用户月度电费为结算电量乘以电度电价。

计算过程如下。

尖峰电度电费：21×0.9984＝20.97(元)。

高峰电度电费：161×0.8986＝144.67(元)。

低谷电度电费：210×0.4992＝104.83(元)。

7月总电费：20.97＋144.67＋104.83＝270.47(元)。

8.2.5 定量定比用户电费计算

1. 定量用户电费计算

某低压商业用户，抄表例日为6日，2016年5月12日起执行居民定量60kW·h，请计算该户6月电费[一般工商业及其他电度电价0.8829元/(kW·h)，居民电度电价为0.538元/(kW·h)]。

6月的表计抄见情况见表8-22。

表8-22　　　某定量用户6月表计抄见情况　　　单位：kW·h

计度器类型	5月6日抄见数	5月12日特抄数	6月6日抄见数
有功（总）	106	123	234

计算要点：定量变更全月天数默认30天，定量电量按天数折算。

计算过程：

本月总抄见电量：234－106＝128(kW·h)。

定量电量：定量值×变更运行天数/30＝60×25/30＝50(kW·h)。

居民生活度电费：50×0.538＝26.9(元)。

商业度电费：(128－50)×0.8829＝68.87(元)。

合计总电费：26.9＋68.87＝95.77(元)。

2. 定比用户电费计算

某定比用户，上级计量点为低供低计居民一户一表电价，二级计量为低供低计定比40%商业电价，以下是该户2016年1月份抄表信息计量点信息见表8-23，请计算当月电费[一般工商业及其他度电电价0.8829元/(kW·h)]。

表8-23　某定比用户2016年1月抄表信息　单位：kW·h

计度器类型	12月6日抄见数	1月6日抄见数	本次电量
有功（总）	7304	9052	1748
有功（谷）	2904	3638	734

计算要点：上级计量点分时，下级计量点不分时，下级计量点根据上级计量点的时段（尖峰谷）电量比例，模拟分表各时段电量，进行扣减。

计算过程如下

抄见峰电量：1748－734＝1014(kW·h)。

商业定比电量：总电量×40%＝1748×0.4＝699(kW·h)。

居民谷电量：抄见谷电量－定比模拟谷电量＝734－734×699/1748＝440(kW·h)。

居民峰电量：总抄见电量－定比电量－居民谷电量＝1748－699－440＝609(kW·h)。

商业定比电费：699×0.8829＝617.15(元)。

居民电费：居民峰电费＋居民谷电费＝609×0.568＋440×0.288＝472.63(元)。

合计电费：居民电费＋商业电费＝617.15＋472.63＝1089.78(元)。

8.2.6 光伏用户电费计算

1. 自发自用余电上网电费计算

某光伏发电用户，发电消纳方式为自发自用余电上网，分布式电源燃煤机组标杆电价0.4153元/(kW·h)，补贴电价为0.52元/(kW·h)。请计算该户7月份电费。

2016年7月抄见电量见表8-24。

表8-24　某光伏发电用户2016年7月抄见电量

应收时间	表号	电量类型	抄见电量/(kW·h)
2016年7月	0115671314	有功（总）	469
2016年7月	0114393972	有功反向（总）	382

计算要点：发电光伏自发自用余电上网用户装设两套表计，有功总计量其发电量，对应电价为补贴电价；有功反向总计量其上网电量，对应燃煤机组标杆电价。

计算过程如下。

上网电费：382×0.4153＝158.64(元)。

补贴电费：469×0.52＝243.88(元)。

合计电费：158.64＋243.88＝402.52(元)。

2. 全额上网用户电费计算

某光伏发电用户，发电消纳方式为全额上网，2016年7月抄见电量为435kW·h，分布式电源燃煤机组标杆电价0.4153元/(kW·h)，补贴电价为0.52元/(kW·h)。请计算该户7月份上网电费。

计算要点：全额上网用户发电量全部用于上网，依据目前的光伏政策，全额上网用户暂按自发自用余电上网模式结算。

计算过程如下。

上网电费：435×0.4153＝180.66(元)。

补贴电费：435×0.52＝226.2(元)。

合计电费：180.66＋226.2＝406.86(元)。

8.2.7 电费违约金计算

1. 电费违约金计算的相关规定

《供电营业规则》第九十八条规定：用户在供电企业规定的期限内未交清电费时，应承担电费滞纳的违约责任。电费违约金从逾期之日起计算至交纳日止。每日电费违约金按下列规定计算。

(1) 居民用户每日按欠费总额的1‰计算。

(2) 其他用户：

1) 当年欠费部分，每日按欠费总额的2‰计算。

2) 跨年度欠费部分，每日按欠费总额的3‰计算。

电费违约金收取总额按日累加计收，总额不足1元者按1元收取。

2. 电费违约金计算案例

(1) 居民用户电费违约金计算。某居民用户，2016年6月电费金额为139.5元，缴费期限为2016年6月30日，该用户于2016年7月19日结清电费。试问该用户应缴纳的电费违约金。

计算过程：

电费违约金＝欠费金额×逾期时间×违约金系数＝139.5×19×1‰＝2.65(元)。

(2) 非居民用户电费违约金计算。某商业用户，2016年7月电费金额为290.3元，缴费期限为2016年7月14日，该用户于2016年7月19日结清电费。请计算该用户应缴纳的电费违约金。

计算过程如下。

电费违约金：欠费金额×逾期时间×违约金系数＝290.3×(19－14)×2‰＝2.9(元)。

(3) 非居民用户跨年电费违约金计算。某商业用户，2015 年 12 月电费金额为 1272.87 元，缴费期限为 2016 年 12 月 14 日，该用户于 2016 年 1 月 20 日结清电费。试问该用户应缴纳的电费违约金为多少？

计算过程如下。

电费违约金当年部分：欠费金额×逾期时间×违约金系数
$$=1272.87\times(31-14)\times 2‰=43.28(元)。$$

电费违约金跨年部分：欠费金额×逾期时间×违约金系数
$$=1272.87\times 20\times 3‰=76.37(元)。$$

电费违约金合计：43.28+76.37=119.65(元)。

8.2.8　违约用电电费计算

1. 窃电计算

某供电台区线损异常，供电部门于 6 月 14 日现场稽查中发现该台区村路灯用电未经供电企业同意，擅自于 2016 年 4 月 10 日在村低压线路上搭接电，该路灯功率 250W，每天使用 6h，请计算违约电费。

《供电营业规则》第一百零二条规定：窃电者应按所窃电量补交电费，并承担补交电费 3 倍的违约使用电费，所窃电量按私接设备额定容量（kVA 视同 kW）乘以实际使用时间计算确定。

计算要点：①确定窃电时间，窃电时间为 4 月 10 日—6 月 14 日，共计 65 天；②确定窃电电量，所窃电量按私接设备额定容量（kVA 视同 kW）乘以实际使用时间计算确定；③确定违约电费，窃电补交电费三倍的违约使用电费，违约使用电费不含代征费。

计算过程如下［目录电价 0.50884 元/(kW·h)，电度电价 0.558 元/(kW·h)］：

窃电电量：65×0.25×6=98(kW·h)。

窃电电费：98×0.558=54.68(元)。

违约电费：98×0.50884×3=149.6(元)。

合计追补电费及违约使用电费为 54.68+149.6=204.28(元)。

2. 超合同容量计算

某加工厂合同容量为 10kW，4 月份电量异常，电量超理论值 30%，用电检查现场核查时发现该户实际用电容量 40kW，请计算违约电费。

《供电营业规则》第一百条规定：擅超合同约定容量用电应承担私增容量 50 元/kW（元/kVA）的违约使用电费。

计算要点：实际用电容量为 40kW 超合同容量 30kW，应承担 30kW 违约使用电费。

计算过程：违约使用电费为(40-10)×50=1500(元)。

8.3　电量电费退补案例

本节通过对抄核收营销工作中常见的抄表差错、拆表差错、计量故障等几类电量电费退补流程的分析，来提高实际工作中处理电量电费退补操作能力。

8.3.1 抄表差错退补案例

某低压居民用户，6月份抄表方式为"远采集抄"抄表，6月份发行电量3278 kW·h，电费1793.41元，如图8-1所示。电费发行后用户收到电费短信反映现场不用电，电费与实际情况不一致，该如何处理？

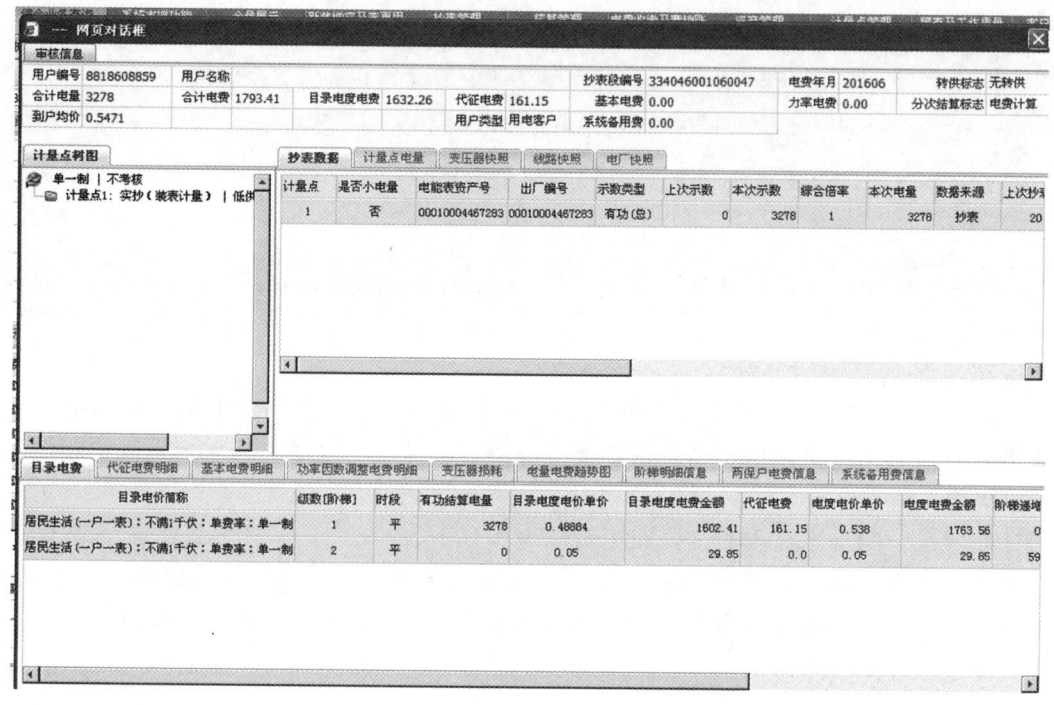

图8-1 营销系统抄表数据

（1）差错分析。根据用户反映情况供电部门需核对以下几点：
1）用户当月用电信息采集系统抄表数据与现场抄表数据是否一致。
2）核实现场实际用电情况。
3）现场表计是否正常。

（2）差错确认。经确认该户为采集器故障，属抄表差错，理由如下：
1）从4月开始该户采集数据显示均为"0"，只在6月抄表例日当天采集数据异常突变至3278，且抄表例日第二天采集数据又到"0"，不符合计量逻辑，如图8-2所示。现场表计止度"0"，与营销系统上月底度相符。
2）供电所现场核实表计封印完好，表计无异常。
3）供电所核实该户现场无人居住，咨询邻居表示该处房主已搬家多月无人居住。

（3）处理方案。
1）确认差错电量。现场抄见为"0"采集数据为3278，退差错电量为3278kW·h。
2）确认差错电费。因居民阶梯基础档为2760kW·h，该户当年发行共计3357kW·h（含差错电量），如图8-3所示，有597kW·h超居民阶梯基础档电量，超基础档电费全部在阶梯加价一。所以该户退阶梯电费只退加价一。

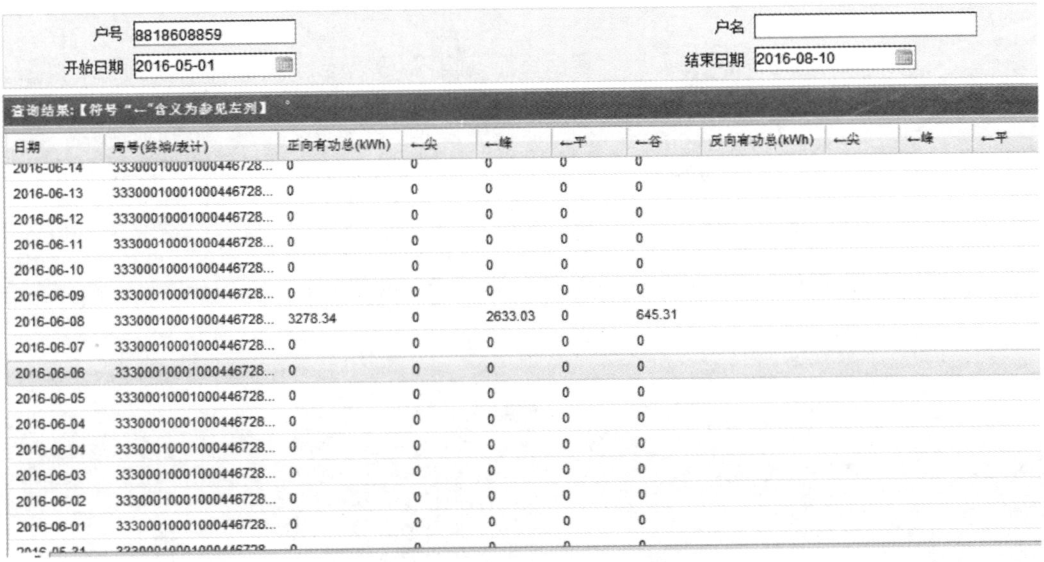
户号 8818608859 户名
开始日期 2016-05-01 结束日期 2016-08-10
查询结果:【符号"←"含义为参见左列】

日期	局号(终端/表计)	正向有功总(kWh)	←尖	←峰	←平	←谷	反向有功总(kWh)	←尖	←峰	←平
2016-06-14	33300010001000446728...	0	0	0	0	0				
2016-06-13	33300010001000446728...	0	0	0	0	0				
2016-06-12	33300010001000446728...	0	0	0	0	0				
2016-06-11	33300010001000446728...	0	0	0	0	0				
2016-06-10	33300010001000446728...	0	0	0	0	0				
2016-06-09	33300010001000446728...	0	0	0	0	0				
2016-06-08	33300010001000446728...	3278.34	0	2633.03	0	645.31				
2016-06-07	33300010001000446728...	0	0	0	0	0				
2016-06-06	33300010001000446728...	0	0	0	0	0				
2016-06-05	33300010001000446728...	0	0	0	0	0				
2016-06-04	33300010001000446728...	0	0	0	0	0				
2016-06-04	33300010001000446728...	0	0	0	0	0				
2016-06-03	33300010001000446728...	0	0	0	0	0				
2016-06-02	33300010001000446728...	0	0	0	0	0				
2016-06-01	33300010001000446728...	0	0	0	0	0				

图 8-2　用电信息采集系统抄表数据查询

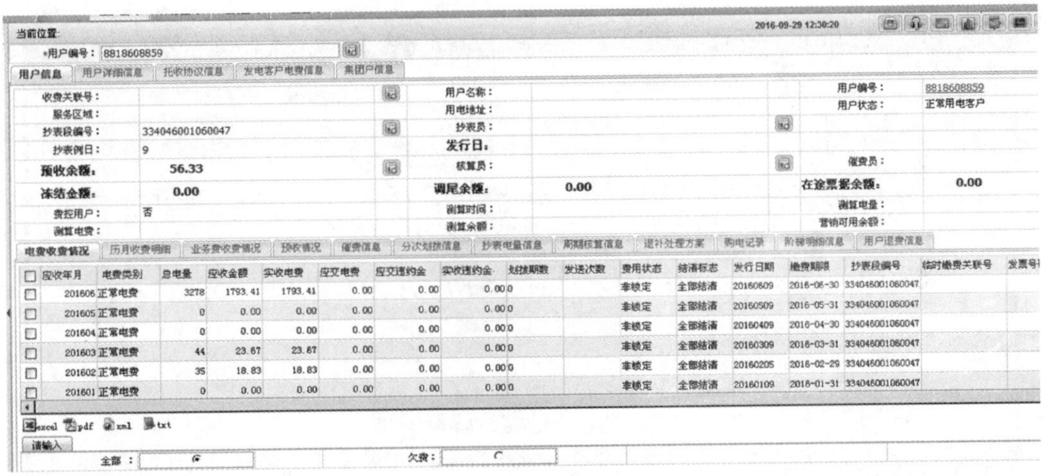

应收年月	电费类别	总电量	应收金额	实收电费	应交电费	应交违约金	实收违约金	划拨期数	发送次数	费用状态	结清标志	发行日期	缴费期限	抄表段编号	临时缴费关联号	发票号
201606	正常电费	3278	1793.41	1793.41	0.00	0.00	0.00	0		非锁定	全部结清	20160609	2016-06-30	334046001060047		
201605	正常电费	0	0.00	0.00	0.00	0.00	0.00	0		非锁定	全部结清	20160509	2016-05-31	334046001060047		
201604	正常电费	0	0.00	0.00	0.00	0.00	0.00	0		非锁定	全部结清	20160409	2016-04-30	334046001060047		
201603	正常电费	44	23.67	23.67	0.00	0.00	0.00	0		非锁定	全部结清	20160309	2016-03-31	334046001060047		
201602	正常电费	35	18.83	18.83	0.00	0.00	0.00	0		非锁定	全部结清	20160205	2016-02-29	334046001060047		
201601	正常电费	0	0.00	0.00	0.00	0.00	0.00	0		非锁定	全部结清	20160109	2016-01-31	334046001060047		

图 8-3　营销系统电量电费台账

3）修改该户营销系统抄表止度与现场表计抄见值一致。营销系统抄表止度从 3278 改为"0"，确保下次抄表从"0"开始。

（4）退补计算过程：电价为低压，居民一户一表，单费率。

退基础电费：$-3278\times0.538=-1763.56$(元)。

退加价一电费：$-(3278+79-2760)\times0.05=-29.85$(元)。

合计退电费：$-1763.56-29.85=-1793.41$(元)。

（5）通过营销系统"核算管理〉〉电费退补管理〉〉功能〉〉退补申请界面"，如图8-4所示，发起退补申请，在退补信息录入后进入退补止度录入界面，如图 8-5 所示，进行止度修改。

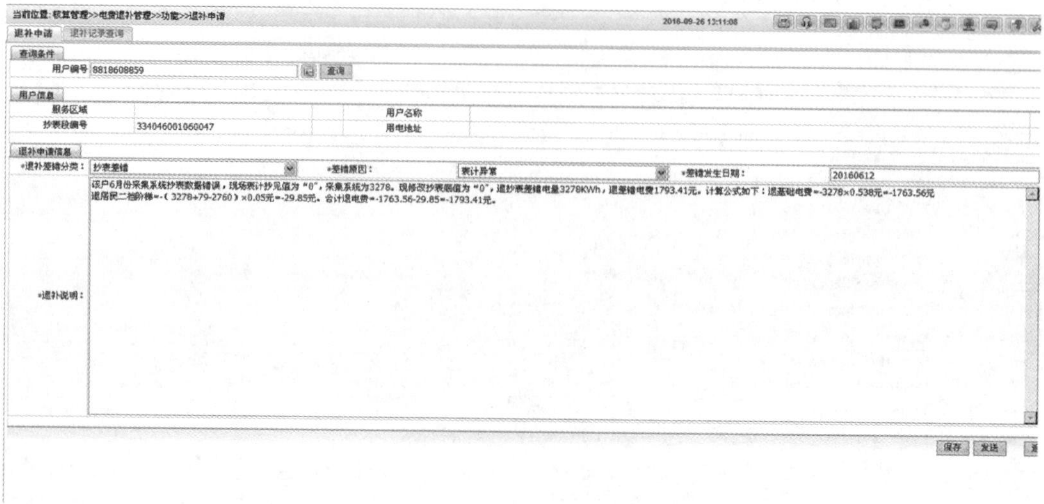

图8-4 营销系统退补申请界面

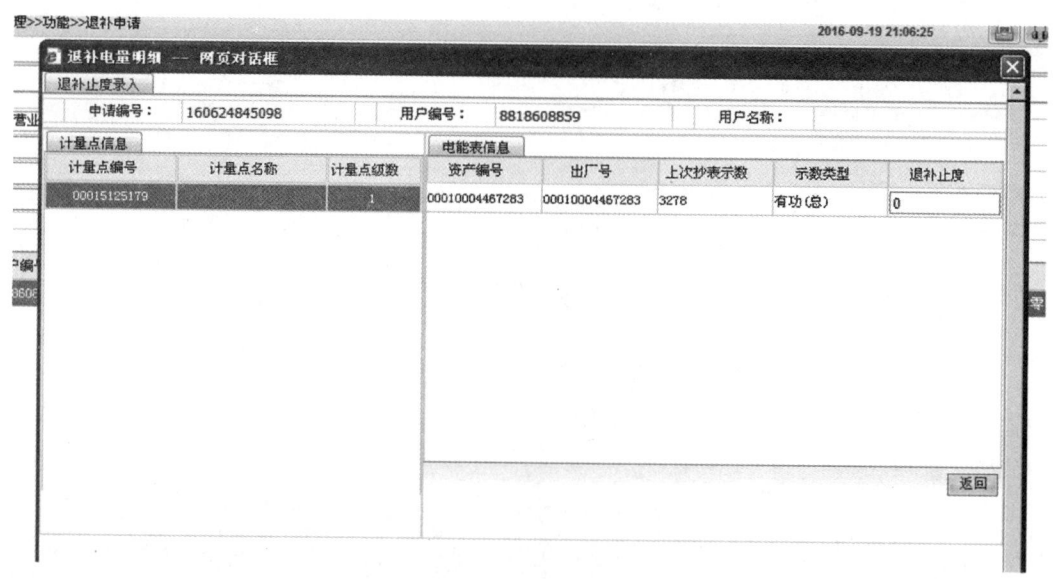

图8-5 营销系统退补止度修改界面

（6）电量电费退补流程经核算班审核，领导审批同意后由核算班进行退补流程的发行。

8.3.2 拆表差错退补案例

某低压居民用户计量装置故障，计量装接人员于2016年3月8日现场换表处理，并在营销系统录入故障表计拆表底值"54177"，如图8-6所示。

2016年3月电费计算后电费复核员发现该户电量异常，与历史电量电费对比电费明显偏大，如图8-7所示。

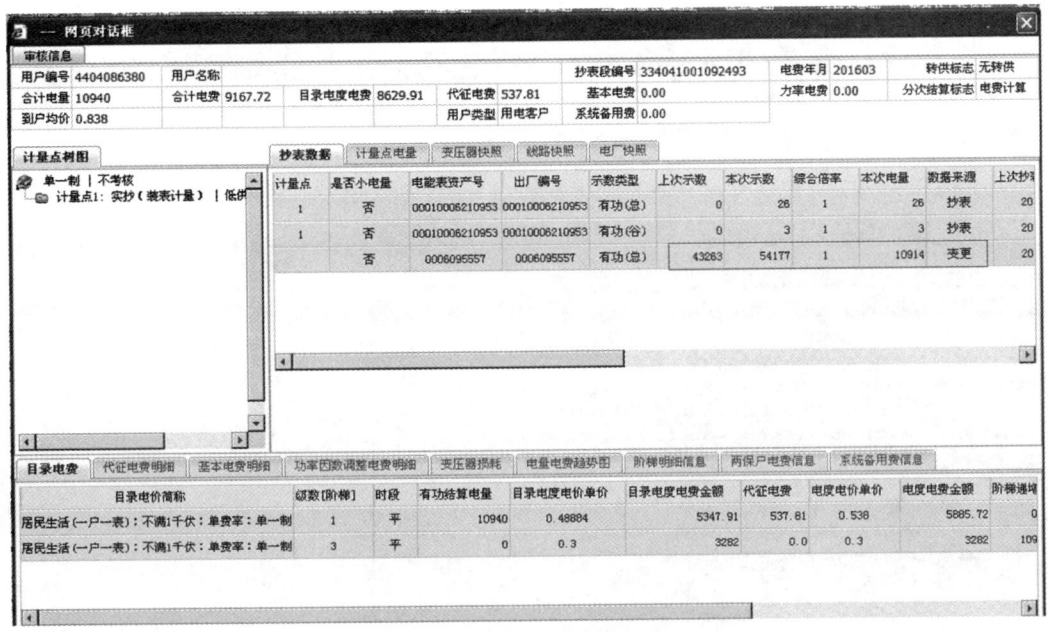

图 8-6 营销系统拆表数据

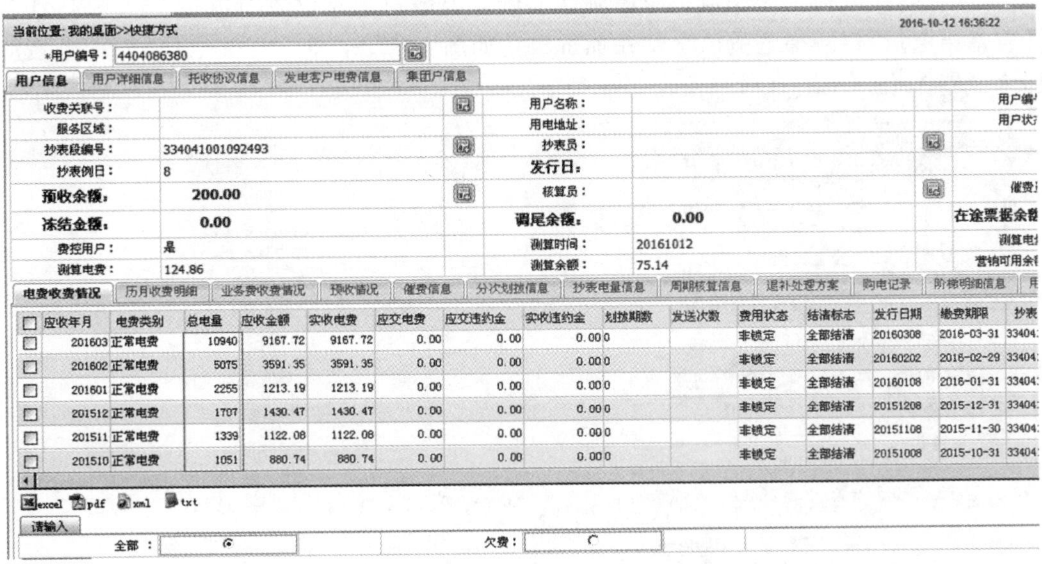

图 8-7 营销系统电量电费台账

通过查询用电信息采集系统电能表示数为"45158.15",如图 8-8 所示,初步判断为计量装接人员拆表底值数据录入错误。该如何处理?

(1) 差错确认。计量班核实该户计量装接单现场拆表底值为"45177",计量装接人员营销系统录入拆表底值时错输成"54177",确实为拆表差错。

(2) 处理方案。

1) 确认差错电量。正确拆表数据"45177",错误拆表数据"54177",退差错电量为 9000kW·h。

277

日期	局号(终端/表计)	正向有功总(kWh)	←尖	←峰	←平	←谷	反向有功总(kWh)	←尖	←峰	←平
2016-03-12	3330001000100062109539(表计)	298	0	186.58	0	111.41				
2016-03-11	3330001000100062109539(表计)	222.32	0	142.47	0	79.85				
2016-03-10	3330001000100062109539(表计)	138.32	0	88.84	0	49.47				
2016-03-09	3330001000100062109539(表计)	74.98	0	52.74	0	22.24				
2016-03-08	3330001000100062109539(表计)	26.89	0	23.65	0	3.24				
2016-03-07	3340401017800060955576(表计)	45158.15	4640.97	18400.65	0	22116.52				
2016-03-06	3340401017800060955576(表计)	45108.4	4638.08	18378.74	0	22091.57				
2016-03-05	3340401017800060955576(表计)	45050.31	4633.86	18354.6	0	22061.84				
2016-03-04	3340401017800060955576(表计)	44994.23	4630.54	18330.02	0	22033.66				
2016-03-03	3340401017800060955576(表计)	44932.11	4625.35	18303.23	0	22003.53				
2016-03-02	3340401017800060955576(表计)	44866.97	4621.1	18281.16	0	21964.69				
2016-03-01	3340401017800060955576(表计)	44799.14	4615.57	18250.99	0	21932.57				

图 8-8　用电信息采集系统抄表数据

2）确认差错电费。居民电费考虑阶梯加价，因该户当年已发行电量 7330kW·h（不含拆表差错电量），阶梯电费已全部在加价二，如图 8-9 所示。所以该户退阶梯电费应退在加价二档。

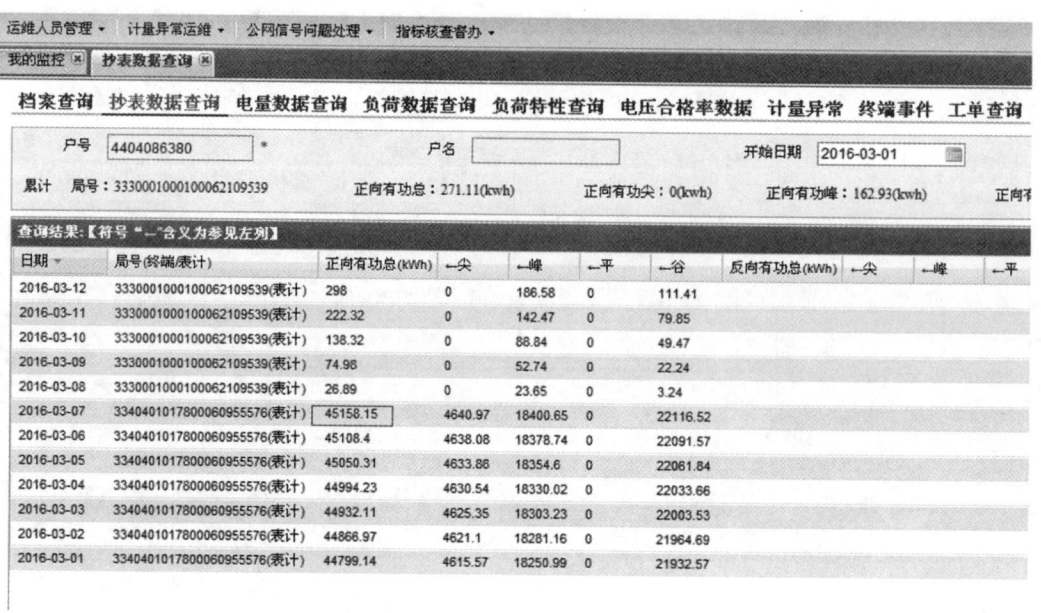

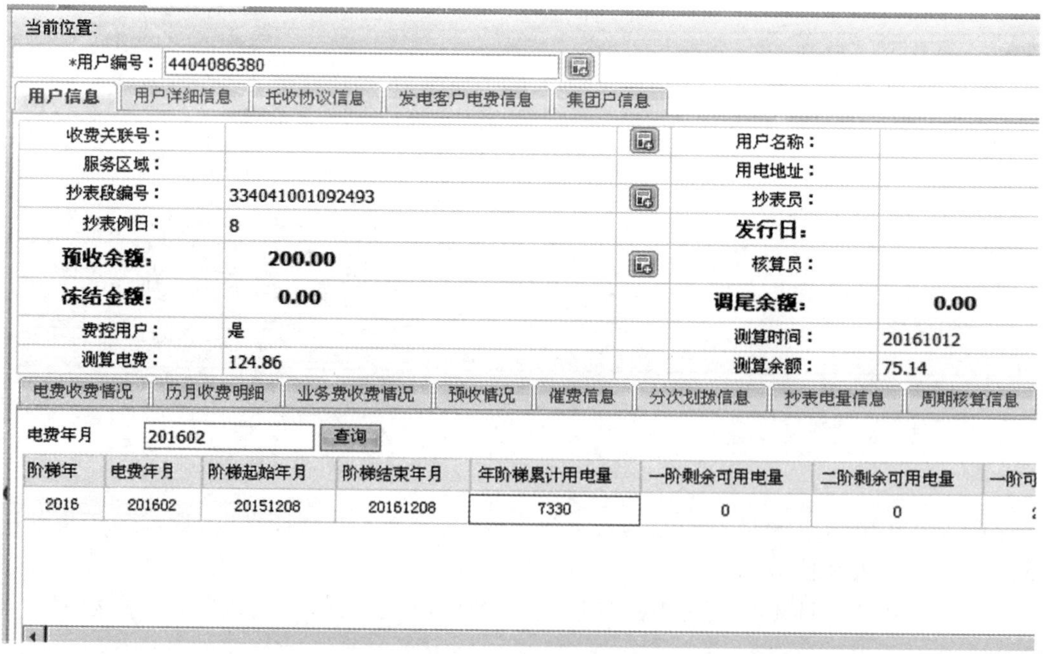

阶梯年	电费年月	阶梯起始年月	阶梯结束年月	年阶梯累计用电量	一阶剩余可用电量	二阶剩余可用电量
2016	201602	20151208	20161208	7330	0	0

图 8-9　营销系统年阶梯累计电量

(3）退补计算过程：该户电价为低压，居民一户一表，单费率。

退基础电费为：-9000×0.538 元＝-4842(元)。

退加价二电费：$-9000 \times 0.30 = -2700$（元）。

合计退电费：基础电费＋阶梯电费＝$-4842-2700=-7542$（元）。

(4) 通过营销系统"核算管理>> 电费退补管理>> 功能>> 退补申请界面"，发起退补申请，经核算班审核，领导审批同意后由核算班进行退补流程的发行。

8.3.3 计费参数差错退补案例

某批发市场2016年7月申请新装立户，现场安装容量50kVA变压器一台，7月26日现场接电投入运行，8月10日新装流程归档审核时发现该户电价为"一般工商业及其他（充电设施）电价"行业分类为"其他批发"，如图8-10所示，行业分类与电价不匹配，初步判断为档案信息或电价设置错误，该如何处理？

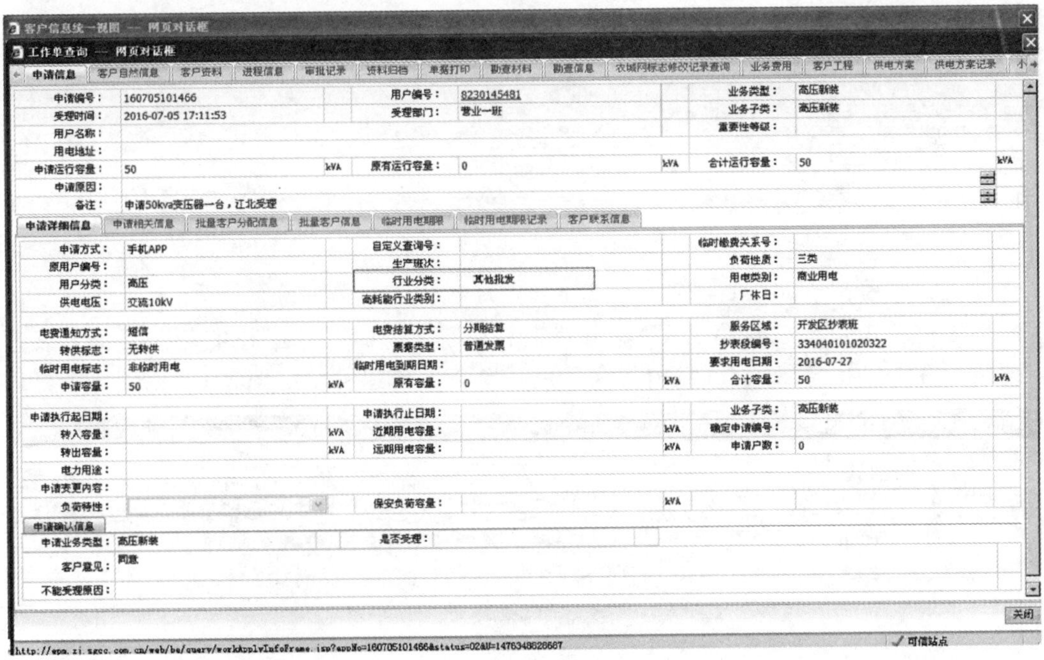

图 8-10 营销系统档案信息

(1) 差错确认。经供电所现场核实，该户现场为商品批发市场，电价应执行"一般工商业及其他电价"，营销系统"一般工商业及其他（充电设施）电价"设置错误，确认为计费参数差错。

(2) 处理方案：

1) 确认差错电量。因电价设置错误，电量情况正确，故差错电量为"0"。

2) 确认差错电费。退出"一般工商业及其他（充电设施）"错误电价全部电费，补收"一般工商业及其他电价"正确电价全部电费。因电价错误期间用户未用电，只产生变损电量，如图8-11所示，故差错电费为变损电量对应差额电价。

(3) 退补计算过程：

全退差错电费：差错期间电量×差错电价＝$-44 \times 0.6866 = -30.21$（元）。

全补正确电费：差错期间电量×正确电价＝$44 \times 0.8449 = 37.18$（元）。

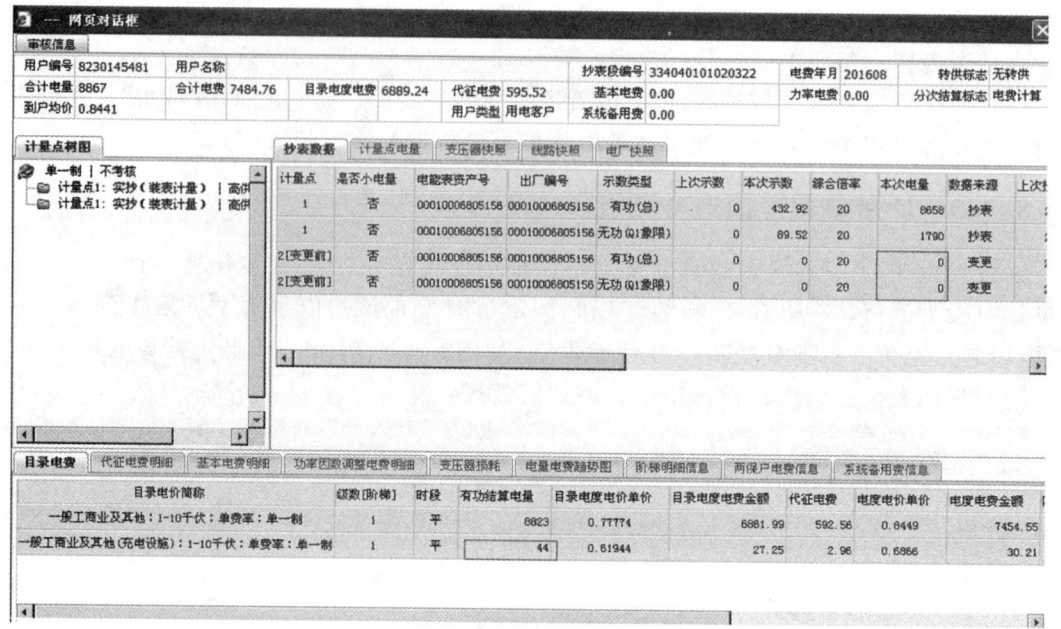

图 8-11 营销系统抄表数据信息

合计退补电费＝－30.21＋37.18＝6.97(元)。

(4) 通过营销系统"核算管理》电费退补管理》功能》退补申请"界面，发起退补申请后，在退补信息录入界面进行"0"电量差额电价退补，如图 8-12 所示。

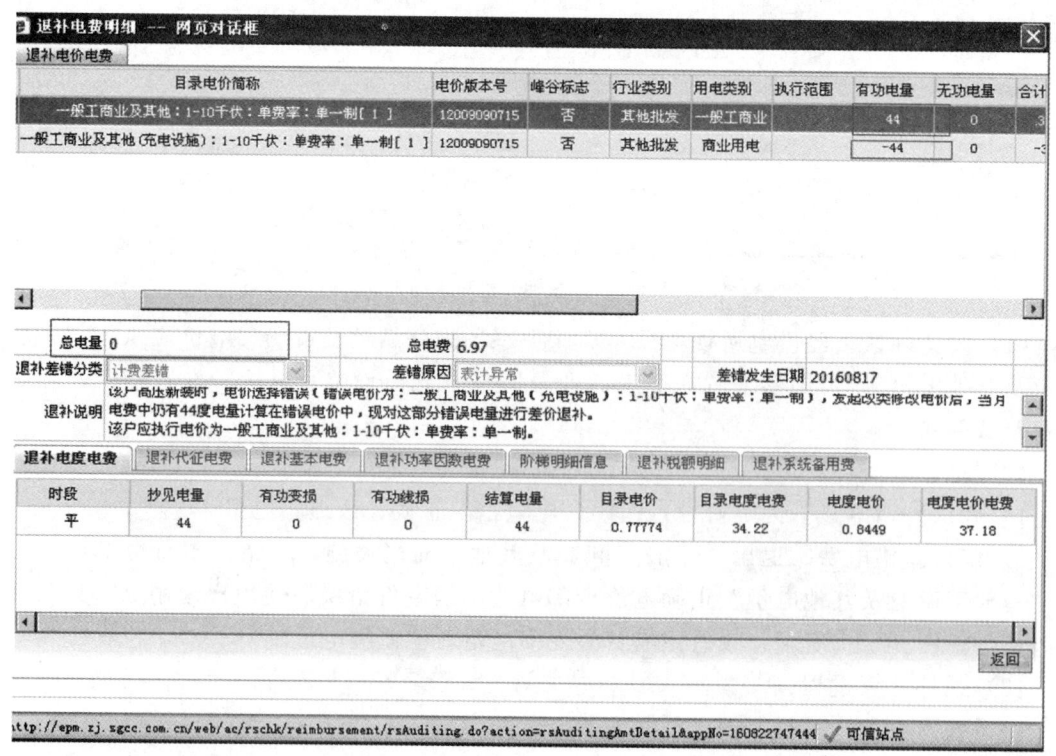

图 8-12 营销系统"0"电量差额退补界面

(5) 经核算班审核，领导审批同意后由核算班进行退补流程的发行。

8.3.4 计量故障退补案例

1. 电表烧毁现场临时短接案例

某低压居民用户，2016年6月20日表计遭雷击烧毁，供电部门现场将其电表进出线临时短接恢复用电，于2016年6月24日现场完成新表安装。新表安装后至次月5日抄表电量为86kW·h，短接期间用电量如何追补？

(1) 现场情况确认。经供电所现场与用户核实，表计雷击短接处理后家中电器设备正常使用，可按正常用电情况进行电量追补，确定追补电量后用户签字确认。

(2) 处理方案。

1) 确认短接时间：现场短接时间为6月20—24日，共计4天。

2) 确认追补电量：该户6月份结算电量为228kW·h，新表电量86kW·h，根据换表前后的日均电量为退补电量依据，合计共补电量31kW·h。

3) 确认追补电费：该户1—7月总用电量为2258kW·h，本次补电量31kW·h，合计电量在基础档，无须考虑阶梯加价。

(3) 退补计算过程：该户电价为低压，居民一户一表，单费率。

应补电量$=(228/30+86/11)/2\times 4=31(kW\cdot h)$。

应补电费$=31\times 0.538=16.68(元)$。

(4) 通过营销系统"核算管理〉〉电费退补管理〉〉功能〉〉退补申请"界面，发起退补申请，经核算班审核，领导审批同意后由核算班进行退补流程的发行。

图略

2. 表计误差故障退补案例

某商业用户5月份装表用电，当年10月份计量检定时发现该户电能表误差为-5%，该户5—10月用电量为26600kW·h，问该向用户追补多少电费？

《供电营业规则》第八十条规定：由于互感器、电能表的误差超出允许范围时，以"0"误差为基准，按验证后的误差值退补电量。

(1) 处理方案。

1) 确定退补时间：退补时间从上次校验或换装后投入之日起至误差更正之日止的1/2时间计算。

2) 确认退补电量：表计故障期间电量合计26600kW·h，以"0"误差为基准，按验证后的误差值-5%退补电量。

(2) 退补计算过程：一般工商业及其他电度电价0.8829元/(kW·h)。

以"0"误差为基准的超差电量$=26600/[1+(-5\%)]-26600=1400(kW\cdot h)$。

表计误差期间追补电量$=1400/2=700(kW\cdot h)$。

表计误差期间追补电费$=700\times 0.8829=618.03(元)$。

(3) 通过营销系统"核算管理〉〉电费退补管理〉〉功能〉〉退补申请"界面，发起退补申请，经核算班审核，领导审批同意后由核算班进行退补流程的发行。

附录A 协议模板

A.1 电费分次结算协议（范本）

电费分次结算协议

协议双方_____
供电方_____
用电方_____   以下简称_____

根据供、用双方签订的《高压供用电合同》之约定，经双方友好协商，现就电费结算及支付方式，达成以下约定，以资共同遵守：

（1）供电方通过银行向用电方指定账户（以下简称"电费结算账户"，该账户必须为用电方的基本账户，若用电方基本账户不属供电方签约银行者除外）每月分三次向用电方结算电费。

第一次、第二次电费结算时间分别为每月____日、____日。结算日00：00，供电方通过装设在用电方的现场用户系统进行自动远程抄表，当自动抄表系统因故无法抄录电量时，供电方于当天派人至现场进行人工补抄，其补抄电量进行电费结算。

第一次、第二次电费结算金额，按用电方在结算间隔时间内实际的使用电量值进行计算。基本电费、功率因数调整电费不参与第一次、第二次电费结算。

第三次电费结算日期为每月____日（即当月最终结算日），结算电费金额按供电方抄录用电方用电计量装置的当月实用电量的实结电费，扣减当月第一、第二次结算电费结算金额的值确定。当第三次电费结算金额为负值时，采用充减次月的结算电费的方式进行处理（当无法充减次月电费时，其处理方式由供、用双方临时协商确定）。

（2）每月的____日、____日、____日分别为第一次、第二次、第三次电费结算的交费截止日。用电方应在上述交费截止日的16：30前，在"电费结算账户"中预存足额的资金以支付各次电费。上述交费截止日的次日即为用电方各次电费结算的"逾期之日"。

（3）为方便电费发票的传递，供电方将在用电方当月电费交清后，通过有效途径一次性将当月三次电费结算发票交给用电方。

（4）用电方支付电费，以实际电费资金到达供电方指定电费结算账户为准。供、用双方因故需变更电费结算账户，供、用电双方应另行签订协议，协议作为本合同的附件。

（5）用电方未在交费截至日前交清电费的，应承担电费滞纳的违约责任。电费违约金以各次电费结算逾期之日起计算至各次电费交纳日止。

电费违约金按下列规定计算：
1）当年欠费部分，每日按欠费总额的2‰计算。
2）跨公历年度欠费部分，每日按欠费总额的3‰计算。

（6）当用电方的交纳电费不足以支付全部欠费（含电费违约金）时，其支付方式采用先陈欠后当月；欠费本金与违约金按比例同时交付的方式进行交费。

（7）用电方连续5次（含5次）以上逾期交纳电费（包括第一次、第二次电费结算之逾期），即认定供电方与用电方签订的《高压供用电合同》的第九条第十五款之情形成立。

（8）用电方各次电费结算中的任何一次电费欠费，自逾期之日起计算超过30天，供电方即可通过负荷管理系统或其他方式中止对用电方部分容量或全部容量的供电，由此给用电方带来的损失（包括限荷跳闸损失），由用电方自行负责，供电方不承担任何责任。

（9）用电方在欠费交清后（含违约金），恢复供电前，用电方应与供电方签订《电费结算补充协议》。主合同中约定的电费交费事项及双方责任，将根据《电费结算补充协议》之约定履行。

（10）本协议是供电方与用电方签署的《高压供用电合同》的有效组成部分，与《高压供用电合同》具有相同的法律效力及共同的有效期。本协议自签字后即刻生效。

（11）本协议一式四份，双方各执二份，本合同未尽事宜参照主合同的相关条文实施。

协议双方：

供电方（盖章）：　　　　用电方（盖章）：
负责人：　　　　　　　　法人代表：
授权代理人：　　　　　　授权代理人：

签约时间：　　　签约地点：

A.2 电费担保协议书

电费担保协议书

供电方：××供电公司
地址：
用电方：（户名）
（户号）
（用电地址）
用电方合同号：

根据《中华人民共和国合同法》《中华人民共和国担保法》有关规定，经双方协商一致达成如下协议：

（1）用电方选择采用以下担保方式：提供位于用电方用电地址的容量____ kVA变压器及配电柜一套作为抵押物，担保金额_____元（大写：_____），由用电方办理抵押登记手续并承担相关费用。

用电方承诺：该变压器及配电柜在抵押给供电方之前，用电方拥有所有权且不存在任何权利瑕疵或争议，并且保证该变压器及配电柜不存在任何包括抵押权、质押权、留置权在内的担保物权。

（2）担保范围：用电方所欠的全部电费、违约金和其他合法费用，以及供电方实现上述债权的一切合理费用。

（3）担保期限：自本协议生效之日起两年。协议担保期满，用电方继续用电且供、用电双方没有异议，本协议持续有效。

（4）任何一方对本协议有异议，按《供用电合同》约定的争议解决方式执行。

（5）本协议为《供用电合同》合同的附件，具有同等的法律效力。

（6）本协议一式两份，双方各执一份，自双方签字盖章并办理抵押物登记之日起生效。

供电方签字（盖章）：　　　　用电方签字（盖章）：

日期：

A.3　电费担保金协议书

电费担保金协议书

甲方：××供电公司

乙方：　　　　　　　　（用电单位或个人）户号：

丙方：××银行

丁方：　　　　　　　　（存款人）

甲乙双方签订了供用电合同，为了理顺供用电秩序，确保电费资金安全，保护各方权益，经甲乙丙丁四方协商，达成以下协议：

（1）丁方自愿以定期存款的方式存入丙方电费担保金，作为丁方为乙方履行电费支付的担保。该笔存款自存入起到乙方停止用电拆表销户止，丁方不得支取。电费担保金存单由丁方保存，具体信息如下：

存单户名：＿＿＿＿＿＿＿＿

存款金额大写：＿＿＿＿＿＿＿＿，小写＿＿＿元

账号：＿＿＿＿＿＿＿＿

存款单总号：＿＿＿＿＿＿＿＿

（2）丁方办理电费担保金存入及支取业务，均须由甲方出具业务函告办理。

（3）丁方可自主选择丙方任一营业网点办理担保金存款业务，存期及是否转存等要素根据丁方指定办理。支取业务必须在存款开户网点办理。丁方承诺在供用电合同存续期间，同意并授权丙方冻结止付该笔担保金。除甲方出具解冻函告外，丙方不得解冻该笔保金存款。

（4）乙方逾期未支付电费，丁方同意甲方直接从电费担保金存款中扣收，丙方根据甲方出具的业务函告办理，对此产生的责任均由甲方承担。

（5）本协议系甲乙双方供用电合同的附件，与供用电合同具有同等的法律效力，供用电合同终止后，本协议也自动失效。

(6) 以上约定条款，甲、乙、丙、丁四方共同遵守。在协议履行过程中发生争议，首先由协议各方协商解决，协商不成的，可提至乙方所在地人民法院诉讼解决。

(7) 本协议一式五份，甲方执有二份，乙、丙、丁三方各执一份，四方同时盖章签字后生效。

甲方：××供电公司（盖章）　　　　　　　代表：（签字）
乙方：（签章）　　　　　　　　　　　　　代表：（签字）
丙方：××银行（盖章）　　　　　　　　　代表：（签字）
丁方：（签章）　　　　　　　　　　　　　代表：（签字）
签订时间：　　年　　月　　日

A.4 电力贷三方协议书

电力贷三方协议书

甲方：××供电公司
地址：
乙方：用电户名：
用电户号：
用电地址：
丙方：××银行
地址：

甲、乙、丙三方根据《中华人民共和国合同法》《中华人民共和国电力法》《中华人民共和国担保法》有关规定，经三方协商一致达成如下协议：

(1) 丙方根据乙方前12个月用电量预测，可选择一次性发放贷款至乙方在丙方开立的专用存款账户，或选择网银设定相应自助循环额度，贷款专项用于乙方用电户电费支付，贷款期限不超过6个月，还款方式采用到期一次性还本、按月付息。借款事项以乙、丙双方签订的的借款合同为准。

(2) 乙方同意甲方根据丙方出具的《关于办理"电力贷"冻结相关用电变更业务的函》（附件1-1），对借款人进行相关用电变更业务的冻结。丙方在收到甲方《"电力贷"冻结相关用电变更业务（回执）》（附件A.4.1、附件A.4.2）后，办理相关借款流程。

(3) 乙方同意甲方提供其历史用电情况给丙方。

(4) 乙方同意：丙方有权在接到甲方电费缴费清单后2个工作日内即从乙方专用存款账户中进行电费扣缴，由丙方将款项划至甲方指定账户用于偿付乙方电费。

(5) 乙方根据借款合同要求按时还本付息，不得逾期。丙方依据借款合同约定可以提前收贷时，有权提前收回贷款。

(6) 乙方同意在不能按时付息或还本时，甲方依据丙方出具的《借款人逾期通知书》（附件A.4.3）7日内对乙方中止供电，并配合丙方履行催收义务。

(7) 甲方在丙方提供《解除逾期通知书》（附件A.4.4）前，不得办理乙方相关用电变更业务或恢复供电，乙方对此表示同意，并在丙方提供《解除逾期通知书》前，不得申请办理相关用电变更业务或恢复供电。

（8）甲方在收到丙方出具的《解除逾期通知书》3个工作日对乙方予以恢复供电，即日办理乙方相关用电变更业务。

（9）甲方应对借款人对应用电户加强日常监控，对用电量异常的借款人，需及时将《"电力贷"用户异常情况告知单》（附件A.4.2)反馈至丙方。

（10）贷款结清前，甲乙双方不允许变更《供用电合同》的相关用电户名，对合同项下义务不得转让。

（11）本协议系甲乙双方《供用电合同》、乙丙双方借款合同的附件，《供用电合同》、借款合同终止后，本协议也自动失效。

（12）因本协议发生纠纷时，由各方协商解决，协商不成的，由丙方所在地法院诉讼管辖。

（13）本协议一式三份，甲、乙、丙各持一份，本协议自签订之日起生效。

甲方： 乙方：
受权人： 受权人：
丙方：

附件A.4.1 关于办理"电力贷"冻结相关用电变更业务的函

关于办理"电力贷"冻结相关用电变更业务的函

××市供电公司：

我行已经受理借款人＿＿＿＿＿＿＿＿＿＿（以下简称"借款人"）提出的"电力贷"业务申请，并经我行调查已有如下结果：

1、借款人符合我行"电力贷"业务申请对象的各项要求。

2、借款人申请借款金额为人民币＿＿＿＿＿＿万元，我行拟同意给予其贷款金额为人民币＿＿＿＿＿＿万元，贷款期限＿＿＿个月。

基于上述结果，请贵司做好相应工作：

对以下用电户号进行控制，在我行通知解控前不得办理转让事项，对以下借款人相关用电变更业务进行冻结，在我行通知解冻前不得办理。

借款人用电户名：
借款人用电户号：
借款人用电地址：
借款人联系方式：
经办银行：（盖章）
银行经办人：（签字）

日期： 年 月 日

附件 A.4.2 "电力贷"产品业务联系单(回执)

"电力贷"产品业务联系单(回执)

××银行:

贵行关于《关于办理"电力贷"冻结相关用电变更业务的函》已收悉,我公司已对以下用电户号进行冻结,在未收到《解除通知书》前不予办理《高压供用合同》变更事项,并对合同项下义务不予转让:

借款人用电户名:
借款人用电户号:
借款人用电地址:
借款人联系方式:

经办机构:(盖章)

经办人:(签字)

日期: 年 月 日

附件 A.4.3 "电力贷"客户异常情况告知单

"电力贷"客户异常情况告知单

××银行:
根据贵行提供的联系单客户,我司加强日常管理,现发现:
_____
_____
_____
_____
_____
_____
_____

特此告知。

经办机构:(盖章)

经办人:(签字)

日期: 年 月 日

附件 A.4.4　借款人逾期通知书

借款人逾期通知书

××市供电公司：

我行已对借款人_____（以下简称"借款人"）发放"电力贷"_____万元，借款期限____年____月____日至____年____月____日，截至____年____月____日，借款人尚有_____万元款项未归还，现请贵司做好相应工作：

对以下用电户号中止供电，在我行通知《解除逾期通知书》前不得恢复供电：

用电户名1：

用电户号1：

用电地址1：

用电户名2：

用电户号2：

用电地址2：

经办银行：（盖章）

银行经办人：（签字）

日期：　　年　月　日

附件 A.4.5　解除控制（逾期）通知书

解除控制（逾期）通知书

××供电公司：

我行于____年____月____日对用电户号为_____的用电户_____进行以下第____项的申请（1.控制 2.中止供电），现该户已结清相关借款（或逾期欠款），请贵司对其解除控制或恢复供电。

特此函告！

经办银行：（盖章）

银行经办人：（签字）

日期：　　年　月　日

A.5 电费预付结算协议

电费预付结算协议

甲方（供电方）：_____

乙方（用电方）：_____（户号：_____）

根据《电力供应与使用条例》《供电营业规则》等有关规定，经供用电双方协商一致，对电费结算方式达成如下协议。

1. 预付电费结算方式

（1）用电方采用先付费后用电方式，即用电方在用电前须先向供电方交纳足额预付电费后方可用电。

（2）供电方每日定时对用电方的用电量进行电费预结算并扣减预付电费，当用电方预付电费的剩余金额低于双方约定限额时，供电方将向用电方发出预警提醒，用电方应在供电方发出预警提醒时再次支付足额预付电费。

（3）当用电方预付电费的剩余金额等于或小于0时，供电方将中止供电。用电方如需继续用电，必须支付足额预付电费。供电方应在用电方成功支付预付电费达到复电条件后的24h内恢复供电。

（4）供电方以安装在用电方侧的远程费控智能电能表作为用电方每日用电计量及购电预结算装置。

2. 预付电费和预警金额约定

（1）预付电费金额：按照用电方每月可能使用电量对应的电费计算，双方协商约定初次预付电费金额为不少于____元，今后视每月可能使用电量对应电费的一倍以上预付。

（2）预警额度：供电方每日对用电方抄表计算并扣减预付电费金额，当用电方预付电费剩余金额低于约定预付电费金额20%时，供电方会向用电方预留的手机_____发出短信通知用电方补充预付电费，补充预付电费应在约定预付金额的80%以上。

（3）停电约定：当预付电费剩余金额为零或负值时，供电方短信告知用电方并对用电方实施停电操作。因用电方原因未接听电话或未收到通知不影响停电执行。

用电方预留的手机号码发生变更时应及时通知供电方，并到营业厅办理变更手续，供电方联系方式为_____。

（4）预付电费支付方式：用电方可自行选择供电方提供的各种支付渠道支付电费。

1）对采用银行委托代扣的用电用户，当用电方预付电费剩余金额低于双方约定预警额度时，供电方将向银行发出代扣信息直接委托银行扣款，用电方应确保账户上存有足够的金额。

2）对银行代扣以外的其他支付方式，用电方可通过供电方现有的实时交费渠道选择自主交费。主要交费渠道包括各电费代收银行柜台和网上银行、购买电费充值卡自主充值、供电企业营业网点电力自助交费终端、邮政便民服务网点、支付宝等第三方支付平台等各种实时交费方式。

3. 电费正式结算

（1）供电方仍按规定时间抄表结算，用电方当月所发生的电费以供电方抄表日结算数据为准。

（2）供电方根据正式结算电量电费出具电费发票。

（3）供电方每日定时对用电方的用电量进行预结算电费仅作为实施停电的依据。

4. 违约责任

（1）由于电能表故障而引起开关跳闸导致停电，或用电方交纳电费后无法在24h恢复正常供电，由此造成的损失由供电方承担。

（2）用电方不能及时购电、用户设备故障、违章操作等用电方原因引起的开关跳闸导致停电，由此造成的损失由用电方承担。

（3）用电方不得擅自开启操作智能表等购电设施，否则应承担相应的违约用电责任，由此引发的一切后果由用电方承担。

（4）用电方因预留手机号码变更未及时通知供电方并办理变更手续，由此造成的损失由用电方承担。

5. 其他

（1）用电方对用电计量、电费有异议时，应先交清电费，然后双方协商解决。协商不成时，可提请电力主管部门调解。调解不成时，双方可向当地法院提起诉讼解决。

（2）如对跳闸停电的原因有异议时，由双方协商解决，如协商不成，可申请上一级主管部门组织专家鉴定。协调、鉴定期间不影响电费的计收。

（3）本协议作为双方签订的供用电合同的附件，自签订之日起生效。本协议未尽事宜，按《中华人民共和国电力法》及配套法规有关规定执行，没有明确规定的，由甲乙双方协商确定。如遇国家电价政策性调整，电费计算按新的政策规定执行。

（4）本协议一式二份，双方各执一份。

供电方：　　　　　　　　　　用电方：

代表人（签字）：　　　　　　代表人（签字）：

签字日期：　　　　　　　　　签字日期：

附录 B 流 程 图

欠费停电管理流程图如图 B-1 所示。

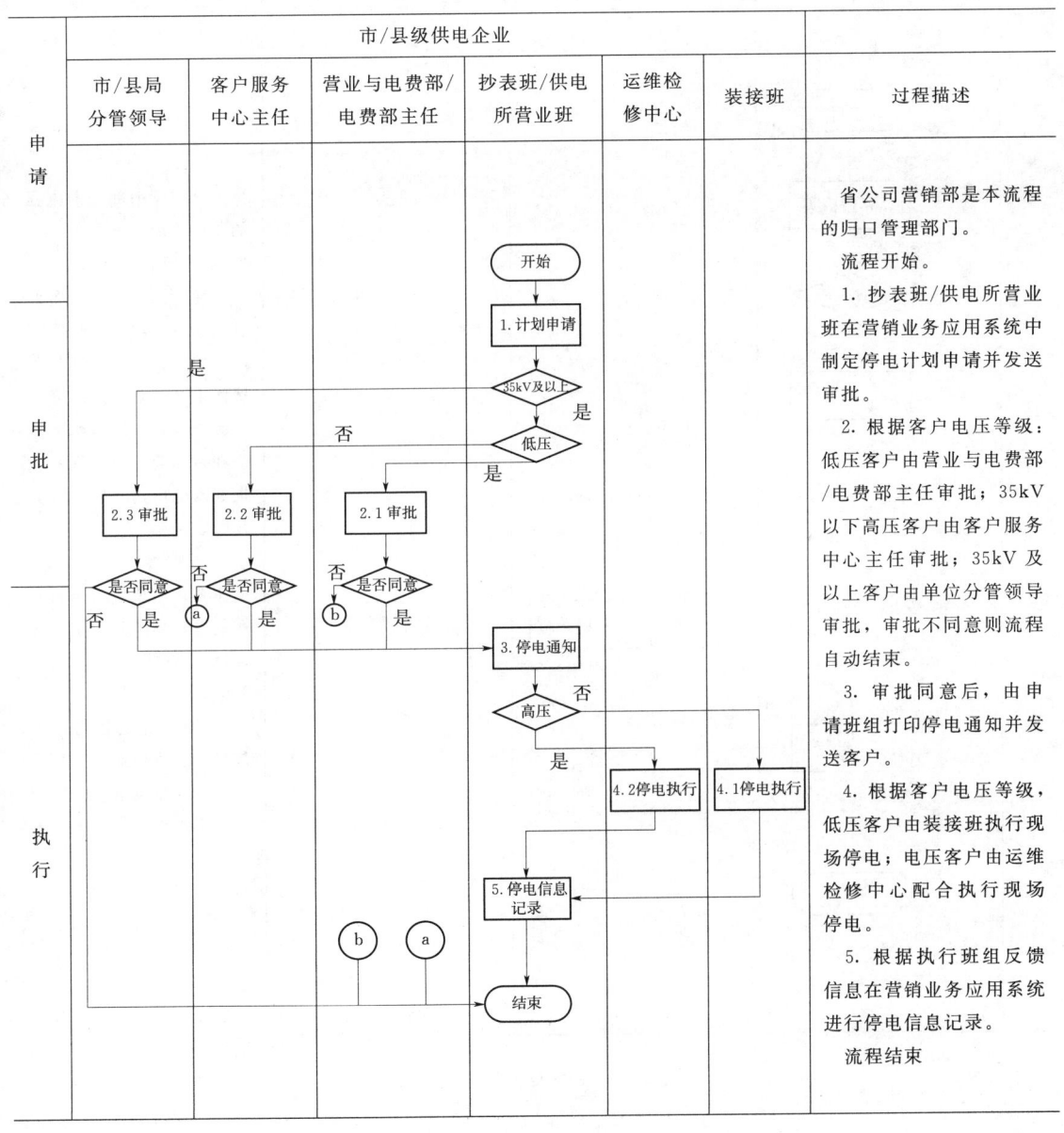

图 B-1 欠费停电管理流程图

欠费复电管理流程图如图 B-2 所示。

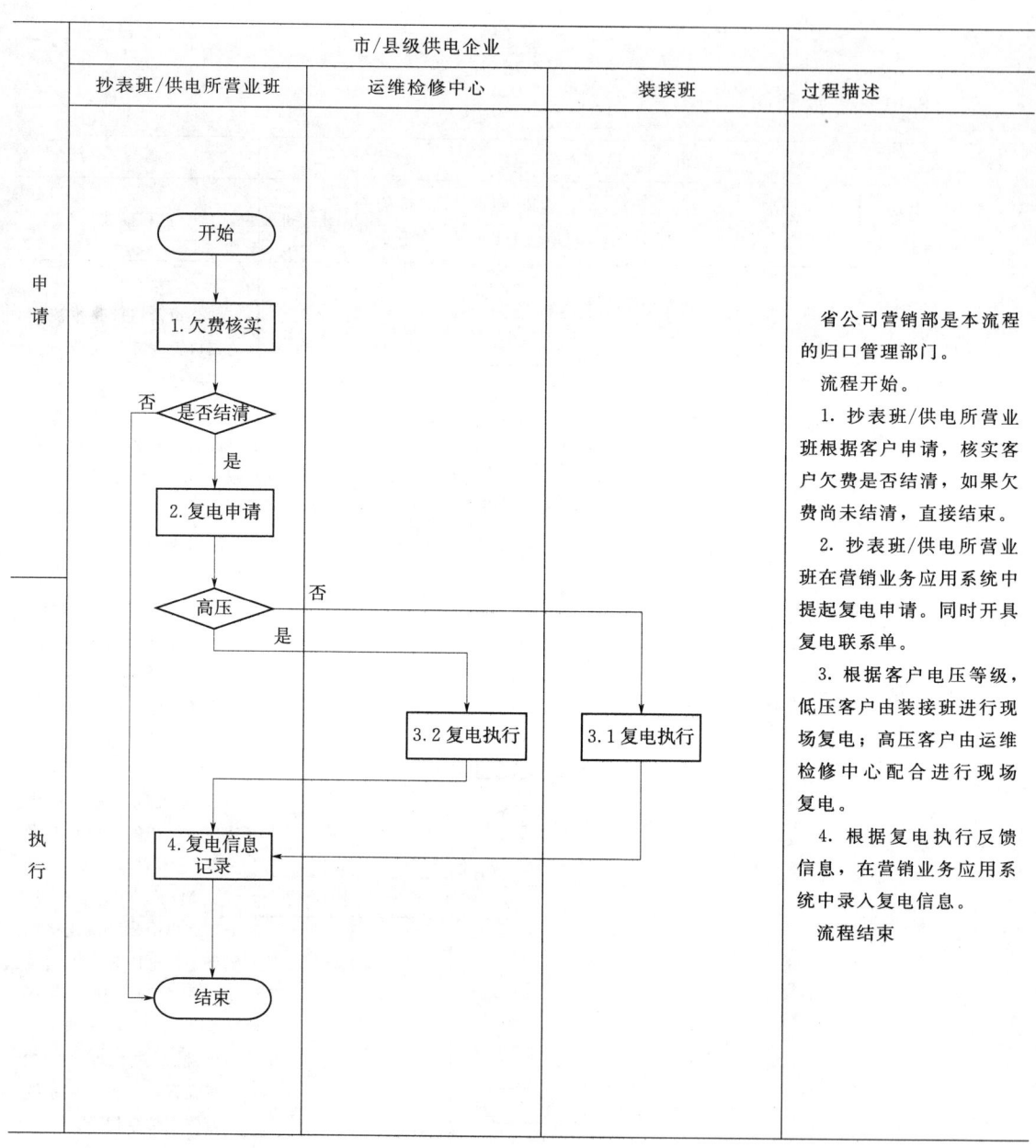

图 B-2 欠费复电管理流程图

电费抄表业务管理流程图如图 B-3 所示。

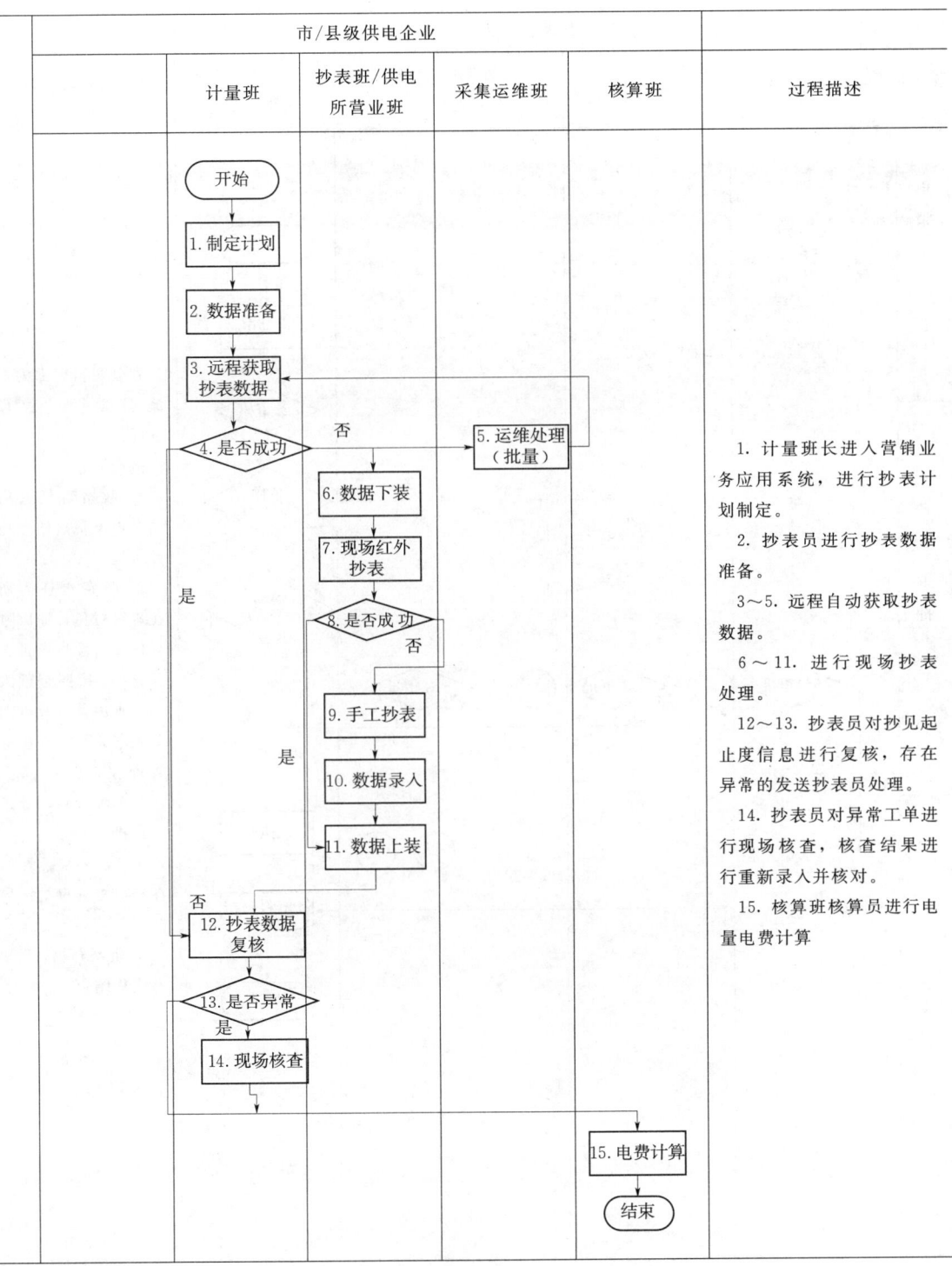

图 B-3 电费抄表业务管理流程图

电费违约金管理流程图如图 B-4 所示。

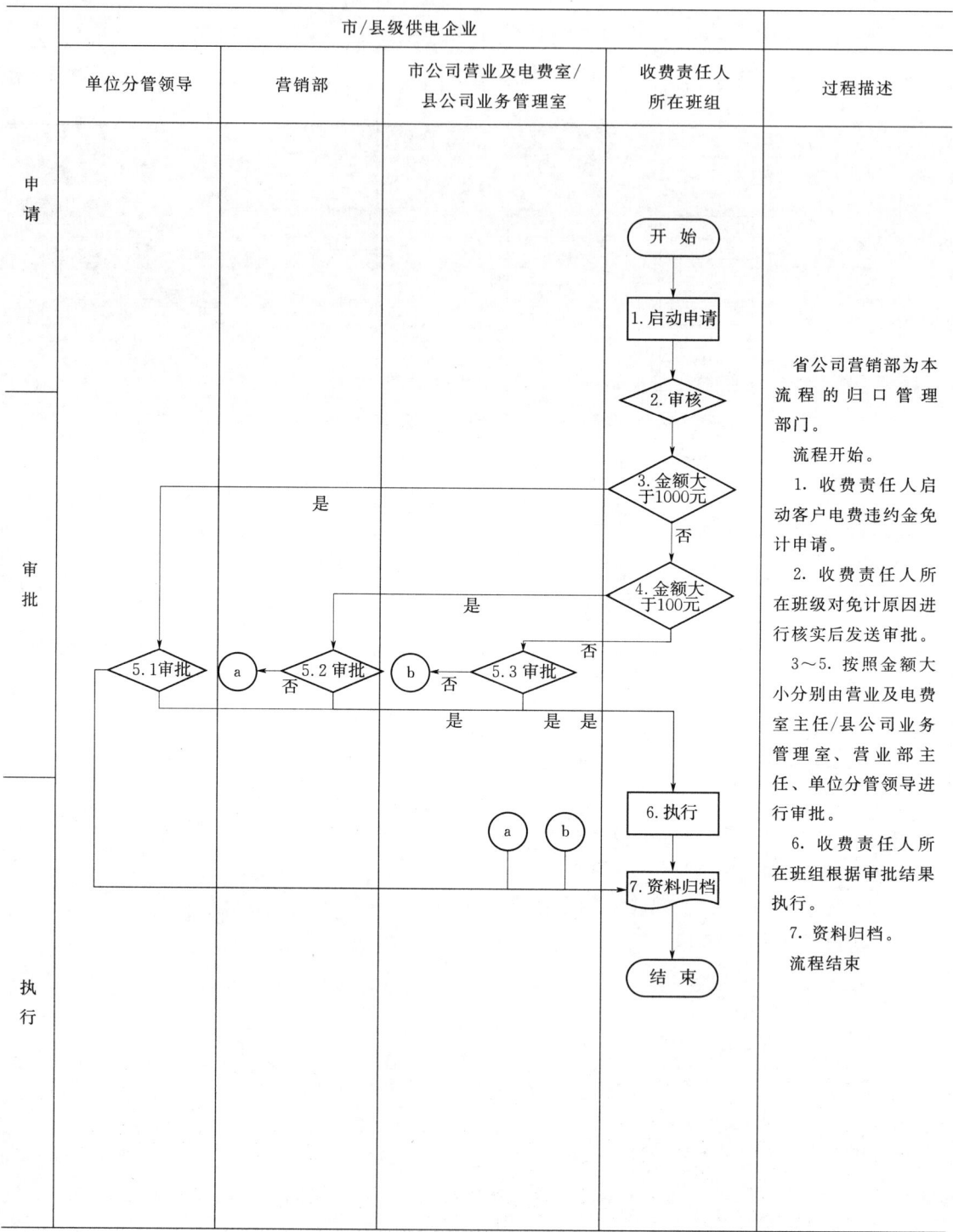

图 B-4 电费违约金管理流程图

电量电费退补管理流程图如图 B-5 所示。

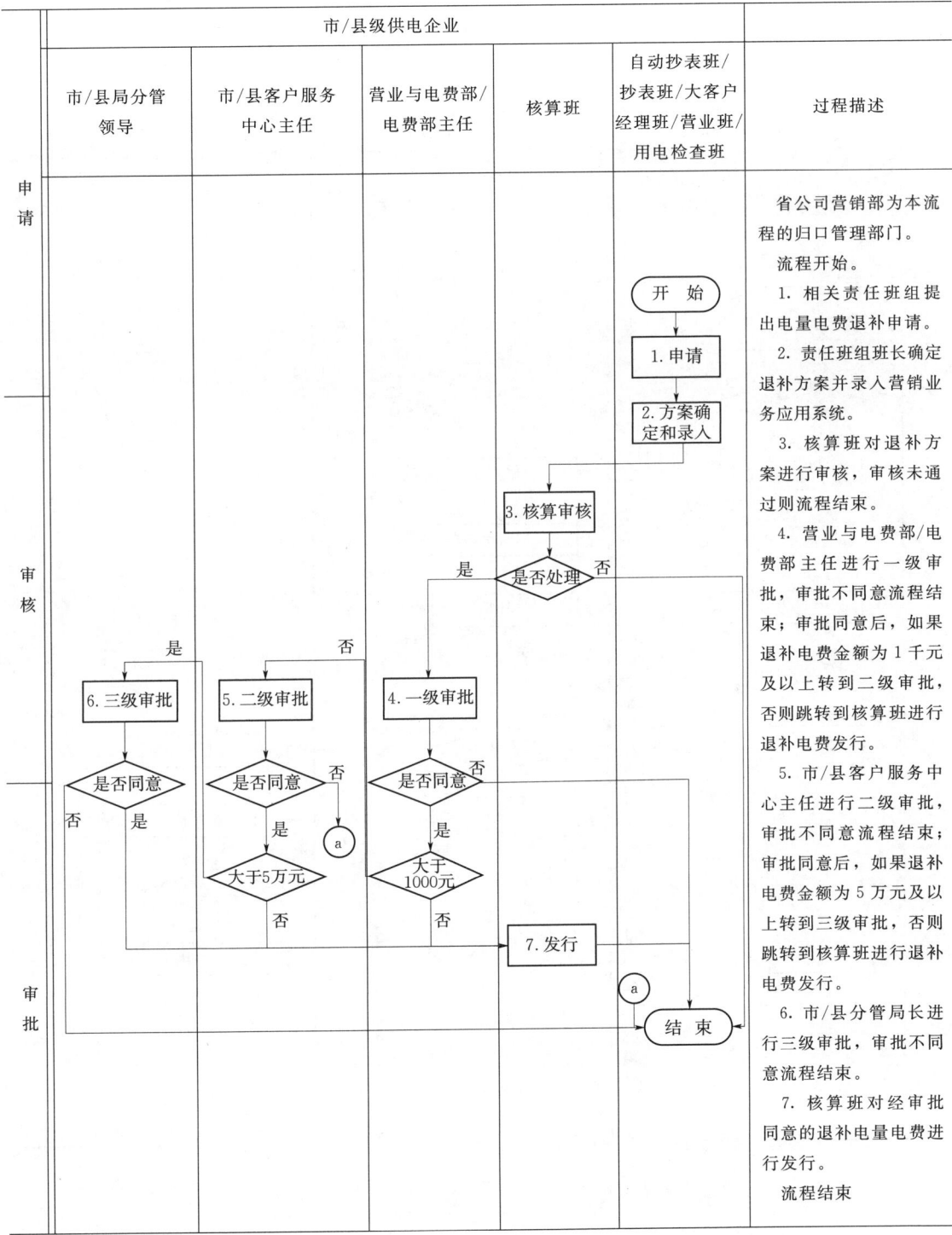

图 B-5 电量电费退补管理流程图

指标异动处理流程图如图 B-6 所示。

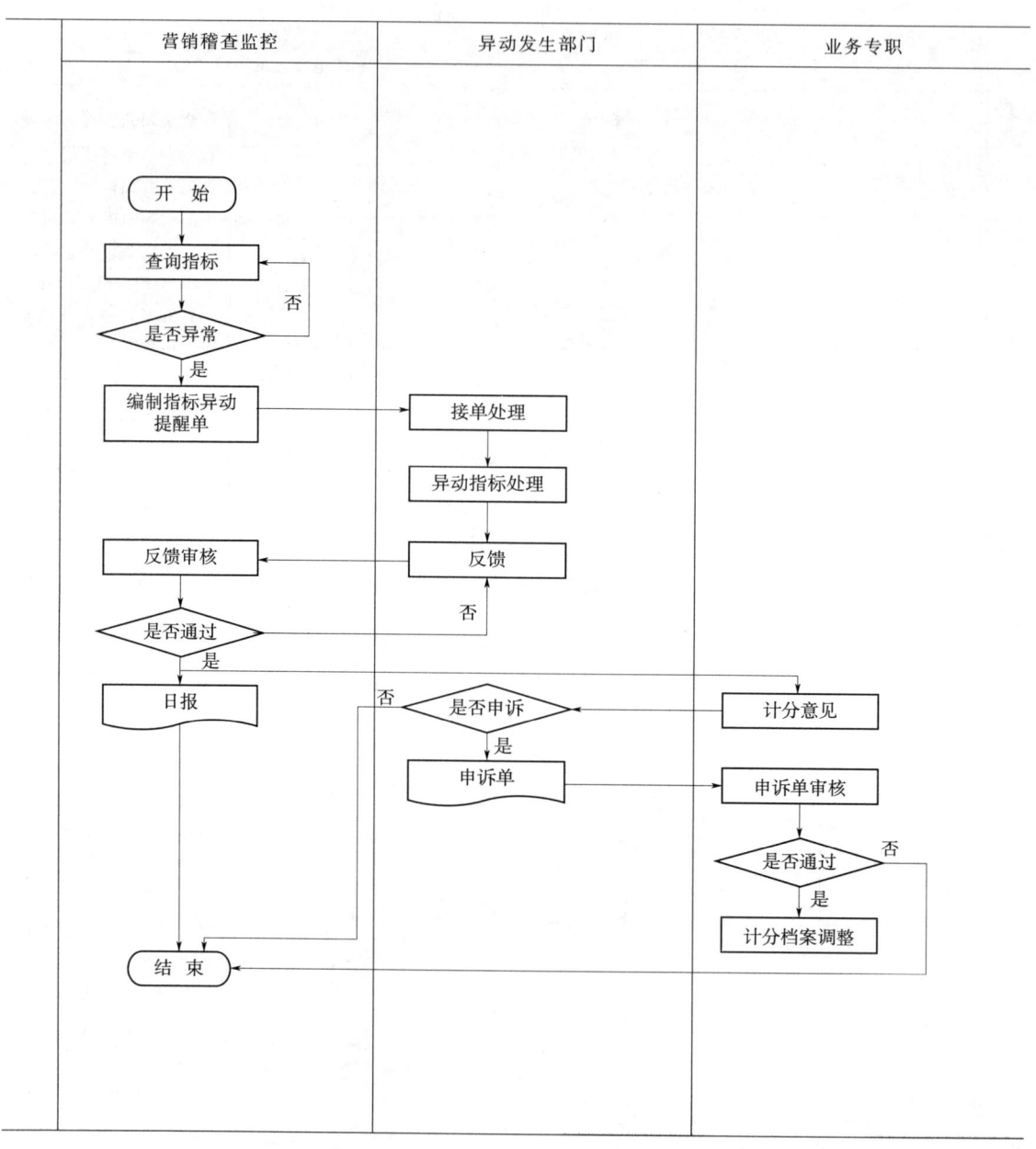

图 B-6 指标异动处理流程图

预警处理流程图如图 B-7 所示。

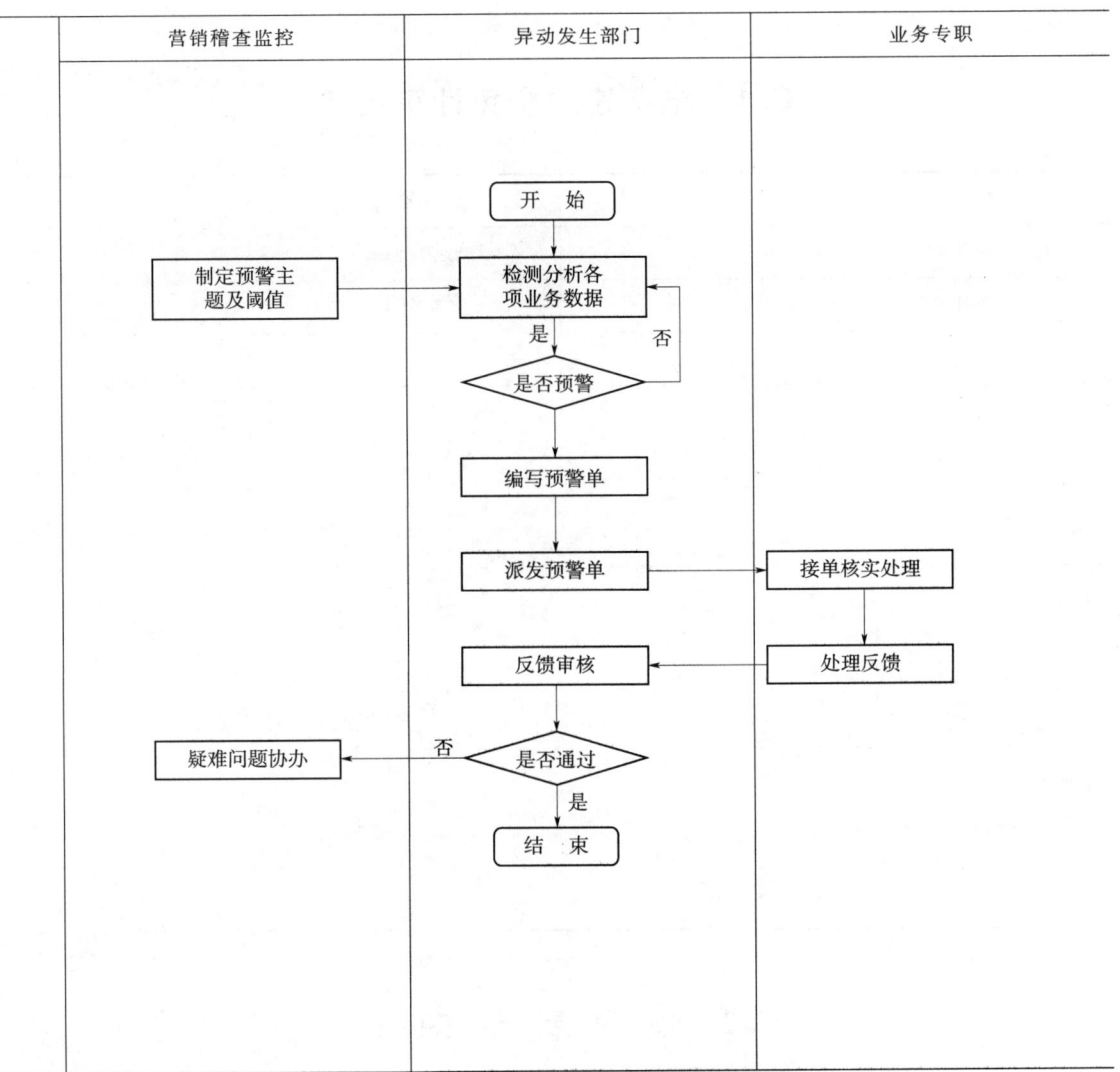

图 B-7 预警处理流程图

附录C 其 他

C.1 电费违约金免计审批单

户号		户名	
交费方式		地 址	
欠费时间		欠费金额	
违约金		免计金额	

免计原因：

经办人：
年 月 日

班组意见：

审核人：
年 月 日

审批意见：

审批人：
年 月 日

C.2 预付费告知书

尊敬的_____电力用户：

贵户采用先付费后用电方式，使用中注意以下事项：

（1）您首次预付电费金额为____元，今后视每月可能使用电量对应电费的一倍以上预付。

（2）当您的预付电费剩余金额（测算余额）低于约定预付电费金额20％时，我方会向您预留的手机_____发出短信通知，请您务必及时缴纳预付电费。当您的预付电费剩余金额（测算余额）等于或小于0时，发出短信通知后将中止供电。

(3) 缴纳预付电费方式，最为简便的是银行代扣，只要用于代扣的银行账号有足够金额，在低于约定预付电费金额20%时会自动进行扣款，扣款金额为预付电费的80%。

(4) 缴纳预付电费方式还可选择，网上银行、电费充值卡充值、供电企业电力自助交费终端，各电费代收银行柜台和邮政便民服务网点、POS机刷卡、支付宝、微信第三方支付平台等各种交费方式。缴费金额应为预付电费的80%以上。

(5) 电费正式结算以我公司抄表日抄表数据为准，每月结算一次，电费正式结算后方可开具电费发票，电费发票可到供电营业厅开具。每日定时对用电量进行预结算电费为测算电费，仅作为实施停复电的依据。

(6) 当您的预留电话发生变更时应及时通知我公司，并到供电营业厅办理变更手续，以免引起不必要的损失。

(7) 在正式用电前，请您核对您的电表与您的对应关系，以免出现差错。

(8) 在遇到预付费、跳闸停电等与电力相关事宜时可联系我公司，我公司联系方式为＿＿＿＿＿＿＿＿＿＿。

×××供电公司

以上内容我已阅读并知悉

用户签名：　　　　　　日期

C.3　电费复核报告模板

1. 电费复核情况概述
(1) 主要指标完成情况。
1) 核算指标（电费总核算户数、电费总发行户数等）。
2) 电费核算所需时间。
(2) 电费差错。
1) 电费差错。
2) 电费差错率。
(3) 存在的主要问题及建议。
(4) 问题整改情况。
2. 本抄表周期电费出账情况
本抄表周期电费出账情况见表C-1。

表C-1　　　　　　　　　　本抄表周期电费出账情况

栏目	大工业	普通工业	非工业	商业	农业	居民	其他	合计
出账数/户								
档案数/户								
出账率/%								

未出账的各类用户的基本信息及原因见表 C-2。

表 C-2   未出账的各类用户的基本信息及原因

序号	户名	户号	备注
1			新装用户，抄表例日已过
2			增容成大工业用户，原抄表区已抄过表
3			改类后用电属性选择错误

3. 本抄表周期电费复核情况

（1）本抄表周期电费复核过程中发现问题的情况汇总，见表 C-3。

表 C-3   本抄表周期电费复核情况

序号	复核项目	异常	未处理	已处理
1	新装用户			
2	变更用户			
3	转供被转供户			
4	有电量无电费、有电费无电量			
5	实际力率异常			
6	平均电价过小			
7	平均电价过大			
8	电量偏离理论值			
9	变压器用户计算容量与档案容量不一致			
10	高供低计用户无变压器损耗			
11	多费率总大于 0 峰谷为 0			
12	上级计费项电量小于下级计费项电量			
13	拆表冲突			
14	电量波动异常			
15	示数翻转			
16	需量用户计算容量偏离理论值			
17	有线损率无线损电量			
18	冰蓄冷用户			
19	其他			
20	合计			

(2) 问题产生的原因分析及采取的措施。

1) 业扩新装用户发现问题有____户。

主要原因：

新装用户的电价与用电属性不匹配；

未对应考核功率因数用户进行功率因数考核。

采取措施：

加强对抄表人员、业务人员和流程审核归档人员的业务培训，提高他们的业务能力；

提高新装流程质量及新户调入抄表段抄表前用户档案的审核质量；

加强各个环节工作质量的考核。

2) 业扩变更用户发现问题____户。

主要原因：

申请增容用户，现场已经完成增容，但系统中未改；

改类用户未特抄导致功率因数调整电费计算错误；

主用变压器与备用变压器执行电价不一致，少收部分基本电费。

采取措施：

加强对业务人员业务流程的要求、公司相关标准及要求、目前执行的电价政策等方面的培训；

通过考核等形式提高工作人员的工作责任心。

3) 实际功率因数异常用户有____户。

主要原因：

有功表未抄或无功表电量未抄；

功率因数考核标准差错，与执行电价、容量不匹配；

过户用户未特抄，导致实际功率因数异常。

采取措施：

提高业务人员的业务流程质量；

严格按照工作标准的要求执行；

加强对营销系统用户信息、数据的及时维护；

对抄表人员加强考核，提高责任心、提高抄表质量。

……

4. 电量电费退补情况分析

(1) 本抄表周期电量电费退补情况汇总，见表 C-4。

表 C-4　　　　　　　　本抄表周期电量电费退补情况

序号	退补原因	异常	未处理	已处理
1	拆表差错			
2	抄表差错			
3	计费参数错误			

续表

序号	退补原因	异常	未处理	已处理
4	收费差错			
5	流程冲突差错			
6	计量装接差错			
7	计量故障			
8	系统原因			
9	临时用电			
10	违约用电、窃电			
11	政策性退补			
12	其他			
13	合计			

(2) 电量电费退补产生的原因及采取的措施

本抄表周期共审核电量电费退站流程共____户，按复核项内容进行分析。

1) 拆表差错用户____户。

主要原因：

表计轮换中装接人员录入拆表底度示数错误，拆表底度与抄表人员估抄示数的差错导致多收电费。

采取措施：

加强内部协调，顺畅电费结算工作流程；

加强对抄表、装接人员的营销系统应用培训，提高日常工作质量；

加强对员工工作责任心的教育，以减少该类差错（拆度送错、拆表冲突等）的发生。

2) 抄表差错用户____户。

主要原因：

……

采取措施：

……

C.4 处理电费回收法律纠纷案件常用法律法规条款

1.《中华人民共和国民事诉讼法》

第十七条 基层人民法院管辖第一审民事案件，但本法另有规定的除外。

第二十三条 因合同纠纷提起的诉讼，由被告住所地或者合同履行地人民法院管辖。

第三十四条 合同或者其他财产权益纠纷的当事人可以书面协议选择被告住所地、合同履行地、合同签订地、原告住所地、标的物所在地等与争议有实际联系的地点的人民法院管辖，但不得违反本法对级别管辖和专属管辖的规定。

2. 《中华人民共和国民法通则》

第八十四条 债是按照合同的约定或者依照法律的规定，在当事人之间产生的特定的权利和义务关系。享有权利的人是债权人，负有义务的人是债务人。债权人有权要求债务人按照合同的约定或者依照法律的规定履行义务。第八十五条合同是当事人之间设立、变更、终止民事关系的协议。依法成立的合同，受法律保护。

第八十七条 债权人或者债务人一方人数为二人以上的，依照法律的规定或者当事人的约定，享有连带权利的每个债权人，都有权要求债务人履行义务；负有连带义务的每个债务人，都负有清偿全部债务的义务，履行了义务的人，有权要求其他负有连带义务的人偿付他应当承担的份额。

第八十八条 合同的当事人应当按照合同的约定，全部履行自己的义务。合同中有关质量、期限、地点或者价款约定不明确，按照合同有关条款内容不能确定，当事人又不能通过协商达成协议的，适用下列规定：

（一）质量要求不明确的，按照国家质量标准履行，没有国家质量标准的，按照通常标准履行。

（二）履行期限不明确的，债务人可以随时向债权人履行义务，债权人也可以随时要求债务人履行义务，但应当给对方必要的准备时间。

（三）履行地点不明确，给付货币的，在接受给付一方的所在地履行，其他标的在履行义务一方的所在地履行。

（四）价款约定不明确的，按照国家规定的价格履行；没有国家规定价格的，参照市场价格或者同类物品的价格或者同类劳务的报酬标准履行。合同对专利申请权没有约定的，完成发明创造的当事人享有申请权。合同对科技成果的使用权没有约定的，当事人都有使用的权利。

第八十九条 依照法律的规定或者按照当事人的约定，可以采用下列方式担保债务的履行：

（一）保证人向债权人保证债务人履行债务，债务人不履行债务的，按照约定由保证人履行或者承担连带责任；保证人履行债务后，有权向债务人追偿。

（二）债务人或者第三人可以提供一定的财产作为抵押物。债务人不履行债务的，债权人有权依照法律的规定以抵押物折价或者以变卖抵押物的价款优先得到偿还。

（三）当事人一方在法律规定的范围内可以向对方给付定金。债务人履行债务后，定金应当抵作价款或者收回。给付定金的一方不履行债务的，无权要求返还定金；接受定金的一方不履行债务的，应当双倍返还定金。

（四）按照合同约定一方占有对方的财产，对方不按照合同给付应付款项超过约定期限的，占有人有权留置该财产，依照法律的规定以留置财产折价或者以变卖该财产的价款优先得到偿还。

第九十条 合法的借贷关系受法律保护。

第九十一条 合同一方将合同的权利、义务全部或者部分转让给第三人的，应当取得合同另一方的同意，并不得牟利。依照法律规定应当由国家批准的合同，需经原批准机关批准。

但是，法律另有规定或者原合同另有约定的除外。

第一百一十一条　当事人一方不履行合同义务或者履行合同义务不符合约定条件的，另一方有权要求履行或者采取补救措施，并有权要求赔偿损失。

第一百一十二条　当事人一方违反合同的赔偿责任，应当相当于另一方因此所受到的损失。

当事人可以在合同中约定，一方违反合同时，向另一方支付一定数额的违约金；也可以在合同中约定对于违反合同而产生的损失赔偿额的计算方法。

第一百一十四条　当事人一方因另一方违反合同受到损失的，应当及时采取措施防止损失的扩大；没有及时采取措施致使损失扩大的，无权就扩大的损失要求赔偿。

第一百三十五条　向人民法院请求保护民事权利的诉讼时效期间为二年，法律另有规定的除外。

3.《中华人民共和国合同法》

第四十四条　依法成立的合同，自成立时生效。法律、行政法规规定应当办理批准、登记等手续生效的，依照其规定。

第五十二条　有下列情形之一的，合同无效：

（一）一方以欺诈、胁迫的手段订立合同，损害国家利益。

（二）恶意串通，损害国家、集体或者第三人利益。

（三）以合法形式掩盖非法目的。

（四）损害社会公共利益。

（五）违反法律、行政法规的强制性规定。

第五十四条　下列合同，当事人一方有权请求人民法院或者仲裁机构变更或者撤销：

（一）因重大误解订立的。

（二）在订立合同时显失公平的。一方以欺诈、胁迫的手段或者乘人之危，使对方在违背真实意思的情况下订立的合同，受损害方有权请求人民法院或者仲裁机构变更或者撤销。

第六十条　当事人应当按照约定全面履行自己的义务。当事人应当遵循诚实信用原则，根据合同的性质、目的和交易习惯履行通知、协助、保密等义务。

第六十八条　应当先履行债务的当事人，有确切证据证明对方有下列情形之一的，可以中止履行：

（一）经营状况严重恶化。

（二）转移财产、抽逃资金，以逃避债务。

（三）丧失商业信誉。

（四）有丧失或者可能丧失履行债务能力的其他情形。当事人没有确切证据中止履行的，应当承担违约责任。

第六十九条　当事人依照本法第六十八条的规定中止履行的，应当及时通知对方。对方提供适当担保时，应当恢复履行。中止履行后，对方在合理期限内未恢复履行能力并且未提供适当担保的，中止履行的一方可以解除合同。

第七十七条　当事人协商一致，可以变更合同。法律、行政法规规定变更合同应当办理批准、登记等手续的，依照其规定。

第八十七条　法律、行政法规规定转让权利或者转移义务应当办理批准、登记等手续的，依照其规定。

第八十八条　当事人一方经对方同意，可以将自己在合同中的权利和义务一并转让给第三人。

第八十九条　权利和义务一并转让的，适用本法第七十九条、第八十一条至第八十三条、第八十五条至第八十七条的规定。

第九十条　当事人订立合同后合并的，由合并后的法人或者其他组织行使合同权利，履行合同义务。当事人订立合同后分立的，除债权人和债务人另有约定的以外，由分立的法人或者其他组织对合同的权利和义务享有连带债权，承担连带债务。

第九十三条　当事人协商一致，可以解除合同。当事人可以约定一方解除合同的条件。解除合同的条件成就时，解除权人可以解除合同。

第九十四条　有下列情形之一的，当事人可以解除合同：

（一）因不可抗力致使不能实现合同目的；

（二）在履行期限届满之前，当事人一方明确表示或者以自己的行为表明不履行主要债务；

（三）当事人一方迟延履行主要债务，经催告后在合理期限内仍未履行；

（四）当事人一方迟延履行债务或者有其他违约行为致使不能实现合同目的；

（五）法律规定的其他情形。

第九十六条　当事人一方依照本法第九十三条第二款、第九十四条的规定主张解除合同的，应当通知对方。合同自通知到达对方时解除。对方有异议的，可以请求人民法院或者仲裁机构确认解除合同的效力。法律、行政法规规定解除合同应当办理批准、登记等手续的，依照其规定。

第一百〇七条　当事人一方不履行合同义务或者履行合同义务不符合约定的，应当承担继续履行、采取补救措施或者赔偿损失等违约责任。

第一百〇八条　当事人一方明确表示或者以自己的行为表明不履行合同义务的，对方可以在履行期限届满之前要求其承担违约责任。

第一百一十四条　当事人可以约定一方违约时应当根据违约情况向对方支付一定数额的违约金，也可以约定因违约产生的损失赔偿额的计算方法。约定的违约金低于造成的损失的，当事人可以请求人民法院或者仲裁机构予以增加；约定的违约金过分高于造成的损失的，当事人可以请求人民法院或者仲裁机构予以适当减少。当事人就迟延履行约定违约金的，违约方支付违约金后，还应当履行债务。

第一百七十六条　供用电合同是供电人向用电人供电，用电人支付电费的合同。

第一百八十二条　用电人应当按照国家有关规定和当事人的约定及时交付电费。用电人逾期不交付电费的，应当按照约定支付违约金。经催告用电人在合理期限内仍不交付电费和违约金的，供电人可以按照国家规定的程序中止供电。

第一百一十四条　当事人可以约定一方违约时应当根据违约情况向对方支付一定数额

的违约金，也可以约定因违约产生的损失赔偿额的计算方法。

4.《中华人民共和国电力法》

第三十三条　供电公司应当按照国家核准的电价和用电计量装置的记录，向用户计收电费。供电公司查电人员和抄表收费人员进入用户，进行用电安全检查或者抄表收费时，应当出示有关证件。用户应当按照国家核准的电价和用电计量装置的记录，按时交纳电费；对供电公司查电人员和抄表收费人员依法履行职责，应当提供方便。

5.《中华人民共和国破产法》

第四十四条　人民法院受理破产申请时对债务人享有债权的债权人，依照本法规定的程序行使权利。

第四十五条　人民法院受理破产申请后，应当确定债权人申报债权的期限。债权申报期限自人民法院发布受理破产申请公告之日起计算，最短不得少于30日，最长不得超过3个月。

第四十六条　未到期的债权，在破产申请受理时视为到期。附利息的债权自破产申请受理时起停止计息。

第四十七条　附条件、附期限的债权和诉讼、仲裁未决的债权，债权人可以申报。

第四十八条　债权人应当在人民法院确定的债权申报期限内向管理人申报债权。

第四十九条　债权人申报债权时，应当书面说明债权的数额和有无财产担保，并提交有关证据。申报的债权是连带债权的，应当说明。

第五十三条　管理人或者债务人依照本法规定解除合同的，对方当事人以因合同解除所产生的损害赔偿请求权申报债权。

第五十六条　在人民法院确定的债权申报期限内，债权人未申报债权的，可以在破产财产最后分配前补充申报；但是，此前已进行的分配，不再对其补充分配。为审查和确认补充申报债权的费用，由补充申报人承担。债权人未依照本法规定申报债权的，不得依照本法规定的程序行使权利。

第五十七条　管理人收到债权申报材料后，应当登记造册，对申报的债权进行审查，并编制债权表。债权表和债权申报材料由管理人保存，供利害关系人查阅。

第五十八条　依照本法第五十七条规定编制的债权表，应当提交第一次债权人会议核查。债务人、债权人对债权表记载的债权无异议的，由人民法院裁定确认。债务人、债权人对债权表记载的债权有异议的，可以向受理破产申请的人民法院提起诉讼。

第一百一十三条　破产财产在优先清偿破产费用和共益债务后，依照下列顺序清偿：

（一）破产人所欠职工的工资和医疗、伤残补助、抚恤费用，所欠的应当划入职工个人账户的基本养老保险、基本医疗保险费用，以及法律、行政法规规定应当支付给职工的补偿金。

（二）破产人欠缴的除前项规定以外的社会保险费用和破产人所欠税款。

（三）普通破产债权。破产财产不足以清偿同一顺序的清偿要求的，按照比例分配。

破产企业的董事、监事和高级管理人员的工资按照该企业职工的平均工资计算。

6.《中华人民共和国担保法》

第六条 本法所称保证,是指保证人和债权人约定,当债务人不履行债务时,保证人按照约定履行债务或者承担责任的行为。

第十七条 当事人在保证合同中约定,债务人不能履行债务时,由保证人承担保证责任的,为一般保证。一般保证的保证人在主合同纠纷未经审判或者仲裁,并就债务人财产依法强制执行仍不能履行债务前,对债权人可以拒绝承担保证责任。有下列情形之一的,保证人不得行使前款规定的权利:

（一）债务人住所变更,致使债权人要求其履行债务发生重大困难的。

（二）人民法院受理债务人破产案件,中止执行程序的。

（三）保证人以书面形式放弃前款规定的权利的。

第十八条 当事人在保证合同中约定保证人与债务人对债务承担连带责任的,为连带责任保证。连带责任保证的债务人在主合同规定的债务履行期届满没有履行债务的,债权人可以要求债务人履行债务,也可以要求保证人在其保证范围内承担保证责任。

第十九条 当事人对保证方式没有约定或者约定不明确的,按照连带责任保证承担保证责任。

第二十一条 保证担保的范围包括主债权及利息、违约金、损害赔偿金和实现债权的费用。保证合同另有约定的,按照约定。当事人对保证担保的范围没有约定或者约定不明确的,保证人应当对全部债务承担责任。

第三十三条 本法所称抵押,是指债务人或者第三人不转移对本法第三十四条所列财产的占有,将该财产作为债权的担保。债务人不履行债务时,债权人有权依照本法规定以该财产折价或者以拍卖、变卖该财产的价款优先受偿。前款规定的债务人或者第三人为抵押人,债权人为抵押权人,提供担保的财产为抵押物。

第三十四条 下列财产可以抵押:

（一）抵押人所有的房屋和其他地上定着物。

（二）抵押人所有的机器、交通运输工具和其他财产。

（三）抵押人依法有权处分的国有的土地使用权、房屋和其他地上定着物。

（四）抵押人依法有权处分的国有的机器、交通运输工具和其他财产。

（五）抵押人依法承包并经发包方同意抵押的荒山、荒沟、荒丘、荒滩等荒地的土地使用权。

（六）依法可以抵押的其他财产。抵押人可以将前款所列财产一并抵押。

第三十五条 抵押人所担保的债权不得超出其抵押物的价值。财产抵押后,该财产的价值大于所担保债权的余额部分,可以再次抵押,但不得超出其余额部分。

第三十七条 下列财产不得抵押:

（一）土地所有权。

（二）耕地、宅基地、自留地、自留山等集体所有的土地使用权,但本法第三十四条第（五）项、第三十六条第三款规定的除外。

（三）学校、幼儿园、医院等以公益为目的的事业单位、社会团体的教育设施、医疗卫生设施和其他社会公益设施。

(四)所有权、使用权不明或者有争议的财产。

(五)依法被查封、扣押、监管的财产。

(六)依法不得抵押的其他财产。

第三十八条　抵押人和抵押权人应当以书面形式订立抵押合同。

第四十二条　办理抵押物登记的部门如下：

(一)以无地上定着物的土地使用权抵押的，为核发土地使用权证书的土地管理部门。

(二)以城市房地产或者乡(镇)、村企业的厂房等建筑物抵押的，为县级以上地方人民政府规定的部门。

(三)以林木抵押的，为县级以上林木主管部门。

(四)以航空器、船舶、车辆抵押的，为运输工具的登记部门。

(五)以企业的设备和其他动产抵押的，为财产所在地的工商行政管理部门。

第四十六条　抵押担保的范围包括主债权及利息、违约金、损害赔偿金和实现抵押权的费用。抵押合同另有约定的，按照约定。

第四十七条　债务履行期届满，债务人不履行债务致使抵押物被人民法院依法扣押的，自扣押之日起抵押权人有权收取由抵押物分离的天然孳息以及抵押人就抵押物可以收取的法定孳息。抵押权人未将扣押抵押物的事实通知应当清偿法定孳息的义务人的，抵押权的效力不及于该孳息。前款孳息应当先充抵收取孳息的费用。

第五十一条　抵押人的行为足以使抵押物价值减少的，抵押权人有权要求抵押人停止其行为。抵押物价值减少时，抵押权人有权要求抵押人恢复抵押物的价值，或者提供与减少的价值相当的担保。抵押人对抵押物价值减少无过错的，抵押权人只能在抵押人因损害而得到的赔偿范围内要求提供担保。抵押物价值未减少的部分，仍作为债权的担保。

第五十二条　抵押权与其担保的债权同时存在，债权消灭的，抵押权也消灭。

第五十三条　债务履行期届满抵押权人未受清偿的，可以与抵押人协议以抵押物折价或者以拍卖、变卖该抵押物所得的价款受偿；协议不成的，抵押权人可以向人民法院提起诉讼。抵押物折价或者拍卖、变卖后，其价款超过债权数额的部分归抵押人所有，不足部分由债务人清偿。

第五十九条　本法所称最高额抵押，是指抵押人与抵押权人协议，在最高债权额限度内，以抵押物对一定期间内连续发生的债权作担保。

7.《电力供应与使用条例》

第二十七条　供电公司应当按照国家核准的电价和用电计量装置的记录，向用户计收电费。用户应当按照国家批准的电价，并按照规定的期限、方式或者合同约定的办法，交付电费。

第三十四条　供电公司应当按照合同约定的数量、质量、时间、方式，合理调度和安全供电。用户应当按照合同约定的数量、条件用电，交付电费和国家规定的其他费用。

第三十九条　违反本条例第二十七条规定，逾期未交付电费的，供电公司可以从逾期之日起，每日按照电费总额的 $1‰\sim3‰$ 加收违约金，具体比例由供用电双方在供用电合同中约定；自逾期之日起计算超过 30 日，经催交仍未交付电费的，供电公司可以按照国家规定的程序停止供电。

8. 《供电营业规则》

第二十二条 有下列情况之一者,为变更用电。用户需变更用电时,应事先提出申请,并携带有关证明文件,到供电企业用电营业场所办理手续,变更供用电合同:

(一)减少合同约定的用电容量(简称减容)。

(二)暂时停止全部或部分受电设备的用电(简称暂停)。

(三)临时更换大容量变压器(简称暂换)。

(四)迁移受电装置用电地址(简称迁址)。

(五)移动用电计量装置安装位置(简称移表)。

(六)暂时停止用电并拆表(简称暂拆)。

(七)改变用户的名称(简称更名或过户)。

(八)一户分列为两户及以上的用户(简称分户)。

(九)两户及以上用户合并为一户(简称并户)。

(十)合同到期终止用电(简称销户)。

(十一)改变供电电压等级(简称改压)。

(十二)改变用电类别(简称改类)。

第二十三条 用户减容,须在5天前向供电企业提出申请。供电企业应按下列规定办理:

(一)减容必须是整台或整组变压器的停止或更换小容量变压器用电。供电企业在受理之日后,根据用户申请减容的日期对设备进行加封。从加封之日起,按原计费方式减收其相应容量的基本电费。但用户申明为永久性减容的或从加封之日起期满2年又不办理恢复用电手续的,其减容后的容量已达不到实施两部制电价规定容量标准时,应改为单一制电价计费。

(二)减少用电容量的期限,应根据用户所提出的申请确定,但最短期限不得少于6个月,最长期限不得超过2年。

(三)在减容期限内,供电企业应保留用户减少容量的使用权。用户要求恢复用电,不再交付供电贴费;超过减容期限要求恢复用电时,应按新装或增容手续办理。

(四)在减容期限内要求恢复用电时,应在5天前向供电企业办理恢复用电手续,基本电费从启封之日起计收。

(五)减容期满后的用户以及新装、增容用户,2年内不得申办减容或暂停。如确需继续办理减容或暂停的,减少或暂停部分容量的基本电费应按50%计算收取。

第二十四条 用户暂停,须在5天前向供电企业提出申请。供电企业应按下列规定办理:

(一)用户在每一日历年内,可申请全部(含不通过受电变压器的高压电动机)或部分用电容量的暂时停止用电2次,每次不得少于15天,一年累计暂停时间不得超过6个月。季节性用电或国家另有规定的用户,累计暂停时间可以另议。

(二)按变压器容量计收基本电费的用户,暂停用电必须是整台或整组变压器停止运行。供电企业在受理暂停申请后,根据用户申请暂停的日期对暂停设备加封。从加封之日起,按原计费方式减收其相应容量的基本电费。

（三）暂停期满或每一日历年内累计暂停用电时间超过 6 个月者，不论用户是否申请恢复用电，供电企业须从期满之日起，按合同约定的容量计收其基本电费。

（四）在暂停期限内，用户申请恢复暂停用电容量用电时，须在预定恢复日前 5 天向供电企业提出申请。暂停时间少于 15 天者，暂停期间基本电费照收。

（五）按最大需量计收基本电费的用户，申请暂停用电必须是全部容量（含不通过受电变压器的高压电动机）的暂停，并遵守本条（一）～（四）项的有关规定。

第二十五条　用户暂换（因受电变压器故障而无相同容量变压器替代，需要临时更换大容量变压器），须在更换前向供电企业提出申请。供电企业应按下列规定办理：

（一）必须在原受电地点内整台的暂换受电变压器。

（二）暂换变压器的使用时间，10kV 及以下的不得超过 2 个月，35kV 及以上的不得超过 3 个月。逾期不办理手续的，供电企业可中止供电。

（三）暂换的变压器经检验合格后才能投入运行。

（四）暂换变压器增加的容量不收取供电贴费，但对两部制电价用户须在暂换之日起，按替换后的变压器容量计收基本电费。

第二十六条　用户迁址，须在 5 天前向供电企业提出申请。供电企业应按下列规定办理：

（一）原址按终止用电办理，供电企业予以销户。新址用电优先受理。

（二）迁移后的新址不在原供电点供电的，新址用电按新装用电办理。

（三）迁移后的新址在原供电点供电的，且新址用电容量不超过原址容量，新址用电不再收取供电贴费。新址用电引起的工程费用由用户负担。

（四）迁移后的新址仍在原供电点，但新址用电容量超过原址用电容量的，超过部分按增容办理。

（五）私自迁移用电地址而用电者，除按本规则第一百条第（五）项处理外，自迁新址不论是否引起供电点变动，一律按新装用电办理。

第二十七条　用户移表（因修缮房屋或其他原因需要移动用电计量装置安装位置），须向供电企业提出申请。供电企业应按下列规定办理：

（一）在用电地址、用电容量、用电类别、供电点等不变情况下，可办理移表手续。

（二）移表所需的费用由用户负担。

（三）用户不论何种原因，不得自行移动表位，否则，可按本规则第一百条第（五）项处理。

第二十八条　用户暂拆（因修缮房屋等原因需要暂时停止用电并拆表），应持有关证明向供电企业提出申请。供电企业应按下列规定办理：

（一）用户办理暂拆手续后，供电企业应在 5 天内执行暂拆。

（二）暂拆时间最长不得超过 6 个月。暂拆期间，供电企业保留该用户原容量的使用权。

（三）暂拆原因消除，用户要求复装接电时，须向供电企业办理复装接电手续并按规定交付费用。上述手续完成后，供电企业应在五天内为该用户复装接电。

（四）超过暂拆规定时间要求复装接电者，按新装手续办理。

第二十九条 用户更名或过户（依法变更用户名称或居民用户房屋变更户主），应持有关证明向供电企业提出申请。供电企业应按下列规定办理：

（一）在用电地址、用电容量、用电类别不变条件下，允许办理更名或过户。

（二）原用户应与供电企业结清债务，才能解除原供用电关系。

（三）不申请办理过户手续而私自过户者，新用户应承担原用户所负债务。经供电企业检查发现用户私自过户时，供电企业应通知该户补办手续，必要时可中止供电。

第三十条 用户分户，应持有关证明向供电企业提出申请。供电企业应按下列规定办理：

（一）在用电地址、供电点、用电容量不变，且其受电装置具备分装的条件时，允许办理分户。

（二）在原用户与供电企业结清债务的情况下，再办理分户手续。

（三）分立后的新用户应与供电企业重新建立供用电关系。

（四）原用户的用电容量由分户者自行协商分割，需要增容者，分户后另行向供电企业办理增容手续。

（五）分户引起的工程费用由分户者负担。

（六）分户后受电装置应经供电企业检验合格，由供电企业分别装表计费。

第三十一条 用户并户，应持有关证明向供电企业提出申请，供电企业应按下列规定办理：

（一）在同一供电点，同一用电地址的相邻两个及以上用户允许办理并户。

（二）原用户应在并户前向供电企业结清债务。

（三）新用户用电容量不得超过并户前各户容量之总和。

（四）并户引起的工程费用由并户者负担。

（五）并户的受电装置应经检验合格，由供电企业重新装表计费。

第三十二条 用户销户，须向供电企业提出申请。供电企业应按下列规定办理：

（一）销户必须停止全部用电容量的使用。

（二）用户已向供电企业结清电费。

（三）查验用电计量装置完好性后，拆除接户线和用电计量装置。

（四）用户持供电企业出具的凭证，领还电能表保证金与电费保证金；办完上述事宜，即解除供用电关系。

第三十三条 用户连续6个月不用电，也不申请办理暂停用电手续者，供电企业须以销户终止其用电。用户需再用电时，按新装用电办理。

第三十四条 用户改压（因用户原因需要在原址改变供电电压等级），应向供电企业提出申请。供电企业应按下列规定办理：

（一）改为高一等级电压供电，且容量不变者，免收其供电贴费。超过原容量者，超过部分按增容手续办理。

（二）改为低一等级电压供电时，改压后的容量不大于原容量者，应收取两级电压供电贴费标准差额的供电贴费。超过原容量者，超过部分按增容手续办理。

（三）改压引起的工程费用由用户负担。由于供电企业的原因引起用户供电电压等级变化的，改压引起的用户外部工程费用由供电企业负担。

第三十五条　用户改类，须向供电企业提出申请，供电企业应按下列规定办理：

（一）在同一受电装置内，电力用途发生变化而引起用电电价类别改变时，允许办理改类手续。

（二）擅自改变用电类别，应按本规则第一百条第（一）项处理。

第三十六条　用户依法破产时，供电企业应按下列规定办理：

（一）供电企业应予销户，终止供电。

（二）在破产用户原址上用电的，按新装用电办理。

（三）从破产用户分离出去的新用户，必须在偿清原破产用户电费和其他债务后，方可办理变更用电手续，否则，供电企业可按违约用电处理。

第八十二条　供电公司应当按国家批准的电价，依据用电计量装置的记录计算电费，按期向用户收取或通知用户按期交纳电费。供电公司可根据具体情况，确定向用户收取电费的方式。

用户应按供电公司规定的期限和交费方式交清电费，不得拖延或拒交电费。

第九十八条　用户在供电公司规定的期限内未交清电费时，应承担电费滞纳的违约责任。电费违约金从逾期之日起计算至交纳日止。每日电费违约金按下列规定计算：

（一）居民用户每日按欠费总额的千分之一计算。

（二）其他用户：①当年欠费部分，每日按欠费总额的2‰计算；②跨年度欠费部分，每日按欠费总额的3‰计算。电费违约金收取总额按日累加计收，总额不足1元者按1元收取。

9.最高人民法院关于适用《中华人民共和国合同法》若干问题的解释（一）（法释〔1999〕19号）

第二十七条　债权人转让合同权利后，债务人与受让人之间因履行合同发生纠纷诉至人民法院，债务人对债权人的权利提出抗辩的，可以将债权人列为第三人。

第二十八条　经债权人同意，债务人转移合同义务后，受让人与债权人之间因履行合同发生纠纷诉至人民法院，受让人就债务人对债权人的权利提出抗辩的，可以将债务人列为第三人。

第二十九条　合同当事人一方经对方同意将其在合同中的权利义务一并转让给受让人，对方与受让人因履行合同发生纠纷诉至人民法院，对方就合同权利义务提出抗辩的，可以将出让方列为第三人。

10.最高人民法院关于适用《中华人民共和国合同法》若干问题的解释（二）（法释〔2009〕5号）

第二条　当事人未以书面形式或者口头形式订立合同，但从双方从事的民事行为能够推定双方有订立合同意愿的，人民法院可以认定是以合同法第十条第一款中的"其他形式"订立的合同。但法律另有规定的除外。

第六条　提供格式条款的一方对格式条款中免除或者限制其责任的内容，在合同订立时采用足以引起对方注意的文字、符号、字体等特别标识，并按照对方的要求对该格式条款予以说明的，人民法院应当认定符合合同法第三十九条所称"采取合理的方式"。

第九条 提供格式条款的一方当事人违反合同法第三十九条第一款关于提示和说明义务的规定，导致对方没有注意免除或者限制其责任的条款，对方当事人申请撤销该格式条款的，人民法院应当支持。

第十条 提供格式条款的一方当事人违反合同法第三十九条第一款的规定，并具有合同法第四十条规定的情形之一的，人民法院应当认定该格式条款无效。

第二十九条 当事人主张约定的违约金过高请求予以适当减少的，人民法院应当以实际损失为基础，兼顾合同的履行情况、当事人的过错程度以及预期利益等综合因素，根据公平原则和诚实信用原则予以衡量，并作出裁决。当事人约定的违约金超过造成损失的30%的，一般可以认定为合同法第一百一十四条第二款规定的"过分高于造成的损失"。

11. 最高人民法院关于适用《中华人民共和国企业破产法》若干问题的规定（二）（法释〔2013〕22号）

第十六条 债务人对债权人进行的以下个别清偿，管理人依据企业破产法第三十二条的规定请求撤销的，人民法院不予支持：

（一）债务人为维系基本生产需要而支付水费、电费等的。

（二）债务人支付劳动报酬、人身损害赔偿金的。

（三）使债务人财产受益的其他个别清偿。

12. 最高人民法院研究室对《关于适用〈中华人民共和国合同法〉若干问题的解释（二）》第24条理解与适用的请示的答复（2013年6月4日法研〔2013〕79号）

浙江省高级人民法院：

你院浙高法〔2012〕331号关于如何理解与适用《最高人民法院关于适用〈中华人民共和国合同法〉若干问题的解释（二）》（以下简称《合同法解释（二）》）第二十四条的请示收悉。经研究，答复如下：

当事人根据合同法第九十六条的规定通知对方要求解除合同的，必须具备合同法第九十三条或者第九十四条规定的条件，才能发生解除合同的法律效力。

当事人没有约定异议期间，一方当事人在《合同法解释（二）》施行前已依法通知对方当事人解除合同，对方当事人在《合同法解释（二）》施行之日起三个月以后才起诉的，人民法院不予支持。本答复下发之前已经终审的案件，不适用本款规定。

此复。

13. 最高人民法院《关于审理民事案件适用诉讼时效制度若干问题的规定》（法释〔2008〕11号）

第五条 当事人约定同一债务分期履行的，诉讼时效期间从最后一期履行期限届满之日起计算。第十条具有下列情形之一的，应当认定为民法通则第一百四十条规定的"当事人一方提出要求"，产生诉讼时效中断的效力：

（一）当事人一方直接向对方当事人送交主张权利文书，对方当事人在文书上签字、盖章或者虽未签字、盖章但能够以其他方式证明该文书到达对方当事人的。

（二）当事人一方以发送信件或者数据电文方式主张权利，信件或者数据电文到达或者应当到达对方当事人的。

（三）当事人一方为金融机构，依照法律规定或者当事人约定从对方当事人账户中扣收欠款本息的。

（四）当事人一方下落不明，对方当事人在国家级或者下落不明的当事人一方住所地的省级有影响的媒体上刊登具有主张权利内容的公告的，但法律和司法解释另有特别规定的，适用其规定。前款第（一）项情形中，对方当事人为法人或者其他组织的，签收人可以是其法定代表人、主要负责人、负责收发信件的部门或者被授权主体；对方当事人为自然人的，签收人可以是自然人本人、同住的具有完全行为能力的亲属或者被授权主体。

第十三条　下列事项之一，人民法院应当认定与提起诉讼具有同等诉讼时效中断的效力：

（一）申请仲裁。

（二）申请支付令。

（三）申请破产、申报破产债权。

（四）为主张权利而申请宣告义务人失踪或死亡。

（五）申请诉前财产保全、诉前临时禁令等诉前措施。

（六）申请强制执行。

（七）申请追加当事人或者被通知参加诉讼。

（八）在诉讼中主张抵销。

（九）其他与提起诉讼具有同等诉讼时效中断效力的事项。

第十九条　债权转让的，应当认定诉讼时效从债权转让通知到达债务人之日起中断。债务承担情形下，构成原债务人对债务承认的，应当认定诉讼时效从债务承担意思表示到达债权人之日起中断。

14.《最高人民法院关于调整高级人民法院和中级人民法院管辖第一审民商事案件标准的通知》（法发〔2015〕7号）

一、当事人住所地均在受理法院所处省级行政辖区的第一审民商事案件

北京、上海、江苏、浙江、广东高级人民法院，管辖诉讼标的额5亿元以上一审民商事案件，所辖中级人民法院管辖诉讼标的额1亿元以上一审民商事案件。

二、当事人一方住所地不在受理法院所处省级行政辖区的第一审民商事案件

北京、上海、江苏、浙江、广东高级人民法院，管辖诉讼标的额3亿元以上一审民商事案件，所辖中级人民法院管辖诉讼标的额5000万元以上一审民商事案件。

贵州、西藏、甘肃、青海、宁夏高级人民法院，管辖诉讼标的额2000万元以上一审民商事案件，所辖中级人民法院管辖诉讼标的额500万元以上一审民商事案件。